THE FOREFRONT OF JUSTICE

THE LATEST CASES AND MATERIALS
OF BEIJING COURTS

审判前沿

新类型案件审判实务

总第61集

北京市高级人民法院研究室/编

法律出版社
LAW PRESS·CHINA
北京

图书在版编目(CIP)数据

审判前沿:新类型案件审判实务. 总第61集 / 北京市高级人民法院研究室编. -- 北京:法律出版社, 2022(2022.11重印)
ISBN 978-7-5197-6676-4

Ⅰ. ①审… Ⅱ. ①北… Ⅲ. ①审判-研究-中国-丛刊 Ⅳ. ①D925.04-55

中国版本图书馆CIP数据核字(2022)第065565号

审判前沿——新类型案件审判实务. 总第61集
SHENPAN QIANYAN—XIN LEIXING ANJIAN SHENPAN SHIWU. ZONG DI-61 JI

北京市高级人民法院研究室 编

责任编辑 朱轶佳
装帧设计 李 瞻

出版发行 法律出版社
编辑统筹 司法实务出版分社
责任校对 杨锦华
责任印制 胡晓雅
经　　销 新华书店

开本 710毫米×1000毫米 1/16
印张 20.5 **字数** 372千
版本 2022年8月第1版
印次 2022年11月第2次印刷
印刷 永清县金鑫印刷有限公司

地址:北京市丰台区莲花池西里7号(100073)
网址:www.lawpress.com.cn
投稿邮箱:info@lawpress.com.cn
举报盗版邮箱:jbwq@lawpress.com.cn
销售电话:010-83938349
客服电话:010-83938350
咨询电话:010-63939796

书号:ISBN 978-7-5197-6676-4 **定价**:68.00元

编辑部

目　录

案例研究

疑案探讨

案例分析

观点争鸣

北京法院参阅案例

热点问题聚焦

法律文书之窗

司法文件

【案例研究】

“先民后刑”型侵犯商业秘密案件对民事裁判事实认定的采信规则

——北京捷适中坤铁道技术有限公司、郭某被控侵犯商业秘密宣告无罪案相关法律问题研究

谭劲松[*] 何 朕[**] 龙 立[***]

裁判要旨

1. 侵犯商业秘密罪中，在证据基础相同的情况下，刑事诉讼对商业秘密构成要件及权属的认定原则上应与生效民事裁判保持一致。确因民事诉讼与刑事诉讼证明标准不同导致裁判差异的，刑事诉讼只能对有利于被告人的事实作出与民事诉讼不同的认定。

2. 侵犯商业秘密罪的主观方面需为故意，证明被告人明知商业秘密系他人所有的证据不足的，不能认定被告人具有侵犯商业秘密罪的故意。

一、据以研究的案例

2010年郭某入职青岛捷适铁道技术有限公司(以下简称青岛捷适公司)任技术员，与公司签订了劳动合同、保密协议和竞业禁止协议。其间，青岛捷适公司委托无锡市求实特种模具有限公司(以下简称求实公司)根据产品图纸生产纵向轨枕模具，并签订了保密协议，要求求实公司对青岛捷适公司的技术资料及

* 北京市第一中级人民法院党组成员、副院长，中国政法大学法学硕士。
** 北京市第二中级人民法院刑二庭法官助理，北京大学法学硕士。
*** 北京市第二中级人民法院研究室法官助理，中国政法大学法学硕士。

相关信息保密，郭某参与了模具生产的沟通、协调、审验等工作。2011 年 3 月，青岛捷适公司申请成立北京捷适中坤铁道技术有限公司（以下简称北京捷适公司）。2011 年 12 月，齐某代表青岛捷适公司作为甲方，尹某作为乙方、商某以北京振华环控科技开发有限公司作为丙方签署三方合作协议，主要内容包括：三方同意将甲方拥有的纵向轨枕和减振轨道系统技术及与之相关的所有技术资源和项目资源统一整合到一个新的企业平台上进行市场开发和运作。签署三方协议后，北京捷适公司于 2012 年 1 月申请变更法定代表人为商某，青岛捷适公司将全部轨枕技术和轨枕业务转给北京捷适公司，青岛捷适公司包括郭某在内的部分员工于 2012 年 3 月陆续转至北京捷适公司工作。2013 年，郭某向北京捷适公司提出用纵向轨枕模具技术申请专利，后北京捷适公司在未征求模具技术的主要研发人齐某等青岛捷适公司原员工的意见的情况下，于 2013 年 4 月 26 日向国家知识产权局申请"一种用于模制纵向轨枕的模具"实用新型专利。2013 年 10 月 9 日国家知识产权局将该专利授权公告公开，专利权人为北京捷适公司。经评定，该专利内容 5 个核心秘点技术信息中有一个与青岛捷适公司设计的模具的核心秘点技术信息具有同一性；另有一个虽也具有同一性，但属于该领域内的公知常识或行业惯例。经鉴定并估算，青岛捷适公司为研发上述模具投入资金共计 80 余万元。2017 年 8 月 13 日，郭某被抓获归案。

作为在案证据的民事判决书、裁定书证明：2014 年 1 月 16 日，齐某作为青岛捷适公司的法定代表人，以青岛捷适公司作为原告在海淀法院起诉北京捷适公司、郭某、商某等 5 人，要求五被告停止侵害原告技术秘密并赔偿原告经济损失 100 万元。经过一审判决、二审判决及再审审查裁定认定：青岛捷适公司委托求实公司加工纵向轨枕模具技术并制作图纸，获得了市场竞争优势，对该图纸求实公司已明确承担保密责任并认可权利归青岛捷适公司所有，青岛捷适公司通过与员工郭某等人签订劳动合同、保密协议、竞业禁止协议等采取了足够的保密措施，该图纸应为青岛捷适公司的技术秘密，郭某等员工对此负有保密义务；北京捷适公司的模具专利技术内容来源于青岛捷适公司的技术秘密，北京捷适公司的行为构成侵权，应承担侵权责任，赔偿北京捷适公司经济损失，郭某等发明人承担连带责任。

公诉机关指控：被告单位北京捷适公司、被告人郭某的行为触犯了《刑法》第 30 条，第 31 条，第 219 条第 1 款第 3 项、第 2~4 款，第 220 条之规定，已构成侵犯商业秘密罪。

一审法院判决：(1)被告单位北京捷适公司犯侵犯商业秘密罪，判处罚金 10 万元。(2)被告人郭某犯侵犯商业秘密罪，免予刑事处罚。

宣判后，北京捷适公司和郭某不服一审判决，提起上诉。

二审法院经审理认为:虽然北京捷适公司将涉案模具技术申请专利的行为已被生效民事裁决确认为侵权行为,但证明上诉单位北京捷适公司、上诉人郭某在民事裁决前、将涉案模具技术申请专利时,明知涉案模具技术不在三方协议中约定转让的"纵向轨枕和减振轨道系统技术及与之相关的所有技术资源和项目资源"范围内的证据不足,故指控北京捷适公司、郭某的行为构成侵犯商业秘密罪不能成立。故判决:撤销一审判决。改判上诉单位北京捷适公司和上诉人郭某无罪。

二、相关法律问题研究

本案是一起合理划分民事违法与刑事犯罪界限的宣告无罪案例。侵犯商业秘密行为具有民刑交叉的典型特征,本案属于"先民后刑"型的侵犯商业秘密案件,刑事案件在审判时,当事人已就商业秘密侵权纠纷提起民事诉讼,且生效民事裁判已确认了商业秘密侵权行为。本案的核心问题是,针对涉案技术是否构成商业秘密,该技术是否归属于被害单位所有,以及上诉人是否具有侵犯商业秘密罪的主观故意等控辩争论焦点,民事裁判的事实认定对刑事诉讼的认定和判断具有何种效力?

(一)民事裁判的事实认定对刑事诉讼的效力的实务现状和学理分析

1. 民事裁判的事实认定在刑事诉讼中具有证据作用

司法实践中对民刑交叉案件通常采取"刑事优先"的处理模式,但在当事人先进行了民事诉讼,法院作出民事裁判后,公安机关才进行刑事立案或当事人又提起刑事自诉启动刑事程序的情形,也可能形成"先民后刑"的格局,从而产生在前的生效民事裁判对刑事诉讼的事实认定具有何种效力的问题。不同于民事诉讼中将人民法院发生法律效力的裁判所确认的事实作为免证事实的规定,[①]《刑事诉讼法》及最高人民法院的司法解释均未对生效裁判认定事实的证明效力作出规定。即使根据免证事实的规定模式,民事诉讼中生效裁判认定的事实仍然可能因为相反的证据被推翻,对当事人科处更严厉责任的刑事诉讼。对民事裁判事实认定应保持更谨慎的态度。

学理上通常认为民事裁判的事实认定对刑事诉讼不具有当然的预决效力。[②] 其理由在于民事诉讼与刑事诉讼在证明制度上存在区别。一方面,民事诉讼和刑事诉讼采用的证明标准不同。民事诉讼主要适用高度盖然性的证明标准,刑事诉讼的证明标准更高,认定犯罪事实要达到证据确实、充分、排除合理怀

---

① 参见《最高人民法院关于民事诉讼证据的若干规定》第 11 条。

② 参见李哲:《刑民交叉案件中的既判力问题探析》,载《当代法学》2008 年第 4 期。

疑的证明标准。另一方面,民事诉讼与刑事诉讼的证据基础可能不同。民事诉讼的证据以书证为主,且法官主要做形式上的判断;刑事诉讼基于刑事侦查手段在查明事实上有优越性,掌握的证据更全面,法官结合言词证据等多种证据类型进行实质审查,更容易查明事实全貌。司法实践中通常采取的做法是将民事裁判文书作为刑事诉讼中的书证证据,用以证明民事诉讼已确认的事实在具体个案中是否采信该证据,进而认可民事裁判事实认定的预决效力作出判断。在具体的采信规则构建上,需要将刑民关系的界定和司法的统一性作为重要的考量因素。

2. 法秩序统一原理下的刑民关系界定

对民法与刑法在法律体系中的地位与关系进行合理界定是处理民刑交叉案件裁判预决效力的基础。法秩序统一原理要求不同部门法在一国法律体系中不应得出明显冲突的评价结论。[①] 在合法性的判断层面,刑法对民法具有从属性,即民法上的合法行为不可能被评价为刑法上的违法行为,因此在民事上不构成商业秘密侵权的行为当然也不构成侵犯商业秘密罪。在违法性的判断层面,刑法具有谦抑性,犯罪行为的法益侵害程度比民事违法行为更加严重,故犯罪的成立标准也相应更高。综上所述,在以侵犯商业秘密为代表的民刑交叉案件中,民事违法的判断构成刑事犯罪认定的必要非充分条件,无民事违法则无犯罪,有民事违法未必构成犯罪,这一刑民关系的界定对判断民事裁判对刑事诉讼的预决效力具有指导意义。

3. 生效裁判的预决效力与司法的统一性

虽然民事诉讼与刑事诉讼因诉讼功能和证明制度的不同具有相对独立性,但应认识到,我国的司法现实是人民法院整体作为独立行使审判权的主体,如果缺乏对民刑交叉案件民事裁判和刑事裁判的统一协调机制,相互矛盾的司法判决将严重削减司法对社会行为的规范和指引价值,影响人民法院司法裁判的安定性和权威性。因此,从维护司法统一性的立场出发,把握民事裁判事实认定对刑事诉讼的效力,应当以裁判一致为原则、以否认预决效力为例外。具体而言,刑事裁判与民事裁判对同一事实的认定原则上应保持统一,但不排除因证明标准的不同而出现的裁判差异;确因证据基础发生变化导致刑事裁判和民事裁判作出不同认定的,应当适用矛盾裁判的协调程序,[②]及时对生效的民事裁判启动再审审查程序。

---

① 参见王昭武:《法秩序统一性视野下违法判断的相对性》,载《中外法学》2015 年第 1 期。

② 参见龙宗智:《刑民交叉案件中的事实认定与证据使用》,载《法学研究》2018 年第 6 期。

(二)商业秘密构成要件及权属认定:民刑同一事实下民事裁判的预决效力

1. 对“同一事实”的认定标准

生效民事裁判对刑事诉讼预决效力的对象是事实认定,这里的事实认定包含两个层次,一是单纯事实,指裁判文书中经审理查明部分的内容,如对当事人是否签署了保密协议这一事实的确认;二是法律事实,指民事裁判根据法律规定对查明事实法律性质的确认,例如,根据签署保密协议这一事实认定当事人是否采取了保密措施。讨论民事裁判对事实认定预决效力,应当以民事裁判与刑事裁判的认定系针对“同一事实”为前提。

实践中,作为民刑交叉案件判断标准的“同一事实”的认定因素包括行为实施主体同一,法律关系上刑事被害人和民事法律关系的相对人同一,以及民事案件争议事实与刑事犯罪构成要件事实同一。① 在此基础上,为解决民事裁判认定的法律事实预决效力的问题,还应提出法律构成要件同一的标准,即只有在法律规定相同的情况下,刑事裁判与民事裁判基于相同的基础事实作出的法律性质认定才可能保持统一。

2. 民事裁判对商业秘密构成要件及权属判断预决效力的原则与例外

侵犯商业秘密案件应当遵循“权属确认—商业秘密客体适格—侵权成立—犯罪成立”的认定逻辑。② 其中,商业秘密的构成要件及其权属在民刑关系界定上属于同一事实。《反不正当竞争法》第 9 条是商业秘密民事侵权的规范依据,其中规定了商业秘密的构成要件,对比《刑法》第 219 条侵犯商业秘密罪的规定可以发现,在民事和刑事法律规范的双重视角下,商业秘密构成要件的规定是一致的,③均由秘密性、保密性和价值性三个要素构成,而权利归属本就属于民事法律关系的判断规则,刑法并未作出特别规定。因此在原则上应尊重民事裁判的专业性,承认民事裁判对商业秘密构成要件及权属的判断在刑事诉讼中具有预决效力。

上述原则的例外是,首先,如果刑事诉讼中出现了与民事裁判认定事实相矛盾的证据,导致民事裁判认定的事实不成立或者无法达到排除合理怀疑标准的,不应采信民事裁判的事实认定。其次,在证据基础相同的情况下,应承认民事诉讼和刑事诉讼因证明标准不同可能导致的裁判差异,但刑事诉讼只能对有利于

---

① 参见于同志:《重构刑民交叉案件的办理机制》,载《法律适用》2019 年第 16 期。

② 参见黄亮:《商业秘密刑民交叉案件处理模式的困境及其破解》,载《时代法学》2015 年第 3 期。

③ 《刑法修正案(十一)》进一步修改了商业秘密构成要件的表述,与 2019 年修订的《反不正当竞争法》的规定保持完全一致,进一步说明应对二者的构成要件作相同解释。

被告人的事实作出与民事诉讼不同的认定。①

3. 本案商业秘密构成要件及权属的认定

本案在商业秘密构成要件方面的争议焦点是涉案技术是否具有非公知性。“不为公众所知”属于消极事实,刑事诉讼中虽由公诉机关承担举证责任,但对于消极事实不可能采用穷尽排查的证明方法,故实践中通常由公诉机关对非公知性进行初步举证,再由辩方提出反证,如果辩方对指控的事实不能提出合理怀疑,应当认为公诉机关完成了证明责任。② 具体到本案的分析,首先,生效民事裁判已确认了涉案技术构成商业秘密,公诉机关亦将其作为证据出示。其次,辩方向一审法院出示了鉴定意见用以证明涉案技术系公知技术,但原民事二审判决、再审裁定中均已对不予采信该鉴定意见的理由进行了说明,对相关争点作出了处理。且刑事诉讼中当事人自行委托的鉴定机构提出的鉴定意见不具备证据资格,经实质审查,该鉴定意见针对的技术信息与本案指控的模具技术秘点信息不具有完全对应性,不足以对指控的事实提出合理怀疑。最后,涉案模具技术经国家知识产权局初步审查并授予专利权,也说明其具有新颖性。综上,在与民事裁判证据相同的情况下,应采信民事裁判对商业秘密非公知性的认定。

本案在商业秘密权属方面的争议在于对三方协议内容的解释。辩方提出的理由是三方协议中转让的“纵向轨枕和减振轨道系统技术及与之相关的所有技术资源和项目资源”包括指控的涉案模具技术,故该商业秘密应归属于被告单位。首先,本案生效民事裁判虽未在裁判主文中作出确权认定,但判定北京捷适公司及郭某等人对青岛捷适公司承担侵权责任中已隐含了对涉案模具技术属于青岛捷适公司的判断,且在裁判理由中否定了原民事当事人关于该技术已依合同约定转让给北京捷适公司的主张。其次,控辩争论的对象是合同的解释,但对合同内容本身这一基础事实无异议,对合同内容的解释属于民法上对意思表示的解释,系法律适用问题,关系民事法律关系的变动,故民事诉讼基于同一基础事实对民事权属作出的判断,对刑事诉讼产生预决效力,刑事诉讼应予以采信。

(三)侵犯商业秘密主观故意认定:民刑不同事实下民事裁判无预决效力

1. 侵犯商业秘密罪的主观方面应限为“故意”

刑法和民事法律规范对同一行为的构成要件有不同规定的,自然应得出不

① 刑事诉讼中,对被告人不利的定罪、量刑事实采取最高的证明标准,而对有利于被告人的事实亦采取高度盖然性标准,因此只有在不利于被告人的事实认定方面存在刑事诉讼和民事诉讼的证明标准差别。

② 参见东莞市福丰自动化设备有限公司等侵犯商业秘密案,浙江省台州市中级人民法院(2015)浙台知刑终字第2号刑事裁定书。

同的法律评价结论,此种情形不属于生效民事裁判对刑事裁判产生预决效力的“同一事实”,刑事诉讼应当独立进行判断。在主观构成要件方面,商业秘密民事侵权和侵犯商业秘密罪的要求不同。对于违反保密义务非法披露或使用商业秘密的侵权行为,《反不正当竞争法》未明确侵权人主观构成要件的要求,司法实践中的主流观点认为此种情形需以侵权人具有故意或重大过失为前提。① 关于侵犯商业秘密罪的主观方面,《刑法》对第三人侵犯商业秘密的行为采用了“明知或应知”的表述,导致对该罪是否包含过失的罪过产生争议,但主流观点认为本罪是故意犯罪,本文同样持此观点。

一方面,从语义逻辑的角度,“应知”不应理解为过失。《刑法》第 15 条规定,过失犯罪需要有法律规定,只有在法律条文明示该条之罪包含过失时,才可能构成过失犯罪。侵犯商业秘密罪仅在第三人侵犯商业秘密罪的构成要件中规定了“明知或应知”,若将此“应知”解释为过失犯罪的“应当预见”,则对法益侵害更严重的三类直接侵犯商业秘密行为尚需具有故意,而对间接侵犯商业秘密的行为却只需要过失,违背了罪刑相适应的原则,在解释逻辑上存在明显的漏洞。另一方面,从体系解释的角度,本罪不应包含过失犯罪。与侵犯商业秘密罪规定在同一节的其他侵犯知识产权罪名均为故意犯罪,在民事法律规范中,商业秘密与著作权、商标权等知识产权受到同等保护,刑法中也无须进行特别保护,②应当保持与同类罪名相协调的规定。事实上,本罪中的“应知”不是指“应当知道”,而应理解为“理应知道”,将其解释为一种立法上的推定故意,③仍然属于故意犯罪的范畴。

2. 本案主观故意的认定

本案不能根据民事裁判认定被告人具有侵权上的过错便得出其具有犯罪故意的推论。现有证据不能排除合理怀疑地认定行为人具有侵犯权利人商业秘密的主观故意,不能排除行为人对商业秘密权属产生错误认识的可能性。侵犯商业秘密罪的主观故意需要行为人明知自己侵犯了权利人的商业秘密,也即明确认识到商业秘密归权利人所有。虽然民事裁判确认了商业秘密归属于被侵权人,但主观故意应站在行为人的立场、根据行为当时的标准进行判断。民事当事人在合同中的表述的确存在词语外延不明确的问题,导致各方对涉案技术是否

① 参见 2020 年《最高人民法院关于审理侵犯商业秘密纠纷民事案件应用法律若干问题的解释(征求意见稿)》第 12 条;新丽传媒集团有限公司与北京派华文化传媒股份有限公司侵犯商业秘密纠纷案,北京市朝阳区人民法院(2017)京 0105 民初 68514 号民事判决书。

② 参见苏雄华:《侵犯商业秘密罪之罪过厘正》,载《政治与法律》2012 年第 1 期。

③ 参见周光权:《明知与刑事推定》,载《现代法学》2009 年第 2 期。

已经转让可能出现不同的理解;在民事裁判确权前,不能要求诉讼各方的主观认识都能与裁判结果保持一致,不能排除行为人认为涉案模具技术已经转让给北京捷适公司的可能性。虽然行为人在将涉案模具技术申请专利时,未征求主要研发人的意见,体现出对他人知识产权权益保护的漠视,但这种不尊重研发人意见的过错与构成侵犯商业秘密罪中的未经商业秘密权利人许可的主观故意不同,未达到犯罪所需的主观故意程度。

综上所述,二审法院采信了民事裁判认定的客观侵权事实,与民事裁判对同一事实的认定保持一致,维护了生效民事裁判的安定性,同时也在客观不法层面明确了行为是与非的标准;但在主观罪责层面认定被告人具有侵犯商业秘密罪故意的证据不足,最终作出上诉单位和上诉人无罪的判决,坚持了刑法的谦抑判断,合理地界分了民事违法和刑事犯罪的界限。

(责任编辑:阚道祥)

《民法典》语境下有关合同解释的规则认定与处理
——北京百思特捷迅科技有限公司诉北京和利时系统工程有限公司房屋租赁合同纠纷案相关法律问题研究

柳适思* 赵海洋**

裁判要旨

1. 应当允许在固定期限房屋租赁合同中设立任意解除权。合同当事人自由创设权利义务内容,须符合《民法典》的相关立法精神。《民法典》倡导意思自治,除非内容违反法律、行政法规的强制性规定或损害第三人利益,否则法律不应随意禁止设立或否定当事人的意思表示。

2.《民法典》有关合同解释的规则认定与处理,应当遵循以探求当事人真实意思表示为目的的合同解释原则。同时需要结合文义解释,体系解释、目的解释、行为的性质、习惯、诚信原则等具体的解释方法,以通过客观外在表示确定当事人缔约时的真意。任意解除权条款的约定应当明确。对于合同约定不清晰、语义模糊、争议较大的任意解除权条款,应严格审查,不宜通过司法裁判的方式鼓励此种"争议条款"突破固定期限合同的约定。

3. 有关《民法典》基本原则在合同任意解除权领域的解读。要着重考量公平原则、诚信原则等基本原则在案件中的把握与评价标准,使上述原则在案件中得以彰显。

一、据以研究的案例

北京百思特捷迅科技有限公司(以下简称百思特捷迅公司)诉称:2013 年 4

---

* 北京市第一中级人民法院清河法庭法官,中国政法大学法律硕士。

** 北京金融法院执行局法官助理,中国政法大学法律硕士。

月3日,百思特捷迅公司与北京和利时系统工程有限公司(以下简称和利时系统工程公司)签订《房屋租赁合同》,2018年3月29日,和利时系统工程公司以《解除〈房屋租赁合同〉通知》的方式解除双方签订的《房屋租赁合同》。百思特捷迅公司请求确认《解除〈房屋租赁合同〉通知》无效。

和利时系统工程公司辩称:不同意对方的诉讼请求。

和利时系统工程公司提出反诉:请求确认《房屋租赁合同》于2018年10月2日解除,百思特捷迅公司将涉诉租赁房屋及场地腾空并支付租金及占有使用费。

百思特捷迅公司反诉辩称:不同意对方的反诉请求。

法院经审理查明,2013年4月3日,和利时系统工程公司与百思特捷迅公司签订《房屋租赁合同》,该合同第24条约定:"在本租赁合同有效期内,除合同中约定的甲方单方解除合同的情形外,甲方不得无故收回房屋。"第38条约定:"本合同其他条款约定各方享有解除权时,各方有权解除本合同。"第44条第1款约定:"除本合同约定的解除合同的情形外,双方均不得无故单方解除本合同,如一方需提前解除本合同,应提前六个月书面通知对方后方可解除,并应向对方支付当期月租金作为违约金。自通知之日起至合同正式解除之日止双方仍应根据本合同的约定履行义务。"该条第2款约定了赔偿损失的范围和计算标准。签约后,双方实际履行了合同,百思特捷迅公司对涉诉租赁房屋进行了装修,并在取得和利时系统工程公司同意的情况下,对部分房屋进行转租。

2018年4月3日,百思特捷迅公司收到和利时系统工程公司发送的、落款日期为2018年3月29日的解约通知。

百思特捷迅公司收到上述解约通知后,不同意解除《房屋租赁合同》,并在支付了2018年4~9月租金后,于2018年9月27日向和利时系统工程公司邮寄了载明用途为房租的转账支票一张。次日,和利时系统工程公司将上述转账支票寄还百思特捷迅公司。

北京市海淀区人民法院于2019年2月5日作出(2018)京0108民初50815号判决:"一、继续履行北京百思特捷迅科技有限公司与北京和利时系统工程有限公司于2013年4月3日签订的《房屋租赁合同》;二、驳回北京百思特捷迅科技有限公司其他本诉诉讼请求;三、驳回北京和利时系统工程有限公司全部反诉诉讼请求。"

宣判后,和利时系统工程公司向北京市第一中级人民法院提出上诉。北京市第一中级人民法院于2019年8月14日以一审判决认定事实清楚,适用法律正确为由作出(2019)京01民终4442号判决,判决:驳回上诉,维持原判。

法院生效裁判认为:和利时系统工程公司与百思特捷迅公司签订的《房屋

租赁合同》合法有效。经审查,和利时系统工程公司不能依据《房屋租赁合同》第 44 条之约定,解除其与百思特捷迅公司之间的房屋租赁合同。依据合同解释的规则,双方真实意思表示并非赋予当事人房屋租赁合同的任意解除权,且该条款亦不属于任意解除权的适用范畴,争议条款的内容有违公平原则、诚实信用原则等基本原则的立法本意。

综上所述,和利时系统工程公司请求依据《房屋租赁合同》第 44 条之约定,解除其与百思特捷迅公司之间的房屋租赁合同,但该条款本身并无解除合同效力,故和利时系统工程公司的上诉请求不能成立,应予驳回;一审判决认定事实清楚,适用法律正确,应予维持。

二、相关法律问题研究

《民法典》是中华人民共和国成立以来第一部以"法典"命名的法律,是新时代我国社会主义法治建设的重大成果,具有划时代的里程碑意义。法律的生命在于实施,《民法典》倡导契约自治、促进并鼓励交易、注重合同的全面履行。缔约双方对于合同条款的理解之争,妨碍合同的全面履行,不利于交易的实现与优化营商环境。因此,准确适用《民法典》中有关合同解释的规则,解决上述问题则显得尤为重要。合同的制定过程系自然语言"翻译"为规范语言的过程,当事人未必使用规范概念进行法律交往,为理解表意人真意,须将日常语言"翻译"为规范概念。① 另外,合同属于当事人自创的规范,源自当事人意思,在于满足不同之利益,表达的人,对相关语言文字的运用未必精确,故在订立或履行过程中对其意义、内容或适用范围,发生歧义,势所难免,自有解释之必要。② 严格来说,任何合同都可能存在对合同条款理解的争议,哪怕是一些表面上词句清晰的合同条款,在遇到纷繁复杂的合同履行行为时也需要在发生理解分歧时对合同条款进行解释。合同履行的过程本身就是对合同条款再理解、再认知的过程,也是合同解释规则准确适用的过程。因此,合同解释在合同的履行过程中具有非常重要的作用。

《民法典》第 142 条第 1 款、第 466 条第 1 款规定了当事人对合同条款的理解有争议的,应当按照所使用的词句,结合相关条款、行为的性质和目的、习惯以

---

① 参见朱庆育:《民法总论》(第 2 版),北京大学出版社 2016 年版,第 214 页。

② 参见王泽鉴:《债法原理》(第 1 册),中国政法大学出版社 2001 年版,第 210 页。

及诚信原则,确定意思表示的含义。[①] 本案争议焦点即双方对于和利时系统工程公司因自身经营需要解除合同是否满足约定解除的条件,固定期限房屋租赁合同任意解除权的设立如何把握,这些问题的解决均有赖于准确适用《民法典》有关合同解释的规则认定与处理。

(一)固定期限房屋租赁合同中任意解除权的设立

传统民法学理论对于合同解除权的分类,依解除权发生根据的差异,即是依合同保留解除权抑或依法律规定发生的解除权,相应地可将解除区分为两类:约定解除和法定解除。[②] 任意解除权,是指合同一方或双方可以不需要任何理由,无条件地解除已经成立的合同。任意解除权亦有法定与约定之分,由法律直接规定的为法定任意解除权,由合同当事人约定的为约定任意解除权。我国《合同法》[③]总则并未对任意解除权作出明确规定,但在分则的几个有名合同中却规定了任意解除权。[④] 因而立法上对能否在法定任意解除权之外约定任意解除权的态度并不明朗。

笔者认为,司法实践中对于固定期限房屋租赁合同任意解除权的设立,应当允许,理由如下。

1. 符合《民法典》的相关立法精神。在民商事领域,法无禁止即自由,法律并未排除当事人在固定期限的房屋租赁合同中以约定的方式设立任意解除权的情形。私法自治理念认为,法律行为有效,非因法律行为"合法"所致,而是直接源于行为人的自由意志。"合法性"判断则只在观察法律行为是否因违反强制性规范而产生效力瑕疵时,才有意义。[⑤]《民法典》倡导意思自治,允许合同当事人自由创设权利,除非内容违反法律、行政法规的强制性规定。而任意解除权虽看似与合同严守原则相悖,但是合同严守作为《民法典》的基本原则,并未否定例外情形的存在。所谓合同严守,即言而有信,要严格按照合同的约定办事。[⑥] 如果当事人在固定期限的房屋租赁合同中约定了任意解除权,那么对任意解除权的行使恰恰是遵循合同严守原则的体现。因此,尊重当事人的真实意思表示,在不损害第三人利益的情况下,法律不应随意否定当事人的意思表示,禁止以约

---

① 《民法典》第142条第1款规定:"有相对人的意思表示的解释,应当按照所使用的词句,结合相关条款、行为的性质和目的、习惯以及诚信原则,确定意思表示的含义。"第466条第1款规定:"当事人对合同条款的理解有争议的,应当依据本法第一百四十二条第一款的规定,确定争议条款的含义。"

② 参见韩世远:《合同法总论》(第3版),法律出版社2011年版,第503页。

③ 《合同法》已于2021年1月1日因《民法典》的施行而废止。

④ 蔡恒、骆电:《我国〈合同法〉上任意解除权的理解与适用》,载《法律适用》2014年第12期。

⑤ 朱庆育:《民法总论》(第2版),北京大学出版社2016年版,第121页。

⑥ 参见韩世远:《合同法总论》(第3版),法律出版社2011年版,第44页。

定的方式设立任意解除权。

2. 体现我国私法领域的缔约习惯。《民法典》第10条规定,处理民事纠纷,应当依照法律;法律没有规定的,可以适用习惯,但是不得违背公序良俗。在订立合同时,当事人有权对自己的权利进行处分,即作出对任意解除权的约定,这不仅体现了私法领域的缔约习惯,也是双方签约时谈判地位内化在合同条款中的具体体现。作为法律的执行者,法官在审判过程中也应充分尊重当事人的意思自治。所以,在固定期限房屋租赁合同中,如果合同双方就任意解除权的适用进行过充分的探讨和协商,双方均对相应条款及赋予的权利予以明确的情况下,不应当禁止任意解除权在此类合同中的约定适用。

(二)《民法典》有关合同解释的规则认定与处理

本案双方对合同条款内容的理解之争实为对和利时系统工程公司是否享有《房屋租赁合同》中约定的任意解除权产生争议。对于《房屋租赁合同》中约定的条款是否属于任意解除权,要通过合同解释的规则进行认定与处理。笔者认为,对于合同内容模糊,约定不清晰,双方争议较大的任意解除权条款,应严格审查,不宜通过司法裁判的方式鼓励此种"争议条款"突破固定期限合同的约定。在涉及任意解除权的条款时,应通过合同解释,明晰争议条款的真实意思,达到定分止争、促进交易之目的,这更是《民法典》有关合同解释规则的价值所在。

所谓合同解释,是把握合同所使用语言、文字的意义,以阐明当事人真意,从而确定、补充或修正合同内容的作业,[①]合同的解释属于一种法律行为的解释。由于语言文字的多义性和当事人订约时认识能力的局限性,合同需要被解释,以探求当事人在订约时的真实意思表示。合同解释的目的在于理解,哲学诠释学认为,理解总是解释,因而解释是理解的表现形式。[②] 意思表示的理解必经解释,解释是帮助理解的必经过程。在不同的语境下,合同所使用的文字、词句和条款有可能具有不同的含义。合同属于当事人自创之规范,源自当事人意思,在于满足不同之利益,而当事人意思在转化为合同条款的过程中,受限于表达和语言文字的精确度,合同文本所表达的意思难免与当事人的意思产生偏差。[③] 所以,人民法院在审理涉合同纠纷案件的过程中,最基础的工作就是对合同的内容进行解释。

① 参见邱聪智:《民法研究(一)》(增订版),中国人民大学出版社2002年版,第35页。

② 参见[德]汉斯-格奥尔格·加达默尔:《真理与方法》(上卷),洪汉鼎译,上海译文出版社1999年版,第395页。

③ 参见王泽鉴:《债法原理》(第1册),中国政法大学出版社2001年版,第210页。

关于合同解释的理论,历来有两种对立的观点,一种是“意思说”,它以意思自治为核心,认为合同的目的在于当事人的真实意图;另一种是“表示说”,它以维护法律秩序为出发点,认为当事人的内心意思非他人所能得知,只有表示出来的意思才能作为解释合同的依据。传统上认为,大陆法系国家多采用“意思说”,英美法系国家多采用“表示说”。[①] 但随着世界经济的一体化和私法的国际趋同化,两大法系互相借鉴吸收的趋势愈加明显,“折中说”得到广泛承认。我国目前的合同解释理论采纳了“折中说”,采用表示主义结合意思主义的解释方法。[②]《合同法》第 125 条规定,当事人对合同条款的理解有争议的,应当按照合同所使用的词句、合同的有关条款、合同的目的、交易习惯以及诚实信用原则,确定该条款的真实意思。《民法典》第 142 条第 1 款明确规定,有相对人的意思表示的解释,应当按照所使用的词句,结合相关条款、行为的性质和目的、习惯以及诚信原则,确定意思表示的含义。第 466 条规定,当事人对合同条款的理解有争议的,应当依据本法第 142 条第 1 款的规定,确定争议条款的含义。

对比《合同法》第 125 条与《民法典》第 142 条第 1 款的内容可知,二者的规定有所不同。《民法典》更为强调文义解释优先原则,第 142 条第 1 款中“应当按照所使用的词句”后用逗号,而《合同法》第 125 条中“应当按照合同所使用的词句”后为顿号。《民法典》将文义解释方法单独列出,以便同其他解释方法相区别,这种方法忠实于文义,最终回归文义。该规定既符合合同解释的基本原理,也符合契约自由的基本原则,可以说是《民法典》优良立法技术的一大体现。《民法典》第 142 条第 1 款中还增加了“行为的性质”作为合同解释的方法之一。这一规定较为“接地气”,在对合同理解发生争议时,可依据合同的法律关系属性进行解释,更有利于司法实践中对个案的准确把握。

综上,《民法典》确认了以探求当事人真实意思表示为目的的各种合同解释的方法;同时需要结合文义解释、体系解释、目的解释、行为的性质、习惯、诚信原则等具体的解释方法,以通过客观外在表示确定当事人缔约时的真意。具体到本案,如何在《民法典》语境下运用合同解释的规则判断争议条款性质是否属于任意解除权,笔者认为应做如下分析。

1. 静态识别,贯彻文义解释优先原则。如前所述,在合同解释方法中《民法典》确立了文义解释优先的原则,因此文义解释方法也理所应当成为各种解释方法的首要之选。意思表示必须借助语言表述,文义往往成为意思表示意义世

---

① 参见宋耀红:《论合同的解释》,载《现代法学》2000 年第 2 期。

② 参见崔建远:《合同解释辨》,载《财经法学》2018 年第 4 期。

界的第一道关口。[①] 如果经过文义解释即可得出唯一结论，则合同解释工作即已完成。只有在经过文义解释仍得出多个结论时，才需结合其他解释方法进一步进行解释。有关文义解释的具体规则，依《民法典》的立法原则，文义解释应按照通常理解进行解释，专业用语、专有用语应依据特定领域专业含义进行解释，以防割裂联系、断章取义。因此，欲确定合同条款的含义，必须先了解其所用词句，确定词句的含义，这需要明确该词句的通常含义，在当事人按通常含义使用该词句时尤其如此。[②]

本案中，双方争议的《房屋租赁合同》第 44 条第 1 款约定的内容为："除本合同约定的解除合同的情形外，双方均不得无故单方解除本合同，如一方需提前解除本合同，应提前六个月书面通知对方后方可解除，并应向对方支付当期月租金作为违约金。"该条款是否允许一方在不满足约定解除合同的情形时随时提前解除合同，必须字斟句酌，要挖掘每一个词语、句子、表达的原意。从本款的用语看，"除本合同约定的解除合同的情形外，双方均不得无故单方解除本合同"和"如一方需提前解除本合同"之间语序上紧密相连，中间使用逗号连接，不应将部分内容割裂而断章取义。将本条约定的全部内容作通常及前后关联解读，可以得出本条"一方需提前解除合同"的前提应仅指满足、符合合同约定的解除合同的情形。

文义解释方法在注重词句规范含义的同时，也允许通过书面或口头约定，当事人双方缔约、履约行为等方面确定词句在合同中的具体含义。在进行文义解释时，应探求当事人真意而不拘泥于文字。[③] 本案中，虽然和利时系统工程公司提出单方解除合同，但是百思特捷迅公司不予认可，双方对此并未达成合意。故，可印证《房屋租赁合同》第 44 条的含义是提前解除合同的情形仅指满足合同约定的解除合同的情形，而非赋予双方合同的任意解除权。

2. 探求真意，注重体系解释联系思维。孤零零的条款不具有整体控制合同的效力，应对争议条款的合同整体加以审查。体系解释，指将需要的法律条文与其他法律条文联系起来，从该法律条文与其他法律条文的关系、地位和联系等方面，系统全面地分析法律条文的含义。虽然意思表示不像法律文本般处在广泛的体系脉络中，但同一契约的各条款中仍有相当程度的脉络关联，可能具备互相印证的作用，尤其在确定文义时，单就目标语词可能难以作出判断，需要结合契

---

① 参见朱庆育：《民法总论》（第 2 版），北京大学出版社 2016 年版，第 227 页。

② 参见崔建远主编：《合同法》（第 6 版），法律出版社 2016 年版，第 285 页。

③ 参见梁慧星：《民法学说判例与立法研究》（第 2 册），国家行政学院出版社 1999 年版，第 260~261 页。

约其他条款作出解释。[①]《民法典》第 142 条第 1 款规定了对合同条款的理解有争议时，应当对合同的有关条款进行分析，即系统地分析合同条款。

本案的争议焦点在于对《房屋租赁合同》第 44 条的理解，将争议条款放到合同的整体中进行解读。《房屋租赁合同》第 24 条约定："在本租赁合同有效期内，除合同中约定的甲方单方解除合同的情形外，甲方不得无故收回房屋。"第 38 条约定："本合同其他条款约定各方享有解除权时，各方有权解除本合同。"并在第 31 条、第 32 条、第 36 条、第 41～43 条明确列举了甲方具有单方解除权的情形，如第 41 条约定："本合同签订后，乙方逾期交纳本合同约定应由乙方负担的费用（租金除外）的……如逾期超过三十日，甲方有权决定单方解除本合同（延付租金违约金不因合同解除而终止计算），乙方还应支付甲方当期月租金作为违约金，且已付押金不予退还。"

《房屋租赁合同》第 38 条还约定了解除权行使的法律效果，即合同一方有权解除合同，并通过列举的方式明确了《房屋租赁合同》约定的具有单方解除权的情形仅为上述条文列举的情形，又在第 24 条明确限制了甲方除了合同中赋予的单方解除权外，甲方在其他情形下不享有单方解除权。

《房屋租赁合同》第 44 条第一句再次强调了单方解除权仅限于合同约定的情形，本句内容与第 24 条保持一致。第二句约定了单方解除权行使的条件，即提前 6 个月书面通知对方，并在后文约定了行使解除权后的措施和义务，即支付当月租金作为违约金，并需在合同存续期间正确履行合同义务。

笔者认为，《房屋租赁合同》第 38 条约定的是单方解除权的法律效果，第 31 条、第 32 条、第 36 条、第 41～43 条明确列举了具有单方解除权的情形，第 44 条约定了单方解除权的行使条件、补救措施和后果，第 24 条明确排除了合同任意一方在其他情形下的单方解除权。因此，依《民法典》合同解释方法中的体系解释，将涉案合同全部条款和争议及关联的主要条款看作一个统一的整体，亦无法得出成立任意解除权这一结论。

3. 动态分析，把握行为的性质与目的解释。目的解释是指解释合同时，如合同所使用的文字或某个条款可能作两种解释时，应采取最适合于合同目的的解释。[②] 如前所述，受限于语言文字的多义性和当事人的表达能力，意思表示在转化为合同条款的过程中难免会产生偏差。当文义解释结果与当事人意思表示不符时，应舍文义而取目的。此即《德国民法典》第 133 条之规定："解释意思表

① 参见朱庆育：《民法总论》（第 2 版），北京大学出版社 2016 年版，第 228 页。

② 梁慧星：《民法学说与判例研究》（第 2 册），国家行政学院出版社 1999 年版，第 262 页。

示,应探究真意,而不应拘泥于词句的字面含义。”①我国《民法典》第 142 条第 1 款也有所体现:结合相关条款、行为的性质和目的……确定意思表示的含义。②在适用《民法典》合同解释规则处理与认定争议问题时,不仅要对行为的性质,即争议合同的法律属性加以正确识别,还应对合同条款从逻辑上进行解释,从制定合同双方的需要出发,以合理的目的进行解释,以进一步确认双方的真实意思表示。《房屋租赁合同》的性质为租赁合同,出租人意在收取租金,承租人则期待按照约定的固定期限占有使用标的物。行为的性质影响并决定了对争议条款的理解,如若理解为任意解除权,则何来承租人对标的物的稳定占用,随时解除使得固定期限租赁合同的性质在交易中荡然无存。毕竟,当事人订立合同必有其目的,缔约时的行为性质与目的才是最初的真意所在。

本案中,合同已经约定固定租赁期限为 10 年。《房屋租赁合同》的缔约双方均系商事主体,承租人百思特捷迅公司对涉诉租赁房屋进行了装修,并在取得和利时系统工程公司同意的情况下,对部分房屋进行转租。可见,百思特捷迅公司对于使用涉诉租赁房屋的年限是有明确预期的,符合典型交易目的。如果将争议的第 44 条理解为任意解除权,则合同履行期限无法最终确定,也不符合双方最初订立合同的预期及目的。

《房屋租赁合同》第九章乙方权利义务中第 35 条约定:“为保护乙方(百思特捷迅公司)的先期装修投资,租赁期限届满前,如甲方(和利时系统工程公司)同意继续出租房屋,在同等租金价位下,乙方有权继续租赁。”此条款可以看出和利时系统工程公司具有续租的意愿,且制定合同时双方的本意是不仅要将合同履行完毕,而且还有续租的可能性,第 34 条约定的奖励两个月免租期更是印证了制定合同时全面履行合同、实现合同目的的意愿。此外,双方对于违约责任的约定,意在督促双方遵照合同履行义务,而非承担违约责任后即可随时解除合同,更无意排除守约方依据合同要求继续履行的权利。因此,将争议条款理解为任意解除权不符合行为的性质及目的。

综上,虽然法律不应禁止当事人以约定的方式设立任意解除权,但是本案涉及任意解除权的条款约定不清晰、争议大,特别是结合合同解释的规则,无法得出成立任意解除权的结论,故应严格依据《民法典》的规定与精神处理。

---

① 参见朱庆育:《民法总论》(第 2 版),北京大学出版社 2016 年版,第 228 页。

② 《民法典》第 142 条第 1 款规定:“有相对人的意思表示的解释,应当按照所使用的词句,结合相关条款、行为的性质和目的、习惯以及诚信原则,确定意思表示的含义。”

(三)《民法典》基本原则在合同任意解除权领域的解读

《民法典》第 6 条、[①]第 7 条[②]规定了民事主体从事民事活动,应当遵循公平原则和诚信原则,这也是民法的基本原则。在认真贯彻落实“让人民群众在每一个案件中都感受到公平正义”这一司法理念的过程中,要重视这些基本原则在个案中的把握与评价标准,不仅要用法言法语来撰写判决,更要用老百姓看得懂的文字让公平正义得以彰显。具体到本案中,在出现合同条款理解争议时,要运用《民法典》的基本原则去把握、补充评价合同的依据。《房屋租赁合同》第 44 条之规定的解读也应依循诚信原则。房屋租赁合同有关租赁期限的约定,有助于建立较为稳定的合同关系,使得出租人和承租人都能有着较为明确的预期,从而更好地安排生产生活,促进商业繁荣,优化营商环境,保护双方的合法权益。因此,法律不应当鼓励在租赁合同中做模糊不清的诸如争议合同第 44 条之约定,而应更加谦抑地追求公平与诚信原则。

(责任编辑:凌　巍)

---

① 《民法典》第 6 条规定:“民事主体从事民事活动,应当遵循公平原则,合理确定各方的权利和义务。”

② 《民法典》第 7 条规定:“民事主体从事民事活动,应当遵循诚信原则,秉持诚实,恪守承诺。”

非典型网络侵权责任纠纷的法律适用与价值衡量
——何某某诉北京M公司网络侵权责任纠纷案相关法律问题研究

杨宗腾*

裁判要旨

1. 非典型网络侵权责任纠纷案件中应当严格按照法律规定确定网络服务提供者的注意义务,该注意义务应当区别于物理空间的安全保障义务,谨慎适用《侵权责任法》①第37条②的安全保障义务。在法律没有特别规定时,应当正确找法,以《侵权责任法》第6条第1款③的过错责任原则为依据,以过错和因果关系为确定民事责任的核心考量要素,结合过失相抵原则,实现最终的责任分担。

2. 互联网案件的裁判思维要在严格遵循司法过程的法律方法的基础上,充分考量各方当事人之间、法律规范与互联网技术发展之间等各类利益冲突,考量制度利益中的核心利益原则、技术中立的自由与限制、公序良俗原则的适用、利益衡量的比例原则等价值衡量原则,充分论证网络服务提供者需要承担的注意义务,实现规则适用与价值判断的统一,有利于更好地引导和规范网络服务提供者主动履行监管责任,正确规范互联网行业有序发展,全面提升网络治理能力。

一、据以研究的案例

原告何某某诉称:吴某某为其儿子,是本案的受害人。吴某某曾经在浙江横

---

* 北京市第四中级人民法院立案庭法官助理,中国政法大学法律硕士。

① 《侵权责任法》已于2021年1月1日因《民法典》的施行而废止。

② 参见《民法典》第1198条。

③ 参见《民法典》第1165条第1款。

店影视城担任过演员,从2017年开始在被告旗下的网络平台“花椒直播”等各大主流网络平台发布了大量的徒手攀爬高楼等高度危险性视频,其在各大网络平台发布的视频总浏览量超过3亿人次,其本人成了网络名人。2017年11月8日,吴某某在攀爬长沙华远国际中心时,失手坠落身亡。被告明知吴某某发布的视频都是冒着生命危险拍摄的,明知其拍摄过程中很可能会发生意外导致生命危险,但被告为了提高其网络平台的知名度、美誉度、用户的参与度、活跃度等从而获取更大的盈利,不仅不对吴某某的行为予以告诫和制止,反而予以鼓励和推动,被告实质上是以吴某某的生命危险为代价而获取更大的自身利益。被告应当对吴某某发布的系列危险动作视频不予审核通过,应当采取删除、屏蔽、断开链接等必要措施,但是被告却没有尽到上述义务,被告的行为侵犯了吴某某的权益,应当承担侵权责任。因此诉至一审法院,请求:(1)被告赔偿原告共计6万元;(2)被告对原告赔礼道歉;(3)被告承担全部诉讼费用。

被告北京M公司辩称,第一,花椒直播平台提供信息存储空间的行为不是侵权行为;第二,吴某某上传的视频内容非法律法规禁止内容,被告不做处理不具违法性;第三,被告与吴某某之间就花椒直播软件新版本的推广合作不是加害行为;第四,被告前述行为与吴某某高坠身亡之间不具法律意义上的因果关系;第五,被告前述行为不具有主观侵权过错。

一审法院于2019年5月21日作出一审判决:“一、被告北京M公司赔偿原告何某某三万元;二、驳回原告何某某的其他诉讼请求。”北京M公司不服原审判决,提起上诉。二审法院于2019年11月22日作出二审判决,判决:驳回上诉,维持原判。

二、相关法律问题研究

该案被媒体称为“直播平台网络侵权第一案”“高空极限运动第一人坠亡案”,自一审到二审,始终受到相关媒体高度关注和网友的热烈讨论,具有较高社会影响力。本案是一个非典型的网络侵权责任纠纷,是互联网行业尤其是网络直播行业发展过程中出现的新问题、新情况。这个案件最显著的特点是加害行为(包括不作为)发生在网络空间,而损害结果则发生在现实空间。这就导致了最直接的一个问题:非典型网络侵权案件的侵权责任应当如何界定。该问题表面上是一个法律适用问题,实质上却是互联网社会问题和法律问题的集合体,更涉及如何在现行的法律制度下对网络空间进行有效治理这一深层次问题。该类案件的司法裁判,将会对网络空间治理产生重大的影响。因此,人民法院在审理该类案件时,应当将价值衡量融入司法裁判过程中,弘扬社会主义价值观,在严格遵循法律适用规律的基础上,正确合理地“找法”“释法”,抑制司法者“造法”的冲动，实现各方利益冲突的平衡，为引导安全的网络行为、营造风清气正的网络空间提供强而有力的司法保障。

三、适法的困境：法官“找法”“释法”的思维进路

一审判决认定被告作为网络服务提供者应当承担安全保障义务并据此认定侵权责任，但是二审生效判决不认可一审判决的认定。笔者认为，一审判决在解释法律的过程中有扩张造法的嫌疑，虽有一定的创新，但在未遵循司法规律的基础上做出了不恰当的价值判断。

（一）扩张造法：一审判决法律发现的失范

寻找裁判大前提的行为被有的学者形象地称为“找法”，[①]“找法”是司法裁判中法律的发现，本质上是“司法三段论”的一个环节。法律的发现对司法裁判至关重要，找法的思维方法是通过“在事实与规范间往返流盼”最终找到大前提。[②] 司法裁判中的找法应当着眼于整个法律体系，根据案件事实的不同，尝试涵摄不同的法律规范。

从本案来看，一审判决在找法的过程中，将法律规范定位于《侵权责任法》[③]第36条[④]和第37条[⑤]。《侵权责任法》第36条规定的是网络侵权责任，第37条规定的是宾馆、商场、银行、车站、娱乐场所等公共场所的管理人或者群众活动的

---

① 参见梁慧星：《裁判的方法》（第2版），法律出版社2012年版，第48页。

② 参见［德］伯恩·魏德士：《法理学》，丁晓春、吴越译，法律出版社2013年版，第296~297页。

③ 参见《民法典》第1194条、第1195条。

④ 《民法典》颁布实施后，《民法典》侵权责任编在第1194条规定了网络侵权责任，第1195条规定了“通知与取下”制度，第1196条规定了“反通知”制度，第1197条规定了网络服务提供者的连带责任。相较于《侵权责任法》第36条和第37条而言，《民法典》侵权责任编在侵权责任法规定的基础上，细化了网络侵权责任的具体规则：一是修改完善了网络侵权的通知和反通知以及声明发送规则，规定“通知应当包括构成侵权的初步证据及权利人的真实身份信息”，以减少或者避免恶意通知损害网络用户正当利益的情况；增加反通知程序，规定“网络用户接到转送的通知后，可以向网络服务提供者提交不存在侵权行为的声明”；对权利人行使权利作出时间要求，规定“网络服务提供者在转送声明到达权利人后的合理期限内，未收到权利人已经投诉或者提起诉讼通知的，应当及时终止所采取的措施”，以平衡权利人、网络用户、网络服务提供者之间的权利义务关系。二是增加对网络服务提供者合法权益保护的规定，“权利人因错误通知造成网络用户或者网络服务提供者损害的，应当承担侵权责任。法律另有规定的，依照其规定”。三是将《侵权责任法》第36条中的“知道”修改为“知道或者应当知道”，力求法院公正裁判和保护当事人合法权益。

⑤ 《民法典》侵权责任编在第1198条规定了安全保障义务人责任，与《侵权责任法》第37条的表述略有不同，差异主要是《侵权责任法》第37条的表述为“宾馆、商场、银行、车站、娱乐场所等公共场所的管理人或者群众性活动的组织者”，而《消费者权益保护法》第18条第2款的表述为“宾馆、商场、餐馆、银行、机场、车站、港口、影剧院等经营场所的经营者”。按照后法优于先法、特别法优于一般法的原则，《民法典》侵权责任编在表述上向《消费者权益保护法》靠拢。

组织者的安全保障义务。一审判决将要件事实与法律发现融合之后进行逻辑推演,得出以下的结论:网络服务提供者作为网络空间的管理者、经营者、组织者,在一定情况下,对网络用户负有一定的安全保障义务,在现实生活中,网络服务提供者有可能因未尽到安全保障义务而产生网络侵权责任。但需要特别指出的是,网络空间下的安全保障义务的具体义务内容有别于传统实体空间下的安全保障义务内容,囿于网络空间的虚拟性,网络服务提供者所采取的措施首先应符合网络空间的自身特点,同时应是在网络服务提供者的能力范围内。因此,网络服务提供者的安全保障义务内容一般应仅包括审核、告知、删除、屏蔽、断开链接等措施。

可以看出,如此推演的逻辑有三个步骤:第一,将安全保障义务的主体扩张到网络空间,被告作为网络服务提供者,是网络空间的管理者、经营者、组织者;第二,根据《侵权责任法》第 36 条关于网络侵权责任的内容确定网络服务提供者的安全保障义务的内容;第三,结合《侵权责任法》第 37 条的规定确定被告是否侵权。

上述法律发现失范造成的解释论上的困境是显而易见的。第一,从体系来看,《侵权责任法》第 36 条和第 37 条在该法的第四章"关于责任主体的特殊规定"中,是关于两种不同种类的责任主体的侵权规定,二者之间不存在隶属或者交叉适用的关系。第二,从条文体系来看,二者并列,即使存在交叉适用的情形,应当按照法律解释的基本规则予以适用,但是上述演绎在从第 37 条过渡到第 36 条时存在明显的悖论,即同样是关于特殊主体的责任,为何以安全保障义务为因、以网络侵权责任为果?第三,从立法目的上来解释,第 36 条的立法渊源是"避风港原则"和"红旗原则",是知识产权保护在互联网领域的具体实践,因此该规定的"删除、屏蔽、断开链接等"内容最开始亦是针对信息网络传播权的,针对其他人身权和财产权,直接适用上述规定有法律适用僵化之嫌。

(二)抑制造法,回归找法:二审判决的纠偏

二审法院的作用不仅仅在于回应上诉人的诉求,更在于树立案件的审判监督和裁判规则,因此在一审判决涉嫌造法,不当地扩张解释法律时,二审判决应该予以纠偏。本案二审中,合议庭和专业法官会议对本案的法律适用持有不同观点,一种观点认为,一审判决的法律适用正确,而且观点较为新颖,是对互联网行业快速发展的一种回应,应当支持;另一种观点认为,一审判决的法律适用存在明显不当之处,应当予以纠正。

笔者认为,抛开一审的判决结果,二审应当重新寻找法律规范:被告系网络服务提供者,受害人系网络视频的上传者,受害人的死亡如何与被告之间产生关联;被告是否负有相关注意义务。按照"找法"的一般逻辑,本案在寻找法律规

范时，首先，如果受害人的死亡与被告产生侵权法上的关联的话，那么应当适用的是《侵权责任法》第 6 条和第 7 条[①]的规定，也就是要明确归责原则是过错责任、过错推定抑或无过错责任。从本案来看，没有法律规定应当承担无过错责任或者过错推定责任，那么本案的责任构成上适用的法律规范应当是过错责任。在此基础上再讨论能否适用特殊主体侵权责任，即有没有适用《侵权责任法》第 36 条和第 37 条的余地。《侵权责任法》第 36 条是网络用户与网络服务提供者的网络侵权责任的规定，责任主体与本案的情形并不相符，受害人虽是网络用户但又是被侵权人，该条规定亦免除了网络服务提供者的事前审查义务。[②]《侵权责任法》第 37 条是关于安全保障义务的规定。关于安全保障义务的责任主体，法律规定的是宾馆、商场、银行、车站、娱乐场所等公共场所的管理人或者群众性活动的组织者，虽然有"等公共场所"的措辞，但是按照文本解释和目的解释来看，公共场所限定在物理场所应当是毫无疑问的。从学理上来看，目前有三种通说，分别为"占有者或所有者意志说"、[③]"公众自由出入说"、[④]"公众自由活动说"。[⑤] 三种学说虽各有不同，但均以物理性、公开性、公共性、参与主体的不特定性等作为公共场所的基本特征。因此，该条法律规范在本案的适用余地将大打折扣。所以，本案适用的法律规范应当回归到《侵权责任法》第 6 条，该条是关于侵权责任的责任构成的基本规则，并非法律原则，在具体的案件中可以适用，至于如何具体适用，我们将在下文中详细展开。

四、法律适用的回归：价值衡量的正当化路径

本案在适用过错责任的归责原则确定侵权责任时，由于法条是原则性规定，形式逻辑推理无法推导出正确结论，需要运用法律解释、漏洞补充等方式进行演绎，在演绎过程中就需要结合价值衡量对法律适用进行细化和阐明。

（一）价值衡量演绎被诉侵权行为的性质

行为的性质对于判断是否构成侵权具有十分重要的意义。本案中被诉的行为内容是未对受害人上传的视频或者直播内容进行审核及禁止播出。正如前文所述，网络侵权行为中网络服务提供者的注意义务不包括主动审查义务，这是由技术中立原则决定的，也是为进一步促进互联网行业的发展。但是，侵权责任法

---

① 参见《民法典》第 1166 条。

② 参见最高人民法院侵权责任法研究小组：《〈中华人民共和国侵权责任法〉条文理解与适用》，人民法院出版社 2016 年版，第 264 页。

③ 参见张新宝：《隐私权的法律保护》（第 2 版），群众出版社 2004 年版，第 267 页。

④ 参见张明楷：《简评近年来的刑事司法解释》，载《清华法学》2014 年第 1 期。

⑤ 参见李延舜：《公共场所隐私权研究——法理、要素及类型》，载《法学论坛》2018 年第 6 期。

的调整涉及两种基本利益，一是对受害人民事利益的救济；二是对他人行为自由的维护。[①] 在本案中就会涉及受害人的权利救济与网络服务提供者的技术中立豁免事前审查义务这两种利益的衡量。这两种利益衡量涉及的是民法制度利益和民法基本原则的解释。

就制度利益来说，对潜藏于法律制度背后的制度利益做深入剖析，一方面要厘清核心利益，即法律制度所蕴含的能体现其本质属性的制度利益；另一方面要以制度涉及的社会广泛性为依据，对制度所涉具体利益作广泛的铺陈与罗列，即结合具体的法律情境探寻抽象的制度利益。[②] 就本案来说，如果将受害人的生命健康权所代表的利益与技术中立所代表的自由价值相比较的话，显然是生命健康权为核心利益，按照法益位阶理论，生命权在价值衡量中也无疑处于更优先的位置。那么生命权处于优先的地位，是不是所有的价值都应当让位于生命权，而不论其他？答案显然不是肯定的。侵权责任法的制度设计亦在于实现受害人合法权益与加害人行为自由的平衡，而且民法的价值判断问题大多属于自由及其限制问题。[③] 仅以利益位阶理论演绎的结论无法为裁判结论提供最有利的支撑，还需要进一步结合具体的案件事实讨论技术中立原则的自由及其限制的问题。

结合整个互联网行业的发展，网络直播行业方兴未艾，近年来一系列热点事件的发生，[④]让互联网直播平台的社会责任屡屡被提及。本案中要论证被诉行为的性质，就需要回头去审视受害人上传的视频究竟为何内容。根据查明的事实，受害人上传的视频大部分为徒手攀爬高楼的视频，受害人拍摄相关视频的危险性是不言而喻的，网络服务提供者要不要因为视频的内容具有危险性就负有注意义务主动作为。这种技术中立的自由与个体权利保护之间的交叉背后实质上蕴含着是否应对某种权利进行限制或者强化保护的价值衡量。在行政监管法规未有明确禁止的情况下，在民法层面讨论被告的行为是否侵权，只能付诸对民法基本原则的解释。公序良俗原则是民法中的重要原则，是民事主体在进行民事活动时对公共秩序（社会公共秩序和生活秩序）和善良风俗（社会公共道德，

---

① 参见张新宝：《侵权责任法立法的利益衡量》，载《中国法学》2009 年第 4 期。

② 参见梁上上：《利益的层次结构与利益衡量的展开——兼评加藤一郎的利益衡量论》，载《法学研究》2002 年第 1 期。

③ 参见王轶：《民法价值判断问题的实体性论证规则——以中国民法学的学术实践为背景》，载《中国社会科学》2004 年第 6 期。

④ 例如，两名小女生在家模仿“用易拉罐做爆米花”短视频时发生火灾事件曾引发广泛的社会关注，参见不墨：《14 岁女孩之死：办公室小野到底该不该负责?》，载微信公众号“不墨”2019 年 9 月 10 日，https://mp.weixin.qq.com/s/yN_h538HRHcd3o rmgi7wfw。

由全体成员普遍认可、遵循的道德准则)①的遵循。公序良俗原则的主要意义在于对私法自治进行必要的限制、弘扬社会道德,建立稳定的社会秩序。被告作为网络服务提供者,其提供的服务内容是互联网文化的重要组成部分,我国互联网行业监管部门虽秉持技术中立原则,但亦要求网络服务提供者不得提供危害社会公德或者民族优秀文化传统的文化产品。基于此,技术中立原则的自由应当被限制,当他人上传的视频或者直播内容有违公序良俗时,网络服务提供者的注意义务应当适当加重,这种注意义务的加重并非遏制技术中立原则,恰恰相反,网络服务提供者可以考虑依托技术创新手段寻求解决方案,履行该等加重的注意义务。② 在相关联的案件中,其他直播平台采取的一定的技术手段实现了对相关危险动作视频的甄别,事实上已经履行了该等加重注意义务,以最大限度地满足各方利益诉求,一审法院在另案判决中也确认并赞赏了其行为。③ 由此,基于价值衡量的多个角度,可以推演出被诉行为本质上不作为,构成了本案侵权行为的要件之一。

(二)利益衡量的必要限度:责任比例的确定

价值衡量是法官行使自由裁量权的主要体现,但是利益衡量也应当保持一定的克制,遵循一定的比例原则,不能超越一定的限度,如此方能在路径上保证对具体利益的细微衡量不至于丧失与整个法律制度的协调和契合。本案的法律关系较为复杂,受害人坠亡后,物理空间中的安全保障义务人应当承担安全保障义务,网络服务提供者未尽注意义务,严格来说二者属于无意思联络的数人侵权行为,同时受害人对损害的发生亦具有明显过错。以上多个因素交织,对于确定网络服务提供者的责任承担比例是一个严重的挑战。因此,在酌定网络服务提供者的责任比例时应当充分考虑因果关系的紧密性。显而易见,被告的不作为与受害人死亡这一结果虽然具有法律上的因果关系,但是该因果关系是次要的,因此在确定责任比例时应当综合上述所有因素予以确定。本案最终酌定被告应当承担的比例为3%,笔者认为这是比较恰当的。

---

① 参见王利明:《民法总论》,中国人民大学出版社2013年版,第57~58页。

② 关于这一点,北京互联网法院已经在关联案件的民事判决进行了阐述,即"网络服务提供者应当积极促进相关技术的发展和应用,不断完善平台规则,加强对平台发布内容,尤其是关注度高用户发布的内容及浏览量大、影响范围广的内容的事前及事后审查,发现违法、违规的内容应及时采取相应措施",详见何某飞与北京微梦创科网络技术有限公司网络侵权责任纠纷案,北京互联网法院(2018)京0491民初2466号民事判决书。

③ 参见何某飞与北京一笑科技发展有限公司网络侵权责任纠纷案,北京互联网法院(2018)京0491民初2390号民事判决书。

五、结语：网络治理中司法裁判的指引与示范作用

党的十九届四中全会提出，“建立健全网络综合治理体系，加强和创新互联网内容建设，落实互联网企业信息管理主体责任，全面提高网络治理能力，营造清朗的网络空间”。网络空间不是法外之地，网络作为一个开放的虚拟空间，网络空间治理是社会治理的重要组成部分，应当进行必要的规制。

互联网案件的审理是司法机关参与网络空间治理的重要组成内容。互联网案件的裁判思维要在严格遵循司法过程的法律方法的基础上，充分考量各方当事人之间、法律规范与互联网技术发展之间等各类利益冲突，考量制度利益中的核心利益原则、技术中立的自由与限制、公序良俗原则的适用、利益衡量的比例原则等价值衡量原则，实现规则适用与价值判断的统一，将社会主义核心价值观融入司法裁判过程中，正确规范互联网行业的有序发展，全面提升网络治理能力。

互联网行业发展日新月异，实定法的滞后性、非周延性在互联网行业显得尤为突出。人民法院在审理互联网案件时，应当摒弃就案审案的思维，切实发挥司法裁判在互联网治理中的指引与示范作用。尤其是对社会关注度、疑难复杂、新类型的案件，要准确地“找法”，将价值衡量融入司法裁判的过程中，树立裁判规则，促进互联网行业的健康发展。笔者认为，一件互联网案件的审结，就是确立一个明确的互联网活动规则。该案为引导安全的网络行为、营造风清气正的网络空间提供了强而有力的司法保障，具有极强的示范意义和指导意义。

（责任编辑：凌　巍）

作为格式合同的“一对众”互联网视频服务协议不应排除或限制消费者权利
——吴某某诉爱奇艺公司网络服务合同纠纷案相关法律问题研究

朱　阁*

裁判要旨

在不过分干预网络服务平台经营者探索新型商业模式的基础上，基于行业必要性和现实合理性，允许“一对众”型网络服务平台基于其服务模式的特点，以格式条款的方式约定单方变更条款，但在行使该权利时，不能以单方变更的条款排除或限制已经承诺于消费者的权益。网络服务平台亦不能以使用即同意的方式随意变更合同条款，限缩已承诺于用户的合同权利。

一、据以研究的案例

爱奇艺公司是主营视频业务的爱奇艺平台运营者。2019 年 12 月，爱奇艺公司在享有“热剧抢先看”VIP 会员权益的协议中，增加了“付费超前点播”条款，导致在电视剧《庆余年》播出过程中，购买超前点播服务的 VIP 会员比实际未购买的 VIP 会员提前 12 天看完全剧。吴某某作为爱奇艺平台会员模式中的黄金 VIP 会员，在观看爱奇艺公司推出的相关影视剧集时，认为其已有的“热剧抢先看”VIP 会员权益中已经包含“看最新剧集”的内容，爱奇艺公司推出的“付费超前点播”模式使其需要额外付费才能“看最新剧集”，损害了其会员权益，且“涉案 VIP 会员协议”存在多处违反法律规定的格式条款，违反了公平原则，侵

* 北京互联网法院综合审判二庭副庭长，首都经济贸易大学经济法硕士。

害了其合法权益，应属无效，包括：第3.5条约定："超前点播剧集，根据平台实际运营需要，就平台上部分定期更新的视频内容，平台将提供剧集超前点播的服务模式，会员在进行额外付费后，可提前观看该部分视频内容的更多剧集，具体的点播规则以平台实际说明或提供为准。"导言第2款约定："双方同意前述免责、限制责任条款不属于《合同法》第40条规定的'免除其责任、加重对方责任、排除对方主要权利'的条款，即您和平台均认可前述条款的合法性及有效性，您不会以平台未尽到合理提示义务为由而声称协议中条款非法或无效。"第3.1条约定："平台有权基于自身运营策略变更全部或部分会员权益、适用的用户设备终端。"第10.2条约定："双方同意，解决争议时，应以您同意的最新《VIP会员服务协议》为准。"第3.3条约定："您理解并同意部分视频出于版权方等原因，视频的片头仍会有其他形式的广告呈现，上述呈现不视为平台侵权或违约。"遂诉至一审法院，提出确认涉案服务协议的多处条款无效及未生效、爱奇艺平台自动跳过所有广告内容、取消超前点播、继续履行合同义务并赔偿经济损失等诉求。

一审法院认为：互联网技术的大发展日益改变着人们的生产生活方式。依靠互联网技术，人们对于工作、生活的差异化需求得到逐步满足，个性化表达得以实现。作为文化产品提供者和服务者的视频平台，为满足社会公众多元的文化需求，贴合用户，催生差异化、配适性的个性化服务，探索新的商业模式，本无不妥，但是应当遵循商业规则、尊重用户感受，不得违反法律的规定，不得损害用户依照法律或者约定享有的权利。

第一，根据《合同法》[①]第39条第2款[②]的规定，"涉案VIP会员协议"是爱奇艺公司基于"一对众"的网络服务平台的特有产业模式，预先拟定并面向众多VIP会员重复使用的条款；VIP会员对于VIP会员协议只能"接受或走开"，不能与爱奇艺公司进行协商。综合以上特征，本院认定"涉案VIP会员协议"属于格式条款。该协议导言第2款内容中，"双方同意前述免责、限制责任条款不属于《合同法》第40条规定的免除其责任、加重对方责任、排除对方主要权利的条款"部分，属于对《合同法》第40条[③]的排除适用，故前述内容无效；"即您和爱奇艺均认可前述条款的合法性及有效性，您不会以爱奇艺未尽到合理提示义务为由而声称协议中条款非法或无效"部分，根据《合同法》第39第1款[④]的规定，格式条款的提示义务是格式条款提供方必须应尽的法定责任，需要采取合理的方

① 《合同法》已于2021年1月1日因《民法典》的施行而废止。

② 参见《民法典》第496条第1款。

③ 参见《民法典》第497条。

④ 参见《民法典》第496条第2款。

式提请合同相对方注意。本案中,爱奇艺公司以格式条款提供方的地位,要求合同相对方承诺放弃以爱奇艺公司未尽到合理提示义务为由而主张格式条款非法或无效,从而达到免除或者降低其法定义务的目的,属于用格式条款的形式拟制其已尽到法定义务的情形,实质是通过格式条款,排除合同相对方的法定权利,规避了应尽的法定义务。爱奇艺公司在"涉案 VIP 会员协议"中,为履行提示义务而标注下划线的文字,比不标注下划线的文字多出一倍,无法认定其已经尽到合理的提示义务。综上,前述内容应属无效。

第二,爱奇艺公司提供"付费超前点播"服务构成对其约定义务的违反。涉案 VIP 会员协议中增加"付费超前点播"条款必然会改变原合同双方的权利义务关系,其性质属于合同的变更,需要满足合同变更的条件。作为在互联网时代产生的、满足社会公众多元观影需求的服务型网络平台,基于多种因素,适时调整服务内容、更新服务模式,有其行业必要性和现实合理性。且合同当事人通过合同条款,为自己保留单方面变更合同的权利,属于当事人合同自由的组成部分。鉴于此,网络服务平台基于其服务模式的特点,以格式条款的方式,约定单方变更条款,形式上并无不妥。需要强调的是,根据《合同法》第 39 条"提供格式条款的一方应当遵循公平原则确定当事人之间的权利和义务"的规定,网络服务平台约定单方变更的条款,应当以不损害用户权益为前提,受到合同法公平原则的制约。本案中,爱奇艺平台单方变更合同条款的行为实质性损害了黄金 VIP 会员的主要权益,不发生变更合同的效力,而在合同解除权受到限制的情况下,所谓会员"继续使用爱奇艺平台,视为其已经同意变更的内容"缺乏实质公正,也不成立协商一致变更合同。爱奇艺公司增加的"付费超前点播"条款对吴某某不发生法律效力。在此基础上,爱奇艺公司在卫视热播电视剧、爱奇艺优质自制剧范围内,推出"付费超前点播"服务违反了其与吴某某之间"热剧抢先看"的约定,是对其"热剧抢先看"会员权益完整性的切割,实质性缩减了会员权益。爱奇艺公司构成违约,应当承担违约责任。

第三,爱奇艺公司提供的影视剧片头存在"会员专属推荐"不构成违约行为。"涉案 VIP 会员协议"和 VIP 会员权益介绍页面中明确说明了"广告特权"和"会员专属推荐"的具体内容。爱奇艺平台影视剧片头存在的"会员专属推荐"符合上述约定,并未违约。至于"会员专属推荐"的性质,与爱奇艺公司是否违约不存在关联性,且在清楚的书面文句与模糊不清的图标之间,书面文句优先。综上,吴某某关于爱奇艺公司违反了免广告、自动跳过片头广告的"广告特权"约定的主张不能成立,对其相应继续履行的诉讼请求亦不予支持。

第四，根据《合同法》第 107 条、第 113 条[①]的规定，爱奇艺公司推出“付费超前点播”服务违反了其与吴某某之间“热剧抢先看”的约定，爱奇艺公司构成违约，应当承担继续履行、赔偿损失的违约责任。关于吴某某请求判令爱奇艺公司取消超前点播功能，向其提前供应包括《庆余年》在内的所有卫视热播电视剧、爱奇艺自制剧一节，一审法院认为，“付费超前点播”是爱奇艺公司商业模式的探索，该模式本身不违反法律规定，故对于吴某某要求取消“超前点播”的请求，没有法律依据，法院不予支持。针对吴某某提出的“向其提前供应包括《庆余年》在内的所有卫视热播电视剧、爱奇艺自制剧”的请求，其明确为“享有爱奇艺平台卫视热播电视剧、爱奇艺自制剧已经更新的剧集的观看权利”，系要求爱奇艺公司承担继续履行的法律责任。庭审中，吴某某明确要求延长一段会员权益时间。一审法院认为，吴某某原会员期限在审理期间已经临近届满，在原合同期限内继续履行不足以实现吴某某的合同权益，本院根据吴某某受到的实际影响酌情确定延长会员权益的时间，判令爱奇艺公司在该延长期限内承担继续履行原合同的义务。吴某某支出的公证费属于因爱奇艺公司违约行为造成的损失，于法有据，一审法院予以全额支持。

综上所述，一审法院作出如下判决：(1)确认《爱奇艺 VIP 会员服务协议》(更新时间为 2019 年 12 月 18 日)导言第 2 款中“双方同意前述免责、限制责任条款不属于《合同法》第 40 条规定的‘免除其责任、加重对方责任、排除对方主要权利’的条款，即您和爱奇艺均认可前述条款的合法性及有效性，您不会以爱奇艺未尽到合理提示义务为由而声称协议中条款非法或无效”的内容无效；(2)确认《爱奇艺 VIP 会员服务协议》(更新时间为 2019 年 12 月 18 日)第 3.5 条中“超前点播剧集，根据爱奇艺实际运营需要，就爱奇艺平台上部分定期更新的视频内容，爱奇艺将提供剧集超前点播的服务模式，会员在进行额外付费后，可提前观看该部分视频内容的更多剧集，具体的点播规则以爱奇艺平台实际说明或提供为准”对原告吴某某不发生效力；(3)于本判决生效之日起 10 日内，被告北京爱奇艺科技有限公司向原告吴某某连续 15 日提供爱奇艺平台吴某某原享有的“黄金 VIP 会员”权益，使其享有爱奇艺平台卫视热播电视剧、爱奇艺优质自制剧已经更新的剧集的观看权利；(4)于本判决生效之日起 10 日内，被告北京爱奇艺科技有限公司赔偿原告吴某某公证费损失 1500 元；(5)驳回原告吴某某的其他诉讼请求。一审宣判后，爱奇艺公司提出上诉。二审法院审理后判决驳回上诉，维持原判。

---

① 分别参见《民法典》第 577 条、第 584 条。

二、相关法律问题研究

本案涉及“一对众”型网络服务平台创新商业模式的合规性，反映了当前我国网络服务合同中关于格式条款存在的种种问题，法院明确了在不过分干预网络服务平台经营者探索新型商业模式的基础上，基于行业必要性和现实合理性，允许涉众型网络服务平台基于其服务模式的特点，以格式条款的方式约定单方变更条款，但在行使该权利时，不能以单方变更的条款排除或限制已经承诺于消费者的权益。该判决对于涉众型网络服务平台制定和适用格式条款提出了规范性的指引，受到社会舆论和学术界的广泛关注。一审判决生效后，一审法院以此案为例向相关市场监督管理部门发送司法建议书，对涉众型网络服务合同纠纷的多元化解决路径进行了实践探索，扩大了本案判决的示范效应，有助于减少类似的群体纠纷并节省大量的司法资源，多角度多方位地推动和谐网络空间环境的构建。

（一）“一对众”型网络服务合同中格式条款的法律规制

本案反映了当前网络服务提供者制定和适用“一对众”型网络服务合同中格式条款时存在的一些问题，如网络服务提供者利用格式条款规避法律限制、过分免除自身责任、存在随意变更合同条款、限缩已承诺于用户的合同权利之风险等。网络服务提供者对格式条款的不当利用，不仅侵犯了消费者的合法权益，还会反过来影响其自身的经济效益和网络时代经济社会的稳健发展。要解决这些问题，需要从分析其法律规制的角度出发，分析涉众型网络服务合同中制定和适用格式条款需要注意的几个方面，在实践中对其进行规范。

1. 格式条款的制定需遵循公平原则

《民法典》第496条第2款明确规定，“采用格式条款订立合同的，提供格式条款的一方应当遵循公平原则确定当事人之间的权利和义务”。在涉众型网络服务合同中，由于“一对众”的特有模式，订立合同的双方往往是具有交易优势的网络服务提供者和大量分散用户，用户个体在这种情况下，无法参与协商合同条款，只能选择是否签订合同，处于不利的缔约地位。这种情况下，提供格式条款的一方显然应当遵循公平原则，在制定格式条款时以不损害用户的合法权益为前提，负有不损害合同相对方利益的当然法律义务，如果违反了公平原则，则该格式条款应属无效。

2. 提示说明义务不能以合同拟制的方式实现

对比《合同法》此前关于格式条款的规定，《民法典》第496条扩展了格式条款提供方提示说明义务的范围，明确规定提供格式条款的一方应当“采取合理的方式提示对方注意免除或者减轻其责任等与对方有重大利害关系的条款，按照对方的要求,对该条款予以说明”,同时增加了违反提示说明义务的法律后果,即“提供格式条款的一方未履行提示或者说明义务,致使对方没有注意或者理解与其有重大利害关系的条款的,对方可以主张该条款不成为合同的内容”。在本案“涉案 VIP 会员协议”导言第 2 款中,约定了“您和爱奇艺均认可前述条款的合法性及有效性,您不会以爱奇艺未尽到合理提示义务为由而声称协议中条款非法或无效”,由于本案一审时间在《民法典》生效之前,一审法院根据《合同法》第 39 第 1 款的规定,认为格式条款的提示义务是格式条款提供方必须应尽的法定责任,需要采取合理的方式提请合同相对方注意。而爱奇艺公司以格式条款提供方的地位,要求合同相对方承诺放弃以爱奇艺公司未尽到合理提示义务为由而主张格式条款非法或无效,从而达到免除或者降低其法定义务的目的,属于用格式条款的形式拟制其已尽到法定义务的情形,实质是通过格式条款,排除合同相对方的法定权利,规避了应尽的法定义务,故一审法院判决前述涉案合同条款无效。

3. 不能以单方变更的条款排除或限制已经承诺于用户的权益

在实务中,对于协议中新增加的格式条款,首先要进行法律属性的前提性判断,即判断其是否属于对合同的变更。如本案判决中,法院通过对原有的“热剧抢先看”权益内容中合同双方的权利义务关系进行分析,认为合同的变更是指在保持原有合同关系的基础上使合同内容产生变化,其实质是原合同权利义务的调整或改变,如果变化的相关内容未能改变原合同双方的权利义务,则该内容不属于对原合同的变更,而是新的权利义务关系的缔结,即形成一个新合同或交易,本案新增的“付费超前点播”已包含在既有的 VIP 会员“热剧抢先看”的权益之中,在涉案 VIP 会员协议中增加“付费超前点播”条款必然会改变原合同双方的权利义务关系,因此,在涉案 VIP 会员协议中增加“付费超前点播”条款的性质属于合同的变更。

本案判决中,法院一方面明确了在互联网时代,服务于社会需求的网络平台适时调整服务内容,有其“行业必要性和现实合理性”,且“合同当事人通过合同条款为自己保留单方面变更合同的权利,属于当事人合同自由的组成部分”,从而认为网络服务平台基于其服务模式的特点,以格式条款的方式约定单方变更条款,形式上并无不妥。另一方面,法院同时强调根据《合同法》第 39 条“提供格式条款的一方应当遵循公平原则确定当事人之间的权利和义务”的规定,网络服务平台约定单方变更的条款,应当以“不损害用户权益为前提”,即涉众型网络服务平台可以设立单方变更权,但是该项合同权利的解释受到合同法公平原则的制约,网络服务平台有着不损害合同相对方利益的当然法律义务。

4. 不能以使用即同意的方式限缩已承诺于用户的合同权利

网络服务平台不能以使用即同意的方式随意变更合同条款，限缩已承诺于用户的合同权利。对于可能影响用户实质权利的条款变更，应当取得用户的明示同意或者提供便捷解除合同、退还会员费的有效渠道，否则应当按照原合同条款继续为用户提供服务。本案中，爱奇艺公司在“涉案 VIP 会员协议”中没有给会员提供便捷解除合同和退还会员费的有效渠道，导致即便会员不同意变更的内容，其解除 VIP 会员协议的权利也形同虚设，构成对 VIP 会员权利的实质损害。而审理中发现，爱奇艺公司有技术能力和实践能力，可以在订立合同、变更合同、解除合同等各环节为用户提供更为便捷的服务。网络服务平台在行使自身权利的同时，可以且应当全面有效地运用相关技术，采取合理措施提高服务质量，避免纠纷的产生。

（二）“一对众”型网络服务合同纠纷的多元化解决路径探索

本案被最高人民法院民二庭评选为“2020 年度全国法院十大商事案例”之一，受到社会舆论和学术界的广泛关注。最高人民法院新闻局、人民法院新闻传媒总社联合央视社会与法《现场》栏目对该案进行全媒体庭审直播，直播累计观看量达 2100 万，在案件宣判之后 10 分钟左右相关内容登上微博热搜榜第一，关于本案的推送文章在最高人民法院公众号有超过 10 万的阅读量，人民日报、新华社、法治日报、人民法院报、北京日报等中央及首都重要媒体对本案进行了广泛报道。王轶教授评价本案“对于如何妥当以公平原则规范格式条款的运用具有标杆意义，对于网络服务平台经营者制定和提供格式条款起到了规范指引作用，有力维护了网络用户的合法权益”。

在本案的审理过程中和宣判后，一审法院关注到大量网民的呼声，基于“一对众”型网络服务平台的特有产业模式，有大量用户存在与本案原告同等或类似情况，且在对“一对众”型网络服务平台的格式条款进行调研时发现，网络服务平台普遍存在与本案条款类似的约定。按照法律的相关规定，本案审理范围限于特定主体之间的权利义务关系，即一个案件只处理一个法律关系，其他同等情况的用户还需另行寻求自身纠纷的解决。因此，一审法院在一审判决生效后，以本案为例向相关市场监督管理部门发出司法建议书，提出以下司法建议：第一，强化对于“一对众”型网络服务平台格式合同的行政监管，对于本案反映出的网络服务平台格式合同的问题，根据相关规定进行监督处理；第二，督促、指导爱奇艺公司自主解决纠纷，对于类似本案情形的用户，按照本案判决确定的相应标准，及时、全面地保护相关用户的合法权益；第三，形成“府院联动”长效机制，推动类似“一对众”型网络服务平台相关纠纷源头化解。

党的十八届四中全会《中共中央关于全面推进依法治国若干重大问题的决

定》将多元化纠纷解决机制改革纳入国家治理体系和治理能力现代化战略部署，十九届五中全会指出“要完善共建共治共享的社会治理制度，构建源头防控、排查梳理、纠纷化解、应急处置的社会矛盾综合治理机制”，多元化纠纷解决机制是人民法院贯彻落实习近平法治思想，以法治参与基层治理的有效方式和有力保障，是依法保护群众合法权益的必然要求，是加强和创新社会治理的重要内容。“司法是维护社会公平正义的最后一道防线”，“一对众”型网络服务合同关系中往往存在大量分散用户，如果每个用户都首先用司法手段寻求纠纷的解决，会造成大量的司法资源浪费，也不利于及时保护用户的合法权益。一审法院向相关市场监督管理部门发送司法建议书，推动行政部门以行政监管的方式，督促、指导“一对众”型网络服务平台自主解决纠纷，这种法院和行政部门共同协作从纠纷源头治理、有效保护广大用户合法权益的“府院联动”方式，将诉讼纠纷解决机制与非诉讼纠纷解决机制相结合，扩大了本案判决的示范效应，对“一对众”型网络服务合同纠纷的多元化解决路径进行了实践探索，有效防止大量的同类型诉讼纠纷出现，促进“一对众”型网络服务平台有序规范地探索新型商业模式，多角度多方位地推动和谐网络空间环境的构建。

（责任编辑：曹巧峤）

书证提出命令与证明标准的协同审查

——谭某诉周某甲、周某乙等遗嘱继承纠纷案相关法律问题研究

王国庆[*]　方　硕[**]

裁判要旨

书证提出命令的功能在于防止证据偏在而影响裁判实质化功能的发挥。因此,法律有必要舍弃诉讼当事人之间的形式平等,而以实质平等的原则再平衡。但在适用这一制度时,必须首先与民事诉讼证明标准相互协调。其适用逻辑是:首先,应以《最高人民法院关于适用〈中华人民共和国民事诉讼法〉的解释》(以下简称《民诉法解释》)所确定的高度可能性以及排除合理怀疑的证明标准为依据,全面、客观地审核证据并运用逻辑推理和日常生活经验法则等对案件事实进行综合判定。其次,如果证据判定结果能够确定待证事实成立的,应依据请求权基础直接作出裁判。最后,在现有证据不足以证明待证事实成立,即待证事实处于真伪不明状态时,应启动书证提出命令程序。

一、据以研究的案例

谭某诉称,谭某与被继承人周某丙是朋友,周某甲、周某乙与周某丙系兄弟姐妹关系,周某丁与周某丙系堂姐妹。周某丙生前立有遗嘱一份,将涉案房屋留给周某甲、周某乙、周某丁和谭某共同继承,故要求确认被继承人周某丙所立遗嘱有效,谭某继承涉案房屋售价1/4的钱款。

周某甲、周某乙、周某丁辩称,周某乙见到过遗嘱,但内容记不清了,只记得

---

* 北京市第一中级人民法院团河法庭副庭长,中国政法大学民商法学硕士。

** 北京市第一中级人民法院团河法庭法官助理,北京航空航天大学民事诉讼法学硕士。

遗嘱正反面全有字，与谭某提供的遗嘱复印件不一致。因谭某不能出示遗嘱原件，故不同意谭某的全部诉讼请求。

法院经审理查明：周某甲、周某乙于2013年将涉案房屋以290万元的价格出售，上述款项由周某甲、周某乙平分。谭某向法庭提交署名周某丙的遗嘱复印件一份，内容为："我的房产：北京海淀某小区四号楼二单元102号由兄：周某甲，弟：周某乙，堂妹：周某丁，好友谭某共同享有。我的钱款也由上述四人平均享有。周某丙2010.9.20同时，我愿器官捐献，请帮助办理。"周某甲、周某乙、周某丁对遗嘱复印件的真实性不予认可，谭某称周某乙找到遗嘱原件并负责保管，现自己不清楚遗嘱原件在何处。周某乙认可周某丙去世时在其家中看到过遗嘱，但称与谭某提供的复印件不一致，现不清楚遗嘱原件的去向。周某甲、周某乙亦表示不清楚遗嘱原件的下落。

周某甲、周某乙、周某丁认为周某丙系限制行为能力人，不具备订立遗嘱的行为能力，且在2010年9月20日当天没有书写过遗嘱。诉讼中，周某甲、周某乙、周某丁要求就周某丙在2010年9月20日的行为能力进行鉴定，后撤回鉴定申请。

周某丙葬礼结束后，谭某向周某甲、周某乙提出要求分割遗产，双方就此未能协商一致。2011年，周某甲向北京市公安局海淀分局申请，要求就周某丙的死因进行立案调查。在周某甲向公安机关提交的《关于周某丙死因立案调查的申请》中提到"但是让我想不到的是，妹妹7月22日晚上出事，23日上午我弟弟周某乙在她姐姐的桌子上发现了遗嘱，谭某是四个平分遗产的继承人之一，除了我和弟弟是法定继承人外，另外两人中还有一人是我的堂妹周某丁，妹妹生前最亲近的人"。后公安机关未受理此申请。

法院曾三次开庭审理本案。历次庭审期间，法院均询问周某丁委托诉讼代理人，周某丁是否接受遗赠，周某丁委托代理人均未予以明确答复。

一审法院审理后判决：(1)确认遗嘱有效；(2)涉案房屋出售款的1/4份额归谭某所有，另3/4份额归周某甲、周某乙共同共有。周某甲不服原审判决，提起上诉。

二审法院认为，本案争议焦点为：(1)一审法院在认定"遗嘱真实"的程序和结论方面是否符合法律规定；(2)立遗嘱人是否具有遗嘱行为能力。

1. 一审法院在认定"遗嘱真实"的程序和结论方面是否符合法律规定

(1)有关本案的程序问题

一审法院根据证据推定原则认定本案遗嘱复印件真实时，适用了2008年《最高人民法院关于民事诉讼证据的若干规定》(以下简称《证据规则》)

第75条[①]之规定。该规定属于民事诉讼中证明妨害规则的一般规定。2015年,《民诉法解释》公布施行。其第112条[②]系对2008年《证据规则》第75条的修改,针对的亦是书证适用中的证明妨害问题。因此,两个条文具有前后衔接的新旧关系。依据2015年《民诉法解释》第552条[③]有关解释适用问题的规定,在处理涉及证明妨害问题时,应适用2015年《民诉法解释》第112条处理。

2015年《民诉法解释》第112条规定,书证在对方当事人控制之下的,承担举证证明责任的当事人可以在举证期限届满前书面申请人民法院责令对方当事人提交。申请理由成立的,人民法院应当责令对方当事人提交,因提交书证所产生的费用,由申请人负担。对方当事人无正当理由拒不提交的,人民法院可以认定申请人所主张的书证内容为真实。依据该规定并结合最高人民法院《民事诉讼文书样式》中有关"申请书证提出命令"的民事裁定文书样式及解释可知,适用该规定时,确实应该遵循相应的程序要求,即申请人首先要证明或依据日常生活经验推定,书证在被申请人控制之下;申请人应提出书面申请;人民法院应该出具民事裁定书并对拒不提交后果予以告知。如果本案应该适用该规范,那么显然一审法院在程序方面存在瑕疵。然而,法院认为,本案并非当然适用2015年《民诉法解释》第112条之规定处理。理由在于,从证明妨害问题的适用前提可知,之所以适用书证提出命令在于因一方当事人控制书证拒不提交,从而导致负有举证责任一方因欠缺书证证据而产生了案件事实真伪不明的状态。那么从另一角度而言,负有举证责任一方提供的证据虽然没有提交书证原件,但如果结合其他案件事实能够作出判断从而排除案件事实真伪不明的状态时,就无须适用《民诉法解释》第112条之规定处理。因而,本案程序是否有问题,就转变为谭某所提供的遗嘱复印件是否已经能够证明案件事实的问题。

(2)一审法院认定"遗嘱真实"的事实和结论是否准确

根据2017年《民事诉讼法》第70条[④]之规定,书证应当提交原件。物证应当提交原物。提交原件或者原物确有困难的,可以提交复制品、照片、副本、节录本。从该条可知,当事人在诉讼中以提交原件、原物为原则,以提交复印件、复制品等为例外。提交的复印件只会影响到证据的证明力,并非没有任何证明效力。依据2015年《民诉法解释》第111条第2款[⑤]之规定,对当事人提交的复印件

---

① 2019年修正的《证据规则》已无对应规定。

② 参见2022年修正的《民诉法解释》第112条。

③ 参见2022年修正的《民诉法解释》第550条。

④ 参见2011年修正的《民事诉讼法》第73条。

⑤ 参见2022年修正的《民诉法解释》第111条第2款。

等，人民法院应当结合其他证据和案件具体情况，审查判断书证复制品等能否作为认定案件事实的根据。因此，本案对某所提供的遗嘱复印件进行审查时，亦应遵照上述原则认定。

二审法院认为，谭某并非被继承人周某丙的亲属，因此，其持有遗嘱复印件而非原件符合常理。上诉人周某甲如果对遗嘱本身的真实性存有疑问，至少应提供证据证明该遗嘱并非周某丙书写，在诉讼中提供周某丙的日常书写笔迹进行印证，从而让人产生合理怀疑。但是，周某甲在一审和二审诉讼中，并未提供任何证据予以证明。相反，根据一审卷宗记录记载，周某甲和周某乙、周某丁在第一次诉讼时的 2015 年 8 月 31 日证据交换、2015 年 9 月 17 日的审理中以及本案一审诉讼 2017 年 6 月 5 日以及 2018 年 3 月 5 日的审理中均表示确实看见过遗嘱，但原件丢失了，内容也不一致，但对内容有何不一致未加以说明。特别是在 2018 年 3 月 5 日开庭审理中，周某乙表述“当时没觉得遗嘱有问题，就说将房屋出租，给她（谭某）一部分租金……”另外，在周某甲提交给公安机关的《关于周某丙死因立案调查的申请》中，周某甲对遗嘱内容的描述与本案遗嘱复印件高度一致，且周某甲亦表示曾经有欲将房屋出租，给付谭某租金的考虑。2015 年《民诉法解释》第 108 条第 1 款[①]规定，对负有举证证明责任的当事人提供的证据，人民法院经审查并结合相关事实，确信待证事实的存在具有高度可能性的，应当认定该事实存在。结合上述内容以及周某丙在本案中未能提供充分有效证据证明的事实，法院认为谭某所提供的证据证明标准已经达到高度可能性，因此，尽管其提供的遗嘱为复印件，但仍应作为认定本案事实的证据，一审对此认定无误。

综合上述理由，二审法院认为，一审认定遗嘱真实的结论正确，在此基础上，本案不应当适用证明妨害规则处理。一审法院虽然在证据认定中适用了《证据规则》的规定，但不影响本案结论。

2. 立遗嘱人是否具有遗嘱行为能力

对于立遗嘱人在订立遗嘱时是否具有行为能力，应该由周某甲提供充分的证据予以证实。本案中，周某甲仅提供证据证明周某丙患有焦虑症、抑郁症等病，但并不能证明该病情会影响普通人对行为的判断能力。一审中，周某甲也以医院无法查找到原始病历为由撤回了行为能力的鉴定申请。故周某甲主张周某丙立遗嘱时无行为能力的主张没有事实依据。

综上所述，上诉人周某甲在上诉意见以及庭审陈述中均是对遗嘱不真实的

① 参见 2022 年修正的《民诉法解释》第 111 条第 1 款。

一种推断,并未提供充分的证据证明其主张成立,故二审法院对其上诉请求和理由,不予支持,判决驳回上诉,维持原判。

二、相关法律问题研究

本案系有关“书证提出命令”法律适用的典型案例。裁判生效时,2019 年《证据规定》正在制定之中,因此,唯一可以依据的规范是 2015 年《民诉法解释》第 112 条之规定。最高人民法院认为该条系对 2008 年《证据规则》第 75 条进行的修改,专门针对书证中适用证明妨害作出的规定。但该条仅确立了“书证提出命令”的一般规则和效果,在具体适用时尚有亟须明确的地方,故本案以 2015 年《民诉法解释》第 112 条规范为依据,对“书证提出命令”的适用进行初步的细化。同时,对照 2019 年《证据规定》的相关规定,笔者认为,虽然 2019 年《证据规定》对“书证提出命令”进行了体系化完善,但该案例所反映的问题仍然具有普遍性,需要在理解适用《民诉法解释》以及《证据规定》时予以充分注意。

(一)理论溯源:“书证提出命令”之规范意旨解读

1. 释义:“书证提出命令”概念厘清

所谓“书证提出命令”,是指不负有举证责任但持有书证的当事人和第三人,因举证人将该书证作为证据使用,使持有书证的当事人或第三人负有将书证提交于法院以便法院进行证据调查的诉讼法上的义务。[①] 一般而言,在职权主义限缩、当事人诉讼主义扩张的今天,“诉讼资料的收集属于当事人的机能和责任。当事人对自己提出的事实主张有提出证据加以证明的责任,如果主张的要件事实不能得到证明,该事实真伪不明时,当事人就要承担由此产生的不利后果,即承担所谓的客观证明责任”。[②] 因此,当事人要求对方当事人或第三人提供应属自己举证责任范畴的相应书证材料,明显违背了诉讼法制度和理论。

然而,实践发现,在坚持当事人主义的模式下,由于案件事实真伪的查明主要依赖于一方当事人的举证,在当事人的举证能力不足或者发生“证据偏在”的情形下,绝对的当事人主义容易导致案件查明的事实与客观事实不符,从而背离诉讼法所贯穿的以事实为依据的准则。例如,在环境侵权诉讼、消费者诉讼、劳动争议诉讼等现代型诉讼中,由于一方当事人处于优势地位,而且对法律关系形成的各种证据有较大的控制权,形成了所谓证据偏在的情形。此时,如果文书的

① 参见占善刚:《证据协力义务之比较法研究》,中国社会科学出版社 2009 年版,第 68 页。

② 张卫平:《当事人文书提出义务的制度建构》,载《法学家》2017 年第 3 期。

内容不利于持有者，其往往也不愿意向举证人提供该证据。“如此一来，负有证明责任的一方当事人便会面临不利或败诉的结局，同时，也因为没有提出该证据，使得裁判没有完全建立在事实的基础之上，难以充分实现裁判的实质正当性。”①

2. 对比：“书证提出命令”比较法规定

为了矫正证据偏在情形，继而缓和当事人主义的绝对化问题，比较法上很多国家和地区均规定有“书证提出命令”制度。例如，《德国民事诉讼法》第 421 条明确规定，举证人断定证书在对方当事人手中时，应在申请证据时，同时申请命对方当事人提出证书。《日本民事诉讼法》第 223 条第 6 项规定，凡是涉及该法第 220 条第 4 款规定的事项之一的，可以要求文书持有人将该文书提交法院进行阅览，以便法院作出是否应当予以提出的判断。

3. 回归：“书证提出命令”在我国的立法演进

关于我国民事诉讼法，有学者认为，为了克服证据偏在情形，最高人民法院在 2001 年《证据规则》第 75 条②规定的即是“证据提出义务”，但该规定，“既没有限定证据的种类，也没有限定证据的范围，等于要求凡是持有证据的当事人都有义务提供证据。这一规定过于简单和粗暴，呈现强烈的职权主义色彩，导致实际运用中的混乱”，③而且“仅仅是从证据妨碍的角度规定当事人不提出证据的法律后果，没有从文书提出义务的视角来设置文书持有人提出文书的义务”。④《民诉法解释》在第 112 条中正式提出了“书证提出命令”制度，但仅限于原则性规定，可操作性不强。2019 年《证据规定》第 45~48 条，对“书证提出命令”的申请条件、审查程序、书证范围以及后果进行规定，完善了“书证提出命令”制度。至此，我国诉讼法形成了当事人举证、“书证提出命令”、当事人申请调取证据、法院依职权调取证据等证据提出形式。

（二）审前考量：“书证提出命令”之逻辑起点探析

“书证提出命令”如何适用，2019 年《证据规定》已作出较为明确规定，但如果转换视角从适用前提考察，可以得出如下结论，即只有当事人对其待证的事实缺乏充足证据，形成“真伪不明”状态，而该证据又由对方当事人控制时，才有提出的必要。因而，“书证提出命令”的逻辑起点在于待证事实真伪不明。

---

① 张卫平：《当事人文书提出义务的制度建构》，载《法学家》2017 年第 3 期。

② 2001 年《证据规则》第 75 条规定，有证据证明一方当事人持有证据无正当理由拒不提供，如果对方当事人主张该证据的内容不利于证据持有人，可以推定该主张成立。

③ 张卫平：《当事人文书提出义务的制度建构》，载《法学家》2017 年第 3 期。

④ 张永泉：《书证制度的内在机理及外化规则研究》，载《中国法学》2008 年第 5 期。

1. “书证提出命令”本质是为矫正当事人一方在证据提出上的弱势地位，实现“武器平等原则”

“武器平等原则”要求“形式上双方当事人在诉讼程序中享有平等的攻击防御的机会；而在实质上双方当事人具备事实上平等的程序地位，拥有平等的诉讼能力”。[①] “书证提出命令”以武器平等原则为其法理基础，意味着不仅“形式上平等保护双方当事人接近证据、获得证据的机会，也在实质上给予处于弱势地位的当事人以必要的支持”。[②] 如果一方当事人所提供的证据能够证明待证事实，该事实不存在真伪不明的状态，则说明其攻防武器相当，不存在矫正之必要。如果再行要求对方提交，则打破了当事人形式平等的本质要求。

2. “书证提出命令”的提出前提是待证事实处于真伪不明状态

“书证提出命令”有无必要的问题本身即包含对待证事实真伪不明的判断。“书证提出命令”的提出必须具有文书提出利益。何为具有文书提出利益，学理上有不同的观点，但是文书必须与待证主要事实存在关联性则是大家一致认同的观点。2019 年《证据规定》第 46 条第 2 款规定，当事人申请提交的书证不明确、书证对于待证事实的证明无必要、待证事实对于裁判结果无实质性影响、书证未在对方当事人控制之下或者不符合本规定第 47 条情形的，人民法院不予准许。可见，2019 年《证据规定》明确了“书证提出命令”的必要性问题。所谓对待证事实的证明有无必要即包含真伪不明的判断，如果事实能够确定并非真伪不明，自然无适用之余地。

（三）司法适用：“书证提出命令”与民事诉讼证明标准之协同审查

1. 对“书证提出命令”的审查必须与民事诉讼证明标准相互协调

证明标准也称作证明要求、证明度，是指在诉讼证明活动中，对于当事人之间争议的事实，法官根据证明的情况对该事实做出肯定或者否定性评价的最低要求。《民诉法解释》依据不同情事分层次规定了高度可能性以及排除合理怀疑两种民事诉讼证明标准。第 108 条第 1 款规定，对负有举证证明责任的当事人提供的证据，人民法院经审查并结合相关事实，确信待证事实的存在具有高度可能性的，应当认定该事实存在。第 109 条规定，当事人对欺诈、胁迫、恶意串通事实的证明，以及对口头遗嘱或者赠与事实的证明，人民法院确信该待证事实存

---

① 最高人民法院民事审判第一庭编著：《最高人民法院新民事诉讼证据规定理解与适用》，人民法院出版社 2020 年版，第 442 页。

② 最高人民法院民事审判第一庭编著：《最高人民法院新民事诉讼证据规定理解与适用》，人民法院出版社 2020 年版，第 442 页。

在的可能性能够排除合理怀疑的,应当认定该事实存在。所谓高度可能性也即我们常说的高度盖然性标准,是指“法官基于盖然性认定案件事实时,应当能够从证据中获得事实极有可能如此的心证,法官虽然还不能够完全排除其他可能性(其他可能性在缺乏证据支持时可以忽略不计),但已经能够得出待证事实十之八九是如此的结论”,[①]即在“在确保证据真实、合法、相关并且全面的基础上所要达到的一种尽可能趋向于客观真实的法律状态”,[②]排除合理怀疑则属于接近客观真实的更高标准。

既然“书证提出命令”需要存在事实真伪不明的前提,那么就必须首先考量当事人所提证据是否达到了高度可能性或者排除合理怀疑的程度。如果依据在案证据,可以认定待证事实已经符合上述标准的,那么意味着当事人的举证责任已经完成。此时,如果当事人继续要对方提出文书,则明显不符合《证据规定》所确定的必要性标准,法院不应予以准许。

2. 从证明标准符合程度角度审视本案实体与程序的平衡

本案中,原告谭某仅提交了一份遗嘱复印件。复印件虽然不能直接证明案件事实,但并非没有任何证明力。《民诉法解释》第111条第2款规定,对当事人提交的复印件等,人民法院应当结合其他证据和案件具体情况,审查判断书证复制品等能否作为认定案件事实的根据。本案曾经发回重审过一次,在第一次诉讼一审证据交换、开庭审理以及本次一审诉讼中,被告均表示确实看见过遗嘱。但称原件丢失了,内容与该复印件不一致,但对内容有何不一致并未加以说明。在本次一审开庭审理中,被告周某乙表述:“当时没觉得遗嘱有问题,就说将房屋出租,给她(谭某)一部分租金……”另外,在周某甲提交给公安机关的《关于周某丙死因立案调查的申请》中,周某甲对遗嘱内容的描述与本案遗嘱复印件高度一致,且周某甲亦表示曾经有欲将房屋出租,给付谭某租金的考虑。结合上述事实可以得出结论,即虽然谭某仅仅出具了遗嘱复印件,但依据被告在数次诉讼中的陈述以及其他材料,能够证实确实有遗嘱原件的存在,且原件内容与本案谭某提交的复印件高度相似。那么依据高度可能性的证明标准,法院认为谭某显然已经完成了举证责任,本案事实并非真伪不明,因而不符合“书证提出命令”的条件要求。在此情形下,被告上诉后提出一审适用“书证提出命令”违反程序,试图将本案再次引向程序违法的理由,

---

① 李浩:《民事诉讼证明标准的再思考》,载《法商研究》1999年第5期。

② 参见阎巍:《对我国民事诉讼证明标准的再审视》,载《人民司法(应用)》2016年第31期。

就当然无法成立了。

综上所述,“书证提出命令”的功能在于“纠偏”,即防止证据偏在而影响裁判实质化功能的发挥。因此,法律有必要舍弃诉讼当事人之间的形式平等,而以实质平等的态度再平衡。但在适用这一制度时,必须与民事诉讼证明标准相互协调,只有经过综合判定,确定本案事实处于真伪不明状态时,才可启动书证提出命令程序。

（责任编辑:王　凯）

破坏生态环境民事公益诉讼的侵权责任构成与责任承担

——北京市人民检察院第三分院诉夏某1等环境污染责任纠纷公益诉讼案相关法律问题研究

巴晶焱* 石艳明**

裁判要旨

环境侵权责任的构成要件包括环境污染行为、环境损害事实、污染行为与损害事实之间的因果关系。数个行为主体,实施了协作性的加害行为,并具有共同性的主观意思,导致与共同意思相统一的损害结果发生,则成立共同侵权行为,数个行为主体应承担连带责任。

环境民事公益诉讼的最终目的在于使受损害的环境得到治理与修复,故其核心责任方式应围绕生态环境的修复,亦可多种责任方式并行。能否直接判令侵权人承担生态环境修复责任,需要考察个案中侵权人是否具备相应的修复能力与资质,必要时可以采用替代性修复方式。

一、据以研究的案例

公益诉讼起诉人北京市人民检察院第三分院(以下简称公益诉讼起诉人)诉称:2014年4月,夏某1承租王某位于北京市朝阳区某院落(以下简称涉案院落),后夏某1与夏某2、夏某3、张某1、张某2、张某3、赵某(以下合称七被告)在涉案院落居住,共同负担房租,共用院内空地。自2016年2月起七被告从事

* 北京市第三中级人民法院民一庭副庭长,中央民族大学法学硕士。

** 北京市第三中级人民法院民一庭法官助理,中国政法大学法律硕士。

废机油收购,将废机油储存在涉案院落内,因废机油的倾倒、储存不当造成遗撒和渗漏,污染院内土壤面积约 300 平方米。经委托北京市环境保护科学研究院对本案院内地块土壤污染进行调查,恢复土方量估算为 600 立方米。北京市金隅红树林环保技术有限责任公司(以下简称金隅红树林公司)处理费用报价合计 400 万元左右。起诉请求:(1)判令七被告共同将北京市朝阳区某院落内受污染土壤恢复原状,如不履行恢复义务时共同承担生态环境修复费用 400 万元;(2)判令七被告承担鉴定费用 197 700 元。

夏某 1 辩称,不同意公益诉讼起诉人的诉讼请求和理由。(1)其已为此承担刑事责任。(2)涉案院落是宅基地不能以绿地和公园作为比对对象;修复土方量和报价为估算,并未实际发生。(3)其现无固定收入,无力承担巨额赔偿。(4)涉案土地现正在拆迁,土地修复的必要性和可能性需重新估量。

张某 3 开庭时未到庭,但其在庭前询问中发表答辩意见称,其从事废机油收购一年多,对涉案院落土壤污染很少,对地面污染没有那么严重,涉案院落之前是养殖场和废水沟,家具厂的生活垃圾用水也排放在污水沟中。

赵某开庭时未到庭,但其在庭前询问中发表答辩意见称,不同意公益诉讼起诉人的诉讼请求。

夏某 2、夏某 3、张某 1、张某 2 未到庭,亦未发表答辩意见。

法院经审理查明:2014 年 4 月,夏某 1 承租涉案院落,该院面积约 300 平方米,后七被告陆续在该处居住,共同负担房租、共用院内空地。自 2016 年,七被告开始分别从事废机油的收购、销售工作。七被告均无危险废物经营许可证,均将废机油存放在涉案院落内,倾倒过程中会有遗撒。

2017 年 4 月 6 日,朝阳区环保局执法人员在与十八里店乡开展联合执法检查时发现涉案院落内,堆放着大量废旧机油桶、废蓄电池和废机油滤芯,现场 300 平方米左右的土壤因机油渗漏已经被染成黑色。2017 年 4 月 7 日朝阳区环保局出具的七被告废机油收购情况说明载明:废机油、废机油桶属于有毒物质。2017 年 5 月,北京市环境保护科学研究院出具的《土壤污染调查报告》显示:TPHs 为本地块土壤中的特征污染物,与“公园与绿地”筛选值相比,最大超标倍数为 6.11 倍;总计修复土方量估算为 600 立方米。该研究所属于原环境保护部《环境损害鉴定评估推荐机构名录(第二批)》中所列环境损害鉴定评估推荐机构,此次鉴定花费鉴定费用 197 700 元。

涉案院落所在地块现状地类为农村宅基地,土地利用总体规划为林业用地。公益诉讼起诉人称公园与绿地的筛选值是北京市《场地土壤环境风险评价筛选值》中最宽松的筛选值,且与本涉案院落为林地最接近。

2017 年 5 月 25 日,金隅红树林公司出具《价格分成明细》,载明:需处理废物600立方米合计费用400万元左右。该公司持有危险废物经营许可证。

公益诉讼起诉人主张七被告共用涉案院落,未区分使用范围,污染后果不可分割,故应承担连带责任;七被告应委托专业机构修复受污染的土壤,修复须取得相应行政机关或有资质第三方的认可。夏某1称本人不具备修复能力,事发后七被告未进行修复。经公益诉讼起诉人现场核实,涉案院落所在地房屋已经拆除,后按平原造林项目处理,但土地没有进行专业化修复。

2017年4月7日,张某3因非法储存危险物质被北京市公安局朝阳分局行政拘留14日。2017年11月15日,夏某1、夏某2、夏某3、张某1、张某2、赵某被法院认定犯环境污染罪,被判处有期徒刑并处罚金,该判决书已经生效。据当事人陈述,七被告是老乡、亲属关系。

2017年5月19日,公益诉讼起诉人在《检察日报》上对本案的起诉事实进行了公告。公告期届满后,没有符合法律规定条件的机关或有关组织对七被告提起民事公益诉讼。

一审法院审理认为,本案中北京市人民检察院第三分院作为公益诉讼起诉人提起环境民事公益诉讼,符合《最高人民法院、最高人民检察院关于检察公益诉讼案件适用法律若干问题的解释》第5条第1款及第13条的规定。

根据各方当事人的诉辩意见,本案争议焦点为:(1)七被告实施的环境污染行为的认定;(2)七被告实施的环境污染行为与损害事实之间是否存在因果关系;(3)修复数额的认定以及七被告的责任承担方式。

关于争议焦点一,七被告无危险废物经营许可证而收集、储存、销售废机油,并造成遗撒和渗漏。废机油、废机油桶均属于危险废物,涉案院落土壤中的特征污染物为总石油烃且严重超标。结合七被告受到刑事、行政处罚的情况,法院认定七被告实施了环境污染行为。

关于争议焦点二,污染者作为污染源的控制者与排放者,适用无过错责任原则,环境污染侵权案件的因果关系实行举证责任倒置。涉案院落土壤中存在污染物,且与七被告在倾倒废机油中废机油溢出的事实之间具有直接的因果关系。现七被告未提供证据反驳上述因果关系,故七被告实施的污染环境行为与涉案院落内土壤的污染损害结果之间具有直接、必然的因果关系。

关于争议焦点三,七被告未对涉案院落内的土壤进行修复,且未能提供足以反驳《土壤污染调查报告》及《价格分成明细》的事实和法律依据,亦未申请鉴定。考虑到修复土壤的专业性、七被告的修复能力等,法院认为直接判决七被告赔偿生态环境修复费用400万元为宜。七被告均将废机油桶存于涉案院落,排放的污染物种类相同,污染后果已扩至整个院落,现已无法区分各自污染物排放量,损害结果亦不可分,故应承担环境侵权连带责任。公益诉讼起诉人要求七被告承担鉴定费用,于法有据。

一审法院判决:第一,夏某1、夏某2、夏某3、张某1、张某2、张某3、赵某连带赔偿生态环境修复费用400万元(于判决生效之日起10日内支付至法院指定账户)用于本案所涉及的生态环境修复;第二,夏某1、夏某2、夏某3、张某1、张某2、张某3、赵某共同承担鉴定费用197 700元,于判决生效之日起10日内向北京市人民检察院第三分院支付。宣判后,各方当事人均未提起上诉,一审判决已发生法律效力。

二、相关法律问题研究

《民事诉讼法》规定的环境民事公益诉讼,其不仅是人民法院环境资源审判工作的重要组成部分,更是国家环境治理体系的重要环节,对于保障和促进生态文明建设发挥着不可或缺的作用。具体而言,环境民事公益诉讼,即对污染环境、破坏生态、损害社会公共利益的行为,由法律规定的机关或社会组织以自己的名义向人民法院提起的诉讼。环境民事公益诉讼系环境侵权责任衍生的特殊诉讼种类,其在责任的构成要件、责任主体及责任承担等方面既与一般环境侵权责任具有一致性,又具有自身特点。

(一)责任的构成要件

《环境保护法》第64条规定:"因污染环境和破坏生态造成损害的,应当依照《中华人民共和国侵权责任法》的有关规定承担侵权责任。"《侵权责任法》[①]第65条[②]规定:"因污染环境造成损害的,污染者应当承担侵权责任。"第66条[③]规定:"因污染环境发生纠纷,污染者应当就法律规定的不承担责任或者减轻责任的情形及其行为与损害之间不存在因果关系承担举证责任。"根据上述法律规定,环境侵权责任适用无过错责任原则,其责任构成要件与一般侵权责任不同,其只需具备以下三个构成要件:环境污染行为、环境损害事实、环境污染行为与损害事实之间的因果关系。

首先,环境污染行为系违反国家环境保护、污染防治法律法规的违法行为或该行为虽不违反环境保护方面的法律规定,但该污染行为使他人受法律保护的人身权或财产权受到侵害。因此,排放的污染物是否达标不影响污染行为违法性的认定,如排污行为造成了损害后果,则污染行为本身就具有了违法性。

其次,环境污染的损害事实,是污染行为致使国家、集体财产和公民的人身、

① 《侵权责任法》已于2021年1月1日因《民法典》的施行而废止。

② 参见《民法典》第1229条。

③ 参见《民法典》第1230条。

财产及环境享受遭受损害的事实。环境污染的损害事实与一般侵权行为造成的损害事实能够聚焦于具体的被侵权人不同,其往往具有发散性和隐蔽性特征,该损害后果不仅涉及单一个体利益更涉及群体利益、社会公共利益。基于上述原因,环境民事公益诉讼在起诉主体方面进行了突破,扩张至法律规定的机关或社会组织,其原告主体范围较之私益诉讼更加广泛。

最后,环境侵权责任作为一种特殊侵权,该类案件往往具有复杂性、技术性特征,且污染者与受害者在能力上存在较大的不平衡,在信息的掌握和控制上亦存在不对称的情况,故因果关系较之一般侵权亦有不同,其适用因果关系推定规则,即由污染者证明其环境污染行为与损害事实之间不存在因果关系,否则由其承担环境侵权责任。关于因果关系的证明,可以考虑将环境主管部门及其他环境监督管理部门的调查处理报告、鉴定机构的鉴定意见、学术论著、专家意见等作为证据。

本案中,七被告在无危险废物经营许可证的情况下从事收集、储存、销售废机油的经营活动,因废机油的倾倒、储存不当造成遗撒和渗漏。根据涉案《土壤污染调查报告》,涉案院落土壤中包含的特征污染物与七被告污染行为的核心对象废机油密切相关,且被告张某 3 因涉案行为涉及非法储存危险物质被北京市公安局朝阳分局进行了行政处罚,其余 6 名被告亦因涉案行为被人民法院认定构成污染环境罪并判处刑罚,故可以认定七被告实施了将有毒物质排放到土地之中,使环境受到一定程度危害的环境污染行为。根据专门机构对涉案土壤所作的调查报告,可以确认涉案院落土壤中存在污染物,且与七被告在倾倒废机油过程中废机油溢出的事实有着直接的因果关系。七被告未能举证其污染行为与损害后果之间不存在因果关系,故其应当承担环境侵权责任。

(二)责任主体的认定

实施环境污染行为的主体既可能是单一个体,亦可能为数个主体。数个行为主体是否成立共同侵权,是其是否承担连带责任的关键。共同侵权行为包括广义的共同侵权和狭义的共同侵权,《侵权责任法》第 8 条[①]对狭义共同侵权行为作出了规定,即二人以上共同实施的侵害他人权益的行为,构成共同侵权行为。具体来讲,成立共同侵权行为要求:首先,加害主体的复数性,即共同侵权行为中的加害人必须是两人或两人以上,且各行为人均应当具有相应的民事行为能力。其次,加害行为的协作性,即行为人之间存在相互利用、彼此支持的行为分担。再次,主观意思的共同性。意思共同是共同侵权行为的最本质特征,其包

① 参见《民法典》第 1168 条。

括数个行为人具有共同意思联络的共同故意，还包括共同过失，即数个行为人对损害发生的可能性有共同的认识，但具有规避损害的自信。最后，损害结果的统一性。数个行为人的行为造成的损害后果应当是与共同意思相统一的整体，包括但不限于产生同一性的损害后果。

根据前文论述，数个行为主体，实施了协作性的加害行为，并具有共同性的主观意思，导致与共同意思相统一的损害结果发生，则成立共同侵权行为，数个行为主体承担连带责任。具体到本案中，首先，本案中存在7名加害行为人，且均系完全民事行为能力人。其次，七被告虽各自经营，但行为方式具有统一性、协作性特征，即七被告共同租赁涉案场地用于非法经营，且行为方式相同，均是将废机油桶存放在涉案院落内、通过物理分装进行出售，在分装、倾倒、运输的过程中会有污染物的遗撒和渗漏，遗撒、渗漏的污染物种类亦属相同。七被告虽称各自经营，但其行为彼此支持、相互协作。再次，七被告对于各自行为会致使涉案院落的土地受到污染应有共同的认识，且均未采取有效的污染防治措施，轻信损害的后果可以避免。最后，各行为人的行为造成了与共同意思相统一的损害结果的发生，各自行为产生的损害后果均统一于共同的意思，且产生的损害后果具有同一性和不可分性，七被告在涉案场地内经营时未进行经营场地的区分，被污染的土壤无法区分、污染后果亦蔓延至整个院落。因此，七被告的行为构成共同侵权，应当承担连带责任。

(三)责任方式的承担

除《侵权责任法》第15条①规定的责任承担方式外，2015年《最高人民法院关于审理环境侵权责任纠纷案件适用法律若干问题的解释》第14条②及《最高人民法院关于审理环境民事公益诉讼案件适用法律若干问题的解释》第20~21条③，对于环境侵权责任的责任承担方式作出了特别规定，包括由污染者承担环境修复责任、承担环境修复费用等，其中生态环境修复费用包括制定、实施修复方案的费用和检测、监管等费用。

环境民事公益诉讼的最终目的在于使受损害的环境得到治理与修复，故其核心责任方式应围绕生态环境的修复，亦可多种责任方式并行。破坏生态环境案件应以生态环境的修复为着眼点，不仅要判令侵权人停止破坏生态环境的违

---

① 参见《民法典》第179条。

② 参见2020年修正的《最高人民法院关于审理环境侵权责任纠纷案件适用法律若干问题的解释》第14条。

③ 参见2020年修正的《最高人民法院关于审理环境民事公益诉讼案件适用法律若干问题的解释》第20条、第21条。

法行为,更要判令侵权人承担限期修复受损生态环境的责任,还要判令侵权人赔偿生态环境受到损害至修复完成期间服务功能损失,判决的款项专款用于修复受损的生态环境,体现保护生态环境的司法价值理念。①

环境的治理与修复要求修复者具备较强的专业性与技术性,能否直接判令侵权人承担生态环境修复责任,需要考察个案中侵权人是否具备相应的修复能力与资质。实践中,侵权人具备相应修复能力与资质能够直接承担环境修复责任的情形较少,故侵权人直接承担环境修复责任的适用范围较为狭窄,相应地,替代性修复方式产生并得以运用。若侵权人在法院确定的期限内未履行判决书载明的修复义务,人民法院或有关机关可自行委托第三方专业机构进行修复,相应费用由侵权人承担;若侵权人确实不具备修复能力,则人民法院亦可直接判决侵权人承担环境修复费用。本案中,法院对七被告的修复能力进行了查明,其均不具备修复能力,且修复涉案土壤须具备专业能力与资质,从有利于受损害环境修复、避免受损的生态环境长期得不到治理的角度出发,法院直接判令七被告承担生态环境修复费用更具有可操作性和可执行性。

司法实践中,人民法院亦可根据原告的请求,判令侵权人承担赔偿损失的责任,在环境民事公益诉讼中,侵权人赔偿的损失,系指生态环境受到损害至修复完成期间的服务功能的损失,其包括为消除危险采取合理预防、处置措施而发生的费用。该种责任方式提高了破坏生态环境行为的违法成本,对于生态环境污染的预防具有较好的教育、指引、示范作用。

此外,关于上述修复款及赔偿款的运用,目前理论及实践中一般有三种模式:一是纳入当地政府财政,由行政机关进行环境的修复和治理;二是由检察机关统一管理和使用;三是设立环境治理和维护专门基金和账户,确保赔偿款的专款专用。赔偿款的有效使用是环境民事公益诉讼制度实现的关键,笔者建议可探索设置具有独立性、非营利性、全国性的环保公益基金,对赔偿款的具体使用和修复方案的实施做出细化安排。

(责任编辑:张溱元)

① 参见林锦斌、梅贤明:《破坏生态环境民事公益诉讼的侵权责任承担》,载《人民司法》2017 年第 35 期。

平台数据保护的竞争法规制路径
——北京某科技公司诉上海某文化公司不正当竞争纠纷案相关法律问题研究

张　璇*　李思頔**

裁判要旨

本案系因擅自抓取、使用他人数据而引发的典型网络不正当竞争纠纷。北京某科技公司作为某微博平台运营者,其基于用户协议授权、自身经营投入等因素而对微博平台整体数据享有的权益应受法律保护。上海某文化公司绕开或破坏技术保护措施而抓取、使用微博数据,该行为影响了微博用户协议的履行,破坏了平台数据展示规则,且对微博构成实质性替代,致使平台数据安全受到潜在威胁,正常运营遭受破坏并丧失用户流量,属妨碍、破坏微博正常运营的行为,违反了《反不正当竞争法》第 12 条第 2 款第 4 项之规定,构成不正当竞争。

一、据以研究的案例

原告北京某科技公司诉称,其经营的微博拥有巨大的用户群体,是娱乐明星分享动态的重要平台以及娱乐媒体和追星用户的主要关注和交流平台。上海某文化公司未经许可在其运营的某交友 App 中设置微博专题,嵌套明星的微博界面,完整展示包括界面和内容在内的全部数据,同时还恶意屏蔽微博中的部分功能且添加自有功能。北京某科技公司认为,上海某文化公司的上述行为违反《反不正当竞争法》第 2 条、第 12 条第 2 款第 4 项,构成不正当竞争。故请求上海某文化公司停止涉案不正当竞争行为、消除影响并赔偿经济损失及合理开支

* 北京市海淀区人民法院知识产权审判庭副庭长,中国人民大学民商法学博士。
** 北京市海淀区人民法院知识产权审判庭法官助理,中国政法大学法律硕士。

210 万元。

被告上海某文化公司辩称，某交友 App 中展示的微博系其设置链接所产生的结果，其行为具有正当性，未损害消费者利益或破坏互联网市场秩序，故其行为不构成不正当竞争。

法院经审理查明：北京某科技公司系微博的运营者，《微博服务使用协议》中约定用户同意并授权微博以其名义就侵犯用户合法权益的行为维权等。某交友 App 系上海某文化公司运营的追星软件，在某交友 App 中的明星列表中有众多明星微博界面，对比某交友 App 和微博中明星微博界面，两个界面的设计和发布的微博内容基本相同，但某交友 App 展示的转发、评论和点赞数量更为精确，其中没有微博的明星超话、票务信息等部分，同时增加了送花等功能。北京某科技公司据此认为上海某文化公司通过技术手段抓取微博数据并在某交友 App 的微博专题中进行展示，使用户无须某微博平台账号及下载某微博平台 App 即可浏览微博内容，使用微博服务；同时在某交友 App 的微博中恶意屏蔽微博多项功能，并嵌入其自有功能，违反了《反不正当竞争法》第 2 条、第 12 条第 2 款第 4 项，构成不正当竞争。

上海某文化公司则认为其与北京某科技公司不存在竞争关系，某交友 App 中相关界面及内容系链接至微博，并未抓取微博数据，且未屏蔽微博功能，其添加自有功能亦为正当。

一审法院经审理认为：上海某文化公司与北京某科技公司作为互联网竞争者，同样提供网络社交服务，且双方在争夺用户并使用网络数据方面亦存在此消彼长的竞争利益，故二者具有竞争关系。

北京某科技公司作为微博运营者，对微博前后端全部数据享有权益，并通过微博这一生态链实现商业利益。涉案明星微博中的数据对于北京某科技公司具有商业价值，北京某科技公司可就他人非法抓取并使用该数据的行为主张权益，有权提起本案诉讼。

某交友 App 中展示的微博信息或与微博一致，或更具体或不完整，结合“链接”行为的本质和目的，上海某文化公司辩称其设置“链接”的理由不成立，其系直接抓取并展示微博后台数据。该行为使某交友 App 用户无须注册或登录微博账号即可查看微博的全部内容，影响微博用户协议的履行，破坏了微博数据的展示规则，且对微博的部分内容构成实质性替代，分流了北京某科技公司的潜在用户流量，妨碍、破坏了微博的正常运营，构成不正当竞争；而对于北京某科技公司主张上海某文化公司屏蔽微博功能并添加自由功能，系上海某文化公司抓取微博数据行为产生的结果之一和前述不正当竞争行为的非法获利，故不再进行单独评价。

一审法院判决:上海某文化公司立即停止安卓版某交友 App 上的被诉不正当竞争行为、消除影响并赔偿北京某科技公司经济损失及合理开支共计 200 万元。

宣判后,上海某文化公司提起上诉。后二审法院驳回上诉,维持原判。

二、相关法律问题研究

2020 年 3 月 30 日发布的《中共中央国务院关于构建更加完善的要素市场化配置体制机制的意见》,将“数据”作为新型生产要素,与土地、劳动力、资本、技术并列为市场生产要素之一。2020 年 7 月 15 日,深圳市司法局发布通告,发布《深圳经济特区数据条例(征求意见稿)》向全社会公开征求意见,该意见稿第 4 条第 2 款首次提出“数据权”之概念,并对自然人、法人和非法人组织享有的数据权进行明确。[①] 可见,随着大数据时代的到来,“数据”的价值逐渐得到了显现和重视。因当前数据主要产生和运用于互联网之中,并借助新技术或依托新商业模式进行收集和整合,故对于市场主体,尤其是依赖流量而生存的网络经营者而言,平台中的数据是其在竞争中持续保持优势、进而拓展业务的信息资产和重要经营资源;数据的抓取和使用也因此成为网络经营者之间纠纷频发的原因。如何在网络竞争环境下,既依法保护经营者的数据权益,又不因此阻碍数据互通、共享这一互联网精神的实现,亦成为行业普遍关注的问题。

(一)平台数据保护的路径选择

我国尚未对数据进行专门立法,对于数据权益的保护散见于不同部门法之中。从当前的立法框架来看,网络经营者的数据保护基本有三种路径可供选择。

1. 民法路径之保护

《民法典》第 127 条规定:“法律对数据、网络虚拟财产的保护有规定的,依照其规定。”故从理论上看,数据可以获得民法的保护。但因前述规范未对数据权利的性质进行明确界定,如要在民法框架下寻求对平台数据的保护,需要分析其是否可以作为人身权或财产权之范畴。

从人身权角度来看,虽部分数据具有一定的人身权属性(如用户手机号、职业信息等),但从权利归属和价值体现来说,此种类型的数据系零散的个人信息,故通常应归属用户个人所有。而对于平台整体数据而言,因网络经营者已经进行了处理、加工和整合,故人身属性已不明显甚至因脱敏处理而消失,且平台数据的价值更多体现于网络经营者对其进行的运用和衍生性开发等方面。因

① 参见《首次提出数据权!!〈深圳经济特区数据条例〉(征求意见稿)意见通知全文》,载搜狐号“知识产权那点事”2020 年 7 月 15 日,http://www.sohu.com/a/407859347_120054912。

此，平台数据显然难以纳入人身权而获得民法保护。

从财产权角度来看，从数据本身出发，数据控制者可以直接对数据进行支配并产生相应的财产利益，因此数据具有与物权相近的属性。但对于数据权益是否可划归为物权保护，一方面，“物权法定”是将某一权利客体纳入物权的原则性要件，而我国民法和物权法均暂未将数据纳入“物”的范围；另一方面，从物权基础特征来看，同一数据可能涉及多个主体（如同时涉及用户和网络经营者），数据的流动性亦可能出现同一数据为不同主体同时掌握的情形，故数据本身亦不符合物权特定性和对世性的基本特征。因此，数据难以被划入物权范畴进行保护。[①] 虽《深圳经济特区数据条例（征求意见稿）》提出“数据权”的概念，但其尚未成为已经正式实施的法律法规，且在最新的征求意见稿中对相关条款进行了调整；另外其仅为深圳市辖区下的行政法规，对辖区外的市场主体维权亦无可借鉴性。

综上所述，从理论和立法的角度，平台数据尚无法准确划归入某一具体的民事权利之中，如欲通过《民法典》对平台数据进行保护，并无明确且恰当的条款进行直接援引，这将造成法律适用上的障碍。

2. 著作权法路径之保护

数据作为一种智力成果，如其可以被认定为具有独创性的作品，则有可能获得著作权法之保护。但从数据的表现形式来看，其通常表现为单一的数据信息和整体的数据集合（通常表现为数据产品）两类，针对前者，由于其有相当一部分内容较为简短，且往往源于用户的基础信息（如用户性别、年龄等），故从独创性角度来看，难以达到受著作权法保护的要求。而针对整体的数据集合是否可以作为数据库而获得著作权法的保护，当前数据库获得著作权法保护的情形主要有两种，一是针对其中的代码指令序列将其作为计算机软件进行保护；二是针对其选择和编排上的独创性而将其作为汇编作品进行保护，如在《中国学术期刊（光盘版）》电子杂志社与赵某某等著作权纠纷案中，法院认定，对院校学位论文进行选择和收集，按照不同的专业、门类进行编排，开发成可供检索、查阅、下载的论文数据库，体现了数据库内容的选择、编排方面的独创性，该数据库构成汇编作品。[②] 但上述两种情形均非网络经营者对平台数据的主要运用形式。另外，著作权法的宗旨之一是鼓励传播。但数据作为基础性市场资源，享有数据权益的网络经营者均希望独占数据资源，且部分平台数据因未公开（如用户发布后即删除，或设置为特定人所见的信息）或涉及用户隐私（如私信内容）而

---

① 参见张素华、李雅男：《数据保护的路径选择》，载《学术界》2018 年第 7 期。

② 参见上海市第一中级人民法院民事判决书，(2006)沪一中民五(知)终字第 16 号。

不适宜公开传播。因此,对于这些平台数据而言,亦均难以通过著作权法寻求保护。

3. 竞争法路径之保护

在民法和著作权法均难以实现对平台数据较为理想的保护的情况下,兼顾竞争秩序、经营者权益和消费者利益保护的反不正当竞争法则可较好地发挥对平台数据进行调整和保护的功能。

第一,适用反不正当竞争法保护平台数据的可能性。竞争关系是适用反不正当竞争法需考量的前提要件。在数据已经成为信息社会基础性资源的背景下,数据的使用范畴很广,故实践中,虽涉及数据争议的市场主体往往并非从事同一类型或类似经营活动,但只要其网络用户群体等经营要素存在此消彼长之可能性,即可认定双方之间存在竞争关系。当然,竞争关系的考虑因素不一定要求双方用户群体"此消彼长",也可能双方的用户群体都在增长,但如一方不恰当借助对方的经营资源,造成对方合法经营利益的损害,亦可认定存在竞争关系,进而使反不正当竞争法具有适用的空间。

第二,反不正当竞争法框架下可选择的保护路径。在现行反不正当竞争法框架下,数据保护有三种路径可供选择:一是商业秘密保护,但结合商业秘密"秘密性"的核心要件,仅平台中的未公开数据可能寻求此种路径,对于大量的前端已公开数据,则难以被认定为商业秘密。二是现行《反不正当竞争法》新增的第12条(以下简称"互联网专条")的保护,该条规定系对网络竞争不当行为进行规制的具体条款,对存在妨碍或破坏网络经营者产品或服务的平台数据抓取、使用行为可纳入该条款予以调整,由此可相对全面涵盖经营者的数据保护需求,调整其他经营者的数据竞争行为。三是现行《反不正当竞争法》第2条(以下简称"原则条款")的保护,即在虽不存在妨碍或破坏他人网络产品或服务故无法适用"互联网专条",但行为亦有不当时,可以考虑适用该条规定对违反诚实信用原则和商业道德的行为进行规制。

鉴于上述第一种方式对数据保护的局限性,在现行《反不正当竞争法》出台前,法院即主要通过上述第三种方式对平台数据进行保护,如全国首例数据竞争纠纷"脉脉"案,以及大众点评诉百度地图数据抓取和使用纠纷案,均援引"原则条款"调整被诉行为。[①] 但在当前"互联网专条"这一具体条款已足以调整涉及数据抓取、使用的网络竞争行为,且"原则条款"的适用应当以谨慎和谦抑为原则,本文认为,如被诉行为符合"互联网专条"所调整行为之要件,应适用"互联

① 参见北京市海淀区人民法院民事判决书,(2015)海民(知)初字第12602号;上海知识产权法院民事判决书,(2016)沪73民终242号。

网专条”对数据竞争行为进行调整，进而较好地回应网络经营者对数据保护的期望，并实现对当前数据竞争秩序的规范。当然，基于“互联网专条”应有存在破坏或绕开数据生产者或控制者所采取的技术措施的行为，如被告并不存在此种行为（如仅使用他人已公开数据），则对该种行为可考虑适用“原则条款”予以调整。①

（二）平台数据权益归属的认定

当原告援引著作权法、商标权法等其他知识产权部门法寻求保护时，其需依法享有权利基础，并据此作为请求权基础；反不正当竞争法虽系调整行为的法律而非权利法，但并不意味着原告可以在无权利基础的前提下提起诉讼。因此，判断数据权益归属，即原告是否对其主张的平台数据享有经营利益，仍是适用该法调整数据竞争行为的前提性要件。

1. 数据生产者对平台数据权益归属的影响

从数据的形成过程来看，用户信息、微博内容等平台数据均是由作为数据生产者的用户直接生产，但其所生产的数据是零散的个人数据。而在当前的数据竞争纠纷中，数据控制者所主张的数据一般是平台的整体数据，即其在数据生产者生产的个体数据基础上，投入大量成本整合、梳理出来的，并通过页面布局、账号内容等在内的设计综合形成并加以运用的数据。因此，平台数据是数据控制者吸引用户注册、使用其平台产品或服务的重要因素，亦是推进其平台运营发展、完善产品服务、提升用户体验的重要来源，是可以为网络运营者带来商业价值的经营资源；数据生产者系个人数据生产者这一事实不影响网络竞争者对其平台数据所享有的权益。

但是，因数据往往含有大量与个人信息相关的数据等特点，故在判断数据控制者是否对涉案数据享有合法权益时，还要结合其他相关法律进行理解。例如，网络安全法对网络竞争者收集使用网络用户的个人信息进行了更加严格的规定，如果数据控制者收集、使用网络用户个人信息时违反了这些规定，则可能导致其基于此收集的数据并形成的数据产品缺乏合法性基础而不能主张反不正当竞争法上的权益。例如，在淘宝（中国）软件有限公司与安徽美景信息科技有限公司不正当竞争纠纷一案中，被告即提出了原告对涉案数据产品不享有权益之抗辩，而法院通过对相关数据产品形成过程是否符合网络安全法进行了详细分析，通过审查数据控制者收集数据时是否提前公开了规则，是否明示其收集和使用数据的目的、方式和范围，是否经过原告明确同意等因素，综合认定原告对其

① 参见杭州铁路运输法院民事判决书，（2017）浙8601民初4034号。

主张的涉案数据产品享有相应权益。①

2. 用户协议对数据权益归属的影响

实践中平台用户协议约定数据权益归属的情况较为常见，即数据生产者将其生产的数据授权给数据控制者。如本案中，微博平台的用户注册一般需勾选《微博服务使用协议》，根据该协议约定，微博平台运营者对用户发布在微博平台上的内容享有独家权利并可享有转授权之权利；在提供微博服务过程中可以以各种方式投放各种商业性广告或其他任何类型的商业信息并向用户发送此类信息；为用户提供包括信息发布共享、关系链拓展、平台应用程序等功能、软件和服务等。本文认为，此类约定作为民事主体为自身权利义务安排所自行达成的协议，并未违反法律禁止性规定，应为有效，故作为数据控制者的平台与用户基于用户协议对平台数据权益归属的约定亦为有效。

在数据竞争纠纷中，被告往往会提出用户协议系格式条款而无效的抗辩。对此，根据合同法，格式条款的认定有其特殊要件，如提供格式条款的一方应当遵循公平原则确定当事人之间的权利义务，并采取合理的方式提请对方注意免除或限制其责任的条款等。但在不正当竞争纠纷中，用户作为用户协议的当事人一方，并未加入诉讼，故查明与上述要件相关的事实难以实现。此外，在用户未加入不正当竞争纠纷的情形下，如对用户协议的效力进行否定，亦将有损协议双方当事人的程序权利甚至实体权利（如用户通过让渡数据权利而获得相应收益，如用户协议效力被否定则其所获收益面临返还等后果）。因此，本文认为，不宜在不正当竞争纠纷中评价用户（数据生产者）和原告（数据控制者）之间的用户协议效力，被告提出的用户协议无效之抗辩亦难以成立。

（三）数据竞争行为的正当性判断

实践中，数据竞争纠纷的被诉行为通常为数据抓取和使用两类。在判断被诉行为是否正当时，应从涉案数据的类型，以及被诉行为的具体表现两方面进行考量。

1. 涉案数据的类型

从数据类型来看，网络经营者常以“前端数据”和“公开数据”来区分其平台中的数据类型，但对于该种区分方式下对数据的理解和定义尚无统一意见，而且从技术角度看这种区分方式或可能存在范围重叠，或可能存在分类不严谨的问题。因此从规范层面，对数据进行“公开数据”和“非公开数据”的概念区分更能体现法律意义。

---

① 参见杭州铁路运输法院民事判决书，(2017)浙8601民初4034号。

在此种类型区分下，一般而言，对于数据控制者未设访问权限，无须任何身份认证或用户登录即可查看到的数据就属于公开数据；而对于数据控制者通过登录规则或其他技术措施设置访问权限才可以查看的数据应为其非公开数据。

2. 被诉行为的表现

对于非公开数据来说，其系数据控制者采取一定技术措施而设定获取权限，在不存在合作或授权的情况下数据使用者抓取该种数据的手段显然只能利用技术手段破坏或绕开数据控制者采取的访问权限，显然具有不当性。因抓取行为本身即不正当，故对于非公开数据的后续使用亦难谓正当。

对于公开数据的抓取和使用行为的正当性判断，则需要根据以下具体情形进行综合认定。

一是抓取但未使用。对于数据控制者平台中的公开数据，基于网络环境中数据的可集成、可交互之特点，平台经营者应当在一定程度上容忍他人合法收集或利用其平台中已公开的数据，否则将可能阻碍以公益研究或其他有益用途为目的的数据运用，有违互联网互联互通之精神。因此对于公开数据抓取行为的正当性，主要看被告对于公开数据的抓取是否符合法定义务和行业规则。网络环境中如数据使用者通过合法正当途径，例如，手工记录整理、使用遵守通用技术规则的网络爬虫技术自动抓取相关数据，则其抓取数据的行为应属正当。但是对公开数据进行抓取但未使用的行为并非均属正当。例如，网络经营者为了能够在搜索引擎中得到展示，一般会开放自身网页中的数据供搜索引擎服务提供者等网络爬虫抓取。但也有部分网络经营者为了防止数据抓取行为给其产品或服务造成市场替代效果、服务器负担加重、用户协议履行落空等负面影响，会通过设置其网页 Robots 协议而拒绝部分或全部爬虫对其数据的抓取。此时，虽然作为数据控制者的网络经营者对其掌控的数据设置了一定抓取障碍，但从数据分类角度来说，因 Robots 协议缺乏规范效力，一定程度上属于“君子协议”，故对于该部分不允许抓取的数据而言，亦属于未设定特殊访问规则，打开其网页即可直接抓取的公开数据。此种情况下，因网络经营者对其网页设置的 Robots 协议通常会被认定合理，[①]故如第三方未遵守 Robots 协议设定的限制抓取大量此种公开数据，即便其未使用该数据，也可能因该抓取影响了他人数据安全等经营利益而具有不当性。

二是抓取后直接使用或进行简单加工后的使用。对于通过合法途径获得的公开数据，对其的抓取和使用行为是否正当，可以从对数据控制者用户协议的履

① 参见北京市第一中级人民法院民事判决书，(2013)一中民初字第 2668 号。

行及数据独家权益受到的影响、数据安全的投入及回报、数据展示规则的完整性、是否对原平台构成实质性替代、对原平台基于数据权益可产生的经济收益的影响等角度,对涉案行为是否妨碍、破坏了他人平台的正常运营进行认定,从而对涉案行为正当与否进行判断。如大量抓取数据控制者经过长期经营、积累而产生的数据竞争资源,并对相应数据直接复制、使用,则虽被抓取的数据系公开数据,但第三方对数据的利用也超过了必要限度和合理范围的,亦属不当。[①]

实践中,抓取公开数据并直接使用的情形较为少见,相反地,数据使用者抓取他人公开数据后会结合自身提供的服务类型和特点,对其从数据控制者处获得的数据进行一定程度的筛选、整合,进而在其平台中对外展示和使用。例如,搜索引擎服务提供商所使用的垂直搜索即是针对某一行业在特定范围内进行的搜索,并经挖掘和整合,以某种特定形式将结果向用户反馈。从技术特征和行为本质来看,该种行为方式亦为向用户展示源于数据控制者掌控的数据,但在未进行深度提炼的情况下与抓取并直接使用的方式差异不大。因此,对于此种抓取公开数据并进行适当加工后使用的行为,仍应限定在合理范围内,遵循"最少、必要"原则,以避免对数据控制者产生同质、替代。[②]

三是抓取后经过二次加工并形成新数据产品后使用。数据产品的开发和市场应用是当前互联网行业的商业模式之一。例如,网络经营者通常会通过对用户的消费数据进行分析,预测用户偏好,以便改善其产品和服务。如数据使用者通过合法途径抓取公开数据,并将所抓取的数据进行深层的筛选、清洗、编辑、整合而形成新的数据产品,则虽相关原始数据源于数据控制者,但最终形成的数据产品系经过数据使用者的创造性投入,并已脱离原数据形态,在抓取手段和使用方式上均为正当,亦有助于改善消费者的用户体验,不宜被认定为构成不正当竞争。

3. 其他需注意的问题

在判断数据竞争行为正当性时,还要区分技术、商业模式本身,以及通过新技术或基于新商业模式实施的竞争行为。

数据竞争行为常常与技术创新相联系,诚然,在网络竞争环境之下,为了更加高效、全面地抓取数据确实会激发技术创新,但技术本身的创新性并不当然意味着依托于该种创新技术下的行为均是合法正当的。正如本案中某交友 App 抓取微博信息的方式必然用到了与此前不同的数据抓取技术,但技术本身仅是载体,不能据此否定利用该种技术破坏微博平台技术措施而实施的涉案行为之

① 参见北京市第一中级人民法院民事判决书,(2011)一中民终字第 7512 号。

② 参见上海知识产权法院民事判决书,(2016)沪 73 民终 242 号。

不正当性。

此外,新商业模式的运行和基于商业模式下所进行的行为的正当性之间亦无必然对应关系。一般而言,新商业模式通常会伴随着一定的价值增量,如本案中某交友 App 的商业模式是整合了明星微博信息并向粉丝提供,该种商业模式本身系正当,且通过信息汇集降低了粉丝自行搜索的成本。一方面,上海某文化公司可以选择通过获得新浪公司授权等合法方式获取微博平台数据从而实现其商业模式的正当运营;另一方面,新商业模式的价值增量如未推动用户的整体福利,或有明显提升社会公共利益等体现,相反地,仅系对个体市场主体或若干消费者存在价值增量,则此种价值增量有限甚至从长远看可能有损用户福利,此时,该种商业模式下的行为亦难谓正当。

因此,在判断被诉行为是否正当时,虽要结合数据生产者、数据控制者以及数据使用者三方因素进行充分考量,但被诉行为本身始终是在判断其是否正当的首要考虑因素,而不能因为被告采取的技术属于创新性技术或开发的商业模式符合时代发展,即允许其以此为由侵害他人合法权益。

当前数据权益立法的相对滞后,使数据保护路径的选择存在困境,也与数据价值的逐渐凸显存在矛盾。司法应有所作为,在现有法律框架下依法为数据提供相应保护,既及时回应网络经营者的数据保护需求,又为当前尚不规范的数据竞争行为划定相应边界,进而规范相关市场中的数据竞争秩序。

(责任编辑:何　琴)

视听作品合理使用的认定要件和裁判思路

——甲公司诉乙公司侵害类电作品信息网络传播权案相关法律问题研究

姜 颖* 颜 君**

裁判要旨

1. 将视听作品截图制作图片集的行为属于使用该作品的行为。信息网络传播权中规定的向公众提供作品,不应狭隘地理解为是完整的作品,因为著作权法保护的是独创性的表达,只要使用了作品具有独创性表达的部分,即属于作品信息网络传播权的控制范围。本案中,涉案图片集截取了涉案剧集中的382幅画面,这些画面并非进入公有领域的创作元素,而为原涉案剧集中具有独创性表达的内容,因此,提供涉案图片集的行为构成提供作品的行为。

2. 制作包含视听作品主要剧情和关键画面的"图解电影"的行为不构成合理使用。合理引用的判断标准并非仅取决于引用比例,而应取决于介绍、评论或者说明的合理需要。就涉案图片集提供的主要功能来看,其并非向公众提供保留剧情悬念的推介、宣传信息,而是涵盖了涉案剧集的主要剧情和关键画面,这将对原作品的市场价值造成实质性影响,损害作品的正常使用,已超过适当引用的必要限度,构成侵权。

一、据以研究的案例

原告甲公司享有涉案剧集的信息网络传播权。"图解电影"App和"图解电影"网站为在线图文电影解说软件,被告乙公司为上述软件和网站的运营商,该

* 北京互联网法院副院长,中国人民大学法学硕士。
** 北京互联网法院综合审判一庭副庭长,外交学院硕士。

公司网站首页上标明,“十分钟品味一部好电影”。2018 年 9 月,代理人陈某玉在公证员的见证下,使用见证实录浏览器进入“图解电影”网站(网址为:www.graphmovie.com)首页,点击“剧集”,再点击“最热门”“古装”“大陆”,下拉到约第十排,出现《三生三世十里桃花作品 01》图标,作者昵称为“青青酱”,观看 6.9 万,喜欢 501,豆瓣评分 6.4 分,介绍文字为:杨幂的仙气和狐狸的灵动,赵又廷整容式……点击进入该“图解电影”内容播放页面。经比对,《三生三世十里桃花》“图解电影”图片集(以下简称涉案图片集)共包含图片 382 张,均截取自涉案剧集第一集,图片内容涵盖涉案剧集第一集视频内容的主要画面,下部文字为被控侵权图片集制作者另行添加。通过“图解电影”软件观看图片集可选择 5 秒每张、8 秒每张等速度进行自动播放,也可以通过自行点击下一张的方式手动播放。故原告诉至法院,请求判令被告赔偿原告经济损失及合理费用共计 50 万元,其中经济损失 45 万元,合理费用包含律师费 4 万元和公证费 1 万元。

被告认为,不同意原告的诉讼请求。第一,“图解电影”平台是一个用户自行上传信息的分享平台,是信息存储空间,平台有声明要求上传的内容必须合法合规,尽到了平台的注意义务;第二,视频播放通常情况下一秒就有 24 帧画面,“图解电影”并非连续使用图片,不会对视频造成直接的侵权,并且“图解电影”是图片和文字结合的再创作,核心在文字本身,文字是作者根据视频进行诠释的再创作,并非视频所表达的本身,观众仅观看去掉文字连续播放的图片没有意义;第三,“图解电影”的作者看完电影进行文字分享,需要有图片配合他的文字去做对应的陈述,且如果图片连续播放,300 多张图仅能播放几秒钟,对整个视频来说,属于一种合理引用行为,并且《三生三世十里桃花》总剧集是 58 集,其作者仅将上述剧集的第一集换了一个形式,可以说是一个预告片,起到了宣传的作用。

一审法院于 2019 年 8 月 6 日作出(2019)京 0491 民初 663 号民事判决:(1)被告乙公司于本判决生效之日起 7 日内,向原告甲公司赔偿经济损失 3 万元;(2)驳回原告甲公司的其他诉讼请求。

被告乙公司向二审法院提出上诉。二审法院的观点如下。

第一,关于将他人类电作品进行截图制作图片集的行为是否属于提供该类电作品的行为的问题。

法院认为,2010 年《著作权法》第 10 条第 1 款第 12 项①规定的“以有线或者无线方式向公众提供作品”的行为,不应狭隘地理解为向公众提供的是完整的

① 参见 2020 年修正的《著作权法》第 10 条第 1 款第 12 项。

作品,因为著作权法保护的是独创性的表达,只要使用了作品具有独创性表达的部分,均在作品信息网络传播权的控制范围。

涉案剧集是连续动态的影视画面,而涉案图片集是静态图片,虽然两者表现形式不同,但判断是否存在提供作品的行为,关键需要考察涉案图片集是否使用了涉案剧集具有独创性的表达。类电作品动态影像画面的表达效果,系通过对视觉滞留原理的应用,将一系列独立的画面组合起来,让观众视觉感受到连续运动的视像。根据现有制作技术,流动画面的类电作品的实质,是静止画面的集合和连续播放,类电作品中一帧帧的画面是该作品的组成部分。

本案中,涉案图片集过滤了涉案剧集的音效内容,截取了涉案剧集中的382幅画面,其截取的画面并非进入公有领域的创作元素,而是原涉案剧集中具有独创性表达的部分内容,因此,提供涉案图片集的行为构成提供作品的行为。该行为使公众可以在选定时间和地点获得涉案图片集,落入涉案剧集信息网络传播权的控制范围。

第二,关于被控侵权行为是否构成合理使用的问题。

首先,涉案行为不属于适当引用。从使用手段来说,涉案图片集几乎全部为原有剧集已有的表达,或者说,虽改变了表现形式,但具体表达内容并未发生实质性变化,远远超出以评论为目的适当引用必要性的限度。从使用目的来说,提供涉案图片集的目的并非介绍或评论,而是在当今"快餐文化"的背景下,通过三百多张图片集的连续放映,迎合用户在短时间内获悉剧情、主要画面内容的需求。

其次,是否影响该作品的正常使用。本案中,涉案图片集分散地从整部作品中采集图片,加之文字解说对动态剧情的描述,能够实质呈现整部剧集的具体表达,包括具体情节、主要画面、主要台词等,公众可通过浏览上述图片集快捷地获悉涉案剧集的关键画面、主要情节,提供图片集的行为对涉案剧集起到了实质性替代作用,影响了作品的正常使用。

最后,是否不合理地损害了著作权人的合法权益。虽被告认为涉案图片集部分提供的行为对原作品具有"宣传效果",但从市场角度来看,以宣传为目的与以替代为目的的提供行为存在显著区别。就涉案图片集提供的主要功能来看,其并非向公众提供保留剧情悬念的推介、宣传信息,而是涵盖了涉案剧集的主要剧情和关键画面,在一般情况下,难以起到激发观众进一步观影兴趣的作用,不具备符合权利人利益需求的宣传效果,损害了权利人的合法权益。

二审法院于2020年5月11日作出(2020)京73民终187号民事判决:驳回上诉,维持原判。

二、相关法律问题研究

近几年,短视频、自媒体等各种新兴传播载体迅猛发展,视听作品合理使用的边界,成为作品权利人、二次创作者,以及广大自媒体从业者等关注的焦点。2020 年 4 月 30 日,《著作权法》(修正案草案)对合理使用制度进行了修正,引发了社会的广泛讨论。本案是全国首例"图解电影"侵权案,该判决厘清了影视市场商业化开发和合理使用的边界,为影视产业健康发展提供了明确的规范指引。

此案的焦点在于:第一,视听作品权利人对其中单张画面是否享有权利,以及利用他人视听作品中的画面制作图片集的行为是否属于使用该作品的行为;第二,影评类使用剪辑行为合理使用的认定条件。上述争议焦点虽仅涉及个案判断,但由于互联网存在广泛的类似利用形式,产业界亟待司法对此类行为作出明确指引。因此,此案的裁判将传递对影视衍生品再创作和利用行为的司法态度,将对影视行业和文化传播市场的健康发展,发挥规则树立和行为指引的作用。

(一)殊途同归:视听作品各种形式利用行为的定性规则

随着网络技术的迭代更新,"混剪视频""图解电影"等新型影视衍生品利用行为层出不穷。通过对各种利用行为进行类型化梳理,主要存在两类情形:一类是对视听作品中的元素进行二次利用,例如,"豆瓣网"模式,[①]在影评文章中添加剧照、截图;"图解电影"模式,将影视截图做成图片集;"谷阿莫"模式,[②]将视频片段进行混剪改编。另一类是将图片作为元素置入视听作品中,例如,"延时摄影"将多张照片组合成为视频。对于上述利用行为是否构成侵权、是否属于合理使用的评判,首先需要确定的是,涉案利用行为是否属于对原作品的使用,是否落入原作品著作权的控制范围。

1. 视听作品的权利基础及侵权救济的路径选取

由于视听作品动态影像画面的表达效果,是通过对视觉滞留原理的应用,由一系列独立画面组合而成。因此,在视听作品权利选取和侵权救济路径上,天然地存在于美术作品、摄影作品相重合的部分。因此,一般情况下,此类案件权利人会考虑两种路径:一种是主张对视听作品享有著作权,被告使用视听作品部分元素的行为属于利用视听作品的行为;另一种是主张对涉案影视截图、画作享有摄影、美术作品著作权,被告使用行为构成侵权。

---

① 参见东阳市乐视花儿影视文化有限公司诉北京豆网科技有限公司侵害作品信息网络传播权纠纷案,北京市朝阳区人民法院(2017)京 0105 民初 10028 号民事判决书。

② 参见秦楚乔:《"五分钟说电影"的谷阿莫被迪士尼告侵权! 本人回应:在调解阶段》,载网易号"南方都市报"2019 年 8 月 1 日,http://www.163.com/dy/article/ELH0QK6405120/QAF.html。

2. 著作权“实质性相似”的侵权认定标准

流动画面的视听作品，与静止图片的表达效果虽呈现不同的表现形式和表达效果，但判断是否侵权，仍应适用“接触+实质性相似”标准，考察涉案图片集是否使用了涉案剧集具有独创性的表达。此处对前文提及的两种救济路径分别论述如下。

（1）视听作品权利人对使用其作品元素行为的救济路径。对于视听作品元素的适用行为，被控侵权人往往抗辩道，该行为由于改变了视听作品原有的表现形式，并非对原视听作品的利用行为。该抗辩意见涉及视听作品著作权的控制范围，亦即视听作品权利人是否当然包括对其中截图等元素的权利。对此，本案裁判明确了，认定侵权不应狭隘地限定为，以不改变作品形式使用完整作品的行为，只要再度利用行为使用了原视听作品具有独创性表达的部分，均落入视听作品著作权控制的范围。该裁判规则将消减视听作品中元素版权归属的纷争，对版权市场权利划分起到积极的指导意义。

（2）美术、摄影作品权利人对将其作品制作成视频行为的救济路径。正如前文所述，视听作品著作权人可能通过主张对其作品元素享有美术作品著作权的方式寻求救济。① 与此同时，摄影作品权利人亦可能主张对照片组成的视听作品享有著作权。② 由于上述各种权利主张方式的认定条件不同，需根据权利人的选择和具体案情，作出不同的认定。但无论权利人选取的请求权基础为何、具体的利用形式存在何种差别，但认定侵权的关键均为“实质性相似”原则，即被控侵权内容是否构成原作品中具有独创性表达的部分，至于利用方式是否改变形式、是否只进行了部分使用，以及转换型程度的高低，均为是否属于合理使用的讨论。

（二）利益平衡：合理使用的裁判方法和认定标准

在此类案件审理过程中，认定被控侵权内容存在“实质性相似”、属于原作品著作权控制的范围之后，则需评判被控侵权人关于合理使用的抗辩意见是否成立。在立法层面，2010 年《著作权法》第 22 条和《著作权法实施条例》第 21 条

---

① 例如，在胡某庆、吴某初诉上海美术电影制片厂著作权权属纠纷案中，上海美术电影制片厂主张其对葫芦娃人物造型享有美术作品著作权，法院未认定视听作品权利人对该元素当然享有著作权，而是根据创作过程等证据，认定美术作品系该厂员工创作的职务作品，该厂对其享有署名权之外的著作权。参见上海市第二中级人民法院民事判决书，（2011）沪二中民五（知）终字第 62 号。

② 例如，在周某亚与华某玉著作权权属、侵权纠纷案中，原告主张对其照片组成的视听作品享有著作权，法院认定，原告拍摄 5000 余张照片后，将其作为素材制作成视频，赋予静止的照片以动态的连续画面，在素材选取、主题内容的表达上具有独创性，因此构成视听作品。参见北京互联网法院民事判决书，（2019）京 0491 民初 8613 号。

对合理使用的条件进行了规定,[①]但从法律规定到具体纠纷事实的过程中,判断某一行为是否属于“适当引用”、是否“影响该作品正常使用”、是否“不合理地损害著作权人合法利益”,仍存在较大的诠释空间,司法实践中的裁判标准需要进一步厘清。

1. 司法过程中合理使用条款的裁判方法

司法过程中,法官裁判案件通常用到法律解释、不确定概念价值补充和法律漏洞价值填补等裁判方法,由于合理使用法律适用问题一般不需要进行法律漏洞的填补,故下文就前两种方法的适用分别展开论述。

第一,通过法律解释的裁判方法阐释法律规定的具体内涵。关于合理使用条款的适用,通常会用到目的解释、扩张解释等法律解释的方法。[②] 学术界有观点认为,我国合理使用制度采取封闭式的立法技术过于僵化,不能适应数字化和网络技术的发展。[③] 司法实践中,有案例通过目的解释的方式,对合理使用条款列举的内容进行扩张。例如,有观点认为,合理使用制度的立法本意在于平衡保护著作权人合法权益与鼓励、促进作品的创作和传播之间的关系,现有法律列举的12种合理使用情形无法完全满足现实需求,因此,以《著作权法实施条例》第21条规定的合理使用要件来衡量某一行为是否属于合理使用,是合乎著作权法立法原意与合理使用制度设计初衷的。[④]

与此同时,面临合理使用范围过窄的问题,也有法院通过扩张解释的方式,扩大介绍和评论的语义范围。实际上,合理使用条款中关于“为介绍、评论某一作品或者说明某一问题”的规定,对网络和新媒体发展中很多使用行为有着很强的诠释力和涵盖度。

对上述两种方法,笔者认为,法官是法律的解释和适用者,不是法律的创造者,应力求在法律框架内,通过对法律的阐释,缓解成文法滞后性与产业发展之间的紧张关系。在能够通过文义解释,以及对现有文义进行扩大或限缩解释的基础上,能结合具体案件解释出符合立法意图的结果,应当优先适用文义解释,慎用超出立法文义射程的目的解释。

《著作权法实施条例》第21条明确规定了,其适用的前提是符合2010年

---

① 参见2020年修正的《著作权法》第24条。

② 法律解释方法包括文义解释、体系解释、目的解释、比较法解释、扩张解释、限缩解释等。目的解释,是以立法目的作为根据,解释法律的一种解释方法;扩张解释,是指某个法律条文所使用的词句文义过窄,将本应使用该条的案件排除在外,于是将符合立法本意的案件纳入其使用范围的法律解释方法。参见梁慧星:《裁判的方法》(第3版),法律出版社2017年版,第117~118页。

③ 参见李琛:《论我国著作权法修订中“合理使用”的立法技术》,载《知识产权》2013年第1期。

④ 参见梁慧星:《裁判的方法》(第3版),法律出版社2017年版,第117~118页。

《著作权法》第22条规定的情形,因此,按照立法原意,认定合理使用条件时,上述两条款之间应当是同时具备、而非选择适用的关系。故在此案的处理上,亦采纳了上述法律适用的方法,首先评述涉案利用行为是否符合以介绍、评论为目的使用的范围,然后根据《著作权法实施条例》第21条规定的构成要件进行衡量。

第二,结合具体案件事实对不确定概念进行价值补充。司法过程中,在法律规定不具体,其构成要件和适用范围不确定时,往往采用价值补充的方法对法律条款中的不确定概念进行价值填补。此处结合本案的具体情况,对比较法方法、社会学方法和利益衡量等方法进行运用。

通过比较法方法,引入域外相关规定辅助说理。[①] 从比较法研究的角度来看,合理使用的考量因素包括《保护文学和艺术作品伯尔尼公约》"三步检验法"标准和《美国版权法》"四要素"标准。[②] 除非作为涉外案件准据法,域外法律规定一般不能直接作为案件裁判的依据,但可作为一项法理规则辅助说理。在存在不确定概念的场合,法院可参考外国法中的主流观点,作为认定构成要件、利益衡量的参考因素。本案在说理时,即借用了"三步检验法"的标准,分别从三个方面分析涉案行为是否构成合理使用。

通过社会学方法,对比衡量不同司法决策引致的社会效果。[③] 此方法类似于波斯纳关于司法行为决策理论中的实用主义理论,根据司法判决可能产生效果的利弊权衡作出抉择。[④] 运用此种方法,一般需要对社会效果作出实证调查,例如,根据案件的具体情况,通过研究机构就某一行为是否有利于增进社会总福祉进行调研;或者,对案件涉及的行业情况、市场主体间的利益冲突进行了解和分析,进而作出合乎产业发展和利益平衡的判决。

本案中,合议庭即运用了此种裁判方式,在案件审理过程中,走访调查了影视行业,把握长、短视频产业的发展动向,了解视听作品权利人的营利模式和经营痛点,以及二次创作市场的利用需求。在此基础上,合议庭认定,涵盖了视听

---

① 比较法方法,是指在解释法律条文时,参考借鉴外国法律的规定和解释。参见梁慧星:《裁判的方法》(第3版),法律出版社2017年版,第266页。

② "三步检验法"标准,即只能在特殊情况下做出、与作品的正常利用不冲突,以及没有无理由损害权利人合法利益的情况下,可以对著作权进行例外的限制。"四要素"标准,包括:(1)使用的目的和性质,包括这种使用是具有商业性质或者是为了非营利的教育目的;(2)有版权作品的性质;(3)同整个有版权作品相比所使用的部分的数量和内容的实质性;(4)这种使用对有版权作品的潜在市场或价值所产生的影响。参见王迁:《著作权法》,中国人民大学出版社2015年版,第318页。

③ 在两种法律解释出现不同判决结果时,预测两种判决结果产生的社会效果,对比两种结果的利弊,最后采纳预测结果较好的解释方法。参见梁慧星:《裁判的方法》(第3版),法律出版社2017年版,第231页。

④ 参见[美]理查德·波斯纳:《法官如何思考》,苏力译,北京大学出版社2009年版,第37页。

作品主要剧情和关键画面的利用行为,并非富有悬念的宣传推介,难以起到激发观众进一步观影兴趣的作用,不具备符合权利人利益所需求的宣传效果,并据此认定此种使用行为损害了权利人的合法利益。

2. 合理使用的具体认定标准

通过对裁判方法的运用,依据法律解释方法对著作权法及其实施条例的规定进行阐释,参照比较法的相关规定,并考量相关市场调查情况和产业政策动向,下面分为三个维度对合理使用制度涉及的主要司法观点和具体标准总结如下:

第一,关于使用目的。在现有立法框架下,使用目的应当仅限于 2010 年《著作权法》第 22 条所列举的使用范围。当然,也有在极个别案件中,超出上述规定,仅使用《著作权法实施条例》第 21 条的规定对使用行为进行衡量的情况。不同于美国"四要素"标准,在我国的司法实践中,法院虽更倾向于认定商业使用行为不属于合理使用,①但认为以公益或营利性为目的的区分并非构成合理使用的关键衡量因素。② 本案亦首先分析了涉案行为的使用目的,认为其并非评论性引用,而是为了在"快餐文化"的背景下迎合用户快速消费的需求。

第二,关于使用手段。就使用手段而言,引用比例是最常用的衡量方式,包括引用部分占原作品的比例和占二度创作作品的比例。具体到本案中,"图解电影"虽绝对引用原作品的比例仅占到 0.5%,但该部分内容占据了图解图片集的绝大部分内容,因此超过了合理引用的比例。

同时需要指出,合理使用的判断标准并非单纯取决于引用比例,决定性因素为引用作品是否出于介绍、评论之必要。引用部分与二次创作作品的融合度、二次创作作品的转换性程度也往往被作为必要性的衡量因素。在某些案件中,还会考虑到引用作品时,是否产生了类似于"致敬"似的使用方式,因此产生了映

① 在上海美术电影制片厂有限公司与云南港鑫实业有限公司著作权权属、侵权纠纷案中,三菱汽车公司在商业宣传时使用了葫芦娃形象,法院认为其使用图片的目的系吸引客户购买其销售的七座 SUV,并非为了介绍、评论某一作品或说明某一问题,不构成合理使用。参见云南省昆明市中级人民法院民事判决书,(2018)云 01 民初 1092 号。

② 在央视国际网络有限公司与刘某越等侵害著作权纠纷案中,被告央视在视频节目制作中使用了原告摄影作品,被告以使用目的为公益作为抗辩意见,但法院在裁判中未以公益性还是营利性使用作为合理使用成立与否的考虑因素。参见北京知识产权法院民事判决书,(2017)京 73 民终 1068 号。

照式的美感。[①] 本案中,由于图片集的利用形式转换性程度不高,亦未体现其再创作时的合理融合,故该使用方式超出了介绍、评论的必要性限度。

第三,关于使用效果。根据《著作权法实施条例》第 21 条的规定,以及“三步检验法”的规则,一般通过是否影响作品的正常使用和是否损害著作权人的合法利益两方面考量社会效果。

一方面,是否影响作品的正常使用通常取决于是否产生了替代效果。例如,在“我是歌手”案中,法院认为公众难以通过观看该部分视频获悉全部内容,未起到实质性替代的作用。[②] 相反地,在本案中,法院认为使用的截图包含了具体情节和关键画面,能够实质呈现整部剧集的具体表达,起到了实质性替代作用。

另一方面,对于是否损害著作权人合法利益的认定,司法实践中则存在较大差异,曾考量的因素包括:是否起到宣传效果、是否指明作品来源、是否与权利人的经济利益相竞争,以及是否造成原作品的负面评价等。[③] 笔者并不赞同对该问题作出较为泛化的扩张适用,但一般来说,是否起到符合权利人利益期待的宣传效果,可以作为考量的因素之一。此种观点亦被多份判决所采纳。鉴于此,本案也吸收了该观点,并明确指出替代与宣传的关键区别包括,关键画面的剧透抑或留有悬念。

总而言之,著作权法的永恒困境是决定著作权人专有权的止境和公众获取作品自由的起点,[④]如何在保护权利的同时,平衡再次创作者、公众使用者之间的利益,司法需要在权利人与公共利益之间找到一个恰当的平衡点。此案为进一步厘清合理使用的具体裁判方法和认定标准做出了有益探索,精准划定了影视市场商业化开发和二次创作的边界,为此类案件裁判作出了规则指引,有利于推进影视产业创新激励和健康发展。

(责任编辑:何　琴)

---

① 在上海美术电影制片厂有限公司与宸铭影业(上海)有限公司等著作权侵权、不正当竞争纠纷案中,影片在拍摄时使用了葫芦娃的角色形象,虽法院认为该引用并非介绍评论作品的必须,而是因为“葫芦娃”作为 20 世纪 80 年代经典动画片的代表,具有典型的年代特征,对 80 后人群有特殊的回忆意义,该使用方式能够更好地体现男主角的年龄特征,因此该引用具备了新的价值和意义,最终并未认定侵权。参见上海知识产权法院民事判决书,(2019)沪 73 民终 82 号。

② 参见湖南快乐阳光互动娱乐传媒有限公司与北京十三月文化传播有限公司侵害作品信息网络传播权纠纷案,北京市朝阳区人民法院(2018)京 0105 民初 10380 号民事判决书。

③ 参见颜君:《从“图解电影”案出发看视频合理使用的裁判思路》,载《中国版权》杂志社“第二届新时代版权强国青年征文活动”征文。

④ See Neil Weinstock Netanel, *Copyright and a Democratic Civil Society*, 106 Yale Law Review 286 (1996).

退休人员社会保险权益的司法救济
——詹某某不服某社会保险基金管理中心不予受理投诉答复案相关法律问题研究

寇天功* 刘会霞**

裁判要旨

领取养老金后的退休人员发现用人单位未按时足额为其缴纳社会保险向社保征缴部门投诉要求稽核的,按照相关规定及社会保险制度的立法目的,社会保险经办机构应该予以受理,为该类人员提供权益保障途径。

一、据以研究的案例

原告詹某某于1955年1月出生,2015年1月其单位某公司为其办理了退休手续,自2015年2月起詹某某享受基本养老保险待遇。之后,詹某某发现某公司存在少、漏、错、扣而未足额缴纳社会保险费的情况,遂到北京市某社会保险基金管理中心(被告处)投诉某公司未足额缴纳社会保险导致其退休金损失,要求被告进行稽核检查。被告经社会保险管理信息系统、医疗保险信息收缴子系统查询到原告的缴费状态为(终止)退休,并正常领取基本养老保险费。2016年3月25日,被告作出《关于退休职工詹某某反映退休金损失一事的回复》,告知原告依据《关于进一步规范社会保险稽核工作有关问题的通知》第6条第2款的规定,①其举报不属于该中心的受理范围。原告不服,即提起本次诉讼。

---

* 北京市朝阳区人民法院行政庭副庭长,北京大学法学硕士。

** 北京市朝阳区人民法院行政庭法官助理,中国人民大学法学硕士。

① 《关于进一步规范社会保险稽核工作有关问题的通知》(京社保发〔2008〕38号)第6条第2款规定,举报、投诉者为已退休人员或者超龄无法补缴社会保险费人员,可依据《劳动争议调解仲裁法》第2条第4项的规定,由劳动争议仲裁机构处理。

原告詹某某诉称:原告退休前发现企业少、错、漏、扣而未足额缴纳社会保险费,多次前往被告处投诉反映,被告于 2016 年 3 月出具《关于退休职工詹某某反映退休金损失一事的回复》,让其通过司法途径解决。原告申请至北京市 D 区劳动人事争议仲裁委员会未被受理,诉至北京市 D 区法院、二审法院均被驳回,裁定理由为非管辖范围。原告认为依据《社会保险法》和《北京市基本养老保险规定》,被告有登记、征收、支付、稽核等基本养老保险法定职责,对原告投诉企业未足额缴纳社会保险费的违法行为,被告理应依法履职,稽核征缴纠正,但被告推诿至法院属乱作为,且造成原告退休金的长期损失。综上所述,请求法院判决撤销被告作出的《关于退休职工詹某某反映退休金损失一事的回复》;判决被告履行法定职责,稽核企业未足额缴纳社会保险费等违法行为,并出具稽核结果。

被告某社会保险基金管理中心辩称:经社会保险管理信息系统、医疗保险信息收缴子系统查询,原告现在的缴费状态为(终止)退休,并从 2015 年 2 月起正常领取养老金。《关于进一步规范社会保险稽核工作有关问题的通知》第 6 条第 2 款对已退休人员的社会保险问题解决途径作出了明确规定,因原告属于已领取养老保险待遇的退休人员,可按照上述规定向劳动争议仲裁机构主张相应的赔偿。

C 区法院一审经审理认为:参照《社会保险稽核办法》《北京市社会保险稽核实施细则(试行)》的相关规定,县级以上社会保险经办机构稽核部门负责社会保险稽核工作,社会保险稽核实行地域管辖,各级经办机构负责本行政区域参保缴费单位的稽核。本案中,某公司的住所地位于北京市 C 区,故被告对原告提出的投诉具有依法处理的法定职责。

根据《社会保险法》第 60 条、第 63 条,《实施〈中华人民共和国社会保险法〉若干规定》第 27 条的规定,用人单位未按时足额缴纳社会保险费的,社会保险费征收机构应责令其限期缴纳或者补足;职工与所在用人单位发生社会保险争议的,可以通过申请调解、仲裁,提起诉讼的方式解决,认为用人单位有未按时足额为其缴纳社会保险费等侵害其社会保险权益行为的,也可以要求社会保险行政部门或者社会保险费征收机构依法处理。根据上述规定,针对用人单位未按时足额为其缴纳社会保险费的情形,劳动者要求社会保险管理部门予以处理的,相关部门应当作出相应的处理。因此,本案被告所作《关于退休职工詹某某反映退休金损失一事的回复》缺少相应的法律根据,法院无法予以支持。关于原告的退休人员身份问题,一审法院认为,退休人员身份可能引起社会保险补缴实际操作方面的问题,但不能因此免除被告予以调查、核实、处理的相关义务,故该事由不能成为被告不予受理的理由。

一审法院依据《行政诉讼法》第 70 条第 2 项、第 72 条的规定,作出判决:

(1)撤销被告某社会保险基金管理中心于2016年3月25日对原告詹某某作出的《关于退休职工詹某某反映退休金损失一事的回复》;(2)被告于本判决生效之日起60日内对原告詹某某的投诉重新作出处理。

宣判后,双方均未提出上诉。

二、相关法律问题研究

本案是北京市退休人员投诉用人单位未按时足额缴纳社会保险并要求社会保险经办机构稽核行政诉讼的首案,该案的审理对保障已办理退休并领取基本养老保险金人员的社会保险权益,具有重要的指导意义。

该案的争议焦点在于:退休人员投诉用人单位未足额缴纳社会保险,要求社会保险管理部门进行稽核,是否符合社会保险稽核受理条件。对于该争议焦点,表面看是法律适用问题,实质上存在社会问题与法律问题的交织和耦合。尤其是在对退休人员社会保险权益救济存在法律"空白"的情况下,对此类案件进行司法裁判时,要在严格遵循司法过程的法律方法的基础上,运用价值判断,平衡行政法保护的公益与私益,平衡社会保险管理秩序效率与退休人员权利维护的实质正义,平衡行政机关的自由裁量与司法审判谦抑监督,实现法律适用与价值追求的统一,实现行政审判政治效果、法律效果、社会效果的统一。

(一)裁判定位:基于社会保险权益保障特殊复杂性的案件分析

社会保险制度的建立是为保障公民在年老、疾病、工伤、失业、生育等情况下依法从国家和社会获得物质帮助的权利。为保障社会保险秩序的稳定和公民依法享受社会保险权益,用人单位和个人均负有依法缴纳社会保险费的义务。具体到社会保险费的缴纳则是由用人单位按时统一代扣代缴,并将社会保险缴费情况告知职工个人。[①] 即社会保险的征收与缴纳方式为社会保险经办机构与用人单位"背对背"式,公民个人并不直接向社会保险征缴部门缴纳。这种方式虽保障了社会保险征缴的效率和社会保险秩序的规范稳定,但也造成公民对其社会保险缴费情况的"不了解""不关心"状态。尽管法律规定了公民有权查询缴费记录、个人权益记录,有权要求社会保险经办机构提供社会保险咨询等相关服务,[②]但由于社会保险征缴的专业性、用人单位告知义务履行的不可控性及个人

---

① 《社会保险法》第60条第1款规定,用人单位应当自行申报、按时足额缴纳社会保险费,非因不可抗力等法定事由不得缓缴、减免。职工应当缴纳的社会保险费由用人单位代扣代缴,用人单位应当按月将缴纳社会保险费的明细情况告知本人。

② 《社会保险法》第4条规定,中华人民共和国境内的用人单位和个人依法缴纳社会保险费,有权查询缴费记录、个人权益记录,要求社会保险经办机构提供社会保险咨询等相关服务。个人依法享受社会保险待遇,有权监督本单位为其缴费情况。

社会保险权益维护意识的差异性，在正常提供劳动期间，个人往往对社会保险的缴纳情况不知情，直至办理完退休手续实际领取退休金等社会保险费时，才发现社会保险未足额缴纳的情况，随之产生退休人员社会保险权益的救济问题。①

1. 问题发现

退休人员社会保险权益保障存在空白。未退休职工社会保险权利救济途径有三：一是启动社会保险稽核程序，由社会保险经办机构依法责令补缴；二是以用人单位为被告，向人民法院提起劳动争议诉讼，要求用人单位赔偿其损失；三是以职工与用人单位之间的劳动争议提起劳动仲裁。职工达到法定退休年龄，且办理退休领取基本养老保险金后，发现用人单位未足额缴纳社会保险时，其权利如何得到保障，成为本案需解决的法律问题，也是涉及退休人员这一群体民生的社会问题。目前，退休人员的社会保险权利救济陷入困境。

本案审结前，按照《北京市社会保险稽核实施细则（试行）》《关于进一步规范社会保险稽核工作有关问题的通知》等规范性文件的规定，北京市各级社会保险经办机构将已退休领取养老金的人员纳入“劳动者”“职工”之外的范畴，不再对其社会保险权益予以保障，而是告知可以通过劳动仲裁解决。

按照《最高人民法院关于审理劳动争议案件适用法律若干问题的解释》②《最高人民法院关于审理劳动争议案件适用法律若干问题的解释（三）》③的规定，人民法院将两种情形，分别为用人单位未进行社会保险登记、用人单位未为劳动者进行社会保险登记，纳入劳动争议案件受案范围，而对于用人单位未为劳动者足额缴纳社会保险的，则认为不属于“无法享受社会保险待遇”的情形，排除在了受案范围之外。同样，劳动调解、仲裁与民事诉讼途径相衔接，亦将该种情形排除在受案范围之外。

如此，社会保险经办机构、劳动仲裁机关、人民法院均对该种情况不予受理，导致已退休并按月领取基本养老保险金人员的社会保险权益保障上存在空白。

2. 审理定位

被诉行政行为合法性认定因素。本案原告的劳动仲裁申请以不属于受案范围而被不予受理，其提起的劳动争议民事诉讼亦被法院以不属于受案范围予以

---

① 2015~2018 年，北京市朝阳区人民法院共受理基本养老保险核准案件 62 件，其中 2015 年受理 12 件，2016 年受理 21 件，2017 年受理 13 件，2018 年受理 16 件。该类案件的一个特点为职工个人在办理退休养老保险核准时或领取养老金后认为养老保险缴费年限、缴费基数等有误。

② 《最高人民法院关于审理劳动争议案件适用法律若干问题的解释》已于 2021 年 1 月 1 日因《最高人民法院关于废止部分司法解释及相关规范性文件的决定》的施行而废止。

③ 《最高人民法院关于审理劳动争议案件适用法律若干问题的解释（三）》已于 2021 年 1 月 1 日因《最高人民法院关于废止部分司法解释及相关规范性文件的决定》的施行而废止。

裁定驳回起诉。在此情况下,原告向被告投诉要求社会保险稽核,依据北京市相关规范性文件的规定,被告作出对本案被诉不予受理的回复。此时,原告的社会保险权益陷入了困境,本案的审理及裁判结果对以原告为代表的退休人员的社会保险权益保障具有重要意义。

鉴于社会保险制度的具体实施具有地域性,各地社会保险稽核程序的启动、调查、社会保险缴纳数额的计算等,在依据社会保险法等法律法规的基础上,大多依据各省市地方规章等规范性文件。本案中,被告依据《关于进一步规范社会保险稽核工作有关问题的通知》这一地方规范性文件的规定,将"已退休人员或者超龄无法补缴社会保险费人员"排除在社会保险稽核受理范围之外。故本案的争议焦点为原告作为已退休领取养老金人员提起的社会保险稽核投诉是否符合法定受理条件。对此,被诉行政行为合法性的认定,涉及对上位法即社会保险法相关法律、规章的理解适用,社会保险经办机构作出不符合受理条件认定的考虑因素等。

(二)法律适用:价值判断参与的法律解释

在法律条文因文字理解上的歧义性、模糊性、概括性或者出现对事实的法律意义存在异议、疑义而可能产生不同意义,甚至存在空缺结构的法律时,形式逻辑推理陷入沉默,法律解释、漏洞填补等方法的运用势在必行,这一过程离不开价值判断的参与。① 也即法律解释的过程是一个价值判断的过程,解释法律的过程就在于发现法律背后的价值。②

1. 社会保险稽核的相关规定。适时有效的《社会保险法》(自 2011 年 7 月 1 日起施行)第 63 条明确了社会保险征缴机构对用人单位违反按时足额缴纳社会保险费义务时,应当责令补缴的法定职责,③《实施〈中华人民共和国社会保险法〉若干规定》(自 2011 年 7 月 1 日起施行)第 27 条明确了职工可以申请调解、仲裁,提起民事诉讼的情形以及要求社会保险征缴机构依法处理的情形。④《社

① 参见陈金钊:《司法过程中的法律方法论》,载《法制与社会发展》(双月刊)2002 年第 4 期。

② 参见王利明:《法律解释学》,中国人民大学出版社 2011 年版,第 47 页。

③ 《社会保险法》第 63 条第 1 款规定,用人单位未按时足额缴纳社会保险费的,由社会保险费征收机构责令其限期缴纳或者补足。

④ 《实施〈中华人民共和国社会保险法〉若干规定》第 27 条规定,职工与所在用人单位发生社会保险争议的,可以依照《中华人民共和国劳动争议调解仲裁法》《劳动人事争议仲裁办案规则》的规定,申请调解、仲裁,提起诉讼。

职工认为用人单位有未按时足额为其缴纳社会保险费等侵害其社会保险权益行为的,也可以要求社会保险行政部门或者社会保险费征收机构依法处理。社会保险行政部门或者社会保险费征收机构应当按照社会保险法和《劳动保障监察条例》等相关规定处理。在处理过程中,用人单位对双方的劳动关系提出异议的,社会保险行政部门应当依法查明相关事实后继续处理。

会保险稽核办法》(自2003年4月1日起施行)第9条第2项及《北京市社会保险稽核实施细则(试行)》(自2004年7月5日施行)第8条第2项均规定了社会保险稽核部门对缴费单位和个人是否按时足额缴纳社会保险费的稽核内容。北京市社会保险征缴部门发布《关于进一步规范社会保险稽核工作有关问题的通知》,对涉及举报、投诉者为已退休人员或者超龄无法补缴社会保险费人员社会保险赔偿问题作出具体规定,可依据《劳动争议调解仲裁法》第2条第4项的规定,由劳动争议仲裁机构处理。①

通过梳理上述相关规定,可以看出作为上位阶的法律、部门规章以及北京市针对部门规章具体落实的地方部门规章,并未对用人单位未足额缴纳社会保险损害社会保险的权益主体也即职工、个人范围作出明确规定。本案中,被告直接将作为法律依据的《关于进一步规范社会保险稽核工作有关问题的通知》第6条中将"已退休人员"和"超龄无法补缴社会保险费人员"予以列明,社保稽核部门在执法过程中作出上述人员的稽核投诉应不予受理的理解。对此,地方规范性文件是否与上位法规定冲突构成对个人权利的限缩,或仅为执法部门对规定的理解偏颇,需进一步进行分析。

2. 结合价值判断明确社会保险稽核投诉者的范围。判断已退休领取养老金人员能否落入社会保险稽核投诉者范畴,须对"职工"的范围予以明确,这需要法律解释方法的运用。

从法律文本上看,作为上位法的《社会保险法》《社会保险稽核办法》等以及北京市地方规范文件《北京市社会保险稽核实施细则(试行)》中并未将退休人员排除在"职工"之外,并明确规定用人单位未按时足额缴纳社会保险时,社会保险经办机构依法处理的职责。同时,《最高人民法院关于审理劳动争议案件适用法律若干问题的解释》中明确规定了职工与用人单位发生社会保险争议,可以通过申请调解、仲裁,提起诉讼的情形,并将职工认为未足额缴纳社会保险的情形排除在受案范围之外,这与《实施〈中华人民共和国社会保险法〉若干规定》第27条的规定相衔接,为退休人员未足额缴纳社会保险情形提供了救济途径。故上述规定中的"职工"应包括退休人员。《关于进一步规范社会保险稽核工作有关问题的通知》中排除、限缩理解系基于实务社会保险操作作出的理解

---

① 《关于进一步规范社会保险稽核工作有关问题的通知》第6条规定,关于涉及社会保险赔偿问题的处理劳动者举报、投诉用人单位未缴纳或未足额缴纳养老、医疗、工伤、失业、生育保险费用,社保稽核部门应依据《社会保险稽核办法》和相关政策规定,对用人单位进行稽核,追缴相关社会保险费。无法追缴或追缴后劳动者不能按规定享受相关社保待遇,举报、投诉者要求用人单位赔偿;举报、投诉者为已退休人员或超龄无法补缴社会保险费人员;举报、投诉者为已离职的农民工,出现以上三种情况时,可依据《劳动争议调解仲裁法》第2条第4项的规定,由劳动争议仲裁机构处理。

判断,规定本身并未对权利主张主体范围进行限缩,且规定中“可以”的表述实质上为该条规定的三类人员提供了可选择的救济途径。被告认为退休人员办理退休后,社会保险管理信息系统缴费状态为终止,不能再进行补缴操作。若予以受理稽核投诉,查实确存在未足额补缴情况,则产生实操层面系统重启审批、与基本养老保险核准相衔接问题,甚至产生退休人员这一群体集中投诉稽核影响社会保险秩序稳定的风险。从社会保险征缴部门的视角看,其出发点为社会保险秩序的稳定与保险管理的效率,司法审判应予以尊重,但在法律作出明确规定的情况下,在执法过程中应兼顾行政公平与效率,这是依法行政应遵循的原则,亦是平衡公共利益与个人利益的有效契合点。

从立法目的上看,社会保险制度和社会保险稽核制度都是为维护社会保险秩序稳定,保障参保人员的合法权益而设立,也即法律所保护的价值为社会保险秩序公共利益、参保群体社会利益和参保个人利益。领取退休金的退休人员毋庸置疑为参保人员,其享有维护其自身合法社会保险的权利。随着法治的发展,司法审判中各种法律关系定性更明确、细化,相应产生不同的救济途径。国家对“职工”社会保险权益的保护途径,劳动争议诉讼、行政、调解仲裁领域均作出规定,这些规定是为更好、更明确地保障参保人员的权利,而不是通过各执法领域作出不同规定、作出不同理解,致使限缩权利主体范围,使一类群体排除在救济之外。将退休人员社会保险的稽核纳入社会保险关系规范范围,更有利于维护劳动者享受社会保险待遇的合法权益,维护社会的和谐稳定,不能因现有法律及实操层面的困境而对该类人员予以漠视,为了行政效率而牺牲公正。

从社会现实来看,基于社会保险的复杂专业性、职工认知水平的限制性,以及社会保险及稽核制度从无到有、不断完善过渡的历史因素影响,职工社会保险权益的救济往往为事后救济。本案原告在办理退休实际领取退休金后,发现用人单位存在未足额缴纳的情况,遂通过多种途径维护其合法权益。随着社会的发展,职工社会保险权益维护意识的增强,以原告为代表的退休人员作为享有社会保险权益的群体,其利益的维护具有法律必要性和社会重要性,也是法律文本维护价值应有之义。

还需要说明的是,本案处理的问题是退休人员投诉稽核的受理问题,即稽核“进门”的问题,而社会保险经办机构受理后如何调查、处理,则不是本案的审查范围,其在后续调查、处理中遇到的法律及实操层面的困境在本案审理时应综合考量,但不能成为法院依法裁判的主要理由,故社会保险经办机构应该对退休人员的稽核投诉予以受理。

（三）实质正义的实现：兼顾社会保险基金管理秩序维护与退休人员群体权益、个人利益保障

综合考虑社会保险历史原因、维护社会保险秩序稳定、维护社会保险公共利益、社会利益和个人利益，针对非个人原因造成的社会保险费漏缴少缴情况，应在给予包括退休人员等个人妥善救济途径的同时，也应对该类人员的权利救济时间作出限定，避免社会保险秩序处于长期不稳定状态，从而达到社会保险可持续、有序发展的目的。

明确此类情况下申请补缴和投诉稽核的时间条件，可从两个层面进行考虑，一是单位主动申报补缴的，在职工达到退休年龄后可对其提出时间作宽松限定，以切实保障退休人员的合法权利；二是单位不主动申报补缴的，劳动者在一定时间内可通过稽核投诉渠道反映，借鉴劳动保障监察的2年时效。但实操方面，受现行政策及经办系统的限制，流程过于复杂，且不利于促进单位当期缴费，增加社保基金负担，增加人力社保部门的行政成本。

鉴于对参保人员合法权益的实质便捷、高效保障，应当理顺民事诉讼、劳动调解仲裁、社保稽核等相关规定之间的关系，为后续确存在用人单位未足额缴纳退休人员社会保险金情况的有关人员，提供有力保障。为此，建议人民法院受理此类诉讼，以赔偿金的形式明确单位的赔偿责任。社会保险部门受理退休人员稽核投诉举报后，进行稽核调查，在确定应补缴年限、数额的基础上，劳动争议仲裁委员会、法院予以受理并用社保部门计算的数额确定赔偿金数额。或者劳动者直接向人民法院提起诉讼，在社会保险费的计算上社保部门予以配合，该程序的效率远远高于社保经办机构稽核部门调查、核实、责令补缴、催告、申请人民法院强制执行这一系列行政程序。

行政审判的职责是对行政机关依法监督，而监督不是目的，更重要的是促进行政机关依法行政的进程，寻求公共利益、社会利益和个人利益、公平与效率之间的平衡，更好地维护公民的合法权益，促进法治政府、法治社会的建设。本案的审理，为退休人员社会保险权益救济提供了一条途径，而权益保障的程度和效果，以及为兼顾行政效率、社会保险关系的稳定，权利保障是否可以明确救济时限，仍值得关注和研究。

（责任编辑：项利军）

执行程序中强制管理措施的独立适用
——北京某食品有限公司申请执行鸡西某农场、黑龙江某食品集团有限公司借款合同纠纷案相关法律问题研究

张　伟*　柴　松**

裁判要旨

执行程序中，首封法院查封土地权证后，因土地价值较大及其他因素导致长期难以进入拍卖程序，而在土地又没有及时实施有效管理时，为避免被执行人资产流失、债务扩大、提高资产利用率，保障申请人权益，轮候查封法院的债权人可以向其执行法院申请对该土地进行强制管理。轮候查封法院在首封法院不能或怠于行使管理权或经首封法院同意的情况下，可以直接对土地进行强制管理。其他债权人可以在符合参与分配的条件下，对强制管理的收益进行分配，亦可以轮候在土地使用期限内进行强制管理。

一、据以研究的案例

申请执行人北京某食品有限公司与被执行人黑龙江某食品集团有限公司、鸡西某农场之间诉争的三笔借贷合同纠纷，一审法院于 2017 年 5 月 23 日作出三份民事调解书，内容为：被告黑龙江某食品集团有限公司于 2017 年 6 月 15 日前偿还原告北京某食品有限公司借款 26 278 650 元，利息 7 078 000 元，共计 33 356 650 元；被告鸡西某农场对上述款项承担连带给付义务。

因黑龙江某食品集团有限公司与鸡西某农场未能按期履行生效法律文书确定的义务，北京某食品有限公司遂向执行法院申请强制执行。

* 北京市朝阳区人民法院执行局法官，中国政法大学法律硕士。

** 北京市朝阳区人民法院执行局法官助理，中国政法大学法律硕士。

执行过程中，执行法院经财产调查，并未发现被执行人黑龙江某食品集团有限公司与鸡西某农场名下有可供执行财产，遂令被执行人申报企业财产。被执行人鸡西某农场向执行法院申报其名下位于黑龙江兴凯湖10 000亩的国有农用地使用权（使用期限为2011年5月22日至2037年12月18日），案外人王某向法院提供了其名下位于黑龙江兴凯湖约12 887.93亩土地使用权用于担保执行。经查，该两宗土地使用权证均于2017年8月28日被黑龙江省某中级人民法院在执行程序中查封，执行法院对该两宗土地进行了轮候查封。后因两宗土地抵押权人某银行鸡西分行启动对本案被执行人的贷款纠纷诉讼程序，历经一审、二审，于2019年度审结。2019年8月19日，黑龙江省某中级人民法院指定由某市人民法院执行该案件后，某市人民法院启动相应的执行程序。因涉案土地价值较大、涉及被执行人的案件较多、处置难度较大，首封法院长期未对该土地进行处置，且在查封期间某市人民法院亦未对该2万多亩土地进行管理。2018年10月20日，申请人北京某食品有限公司向执行法院申请对上述土地进行强制管理，并申请成为该两宗土地的强制管理人。被执行人鸡西某农场及担保人王某亦同意对该两块土地进行强制管理，对北京某食品有限公司作为该两宗土地强制管理人无异议。执行法院经过合议庭合议，认为首封法院将土地长期查封，但因诉讼程序冗长、涉及土地面积巨大，存在变价困难的情形，土地长期无有效管理措施，已导致两年租金流失。同时强制管理属于独立的执行措施，对于被执行人和担保人而言，其农业用地出租属于经营性收入，首封法院对于土地使用权的查封不能及于其经营性收入的查封，因此执行法院可以对其实施强制管理并收取管理费用。为避免首封法院长期查封不能处置，在经债权人申请，被执行人同意的情况下，执行法院决定对被执行人名下的该两宗土地采取强制管理措施，决定：由北京某食品有限公司对鸡西某农场名下土地进行强制管理，经对外出租，共有46户农户承租土地，租赁期限为2019年1月1日至2023年12月31日，每年收取租金700余万元。

在首封法院长期不处置同时又未对该宗土地进行有效管理的情况下，执行法院在现行法律和司法解释未明确规定对土地使用权进行强制管理的情况下，为最大限度保障申请人与被执行人的利益，妥善运用强制管理措施，突破轮候查封法院不可以首先对土地进行强制管理的理论局限，使三起案件得到部分解决。

二、相关法律问题研究

强制管理指的是针对已查封、扣押的财产，由执行法院选任人员进行经营管理，并用其收益清偿债权的执行方法。它表现为物权权能的集合，充分利用了物权权能分离的特点，使得物尽其用，又利于实现双方当事人利益平衡，最大限度地实现司法公平与执行效率的统一。但我国民事诉讼法对该项执行措施仅作了概括性规定,2015 年《最高人民法院关于适用〈中华人民共和国民事诉讼法〉的解释》第 492 条[①]仅规定,被执行人的财产无法拍卖或者变卖的,经申请执行人同意,且不损害其他债权人合法权益和社会公共利益的,人民法院可以将该项财产作价后交付申请执行人抵偿债务,或者交付申请执行人管理;申请执行人拒绝接收或者管理的,退回被执行人。对于强制管理这一执行措施的适用范围、启动程序、管理人的选任及其权利义务的规范,以及法院监管等事项,现行法律和司法解释均没有作出规定。本案中,执行法院在首封法院长期未处置查封财产的情况下,对查封财产进行强制管理,将查封财产出租,以租金清偿债务,在执行实践上,具有很强的创新意义,系落实最高人民法院关于善意文明执行的基本理念的生动体现。但由于目前我国对于强制管理措施的适用缺乏明确的法律规定和操作性规定,理论上强调强制管理对拍卖、变卖措施的附属性,限制了强制管理措施在执行程序中的运用。此案涉及强制管理功能的定位及在执行中的具体适用问题,值得深入分析其制度基础、适用条件和操作程序。

(一)强制管理应作为独立性的执行措施予以使用

目前在各国(地区)的司法实践中,关于强制管理的功能定位,存在不同的观点。一是将强制管理视为强制执行措施的一种,独立于强制拍卖。根据查封财产的不同情况,因物制宜,采取适合的执行措施。《德国民事诉讼法典》第 866 条规定:"对土地强制执行,已登记债券上的担保抵押权,可以强制拍卖与强制管理的方式实施。债权人可以要求,只是适用这些措施之一,或者并用几种措施。"[②]同时,德国也制定了《强制拍卖与强制管理法》,更凸显了强制管理在强制执行中的重要地位。二是将强制管理视为依附于强制拍卖的一种措施,以强制拍卖的进行为前提。根据对强制拍卖的设立地位不同,学界将强制管理的实施形态总结为三类:(1)单纯的强制管理,即不需要先经拍卖程序,可直接选择实施强制管理。(2)并行的强制管理,即在实施强制拍卖程序的同时,对查封财产亦实施强制管理,二者并行实施。(3)辅助的强制管理,即在对查封财产实施强制拍卖后,拍卖不成的情况下,可实施强制管理。

我国现行法律对强制管理这一执行措施的适用对象、管理人的任免和权利义务以及法院监管等事项,均未作明确规定。在司法实务操作层面,一般将启动强制管理的条件设定为要先行对被执行人责任财产采取拍卖、变卖强制措施,流拍后再采取强制管理措施,这使强制管理作为执行阶段财产处置的补充和备用

① 参见 2022 年修正的《最高人民法院关于适用〈中华人民共和国民事诉讼法〉的解释》第 490 条。

② 谢怀栻:《德意志联邦共和国民事诉讼法》,中国法制出版社 2001 年版,第 212 页。

手段。不能在采取财产变现措施之前单独使用强制管理措施,以免延宕债权的清偿期限。实际上,被执行人的财产拍卖、变卖不能,或者根据其性质不宜拍卖或变卖的,方能适用强制管理措施。执行实践中,法院采取查封措施后长期不能拍卖、变卖财产的比例一直居高不下,如果不能及时采取变通的强制管理措施,必然影响债权人的清偿利益,降低案件的实际执行率。笔者认为,强制管理与强制拍卖是完全不同的财产执行处置措施,各有其自身特定的内涵和作用。从理论上讲,强制管理并不需要依附强制拍卖而存在,完全可以独立适用。而且,单独适用强制管理措施并不会对后续的强制拍卖措施造成阻碍。

实践中首先使用强制管理,还是使用强制拍卖,要根据具体个案的实际财产情况以及各方当事人的请求做出具体的实施方案。如果实施强制管理更合适,则应当选择适用强制管理;如果适用强制拍卖措施更合适,当然应选用强制拍卖措施;也可以两者并行适用。效益和效率原则是选择具体执行措施的客观标准,过于主观对于执行实践有害无益。将强制管理视为一种辅助手段,从属于拍卖措施,其根本原因是认识上对强制管理存在偏见和不信任。

本案中执行法院认为对于土地的查封效力并不当然意味着对被执行人的经营性收入的冻结和限制。该公司的经营性收入主要依靠土地租赁,同时黑龙江省的土地租赁季节性很强,错过合适的季节则会导致全年的收入减损。该公司及王某名下的土地面积较大,评估拍卖流程复杂,财产处置程序耗费时间较长。因此,执行法院才做出对该宗土地单独适用强制管理措施的决定。

(二)执行程序中独立适用强制管理措施的必要性

1. 有利于提高待处置财产的收益,提高债权的清偿比率

强制执行程序是以实现债权人的债权为核心,同样是为了实现法律文书确定的义务,维护法律的尊严。但执行程序中易出现过于追求实体正义的实现,而忽视所需付出的代价的现象。我国现行法律规定,对查封财产进行拍卖、变卖后,仍流拍的,申请人拒绝接受以物抵债的,应将查封财产退还被执行人。司法实践中,有的是申请人无法接受以物抵债(如银行自身规定不接受以物抵债),有的是申请人不愿接受以物抵债或无能力接受以物抵债(无法缴纳抵债后剩余价款)。通过并行适用强制管理措施,使执行措施多元化,在同一时间段内并用多种执行手段,优化执行效益,使待处置财产被充分利用并转化为收益,用于被执行人的债务清偿。

2. 有利于解决某些财产处置上的法律或事实障碍

强制管理以对查封、冻结财产的使用价值为目标,在不改变待处置财产所有权的前提下,将该财产的管理收益(如租金、营业收入)用于清偿债务。在我国的强制执行体系中,强制管理一直作为对强制拍卖的补充,对财产的处置以强制

拍卖为主,在拍卖不能、不宜拍卖或拍卖不成时,才考虑适用强制管理措施。实际上,被执行人的财产不能或者不宜拍卖、变卖的;被执行人的财产经法定程序拍卖、变卖未成交,申请执行人不接受抵债或者依法不能交付其抵债的;其他原因导致财产不能处置的情形,都应纳入强制管理措施的对象范围。对存在以上情形下的待处置财产的强制管理,均可不以拍卖、变卖为前置条件,而应直接予以强制管理,以发挥查封、冻结财产的使用价值,最大限度满足债权人利益的功能。

3.强制管理的积极运用有利于贯彻善意文明执行理念

执行是实现社会公平正义最后一道防线的最后一个环节,只有强化善意文明执行理念,在依法保障胜诉当事人合法权益的同时,最大限度地减少对被执行人权益的影响,才能实现法律效果与社会效果有机统一,维护社会公平正义、促进社会的和谐稳定,也是完善产权保护制度、建立健全市场化、法治化、国际化的营商环境,推动高质量发展的应有之义。执行工作对各方当事人的影响重大,人民法院在执行过程中要强化善意文明执行理念,严格规范公正保障各方当事人合法权益。强制管理行为相对温和,在不改变被执行人财产所有权权属的情况下,对财产的使用属性进行处分,获得收益,偿还债务。强制管理措施的该属性与善意文明执行的理念相符,应当在实践中积极引导适用。

执行强制措施的目的是追求申请执行人利益的及时实现和最大化。在执行中要坚持比例原则,找准双方的利益平衡点,既要避免过度执行又要避免消极执行和拖延执行。强制管理措施的价值意义就在于在被查封、扣押财产不能或者不便处置时,立即进行强制管理将所得收入立刻支付相应的债权人;或者在不影响被执行人生产经营的情况下对其收入进行强制管理,既可以让查冻资产或者企业继续运行,又可以对其收入做合理分配以保障债权人的权利。无论是在哪种状态下,及时采取强制管理措施,都是对执行案件双方当事人利益的最大保护。

(三)轮候查封法院启动强制管理措施的条件

强制管理是以查封、扣押财产的使用价值取得的收益清偿债务。强制拍卖是以财产的交换价值一次性取得的收益进行清偿债务。因此,强制管理与强制拍卖两种措施是对物不同权能的使用和处置,理论上具备同时适用的可能。因此,笔者认为,首封法院必须要在查冻财产的同时,做好强制管理措施的适用。如果首封法院没有或者不能处置且未采取强制管理措施的,轮候查封、冻结法院在满足一些条件的情况下有权对该财产单独实施强制管理,从而得以让该待处置财产产生更大的经济效益。

1. 依申请执行人申请或者执行法院依职权决定启动强制管理

根据现有强制管理的法律规定,依当事人申请执行法院启动强制管理程序属于法定情形。本案中,朝阳法院在首封法院长时间未能处置查封土地的情况下,为避免因久拖不决造成债权人的损失,根据申请人的请求对查封土地进行出租,既满足了债权人的诉求,又能合理利用长期闲置的土地,避免扩大债务人的损失。因此,执行法院根据当事人的申请决定适用强制管理措施,指定强制管理人并制定管理方案,送达相应法律文书,提取了全部土地管理费用。

依据我国《民事诉讼法》及相关解释和最高人民法院关于执行工作的相关司法解释和精神,执行过程中执行法院对被执行人财产进行查封、冻结的,应采取相应措施防止被执行人财产减损和资产流失。据此,人民法院在执行程序中对待处置资产具有法定的保值增值义务,而人民法院对查冻财产是否启动强制管理程序就具有了程序法和实体法上的依据。实践中,人民法院也可以根据查封、冻结的执行财产的属性和现实状况自行决定或者引导各方当事人启动强制管理程序。例如,对没有产权证或者未经验收的建筑物、林业用地上的果园收成、养殖场的农副产品、限制车辆指标城市的带牌照车辆、因房地产调控及电子商务兴起导致大幅贬值的商业房产、装修改造费用极高的其他场所(儿童游乐场、医院、特殊运动场地)等都可以进行特殊资产的处置。

2. 不损害其他债权人的合法权益和社会公共利益

任何执行措施都不可避免地会保护一些人的利益,损害一些人的利益。因此在采取强制管理措施的过程中必须要坚持比例原则,以保护申请人利益为优先,同时兼顾其他当事人利益,但不得超过必要限度。同样,任何执行措施也都不是孤立存在的,而是与各种社会公共关系相互交叉作用,受到其他各种法律法规的制约,有的甚至受到一些乡规民俗的制约。在采取强制管理的过程中也要考虑保护自然环境、保持公共卫生、维护周围居民的工作生活安全等公共利益。

最高人民法院在发布的《关于在执行工作中进一步强化善意文明执行理念的意见》中指出,要最大限度减少对被执行人权益的影响,同时鼓励对查封财产使用"活封",使查封财产能够物尽其用,避免社会资源的浪费。适用并行的强制管理措施,可以最大限度地发挥查冻财产的使用价值提高收益,减少社会资源的浪费,保障申请人、被执行人双方的利益。实践中,笔者办理的多起案件均通过直接或者间接采取强制管理的方式做到了全部或者部分的执行,例如,对果业公司的果园收获的果实每年监督处置、对未交付的竣工房产进行管理出租、对在建工程能使用部分的管理使用、对因股东内部纠纷不能达成一致已经停业的医院进行强制管理等均取得了很好的效果。因此,强制管理作为一种独立的执行措施,在保护各方当事人权益,充分利用社会资源方面具有明显优势。

3. 首封执行法院财产处置权和强制管理权的分离

本案中经两地法院间会商，某市人民法院基本上同意并认可执行法院之前做出的指定强制管理人和出租两名被申请人名下土地的强制管理方案，对执行法院收取的2019年度土地租金不持异议。同时执行法院认为如首封法院对土地进行拍卖的，应当告知执行法院，且从维护交易稳定的角度而言，两家法院应当保障土地在强制管理剩余期限内能够继续出租。对收取的土地租金，应当由两家法院协商处置。另外，若本次强制管理到期后，首封法院或者其他轮候法院的债权人亦可以继续对土地实施强制管理措施。

4. 执行法院选定管理人并履行全程监督职责

强制管理属于民事执行措施范畴，具有公权力性质，执行法院负有对整个过程的监督管理职责。管理人仅是法院履行监管职能的辅助人，因此必须由执行法院在符合条件的申请人或者职业管理人的范围内选定。选定强制管理人后，人民法院应及时协调与被管理资产相关各方制定最优的管理方案，及时实施管理，对管理期间管理人不能胜任的，人民法院应及时予以撤换；执行法院制定强制管理措施时，应规定合理的管理期间，并对社会予以公示相关内容；对于强制管理资产的收益分配参考《民事诉讼法》的相关规定，优先支付管理过程中发生的各项税费和人员工资，再用于清偿执行案款。对于不同债权人的不同诉求由实施强制管理措施的法院按照相关法律规定予以处置；在强制管理收益清偿申请人债权完毕、被执行人通过其他方式履行还款义务、申请人撤回强制执行申请、该不动产管理获取的收益扣除各项税费等支出已无剩余导致强制管理措施不能达成管理目的等情形出现时，人民法院应当依职权及时终止强制管理措施。

（四）强制管理收益的分配应保障不同债权人的权益

强制管理作为财产处置的一种执行措施，其所得收益亦应当在满足参与分配的条件下对其进行相应分配，但应当在分配时注意与强制拍卖所得分配的区别。实践中强制管理收益所得分配程序容易与抵押权等物权优先权发生混淆和冲突。理论上，担保物权以标的物之变价或归属而终局地确保债权之受清偿。[①]担保物权以担保物的交换价值担保债务的清偿，当担保物被拍卖或变卖后，担保物权人有权就该款项享有优先受偿权。强制管理是通过行使对财产的经营使用权能取得收益，担保物权人不能就此收益享有优先受偿的权利，也应适用一般债权人分配的规定。当强制管理所得收益不能满足多个债权人的情况下，可采用以下收益分配方案处理。

---

① 参见史尚宽：《物权法论》，中国政法大学出版社2000年版，第251页。

对于被执行人属于自然人且已无其他财产可供执行的,我国目前关于参与分配的截止日的一般性规定为"参与分配申请应当在执行程序开始后,被执行人的财产执行终结前提出。执行标的物为货币类财产,以案款到达主持分配法院的账户之日作为申请参与分配的截止日;若执行标的物为非货币类财产,需对该财产予以拍卖、变卖或以其他方式变价的,以拍卖、变卖裁定送达买受人之日或以物抵债裁定送达申请执行人之日作为申请参与分配的截止日"。参考上述规定,如强制管理财产本身就属于不能处置或者不能变现的财产,则其强制管理所得收益可认为是唯一财产,可适用参与分配的相应规定,参与期间为每个管理期间管理费用到达管理账户之前。若强制管理财产属于可以处置变现的财产,只是由于种种原因不能立即变现的,不属于法律规定的被执行人无其他财产可供执行的情况,因此对该财产的经营性所得收益不能供其他债权人参与分配。

对于被执行人是企业法人组织的,不适用参与分配,其他债权人权益可以通过破产程序来保护。分配过程中应当优先支付强制管理人因管理行为支出的人员工资等成本支出以及各项税费,再向申请人支付。如果实施强制管理的法院对同一被执行人有执行顺序相同的不同申请人或者同一性质的申请人时,则应按照申请比例进行案款分配。这种情况在企业拖欠大量工人工资的情况下比较常见。

(五)当事人、利害关系人对轮候查封法院强制管理行为异议的处理

轮候查封法院在强制管理过程中,如果当事人或利害关系人提出异议,请求终止强制管理,变更采取其他执行措施,负责强制管理的执行法院应及时审查,依法作出准予或者驳回的裁定。根据同一债权人的申请产生强制管理与强制拍卖的竞合,针对同一查封财产,同一债权人提出了强制管理与强制拍卖的申请,两申请可同时提出也可先后提出。在这种情况下,无论是同时提出还是先后提出,都可以对拟处置的财产并行适用强制管理与强制拍卖。在财产拍卖的准备期和拍卖期以及交付手续办理期间,该财产可以无障碍地进行强制管理,若因强制拍卖导致查封财产的所有权转移,原则上应当终结强制管理程序,但新的买受人认可的可转变为新的租赁使用关系除外。担保物权具有变价权及优先清偿权的特性,注重的是对担保物的交换价值。如不动产的抵押,不转移对抵押财产的占有,抵押人仍可收取抵押财产的收益,继续对抵押财产进行使用。因此,在实施强制管理时,应当保障担保权人的权利实现,不能因强制管理的实施而增加对担保物的负担,造成担保物变价的减损。同时,对物的担保权利的实现,以不影响发挥物的使用价值为前提。

(责任编辑:刘晓虹)

【疑案探讨】

学生在完成老师交派的任务过程中致人损害的侵权责任的认定

——王某诉顺义区某小学等生命权、健康权、身体权案相关法律问题探讨

于洪群* 邱 江**

裁判要旨

老师要求班级组长检查并督促组员完成作业,如有未完成作业的情况,组长与组员共同受罚。被指定为组长的学生在完成老师交派任务的过程中,因地面湿滑和身体接触致其组员身体损害,但主观上并无侵害他人之故意或过失,客观上行为亦未超出必要限度,相应赔偿责任由学校承担。

一、据以研究的案例

王某和焦某均系北京市顺义区某小学(以下简称某小学)六年级二班学生,焦某系班级组长,王某系该组组员。2019年12月16日下午课间,因王某拒绝焦某检查背诵,焦某拉扯王某衣服跟至教学楼大厅,二人拉扯至教学楼门口处,因地面湿滑,王某摔倒,造成牙齿损伤。当日,王某被送往北京大学口腔医院急诊科就诊,其被诊断为:(1)右上第1颗牙冠根折露髓;(2)左上第1颗牙亚脱位;(3)上唇黏膜、下唇黏膜挫裂伤。北京大学口腔医院对王某受损的牙齿进行了右上第1颗牙冠髓切断术,右上第2、3颗牙和左上第1、2、3颗牙复位固定治疗。

---

* 北京市第三中级人民法院法官,安徽大学刑法学硕士。

** 北京市第三中级人民法院法官助理,北京航空航天大学法学硕士。

王某后多次至北京大学口腔医院复查治疗并支付医疗费用。

王某主张学校没有采取有效措施对瓷砖的湿滑进行处理,也没有对学生跑闹行为进行有效监管,对本次事故的发生有直接关系,应承担主要责任。焦某拉扯王某衣服,导致王某摔倒受伤,焦某存在过错,应承担次要责任。王某未做出跑闹、追逐等违反校园课间秩序等行为,其试图挣脱焦某拉扯,在事故中不存在过错,不应承担责任。

焦某、焦某之母马某、焦某之父焦某某则认为,学校在冰雪天气下没有设置警示标志,对学生违规行为没有及时巡查予以制止,学校存在安全管理和教育疏忽;王某逃避检查背诵,焦某拉扯王某是想办法留住他完成检查背诵,焦某履行职务行为造成的失误,不应由其承担责任,应由学校承担全部赔偿责任,对此提交了照片、班级记录予以证明。某小学则主张学校对老师进行了校园安全培训,对学生进行宣教明确禁止追打跑闹,当日雪后安排清扫并通过广播进行雪天安全教育,在教学楼门口铺放防滑垫,学校已经尽到安全管理义务,不应承担赔偿责任。二学生为限制行为能力人,对安全有一定认识,应对自己的行为负责,对此提交了视频、校会内容提要、日志节选等证据予以证明。

王某向一审法院起诉请求:(1)判令焦某、马某、焦某某、某小学支付王某医疗费5258.87元、交通费1999元、误工费2213元、牙齿贴面费用50 000元(包括后续治疗费、检查费、交通费、误工费等损失)、精神损害抚慰金30 000元。(2)案件受理费由焦某、马某、焦某某、某小学承担。

一审法院认为,根据各方当事人的诉辩意见,本案争议焦点为各方对于王某的损失是否应当承担赔偿责任及责任比例。《侵权责任法》[①]第12条[②]规定,二人以上分别实施侵权行为造成同一损害,能够确定责任大小的,各自承担相应的责任;难以确定责任大小的,平均承担赔偿责任。2003年《最高人民法院关于审理人身损害赔偿案件适用法律若干问题的解释》第3条第2款[③]规定,二人以上没有共同故意或者共同过失,但其分别实施的数个行为间接结合发生同一损害后果的,应当根据过失大小或者原因力比例各自承担相应的赔偿责任。本案中,结合监控视频及各方陈述,事发过程为王某从教室内向教学楼门口方向行进,焦某拉扯王某衣服跟至其后,王某欲向前走出教学楼门口时,焦某向后将其拉回,因地面有水渍,王某在后退时滑倒摔至地面,导致牙齿受损。限制民事行为能力

① 《侵权责任法》已于2021年1月1日因《民法典》的施行而废止。

② 参见《民法典》第177条。

③ 2020年修正的《最高人民法院关于审理人身损害赔偿案件适用法律若干问题的解释》中无相关规定。

人在学校或者其他教育机构学习、生活期间受到人身损害,学校或者其他教育机构未尽到教育、管理职责的,应当承担责任。无民事行为能力人、限制民事行为能力人造成他人损害的,由监护人承担侵权责任。被侵权人对损害的发生也有过错的,可以减轻侵权人的责任。焦某和王某均系限制行为能力人,对自己行为的危险性应当有一定认识。需要指出的是,焦某作为班级组长,按照老师要求完成检查背诵情况,认真负责的态度值得肯定,但是焦某通过拉扯方式试图留住王某的行为有失妥当,焦某应当承担与其过错程度相适应的损害赔偿责任。王某拒绝焦某检查背诵,在焦某拉扯其后不听劝阻未停止行进,继续向前走到教学楼门口,对自身摔倒亦负有一定责任。监控视频显示,事发当时,学生自由进出教学楼,学校未予及时制止,教学楼大厅内的地面有明显水渍,学校亦未及时处理,上述均说明某小学在地面湿滑易摔伤的可预见范围内未采取必要的安全措施,学校对王某的损失应当承担赔偿责任。综上,根据查明的相关事实,结合各方陈述,确定王某承担 20%的责任比例,焦某承担 30%的责任比例,某小学承担 50%的责任比例。关于王某主张的各项损失及具体数额,根据当事人一致确认的事实、王某提交的证据以及有关法律规定予以确认。根据王某诊断书及病历,其就受损牙齿进行诊察、复查和治疗所支付的医疗费,本院予以支持,由此产生的交通费属于必要支出,亦予支持,对其主张的与损害事实没有关联的医疗费及超出必要范围之外的交通费数额,不予支持。结合王某的伤情及陪护就医情况,对其主张的护理费酌情予以支持。鉴于王某受伤时年龄较小,所受损伤对其身体、精神及今后生活影响较大,故对其主张的精神损害抚慰金酌情予以支持。关于王某主张的牙齿贴面费用,系其预期的后续损失,尚未实际发生,对此难以支持,其可待实际损失发生后另行主张。经过庭审质证,法院审核确认王某因此事故造成的合理损失的项目及具体数额如下:医疗费 3655.21 元、交通费 1385 元、护理费 720 元、精神损害抚慰金 3000 元。

一审法院判决:(1)焦某、马某、焦某某共同赔偿王某各项损失合计 2628.10 元,于判决生效之日起 7 日内执行;(2)某小学赔偿王某各项损失合计 4380.10 元,于判决生效之日起 7 日内执行;(3)驳回王某的其他诉讼请求。

王某及焦某均不服一审判决,提起上诉。二审法院经审理认为,根据双方的诉辩意见,本案二审的主要争议焦点为各方对于王某的损失是否应当承担赔偿责任及责任比例。综合各方当事人的陈述及现有证据情况,可以认定焦某作为班级组长,为完成老师要求检查组员背诵的任务,在王某拒绝检查背诵的情况下,拉扯王某衣服至教学楼门口处,因地面有水渍,王某摔倒致其牙齿受损。从整个事件来看,焦某本身并没有侵害王某的故意或过失,其行为不应受到苛责。一审法院确定某小学承担 50%的责任比例、焦某承担 30%的责任比例、王某承担20%的责任比例本身并无不当,但对于焦某而言,其作为组长是为了完成老师要求检查组员背诵的任务,学校在交派学生任务时并未给予适当指导,从监控视频来看,焦某本身并无过激行为,其作为未成年人亦无法预料相应后果。综合以上考虑,焦某在为完成老师交派任务的过程中给王某造成的损失,相应责任应由某小学承担。故就王某的损失,其自身承担 20% 的责任,某小学承担 80% 的责任。

关于王某主张的交通费、护理费、精神损害抚慰金,王某二审提交证据主张上述费用过低,二审法院认为,一审法院结合王某伤情、就医情况、陪护情况以及所受损伤对其身体、精神及今后生活的影响,酌定交通费 1385 元、护理费 720 元、精神损害抚慰金 3000 元,并无不当,故对王某的该项主张不予支持。关于王某主张的牙齿贴面费用,系其预期的后续损失,尚未实际发生,对此法院难以支持,其可待实际损失发生后另行主张。二审法院判决:(1)撤销一审判决;(2)某小学赔偿王某各项损失合计 7008. 2 元,于本判决生效之日起 7 日内执行;(3)驳回王某的其他诉讼请求。

二、相关法律问题探讨

校园安全一直是社会关注的焦点问题,实践中在校园内产生的人身损害案件屡见不鲜。有的系学生之间的行为造成的人身损害;有的是因教育机构本身原因所致伤害;有的是在校园活动中发生的意外伤害等。本案是众多校园侵权案件中的一个,发生于两个学生之间,系"组长"在检查"组员"背诵作业的过程中,由于肢体接触及雨雪天地面湿滑等原因造成的人身损害事件。本案的主要争议在于承担责任的主体。

(一)本案的定性及处理思路

对于本案的定性,实践中存在不同意见:第一种意见认为,此次事件是意外事件,不论是组长焦某,还是组员王某,以及某小学对本次事件的发生均无过错,王某摔倒受伤纯属一次意外事件。学校应当通过相关保险赔偿王某由此产生的损失,保险赔偿不足部分,根据公平责任原则,由各方进行分担。第二种意见认为,此次事件是侵权事件,组长焦某、组员王某、某小学均对事件的发生存在过错,应分别根据各自过错承担相应侵权责任。第三种意见认为,此次事件是侵权事件,主要原因在于校方未尽到管理职责,雨雪天气未能及时清理地面雪水导致王某摔倒,某小学应承担与其过错相当的侵权责任;而焦某、王某各自均无主观上的故意或过失,应根据两方对损害事件发生的原因力作用承担相应责任。

笔者同意第三种意见。意外事件,准确来说是刑法中的概念,是指行为在客观上虽然造成了损害结果,但不是出于故意或者过失,而是由于不能抗拒或者不能预见的原因所引起。意外事件一般包括两种情况,一种是由于不可抗拒的原因发生了损害结果,如自然灾害、突发事件及其他行为人无法阻挡的原因造成了损害结果;另一种是由于不能预见的原因造成了损害结果,即根据损害结果发生当时的主客观情况,行为人没有预见,也不可能预见发生损害结果。刑法学上对于意外事件的规定是不构成犯罪。在民事案件中,意外事件通常理解为各方对于事件的发生没有主观上的故意或过失,对应的法律规定是《侵权责任法》第 24 条①,受害人和行为人对损害的发生都没有过错的,可以根据实际情况,由双方分担损失。具体到本案中,事件发生时系雨雪天气,从学校提交的证据来看,学校事实上已经预见到在雨雪天气下可能带来的风险,但从监控视频中可以看出在教学大厅地面上明显存在雪水,学校并未及时清理;学校虽要求学生不得进出教学楼,但画面中学生自由出入,并无老师进行管理;教学楼门口也没有铺设所谓的防滑垫,仅铺了一小块普通的防尘垫,亦未竖立警示牌等,这些都说明学校在地面湿滑易摔伤的可预见范围内未采取必要的安全措施,学校本身对此次事件的发生是有过错的,故本次事件并非意外事件,而应作为一个侵权事件来处理。

(二)归责原则在本案中的适用

《民法典》出台之前,《侵权责任法》第 38 条、第 39 条、第 40 条即对无民事行为能力人、限制民事行为能力人在幼儿园、学校或者其他教育机构学习、生活期间遭受的人身损害进行了相关规定,明确了校方承担侵权责任的类型及归责原则,《民法典》基本对侵权责任法的上述条款进行了保留。《民法典》第 1200 条规定,限制民事行为能力人在学校或者其他教育机构学习、生活期间受到人身损害,学校或者其他教育机构未尽到教育、管理职责的,应当承担侵权责任。该条文对于《侵权责任法》第 39 条基本进行了保留,唯一区别在于,《侵权责任法》第 39 条对于这种情况规定学校应承担责任,而《民法典》第 1200 条,加了“侵权”两个字,即学校应承担侵权责任。这也印证了,如学校未尽到教育、管理职责导致发生人身损害事件的,应当是侵权事件,而非意外事件。

本案中,关于某小学是否应承担侵权责任,根据上文分析,事发当时,学生自由进出教学楼,教学楼大厅内地面有明显的水渍,学校并未进行及时处理,说明某小学在地面湿滑易摔伤的可预见范围内未采取必要的安全措施,未尽到相应的管理职责,故某小学对由此给王某造成的损害应承担侵权责任。

关于焦某、王某是否应当承担侵权责任问题,一审、二审的处理思路有一定

① 参见《民法典》第 1186 条。

分歧。一审法院认为焦某作为班级组长,按照老师要求完成检查背诵情况,认真负责的态度值得肯定,但是焦某通过拉扯方式试图留住王某的行为有失妥当,焦某应当承担与其过错程度相适应的损害赔偿责任。王某拒绝焦某检查背诵,在焦某拉扯其后不听劝阻未停止行进,继续向前走到教学楼门口,对自身摔倒亦负有一定责任。即一审法院认为焦某对王某摔倒存在一定过错,而王某作为受害人对损害的发生也有过错。二审法院认为焦某、王某两名未成年人对于此次事故不存在主观上的故意或过失,即无过错。对于焦某的行为而言,其为完成老师交代给小组长的任务,要求组员王某完成背诵作业,在王某拒绝并逃避的情况下,试图拉住王某,且从视频来看,焦某的拉拽行为没有超出一般认识限度,没有过激行为,二人之间的行为并未违反校纪校规,甚至都谈不上嬉戏打闹行为,作为限制行为能力人,焦某亦无法预料到损害后果的发生,故主观上焦某并没有过错。对于王某而言,其拒绝背诵作业也并非侵权责任法意义上的过错,故二审法院认为焦某、王某二人对于王某的损害并无主观上的故意或过失。

在焦某、王某无过错的情况下,二人是否应当承担赔偿责任。2003 年《最高人民法院关于审理人身损害赔偿案件适用法律若干问题的解释》第 3 条第 2 款规定,二人以上没有共同故意或者共同过失,但其分别实施的数个行为间接结合发生同一损害后果的,应当根据过失大小或者原因力比例各自承担相应的赔偿责任。虽然二人没有主观上的过错,但是焦某的拉扯以及王某拒绝检查作业、不听劝阻挣脱行为,均是导致王某摔倒的原因,即焦某、王某应按照各自行为与王某摔倒的原因比例承担赔偿责任。故总体上,一审法院确认的某小学承担 50%的责任比例、焦某承担 30%的责任比例、王某承担 20%的责任比例本身并无不当。

(三)本案责任承担主体的认定

综合上文分析,某小学因未尽到管理职责,对王某的损害承担了 50%的责任,焦某及王某本人因对事件发生存在原因力而分别就损害后果承担了 30%、20%的责任。至此,对于各方的责任比例已经明确。但本案有一个特殊之处,即焦某的行为实际是在老师的要求和授意下进行的,是代表老师检查王某作业而发生的损害,二审法院最终判决焦某的相应赔偿责任由某小学承担。主要考虑如下因素:

第一,相关法律精神的类比适用。《民法典》第 1191 条规定,用人单位的工作人员因执行工作任务造成他人损害的,由用人单位承担侵权责任。用人单位承担侵权责任后,可以向有故意或重大过失的工作人员追偿;第 1192 条规定,个人之间形成劳务关系,提供劳务一方因劳务造成他人损害的,由接受劳务一方承担侵权责任。2003 年《最高人民法院关于审理人身损害赔偿案件适用法律若干问题的解释》第9条[1]规定，雇员在从事雇佣活动中致人损害的，雇主应承担赔偿责任。通过上述规定可以看出对于履行单位或雇主交派的工作过程中，给他人造成损害的，相应的侵权责任应由单位或雇主承担，只有在员工存在故意或重大过失时，用人单位或雇主才能向员工进行追偿。本案是学生为完成老师交代的任务，代表老师督促同学完成课业，虽然并非上述法律规定中的“职务行为”，不能适用上述规定，但可以参照上述法律规定的法律精神进行理解，焦某是完成老师交代给组长的任务，代表老师要求王某完成背诵作业。老师在交派组长任务时，并没有告知或者指导组长在发生拒绝完成作业的情况下如何采取正确的处理方法，而是简单将后果归咎于组长，要求组长陪同受罚。焦某在职责与受罚的双重压力下，且无故意或过失的主观过错及无明显过激行为，由此产生的损害应由学校承担，即焦某30%的责任由某小学承担。

第二，保护未成年人的身心健康。焦某是班级组长，王某系其组员。老师要求组长检查组员背诵作业情况，这是老师教学计划的管理方式之一，目的在于通过学生之间的相互管理，督促学生完成课业任务。这一管理方式本身无可厚非，但老师对组长的要求是如组员完成不了作业，作为组长需要陪同受罚，无形之中给还是未成年人的焦某施加了一定的心理压力。这也是焦某多次利用课间时间以及在放学前的最后一个课间，一直执着地跟着王某要求其背诵作业的原因。焦某要求王某背诵作业系认真负责的行为，且没有超过合理限度，法院若判决其承担侵权责任，会对一个未成年人的心理造成伤害。在与焦某父母沟通时，其父母也表示，因为此次事件，焦某心理承受了巨大压力，始终不能理解自己认真负责的行为却给同学带来了伤害，给自己的父母带来了经济损失，焦某现已经从小学升至初中，对于老师选任其为组长明确表示拒绝，可见此次事件给孩子造成了心理伤害，二审法院综合考虑未成年人的身心健康，改判焦某的责任由某小学承担。

第三，树立正确的社会价值导向。未成年人在校学习期间是其价值观形成的重要时期，家长、学校、社会扮演着重要角色，各方对问题的处理方式和态度直接影响着未成年人的价值判断和选择。本案中，之所以最终判决学校承担80%的责任，一方面是学校确实在管理方面存在瑕疵，希望学校在今后的管理中更加细致周全，给学生一个安全的学习环境；另一方面考虑到本案并非一般意义上的学生之间的打闹行为，而是学生为了完成老师交给的管理任务，学校在此情况下更应体现应有的担当精神，而非推卸责任。判决王某自担部分责任，是基于王某

---

① 参见《民法典》第1192条。

对自身摔倒存在的原因力行为，希望以此提示学生在校期间应当尊重老师的安排，积极主动地完成课业任务，形成遵守规则、尊重他人的良好品行。改判焦某的责任由某小学负担，一方面让焦某明白其认真负责地完成老师交派任务的态度是值得鼓励和肯定的；另一方面也希望焦某在日后的学习生活中应当注意处理问题的方式方法，更好地完成各项任务。综上，二审法院从法律效果、社会效果上综合考虑予以改判。

（责任编辑：王　晨）

互联网个人求助中求助人违约的裁判路径探析

——北京水滴互保科技有限公司诉莫某甲合同纠纷案相关法律问题探讨

欧阳华*

裁判要旨

1. 慈善专门法未规制个人求助，只能借助私法规范予以规制。

2. 网络平台的平台规则是各方真实意思表示，同时也是实践中网络个人求助的基本操作规范，可以作为裁判说理的依据。

3. 以社会主义核心价值观协调法与情理的冲突，在司法裁判中坚持司法的道德价值引领功能，以诚信作为求助人的基本准则，严格遵循司法过程的法律方法，以裁判求助人违约全额返还善款倡导诚信精神，同时客观公正看待网络平台的积极作用与审查瑕疵，督促网络个人求助行业自行健全行业规范，实现规则适用与价值引领的有机统一。

一、据以研究的案例

莫某甲与案外人许某原系夫妻关系，双方于2017年9月13日生一子莫某乙。北京水滴互保科技有限公司（以下简称水滴公司）系一家以技术推广服务、计算机系统服务、基础软件服务、应用软件服务、软件开发、市场调查等为经营范围的有限责任公司。水滴筹平台系由该公司进行运营。2018年4月15日，莫某甲在水滴筹平台上为莫某乙发起个人大病筹款项目，其内容为：发起人莫某甲，患者莫某乙，疾病名称威斯科特-奥尔德里奇综合征，就诊医院为复旦大学附属儿科医院，其按时缴纳医保，没有购买商业重大疾病保险，发起人说明中载明：

---

* 北京市朝阳区人民法院望京法庭副庭长，中国政法大学法学硕士。

“大家好,我是为我身在重症监护室孩子发起求助的莫某甲……这5个月来,孩子饱受疾病折磨,为了给他看病已经花光了家里的全部积蓄,欠下了20多万元的外债,医生说要做好长期的治疗准备,后续至少要40万元的治疗费用,但我们家就是工薪家庭,我和妻子的工资根本不足以支付孩子的治疗费用,可谁能眼睁睁看着自己的孩子被病魔折磨呢?他是我们家唯一的希望啊!……”4月16日15时31分30秒,上述申请(筹款目标:40万元)审核通过。后案外人举报莫某甲家有门面房的出租收益。4月16日17时47分14秒,莫某甲按照水滴公司的要求提供了增信信息。4月16日21时55分10秒,上述筹款截止,最终实际筹款金额为153 136元,获捐次数为6086次。4月16日21时55分12秒,莫某甲向水滴公司申请提现。4月17日,莫某甲提现申请审核通过并公示。次日,水滴公司分4次向莫某甲汇款153 136元。7月23日,莫某乙死亡。

2018年7月27日,许某向水滴公司举报,内容为“莫某乙7月23日下午过世……筹款那次在医院住院用掉5.3万元,其中3.15万元是用之前社保报销的钱付款的,医院里有个基金2万元那时候也到账了,所以水滴筹的钱基本没用……孩子父亲是拆迁户,家里有房,还有店面,并不符合借钱的情况……”水滴公司认为莫某甲存在违约行为,向一审法院起诉,请求:(1)判令莫某甲返还筹集款项153 136元;(2)判令莫某甲支付筹集款项153 136元利息。

莫某甲辩称:(1)一直积极为莫某乙治疗,花费医疗费近40万元、生活费5万多元。虽然接受了水滴公司的帮助,但是在医院通知莫某乙无法治愈、没有明确治疗方案时,孩子家属有权利选择治疗方案。在医院给出保守治疗方案后,实属无奈下选择了保守治疗。(2)曾借款10万元用于支付莫某乙的医疗费,使用筹集款项中10万元偿还债务,也相当于用于莫某乙的治疗。(3)筹款时,水滴公司未明确要求提供莫某乙祖父母的财产情况用于审核,莫某乙的医疗费应该由其监护人承担,而不是由其祖父母承担,不存在虚假行为,每次都按水滴筹平台的要求发布信息。(4)本来答应归还筹集款项,但上述款项是用于莫某乙治病,在水滴公司工作人员要求返还筹集款项时与许某尚未离婚,上述款项应该由双方共同偿还。

一审法院经认为,互联网个人大病求助是指自然人通过网络平台发起大病专项筹款项目,赠与人通过互联网对项目发起支持,赠与求助人钱款的行为。一审法院审查了涉案互联网个人大病求助4个方面的问题:一是水滴筹平台能否代表众多赠与人向莫某甲主张返还筹集款项。互联网个人大病求助应属于个人求助的行为范畴。目前,对于互联网个人大病求助中网络平台与赠与人之间的权利义务尚无明确规定。该案中,双方之间的权利义务应该按照《用户协议》《水滴筹个人求助信息发布条款》等予以规制。法院认定在约定的特殊情形下,赠与人有权授权水滴筹平台的运营者水滴公司代表赠与人要求莫某甲返还筹集款项。二是莫某甲是否应该返还赠与人的筹集款项。莫某甲是否应该返还赠与人的筹集款项应从求助项目的真实性、莫某甲是否违反合同约定两方面审查。莫某甲未按平台规则准确、全面、及时提供信息,其确有隐瞒的情形,但是莫某乙的病情及治疗情况基本真实,且发起筹款当时确有求助意愿和客观必要。即使莫某甲确实在2018年4月15日之前为了给莫某乙治疗而举债,且筹集款项也确实用于偿还因莫某乙之前治病而欠下的债务,但上述用途与双方约定的莫某乙治疗时间、用途不一致,根据《用户协议》等平台规则,赠与人的目的在于"救病"而不是"救穷",所以法院认定莫某甲将筹集款项挪作他用。三是水滴筹平台的审查义务及其与莫某甲违约责任之间的关系。水滴公司没有尽到严格形式审查义务、未妥善履行严格监督义务,故法院认定水滴公司存在审查瑕疵。但莫某甲是否应该支付利息应审查挪用筹集款项的责任,这同水滴公司在网络服务合同关系中是否妥善履行义务无关。四是水滴筹平台应如何处理返还的筹集款项。基于互联网个人大病求助中赠与"小易快多"的特点、筹款期限一般不长等因素,网络平台不应按赠与时间的先后进行区分,而应按比例原则返还赠与款项。

一审法院作出民事判决:(1)莫某甲于本判决生效后7日内返还水滴公司153 136元;(2)莫某甲于本判决生效后7日内支付水滴公司利息(以153 136元为基数,以中国人民银行同期贷款利率为标准,自2018年8月31日计算至莫某甲全部付清水滴公司上述款项之日止)。

宣判后,双方均未提出上诉,该判决于2019年11月21日生效。

二、相关法律问题探讨

该案是全国首例互联网个人大病求助纠纷案件,此类案件既面临《慈善法》缺位下求助人、网络平台的权利义务模糊引发的法律规制问题,社会公众对于慈善与诚信的道德关注,还面临判决对整个互联网慈善行业后续发展的导向问题,所以人民法院对此类案件进行司法裁判时,应以社会主义核心价值观协调法与情理的冲突,在司法裁判中坚持司法的道德价值引领功能,以诚信作为求助人的基本准则,严格遵循司法过程的法律方法,在民法框架下探究网络个人求助的内涵、法律适用、裁判规则,以裁判求助人违约全额返还善款的方式倡导诚信,同时客观公正看待网络平台的积极作用与审查瑕疵,督促网络个人求助行业自行健全行业规范,实现规则适用与价值引领的有机统一。

(一)网络个人求助纠纷背景问题

《公开募捐平台服务管理办法》(以下简称《管理办法》)第10条规定,个人为了解决自己或者家庭的困难,可通过广播、电视、报刊以及网络服务提供者、电信运营商发布求助信息。在此基础上的网络个人求助,是指自然人为解决自己或者家庭的困难,通过互联网方式向社会公开寻求物质帮助的求助方式。“困难”是发出求助的前提条件,求助人对于困境的理解各不相同,目前法律没有,也无法对具体个人困难做出明确定义。社会普遍理解自己及家庭的财产不够支付时,到亲朋好友邻居处借钱,只有山穷水尽之后才向陌生人求助,所以严格意义上的“困难”应为无法通过有限的个人资源在短时间内筹集足额资金以解决与健康、生命等基本权利直接相关的困境。实践中,不应对“困难”施加过高的标准,而应在个案中具体判断,但自然人因财产在短时间内无法变现或者变现困难、不经济等向社会求助,以个人、家庭财产作为最后保障,不应视为“困难”。“互联网方式”指以因特网传输求助信息的方式,具体表现为网络平台等,目前网络平台主要指轻松筹、水滴筹等。但《管理办法》规定,网络个人求助不属于公开募捐,因此求助信息不能发布在民政部指定的公开募捐平台上。

在网络个人求助法律关系中,主体为求助人、赠与人和网络平台。求助人披露被求助人的个人信息,希望公众为自己或近亲属提供经济上的帮助;赠与人基于对求助人披露信息、自身经济状况的判断,决定是否对特定个人捐助;网络平台作为信息平台,求助人登录平台发布求助信息给潜在的受众,赠与人信赖平台上的信息并进行捐赠。网络大病救助流程参见图1。

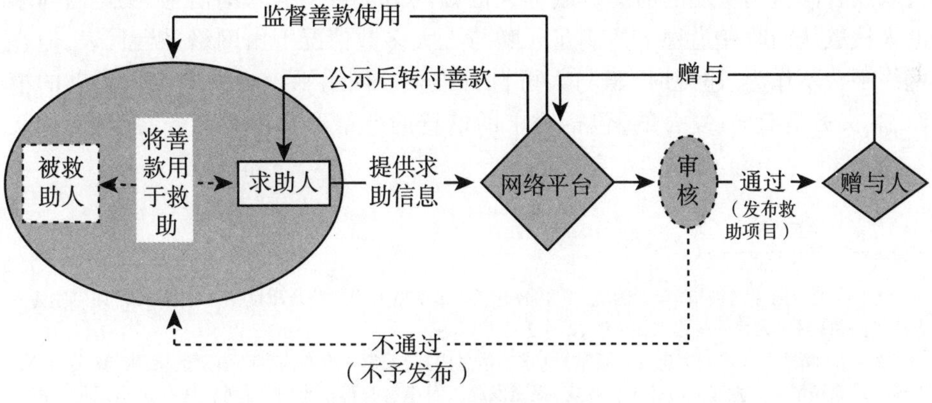

图1　网络大病救助流程

《慈善法》第3条将慈善活动定义为,自然人、法人和其他组织以捐赠财产或者提供服务等方式,自愿开展扶贫、济困等公益活动,个人求助具有“个人对公众”的模式特点,能够短时间内实现社会资源的汇集与配置,是典型的慈善活动。因此,个人求助应当由慈善法律进行调整,但以《慈善法》为核心的慈善法律法规仅规定了慈善组织、慈善募捐等，即慈善领域立法对个人求助采取了回避的态度，未将网络个人求助纳入调整范围。

有学者认为，个人求助尽管不受慈善法调整，但是依然需要遵循法律规范。求助者与资助者之间是一种特定的法律关系——附特定目的的赠与。特定目的即是帮助求助者解除困境。所以如果求助者编造虚假信息或者有意隐瞒事实的，会构成民法上的欺诈，资助者可以要求撤销法律行为并返还财产；如果求助者有非法占有的目的，以虚构事实或者隐瞒真相的方法，骗取数额较大的财物的，会构成诈骗罪并定罪量刑，①这是将个人求助纳入作为社会经济的一般法律行为，在传统的民商法体系和刑法体系中进行规制。

（二）民法框架下网络个人求助个案裁判路径分析

1. 法的发现定位裁判依据

水滴公司依据《合同法》（已失效，现为《民法典》）追究莫某甲的违约责任。依据文义解释、目的解释，网络个人求助是一种以网络为媒介的赠与，因此应参照《合同法》（已失效，现为《民法典》）中赠与合同的规定规制。网络个人求助各主体之间没有签订书面合同，各方的权利与义务只能根据网络平台（水滴筹平台）上的《用户协议》《水滴筹个人求助信息发布条款》等平台规则予以明确。求助人是网络个人求助的启动方，其义务为及时、完整、真实地披露信息和根据约定用途使用善款。② 前者是网络个人求助法律关系建立的基础，后者是网络个人求助合同目的实现的前提。赠与人信赖网络平台上的求助信息，决定赠与求助人钱款从而收获道德上的满足。赠与人大多数情况下由网络平台代表，但在网络平台不作为、违规时，赠与人可自行维权。网络平台为网络个人求助的枢纽，其义务是双向、复合的，包括对求助信息的严格形式审查义务、善款交付义

---

① 参见金锦萍：《被指“夸大困境”“捆绑营销”募款270万引发公众质疑——罗尔事件：如何厘清六大法律问题》，载《人民法院报》2016年12月2日，第2版。

② 《水滴筹个人求助信息发布条款》：【求助信息内容】发起人发布内容必须完整、准确、真实、合法，无虚构或隐瞒情形。发起人应按平台规定，提交发起人及患者身份信息、患者所在医疗机构开具的医疗证明等真实材料。材料经平台审核通过后，求助项目方可上线和生成筹款链接。平台认定发起人提供的材料不符合要求的，有权要求发起人补充相关材料。平台有权暂缓发布个人求助项目。发起人应及时、完整、真实、准确地公开求助人的以下信息：疾病情况、治疗花费情况、家庭经济状况（主要是工资收入、房产、车辆、金融资产等信息）；预期款项用途；基本医疗保障情况；商业保险情况；是否享受低保；获得政府医疗救助等情况……发起人求助信息中设定的目标金额，除特殊情况外，原则上单次求助金额不得超过人民币50万元；超过50万元的，发起人应在求助信息中说明原因并进行公示。【筹集款项支付】发起人有责任和义务监督所筹款项全部用于求助人的治疗。

务、对求助人善款使用的严格监督义务、他方(主要是求助人)违约时的维权义务。[①] 网络平台不仅是信息和善款的渠道,也是网络个人求助成功与否的关键。

2. 从合同出发推演行为属性

赠与人与求助人形成赠与合同。采取欺骗手段骗取善款,甚至将筹集的善款据为自己私有,是欺诈行为,[②]基于此赠与人可以要求撤销法律行为并返还财产。撤销权的行使能保障赠与人的财产权益,但会产生以下两个问题。第一,对欺诈行为的判定标准。民事欺诈行为在客观上可以表现为作为或不作为。若求助人故意伪造求助信息,仅依据客观事实即可判断这类欺诈,即为作为形式。不作为形式的欺诈行为表现为求助人隐瞒部分信息,如家庭经济状况、医保等,信息的隐瞒、隐瞒程度会影响赠与人是否捐赠以及捐赠金额的决定,同样构成欺诈。《管理办法》仅规定求助人对求助信息的真实性负责,而没有明确求助信息披露的范围,具体到本案,莫某甲即在家庭财产、社会救助上存在隐瞒情形,必然影响捐助人的捐助意愿,当然构成欺诈。第二,在存在欺诈的情况下,应如何处理善款?既然存在欺诈,善款应当全部予以返还,而无论是否使用完毕。具体到本案,莫某甲未按照约定的"救病"用途使用善款,而是将善款私自占有。未按约定使用部分善款可等同于求助人"未能履行赠与合同约定义务",所以赠与人对此应有法定撤销权。

求助人、网络平台、赠与人形成事实上的网络服务合同。赠与人将善款交由网络平台代为处理,网络平台与案件有直接的利害关系。在一方违约,尤其在赠与人有明确授权的情形下,网络平台当然有权以自己的名义起诉。本案的特殊之处在于赠与人的意见由网络平台表达,网络平台的诉讼结果对赠与人发生法律效力,即善款及利息应该返还赠与人。在善款及利息返还时,从公平原则出发,网络平台按比例原则原路返还赠与人更为适宜。

合同相对性原则,包含主体相对性、内容相对性、责任相对性。具体到本案,

---

① 水滴筹平台《用户协议》第6条规定,违约责任　用户违反其于本协议项下的陈述、保证或承诺,而使平台遭受任何诉讼、纠纷、索赔、处罚、声誉影响等的,平台均有权要求用户立即停止违约行为,并按照平台要求履行相关义务,给平台造成损失的,用户应当承担赔偿责任。

《水滴筹个人求助信息发布条款》规定,【筹集款项支付】平台将于发起人提交的提现申请通过审核且公示期间赠与人或社会公众无质疑后,将实际筹集的款项可支付至求助人或其监护人、近亲属、医疗机构、慈善组织银行账户。……发起人有责任和义务监督所筹款项全部用于求助人的治疗。若求助人获得资助款后放弃治疗或存在任何挪用、盗用、骗用等行为,平台有权要求发起人、求助人返还全部已付款项。返还的款项将退还赠与人。自个人求助信息发布之日起至所筹款项使用完毕之日止,平台有权要求发起人定期提交求助人治疗情况说明、所筹款项使用情况说明并提供相应的证明材料。

② 参见《2019年度人民法院十大民事行政及国家赔偿案件》,载中华人民共和国最高人民法院网2020年1月13日,http://www.court.gov.cn/zixun-xiangqing_216301.html。

莫某甲在赠与合同项下对赠与人存在违约责任,水滴筹平台在网络服务合同项下对赠与人存在未妥善履行严格形式审查义务、严格监督义务的违约,即审查瑕疵,但审查瑕疵不是也不能成为求助人违约的原因,更不减损求助人提供自身信息真实、完整、准确的要求,故求助人不能因网络平台在网络服务合同项下的违约而减轻其在赠与合同项下的违约责任。

3. 价值引领探寻实质正义

水滴筹平台代表数千位赠与人向求助人莫某甲主张返还善款,本案不仅涉及赠与人、社会公众善心的保护问题,更关系到互联网个人求助行业的规制与导向问题。互联网个人大病求助是民间慈善事业的重要组成部分,有助于精准扶病,具有"救急难"的积极作用。因为法律缺失导致求助人、网络平台、社会公众对网络慈善、失信事件莫衷一是。求助人诚信、网络平台审查瑕疵的相互交叉、重叠,法律与道德的冲突,是网络慈善的现状。为解决实定法律规范滞后于社会发展引发的问题,法官应以社会主义核心价值观协调法与情理的冲突,在司法裁判中坚持司法的价值引领功能,以诚信作为求助人的基本准则,以裁判求助人违约全额返还善款的方式倡导诚信,同时客观公正地看待网络平台的积极作用与审查瑕疵,督促网络个人求助行业自行健全行业规范,以促进互联网个人求助行业的健康发展。

(三)争议回归:个人求助在慈善法下的规制

目前,个人求助的调整规范主要存在于私法领域中的合同法,网络平台设定的平台规则形成的合同确定了个人求助不同主体的权利义务,在严格遵循司法过程的法律方法的基础上,要依据从合同出发推演的裁判思维,充分考量个人求助的诚信、审查问题,在社会主义核心价值观引领下,实现规则适用与价值引领的统一。具体到本案,求助人的诚信是个人求助的前提与基础,求助人应为其不诚信的行为承担责任。网络平台的审查、监督是对网络个人求助履行的必要条件,但网络平台的审查瑕疵不是求助人不诚信行为的合理抗辩。发挥司法价值引领功能的规则适用实现了私法规制个人求助的路径,践行了社会主义核心价值观,所以裁判结果、导向是正确的。

但合同是建立在意思自治原则之上的,私法规制的路径与个人求助难以达到结构耦合,是一种偏离制度资源的方案。在私法规制之外,基于个人求助的慈善属性,能否将个人求助概念、机制纳入《慈善法》规制是今后立法尚待解决之问题。

(责任编辑:王　晨)

正三轮摩托车被牵引发生事故致人损害时免责条款的理解与适用

——王某甲、王某乙等诉中国人民财产保险股份有限公司北京市分公司人身保险合同纠纷案相关法律问题探讨

金　薇[*]　刘宇佳[**]

裁判要旨

对保险合同中无驾驶证属于"状态免责"还是"原因免责",应按合同文义解释适用"状态免责",适用时应考虑该无证驾驶行为是否属于本次保险事故的风险因素。对于保险合同中具体术语"机动车""驾驶"产生歧义时,应在不超出文义解释的范围之内适用有利于被保险人的解释。

一、据以研究的案例

原告(被上诉人)王某甲、王某乙等诉称:2018年5月,邱某甲通过微信水滴保购买了中国人民财产保险股份有限公司的综合意外险,2018年5月30日,被告向邱某甲出具了意外伤害保险单,受益人为法定受益人,保险金额10万元。2018年7月29日,邱某甲在其正三轮摩托车被牵引过程中发生意外,经抢救无效死亡。此后,五原告向被告中国人民财产保险股份有限公司北京市分公司(以下简称人保北分)申请理赔,被告以邱某甲无有效驾驶证或驾驶无有效行驶证的机动车发生事故,不属于保险责任范围为由拒绝赔偿。五原告认为,邱某甲的摩托车当时处于被牵引状态,邱某甲并未驾驶,被告的拒赔理由不能成立,故

---

* 曾任北京市东城区人民法院天坛人民法庭副庭长,中国政法大学法学博士。

** 北京市东城区人民法院天坛人民法庭法官助理,兰州大学法律硕士。

诉至法院请求判令:(1)判令被告赔偿五原告保险金10万元;(2)诉讼费由被告承担。

被告(上诉人)人保北分辩称:根据中国人民财产保险股份有限公司意外伤害保险条款(以下简称意外伤害保险条款)的规定,被保险人无有效驾驶证驾驶或驾驶无有效行驶证的机动交通工具期间遭受意外伤害导致身故的,保险人不承担赔偿责任。事故发生时,邱某甲的正三轮摩托车虽然处于被牵引状态,但由于未使用硬连接牵引装置,仍需要邱某甲继续操纵正三轮摩托车的方向盘以控制方向、操纵刹车以控制速度,因此当时邱某甲正处于驾驶状态。由于邱某甲未取得机动车驾驶证,不具有机动车驾驶资格,其所驾驶的正三轮摩托车为机动车,处于注销状态,不具有合法行驶资格。因此,根据上述保险条款的规定,本案属于除外情形,被告不应进行赔偿。

法院经审理查明,2018年5月30日,邱某甲在被告处投保了综合意外险,保险单载明意外身故、残疾给付的保险金额为10万元,适用意外伤害保险条款。

意外伤害保险条款中的责任免除部分约定:“被保险人在下列期间遭受意外伤害导致身故或残疾的,保险人不承担给付保险金责任:……(7)被保险人酒后驾驶、无有效驾驶证驾驶或驾驶无有效行驶证的机动交通工具期间。”意外伤害,指以外来的、突发的、非本意的、非疾病的客观事件为直接且单独的原因致使身体受到的伤害。无有效驾驶证,包括无驾驶证或驾驶证有效期已届满等情形。无有效行驶证,指发生保险事故时被保险人驾驶的机动车无公安机关交通管理部门、农机部门等政府管理部门核发的行驶证或号牌,或行驶证不在有效期内,或该机动车未按规定检验或检验不合格。

2018年7月29日,梁某某驾驶夏利小型轿车牵引由邱某甲驾驶R1672号福田牌正三轮摩托车,当行驶至临漫线200米处下坡路时,邱某甲驾驶正三轮摩托车向左侧发生侧翻,致邱某甲受伤,经抢救无效于当日死亡。事故形成原因为邱某甲未取得机动车驾驶证驾驶安全设施不全的正三轮摩托车被其他车辆牵引,机动车载物超过核定的载重量,未佩戴安全头盔,驾驶正三轮摩托车发生道路交通事故,其过错行为是导致此事故发生的一方面原因;梁某某未取得机动车驾驶证驾驶机动车牵引制动失效机动车时,未使用硬核连接牵引装置牵引,发生道路交通事故,其过错行为是导致事故发生的另一方面原因。

2019年9月18日,被告出具了拒赔通知书,根据意外伤害保险条款中的被保险人酒后驾驶、无有效驾驶证驾驶或驾驶无有效行驶证的机动交通工具期间这一规定,拒绝赔偿。

另查,邱某甲未取得机动车驾驶证,不具有机动车驾驶资格;其驾驶的R1672号福田牌正三轮摩托车状态为注销,不具有合法行驶资格。

庭审中,五原告主要强调以下几点:第一,邱某甲当时处于被牵引状态,不是驾驶状态。关于受牵引的原因,五原告解释称,因邱某甲驾驶正三轮摩托车上路行驶坏在途中,提供动力的半轴已经拆下,导致正三轮摩托车失去动力和发动阻力,故请求梁某某帮忙牵引。事故发生时,邱某甲在正三轮摩托车的驾驶位,虽然能踩刹车,但是不能控制速度,能简单控制方向,但主要取决于前方的牵引车。原告认为,邱某甲不能完全控制正三轮摩托车,只是坐在摩托车的驾驶位,协助牵引车辆对被牵引的摩托车转向,因而不是驾驶。第二,此次事故的发生原因是梁某某在牵引事故车辆时未使用硬核牵引装置,致使被牵引车辆在下坡时冲到牵引车之前,导致意外发生,事故发生与邱某甲是否有驾驶证以及车辆是否有行驶证并无因果关系。第三,被告对免责条款的解释和说明义务履行存在重大瑕疵。被告只是在电子平台上提供了电子版保险条款,未提供纸质版保险条款。虽然被告在保险条款中将免责条款进行加黑处理,但限于手机屏幕太小,加粗加黑的文字无法像纸质版文件上经加粗加黑文字一样,能够与其他部分的文字形成鲜明的对比,且保险条款中每个条款的标题也全部加粗加黑,免责条款难以引起一般人的特别注意。帮助投保人理解免责条款至关重要的免责条款释义部分在保险条款的末尾,没有加粗加黑,更难引起投保人的注意,且被告并未对免责条款进行说明。综上,原告不同意被告依据免责条款进行拒赔。

被告对原告的意见不予认同,认为,第一,邱某甲当时处于驾驶状态。道路交通事故认定书中已经认定邱某甲驾驶正三轮摩托车发生事故。且根据《道路交通安全法实施条例》第 61 条的规定,被牵引的机动车除驾驶人外不得载人。路上驾驶三轮车,不得牵引、攀扶车辆或者被其他车辆牵引。上述条款说明即使在被牵引情形下,驾驶员依然处于驾驶状态。此外,由于未使用硬核牵引装置,邱某甲仍然需要继续操作正三轮摩托车的方向盘以控制方向、操作刹车以控制速度,负责转弯和刹车,说明正三轮摩托车一直处于邱某甲的操作之下。第二,被告履行了免责条款的提示和说明义务。双方提交的保险条款,均显示责任免除条款已经用加粗字体特别标示,且释义部分对无有效驾驶证和无有效行驶证进行了释义,属于通过网络以书面形式进行解释说明。此外,涉及的免责条款涉及交通法律法规中的禁止性规定,被告仅需尽到提示义务即可。第三,被告依据的免责条款为期间除外,与原因除外不同。只要满足在这一期间,即可免除保险责任,而不论免责事由与损害后果之间是否存在因果关系。

一审法院依照《保险法》第 17 条,《最高人民法院关于适用〈中华人民共和国保险法〉若干问题的解释(二)》第 10 条、第 12 条之规定作出裁判:被告人保北分向五原告赔偿保险金 10 万元。

人保北分不服原审判决，提起上诉。二审法院作出裁判：驳回上诉，维持原判。

二、相关法律问题探讨

保险合同是典型的附合合同，合同条款由保险人单方预先拟定，存在大量格式条款，通常情形下，投保人只能表示接受或不接受，并无协商余地。其中，保险合同中的免责条款在保险事故发生后的理解和适用往往成为诉辩双方的争议焦点。

为了矫正保险人与投保人之间的实质不平等，应从格式条款的订入规则、内容控制规则、不利解释规则对保险条款进行规制。审判中，对免责条款的分析应从合同缔结、效力及解释这三个环节依次展开。从免责条款的效力上看，免责条款的订入规则要求保险人在缔约过程中应对责任免除条款尽到提示及明确说明义务，否则该免责条款不能订入合同、不产生合同效力。在免责条款产生合同效力的情况下，如相关内容存在显失公平的情况，则人民法院应认定该免责条款无效。从免责条款的适用上来看，应当将责任免除事由与事故之间是否具有因果关系纳入免责条款是否适用的考虑因素。对合同条款的适用发生争议时，应当按照通常理解予以解释；存在两种以上解释的，应作出有利于被保险人和受益人的解释。

本文将从保险合同缔结开始对免责条款的效力、适用、解释逐层进行分析。

（一）保险合同中免责条款的效力认定

1. 免责条款订入应作出明确说明

根据《保险法》的规定，缔约过程中保险人对免责条款应尽到提示及明确说明义务，否则该免责条款不能订入合同。鉴于投保人应当遵守法律、行政法规的禁止性规定，《最高人民法院关于适用〈中华人民共和国保险法〉若干问题的解释（二）》第10条进一步明确，保险人将法律、行政法规中的禁止性规定情形作为保险合同免责条款的免责事由，可以适当减轻保险人的明确说明义务及其对履行明确说明义务的举证责任。只要保险人对该免责条款进行提示，并对违反该禁止性规定将导致保险人免责的法律后果进行明确说明，即应认定其履行了法定的提示和明确说明义务。

对于提示、说明的方式，相关司法解释规定：保险合同订立时，保险人在投保单或者保险单等其他保险凭证上，对保险合同中免除保险人责任的条款，以足以引起投保人注意的文字、字体、符号或者其他明显标志作出提示的，人民法院应当认定其履行了提示义务。保险人对保险合同中有关免除保险人责任条款的概念、内容及其法律后果以书面或者口头形式向投保人作出常人能够理解的解释说明的,人民法院应当认定保险人履行了明确说明义务。在传统纸质保险合同中,加黑加粗条款往往比较显眼。但电子保单中,因为显示屏较小,很多格式条款的特别提示就容易让投保人忽视。本案中,五原告就主张电子保险合同中的免责条款加黑不明显,免责条款未提示,故无效。根据法律规定,通过网络、电话等方式订立的保险合同,保险人以网页、音频、视频等方式对免除保险人责任条款予以提示和明确说明的,人民法院可以认定其履行了提示和明确说明义务。法官在审理时应通过电子屏幕查看保险合同的免责条款是否足够醒目,以形成内心确信,若免责条款通过音频和视频等更为直观的提示方式进行提示,则应认定保险公司尽到了提示和说明义务。

2. 免责条款内容不能显失公平

对符合订入规则、成为保险合同组成部分的免责条款,应依据《保险法》第19条进行效力评价。如存在免除保险人依法应承担的义务或者加重投保人、被保险人责任或排除投保人、被保险人或者受益人依法享有的权利的,应认定该免责条款无效。合同效力属于法院依职权审查的范畴,不以当事人提出主张或抗辩为必要。其中,免责条款系将行政法规中的禁止性规定纳入保险合同的免责事由,不属于显失公平的情形,应认定该免责条款有效。

(二)保险合同中免责条款的适用问题

1. 免责条款的适用——“状态免责”与“原因免责”之分

保险法学说上通常根据免责事由将保险免责条款分为三类,①一是原因免责,即保险事故系某些特定原因导致时,保险人方可免责;二是状态免责,即保险事故发生时只要被保险人处于某种特定危险状态下,保险人即可免责;三是事故形态免责,即保险标的的损失是由一些特定形态事故造成时,保险人无须赔偿保险金。② 通常免责条款的表述也会存在不同,若保险公司将免责条款表述为“因下列……原因导致保险事故发生,不承担给付保险金的责任”时,属于明显的“原因除外”条款,此时免责事由与保险事故的因果关系认定是免责条款是否适用的关键所在。但若保险公司对免责条款的表述为“在……期间发生保险事故,不予赔付”的期间表述,则因果关系与免责条款的适用是否相关便存在分歧。本案中,保险公司主张其拒赔依据的免责条款系“期间除外”,只要在无证驾驶期间发生保险事故,即免除保险责任,即为本文所述的状态免责。

2. “状态免责”——免责条款的适用与因果关系无关

状态免责也可理解为情形免责。主张“状态免责”的一方认为:从一般保险

① 参见[日]山下友信:《保险法》,有斐阁2005年版,第362页。

② 参见张颖璐:《车辆逾期未年检,保险公司能否免责》,载《中国保险》2017年第3期。

合同中免责条款的内容我们可以看出,免责条款的设置与过错责任密切相关。通常情况下,当事人过错越大,免责的可能性就越小。所以,实践中许多投保人常常把免责条款能否适用同当事人过错行为与事故发生之间有无因果关系挂钩。这属于错误地混淆了侵权责任关系与合同关系。保险公司与投保人之间的权利义务属于合同关系,所以免责条款的适用不能套用侵权行为的认定标准。应当指出,免责条款产生的基础是合同风险,过错与免责的关联性只是拟定免责条款时对合同风险预判的一种外在表象,不能本末倒置地认为只有免责条款中的过错与事故具有因果关系时才能适用免责条款。尤其在保险合同中,免责条款集中体现了保险公司与投保人对风险负担的分配,是一种双方达成合意的预先的约定。故免责条款能否适用,应该立足于条款内容本身。根据合同自由原则,保险人和投保人可在不违反法律规定的前提下,自由约定包括免责条款在内的合同条款。此类免责条款经认定为有效的,不应再审查该免责事由与交通事故之间是否存在因果关系、是否增加了车辆运行危险程度和事故发生概率。如法院以因果关系为由否定未检验车辆免责条款的效力,是对双方约定的不同类型免责条款的无视,也是对保险合同的强制介入,额外对该状态免责条款附加了因果关系的要求。[①] 具体到本案,虽然原告主张事故发生与邱某甲无有效驾驶证驾驶、无有效行驶证之间不具有因果关系,故该条款不应适用于本案。但是保险合同中约定"期间除外,被保险人在下列期间遭受意外伤害导致身故或残疾的,保险人不承担给付保险金责任:……(7)被保险人酒后驾驶、无有效驾驶证驾驶或驾驶无有效行驶证的机动交通工具期间"明确此免责条款适用的范围是期间,而不是原因,所以原告的主张不具有合同依据。

3."状态免责"应考虑因果关系

本文主张适用"状态免责"的免责条款时应考虑该"约定免责状态"与事故之间是否具有因果关系。理由如下:保险理赔时考量的一个重要因素,就是损害应当与保险事故之间具有因果关系,这一原则在保险法及保险条款中都有明确的规定。若被保险人所受损害并非因保险事故而发生,则被保险人无法取得保险赔偿。出于对被保险人的公平,在免责条款的适用时因果关系原则也应当纳入考虑范畴。以无有效驾驶证驾驶或驾驶无有效行驶证为例,虽然这一免责条款的内容与行政法规的要求一致,但是,其与大多数保险事故的发生,甚至与保险事故本身其实并无实质关联,将与保险事故无关联的因素作为保险公司免予赔偿的条件,缺乏法理基础。将这类条款也列为免责条款,更多是起到为保险公

---

① 参见王静:《我国〈保险法〉第19条司法适用研究———基于保险格式条款裁判的实证分析》,载《政治与法律》2014年第11期。

司控制风险的作用。被保险人与保险公司作为保险合同的相对方,在合同履行当中应当具有平等法律地位,法律地位的平等不仅体现在合同双方因合同所付对价平等,也应当体现在合同履行中相关因素对双方的拘束程度对等。若因果关系只作为理赔因素加以考虑,而在对免责因素的考量方面不产生任何拘束力,则对广大被保险人是很不公平的。基于以上考虑,保险合同中的免责条款可以被重新审视,那些被保险公司称为“原因免责”的条款,在保险事故发生时可以适用;而包括无有效驾驶证驾驶或驾驶无有效行驶证在内的所谓“状态免责”条款,应考虑该无证驾驶行为是否属于本次保险事故的风险因素来加以判断。该考量与保险理赔中的近因原则并不一致,只要增加了该保险事故发生的风险,即可适用。若驾驶员依规将车停靠在路边,后车操作失误相撞致损,此时驾驶员有无驾驶证和本次保险事故毫无关联,则不适用该条款。若驾驶员在驾驶过程中发生保险事故,则无证驾驶无疑增加了保险事故的发生风险,即使无证驾驶与保险事故无直接因果关系,也应适用该免责条款。

(三)保险合同中免责条款的解释问题

保险合同中的用语存在歧义的时候,应从保护保险人的角度出发做有利于保险人的解释。本案就涉及“正三轮摩托车”与“驾驶”的定义。

1. 正三轮摩托车是否属于机动车的问题

正三轮摩托车发生交通事故引发的纠纷数量较多,在这类案件中,正三轮摩托车是否属于机动车往往成为案件的争议焦点和审理难点。《机动车类型术语和定义》中对“机动车”的概念进行了非常详细而复杂的规定,在属于机动车的摩托车条目项下,规定摩托车不包括“a)整车整备质量超过400kg的不带驾驶室的三轮车辆;b)整车整备质量超过600kg的带驾驶室的三轮车辆”。根据这一规定,整车整备质量超过400kg的不带驾驶室的三轮车辆以及整车整备质量超过600kg的带驾驶室的三轮车辆不属于机动车的范畴。普通人群对机动车的这一标准很难判断,司法实践中,即使是交管部门,也需要委托专门的司法鉴定机构进行司法鉴定之后才能判断涉案正三轮摩托车是否属于机动车。故而审判中,经常会出现两种审判思路。一种思路是,若经鉴定涉案正三轮摩托车属于机动车,则相关免责条款生效,保险公司免于赔偿。另一种思路则是,即使涉案正三轮摩托车属于机动车,但是由于是否属于“机动车”是具有一定专业性的问题,不属于显而易见的生活常识,被保险人无证驾驶不具有主观过错,因而不免除保险公司的赔偿责任。在正三轮摩托车发生事故造成较大人身伤亡的纠纷中,往往采用第二种审判思路。

产生争议的原因是被保险人与保险公司之间对如何理解“机动车”的含义发生分歧,究其根本在于保险条款与法律法规中对“机动车”的定义不相同。保险条款中约定的“机动车”仅为由动力系统驱动的轮式车辆，而法律法规中的“机动车”的范围比保险条款中的约定要窄。保险条款中对“机动车”的定义并不符合法律规定，且该定义不利于被保险人。在此情况下，不加分辨地采用保险条款中对机动车的定义，显然并不合适。

《保险法》第30条规定：“采用保险人提供的格式条款订立的保险合同，保险人与投保人、被保险人或者受益人对合同条款有争议的，应当按照通常理解予以解释。对合同条款有两种以上解释的，人民法院或者仲裁机构应当作出有利于被保险人和受益人的解释。”被保险人主要从日常生活角度，将机动车理解为普通意义上的汽车，认为正三轮摩托车不属于机动车。被保险公司则从专业术语角度，认为经鉴定正三轮摩托车属于机动车，要求适用免责条款。双方在不同语境下使用“机动车”这一术语，因而得出不同的含义。如果在订立保险合同时，保险人在保险合同之中约定合同中所指“机动车”是指《道路交通安全法》中规定的机动车，则被保险人驾驶的正三轮摩托车属于机动车，被告可以依据免责条款免于赔偿当无异议。但是在未对使用语境事先说明的情况下，对合同条款有两种解释的，应当作出对被保险人和受益人有利的解释，即可以认为被保险人驾驶的正三轮摩托车不属于机动车范畴，被告不能依据免责条款免责。

从公平原则的角度来说，实践中交管部门对正三轮摩托车是不予办理机动车登记的，普通消费者购买正三轮摩托车时，也不需要经过任何资质上的审查或审批，购买一辆正三轮摩托车与购买一辆机动车的程序也有明显的区别。被保险人未对正三轮摩托车进行登记，无证驾驶，虽然违反了相关法律法规，但是，其主观上并不具有过错，或者说不具有重大主观过错，在客观上更是无法取得相关证照。如果认可了无证驾驶免责条款的效力，将使广大以正三轮摩托车的车主失去保险合同的保障，显失公平。如果确实要适用此规则，那么保险公司应当在订立保险合同时就在合同中明确，正三轮摩托车无驾驶证、行驶证发生事故不赔。

2. 被牵引正三轮摩托车是否处于驾驶状态的问题

何为驾驶，通常情况下不是问题，但在车辆发生故障被牵引过程中，判断被牵引车辆是否处于驾驶状态，则是判断保险公司应否赔偿的重要问题。百度百科中对“驾驶”的解释是：“指操纵车船或飞机等使行驶。”驾驶，重在操控和使行驶，意在机动车可以行驶，且其行驶是由驾驶员的操控而为。如此，在判断被牵引车辆是否处于驾驶状态时，即可从操控和使行驶两个方面入手。本案中，一方面，事故发生时，邱某甲虽然坐在驾驶位上，但其对正三轮摩托车的控制非常有限，仅可以踩动刹车使车辆减速以及对车辆方向进行左右微调，其行为不属于通常意义上的操控；另一方面，发生事故的正三轮摩托车由于动力装置故障无法正常行驶，故而需要由其他车辆进行牵引，该车显然不符合“使行驶”这一条件。基于上述两个理由，本案判决书认定被牵引正三轮摩托车不属于驾驶状态，最终判决保险公司向死者家属赔付保险金是正确的。

（责任编辑：阚道祥）

【案例分析】

盗窃犯罪未遂时犯罪数额的认定
——刘某盗窃案相关法律问题分析

周　红*

裁判要旨

盗窃等涉财刑事案件中涉案财物价格的认定对定罪量刑至关重要,本案处理的重点在于被告人盗窃数额的认定。盗窃数额的认定需要根据具体案件情况和全案的证据情况而定,以有效的价格证明或价格评估为一般原则,以销赃数额为补充。价格认定(评估)书在具体案件中的证据效力与其属性并无直接关联,并非唯一裁判依据,本案综合全部证据和情节,将合意的销赃数额认定为盗窃未遂的犯罪数额,符合证据采信标准,符合主客观相一致、罪责刑相适应的原则,符合公平公正和保护公民财产权益的立法原意,具有合理性和操作性。

一、据以研究的案例

被告人刘某在未取得被害人孙某允许或委托的情况下,于 2018 年 4 月 26 日私自将孙某种植的位于北京市大兴区黄村镇太福庄村村南的白皮松树以 220 元/棵的价格出售给刘甲 300 棵,并收取刘甲定金 5000 元。次日 11 时许,刘甲带领工人冯某等人挖掘白皮松时,被害人发现后报警,被告人刘某被当场抓获并退还刘甲 4000 元。

被告人刘某对起诉书指控其犯盗窃罪的事实辩解称:我是代朋友卖树,而且是刘甲说要 30 多棵。

---

* 北京市大兴区人民法院刑事审判庭法官助理,北京理工大学民商法学硕士。

被告人刘某的指定辩护人的主要辩护意见为:(1)刘某属于犯罪未遂;(2)刘某能够基本如实地供述自己的罪行,认罪悔罪。综上所述,建议对刘某从轻或减轻处罚。

一审法院认为,被告人刘某以非法占有为目的,盗窃他人财物,数额巨大,其行为已构成盗窃罪,依法应予惩处。检察院指控被告人刘某犯盗窃罪的事实清楚,证据充分,罪名成立。鉴于被告人刘某系犯罪未遂,依法予以减轻处罚。司法鉴定意见书、机主信息及通话记录、工作说明,能够证实被告人刘某在案发前没有与其所称的姓贾的男子的通话记录,与其所述案发前一天与姓贾的男子有过电话通话不符,且其提供的姓贾的男子的两个电话,一个经查询为其本人名下,并已于2007年注销,与其所述2013年左右认识姓贾的男子后将该号码给了姓贾的男子不符,另一个在其本人持有的移动电话内恢复出的通讯录中显示名字为"本机号码""自己",无证据证实有姓贾的男子的存在,另刘某关于不知道姓贾的男子的其他信息、没有说过怎么分钱、没有说过怎么把钱给姓贾的男子的供述与常理不符,故被告人刘某关于代朋友卖树的辩解意见,不予采纳;证人刘甲的证言、微信聊天记录截图及工作说明,能够证实被告人刘某与刘甲就300棵白皮松的数量达成了一致意见,被害人孙某的陈述及证人孙磊的证言证实涉案地里有白皮松500余棵,盗窃300棵是存在现实可能性的,故被告人刘某的相关辩解意见及其辩护人的第二点辩护意见,不予采纳;辩护人的其他辩护意见,酌予采纳。

一审法院判决:(1)被告人刘某犯盗窃罪,判处有期徒刑1年6个月,并处罚金2万元;(2)责令被告人刘某退缴违法所得1000元,依法予以没收;(3)扣押在公安机关的iPhoneA1387型移动电话一部、OUKI牌OKP1型移动电话一部,变价后折抵罚金。

被告人刘某不服原审判决,提起上诉。二审法院驳回刘某的上诉,维持原判。

二、相关法律问题分析

盗窃等涉财刑事案件中涉案财物价格的认定对定罪量刑至关重要,本案审理的主要问题是被告人盗窃数额的认定。

本案涉及几个数额:(1)合意销赃价220元/棵,盗窃300棵未遂,数额巨大;(2)合意销赃价220元/棵,盗窃9棵未遂,数额较大;(3)价格评估9棵树的价值为13 500元盗窃未遂,数额较大;(4)以价格评估9棵价值类推单棵树价值,盗窃300棵未遂,数额特别巨大。

关于盗窃树木的数量:本案中聊天记录、证人证言等证据显示,被告人确以盗窃300棵白皮松为目的,以220元/棵销赃,只是在盗窃的过程中被发现而未能得逞,挖出的 9 棵树是盗窃进行过程中的组成部分,且被告人均尚未实际控制涉案树木使得其脱离原主的实际持有或者控制,其行为状态符合已经着手实施犯罪,由于其意志以外的原因而未得逞,因此认定 300 棵树的盗窃未遂符合法律规定,具有法理依据。故第二种和第三种以 9 棵树来认定盗窃数量不符合主客观相一致的原则。

关于盗窃树木的价格及数额:微信聊天记录、证人证言、价格评估结论书等证据显示,被告人与证人合意以 220 元/棵的价格出售 300 棵白皮松,现场已挖出的 9 棵白皮松经价格评估结论书认定共计价值 13 500 元。公诉机关认为,根据价格评估结论书,9 棵白皮松价值 13 500 元,即每棵价值 1500 元,300 棵白皮松可据此认定总价值为 45 万元,属数额特别巨大。后经协调,公诉机关变更起诉以被告人与证人合意的 220 元/棵认定盗窃数额共计 6.6 万元,属数额巨大,一审法院据此作出判决,二审法院同意一审法院的意见。具体理由如下。

1. 价格评估为盗窃数额认定的一般原则,并非唯一裁判依据,且因其瑕疵性不宜作为本案盗窃数额的认定依据。

价格评估以其专业、中立、客观的优势成为审判实务中认定盗窃数额的常见方法。《最高人民法院、最高人民检察院关于办理盗窃刑事案件适用法律若干问题的解释》第 4 条规定,被盗财物有有效价格证明的,根据有效价格证明认定;无有效价格证明,或者根据价格证明认定盗窃数额明显不合理的,应当按照有关规定委托估价机构估价。可见,有效的价格证明或者委托的价格评估是盗窃数额认定的一般路径,但是价格认定(评估)结论书仅是证据种类之一,并非权威性的"证据之王",也并非唯一的裁判依据。

首先,价格认定(评估)结论书的证据属性一直存在争议,尚未有权威性意见加以确定。第一种观点认为其具有鉴定意见的属性,第二种观点认为其在证据形式上属于书证,第三种观点认为其属于检验报告的性质。所谓价格认定,是指经有关国家机关提出,价格认定机构对纪检监察、司法、行政工作中所涉及的,价格不明或者价格有争议的,实行市场调节价的有形产品、无形资产和各类有偿服务进行价格确认的行为。书证是案发时以书面材料形成的证明案件事实的客观的证据,是客观存在的文字、符号或者图标,但价格认定(评估)书则是案发后形成的对物品价值具有主观判断的认定参考,故与书证有着本质区别。司法鉴定,是指在诉讼活动中鉴定人运用科学技术或者专门知识对诉讼涉及的专门性问题进行鉴别和判断并提供鉴定意见的活动,包括法医类鉴定(法医病理鉴定、法医临床鉴定、法医精神病鉴定、法医物证鉴定和法医毒物鉴定)、物证类鉴定(文书鉴定、痕迹鉴定和微量鉴定)、声像资料鉴定(对录音带、录像带、磁盘、光盘、图片等载体上记录的声音、图像信息的真实性、完整性及其所反映的情况过程进行的鉴定和对记录的声音、图像中的语言、人体、物体作出种类或者同一认定),并不包含价格方面的鉴定,且国家发改委于2016年印发的《价格认定行为规范》删除了价格认定人的责任规范和在价格认定书中签名等规定,这与鉴定意见应由鉴定人签名并负责在形式上相区别,但是现行价格认定与司法鉴定程序有着类似的科学证明程序,评估人员大多具备相关资质并签名或者盖章。在司法实践中公诉机关往往将其作为鉴定意见在法庭上举证质证并被采信,且发改委在《涉案物品价格鉴定复核裁定管理办法》中亦将其命名为价格鉴定并规定可以复核裁定,故部分专家学者将其定性为"准鉴定意见"。2012年《最高人民法院关于适用〈中华人民共和国刑事诉讼法〉的解释》(已失效)第87条第1款规定,对案件中的专门性问题需要鉴定,但没有法定司法鉴定机构,或者法律、司法解释规定可以进行检验的,可以指派、聘请有专门知识的人进行检验,检验报告可以作为定罪量刑的参考。其专门认证机构的价格确认行为似乎更符合检验报告的特征。

其次,价格认定(评估)书在具体案件中的证据效力与其属性无直接关联,也不具有唯一权威性,被告人、被害人及其辩护人均可以对其提出异议,并申请重新鉴定或者评估,只有经过法庭举证质证并采信确认才能作为定案的依据。

最后,就本案而言,综合考量,无论价格评估结论书的属性是鉴定意见还是检验报告,因其不完整的瑕疵性故均不宜作为价格认定的依据。就本案而言,第一,本案没有预谋盗窃的具体300棵白皮松的价格评估。价格评估机构仅对挖出的具体这9棵白皮松进行了统一的价值评估,并未出具单棵树的价格评估,更没有出具对预谋盗窃的具体的300棵白皮松的价值评估,因此该价格评估结论并非盗窃数额认定的直接客观证据。第二,9棵白皮松的价格评估的类推数额认定不具有法理依据。公安机关没有对整片白皮松树林进行勘查,评估机构也没有对整片树林进行核查,无法证明现场树木都是同样大小、同等价值的。因此9棵白皮松的总和价值评估13 500元,并不能当然地推断出每棵白皮松的价格就是1500元(13 500÷9=1500),更不能再行类推300棵白皮松的价值就是45万元(1500×300=450 000),这样简单地以加减乘除进行类推计算缺乏正当性,故第四种数额不能成立,公诉机关亦予以变更。第三,本案无法通过完善价格评估或者重新价格评估进行补证来实现价格确认。现场不止300棵树,也没有全部被挖出来,无法认定具体是哪300棵来做鉴定或者评估。综上,现有的9棵白皮松的价格评估是不完整的,具有瑕疵性,不宜作为本案盗窃300棵白皮松的数额认定依据。

2. 销赃数额可以作为补充认定盗窃数额的依据，本案中合意的销赃数额适宜作为盗窃数额的认定依据。

首先，以合意的销赃数额认定盗窃数额符合证据采信标准，符合《刑事诉讼法》的立法精神。尽管有效的价格证明或价格评估是认定盗窃数额证据的一般原则，但正如上文所述，它也仅为证据的一种，更何况本案不存在完整有效的价格评估，或者说无法进行价格评估。"只要证实盗窃事实的证据达到确实、充分的程度，且经法定程序查证属实，并排除合理怀疑，即可认定盗窃犯罪的事实。对盗窃数额的认定，在证实案件销赃数额的证据确实、充分的情况下，缺少估价机构的价格鉴定意见应当同样可以认定。"[①]本案中，根据证人的证言、被告人供述、微信聊天记录截图及工作说明，能够证实被告人与证人就 300 棵白皮松的数量以 220 元/棵达成了一致意见，证据之间相互佐证，能够形成完整的证据链条，在无法价格评估的情况下，仍达到了确实、充分的程度，符合证据标准的法律规定。

其次，以合意的销赃数额认定盗窃未遂数额符合主客观相一致、罪责刑相适应的原则。在未遂状态下，行为人通过合意价格和数量，主观上对预谋窃取的白皮松价值以及希望获取的财产（销赃后的对价）有概括性认识和预期，以数额巨大的财物为盗窃目标，符合主客观相一致的原则。被告人以盗窃 300 棵白皮松为目标，刚挖出 9 棵即被发现系未遂，结合被告人的犯罪事实、情节以数额巨大（6.6 万元）的犯罪未遂对被告人减轻处罚进行定罪量刑，罪责刑相适应。

最后，以合意的销赃数额认定盗窃数额有相关司法解释的参考，有利于保护公民的财产权益。《最高人民法院、最高人民检察院关于办理盗窃刑事案件适用法律若干问题的解释》删除了 1998 年实施的《关于审理盗窃案件具体应用法律若干问题的解释》（已失效）中销赃数额高于按本解释计算的盗窃数额的，盗窃数额按销赃数额计算的规定，主要是考虑"销赃数额高于实际盗窃数额，被害人所遭受的损害并没有增加，以销赃数额作为盗窃数额，进而决定对行为人的定罪量刑，有失妥当"。[②] 但是根据社会常识、市场交易规律和司法实践总结，销赃价值一般低于涉案物品的市场价值或者鉴定评估价值，因此按照销赃数额认定盗窃数额一般不会降低盗窃罪的入罪标准，不会产生对被告人不利的影响。相关司法解释中亦有按照销赃数额认定盗窃数额的情况予以参照，如盗接他人通信线路、复制他人电信码号出售的；非法开采的矿产品价值；涉案文物无有效价

① 龚晓明、黄太平：《被盗财物灭失无法估价如何认定盗窃数额》，载《中国检察官》2014 年第 5 期。

② 胡云腾、周加海、周海洋：《关于办理盗窃刑事案件适用法律若干问题的解释的理解与适用》，载《人民司法（应用）》2014 年第 15 期。

格证明或者根据价格证明认定明显不合理的。“相关司法解释之所以作出如此例外规定,正是考虑到前述盗窃对象的特殊性。要么无有效价格证明,无法核实单价、数量,进而无法进行价格鉴定;要么涉及专业性问题,具备鉴定资质的机构不能满足需要等。”①此类司法解释补充了无法进行价格评估的情况下按销赃数额认定盗窃数额的情形,避免了因为无法进行价格评估而放纵犯罪、放弃对被害人财产权益的保护。本案中无法通过鉴定或者价格评估来确定具体300棵白皮松的价值,根据当然解释,符合上述司法解释的立法原意。被告人具有盗窃的刑事犯罪前科,事前联络买家商定价格(220元/棵)和数量(300棵),“明目张胆”“肆无忌惮”地雇用人员窃取被害人种植的树木,性质恶劣,主观恶性大,造成不良的社会影响。如果仅因存在9棵白皮松树的价格评估就仅认定9棵白皮松的盗窃未遂或者因未能查明犯罪数额不予定罪,就不能有效惩罚犯罪,不利于保障公民的财产权利,既不符合刑罚的法律要义,也将违背社会公序良俗,产生不良的社会效果和价值导向。在此建议司法解释补充在无法进行价格评估的特定情形下以销赃数额认定盗窃数额的规定。

综上所述,对于盗窃数额认定的证据采信,需要根据具体案件情况和全案的证据情况而定,以有效的价格证明或价格评估为一般原则,以销赃数额为补充。就本案而言,综合全部证据和情节,以合意的销赃数额(价格和数量)来认定盗窃未遂的犯罪数额,符合主客观相一致、罪责刑相适应的原则,且未与现行的法律和司法解释相抵触,既严守证据标准的法律规定,又遵循了有利于被告人的原则;既惩罚了犯罪、保障了财产利益,又不至于打击面过广。法官对于证据应当保持应有的理性和审慎,在个案裁判时并不以哪一种具体的证据为唯一的裁判标准和依据,在严守事实依据,法律准绳的基础上,应当综合分析全案犯罪事实、情节、社会危害性,综合考量全部证据,在证据采信和确认上充分考虑合法性、合理性、可操作性,以解决实际司法实务的适用问题。个案裁判要充分考量是否公平公正,罪责刑是否相适应、权利保护、合理性和操作性、民众的法律意识和情感及产生的社会效果和价值导向。

(责任编辑:张新平)

① 崔勇:《被盗首饰无法估价时能否按销赃数额认定犯罪数额》,载《检查调研与指导》2018年第3期。

村干部在拆迁诈骗类案件中是否利用职务便利的认定
——黄某、董某某诈骗案相关法律问题分析

马新健[*] 张元元[**]

裁判要旨

村干部在协助政府进行土地征收管理过程中,通过抢栽抢建、虚构地上物面积等手段骗取拆迁补偿款,区分该行为构成贪污罪还是诈骗罪,关键在于是其是否具有管理、经手拆迁补偿款的职务便利。认定是否利用职务便利,要结合村干部主体身份、是否具有管理经手钱款的职责及便利条件、骗取钱款的手段及方式几个方面的事实来认定。当村干部并非利用管理、经手拆迁补偿款的职务便利而骗取公共财物时,其行为构成诈骗罪,而非贪污罪。

一、据以研究的案例

2009年7~9月,被告人黄某利用担任北京市朝阳区金盏乡城乡一体化工作领导小组下设的金融园区拆迁腾退办公室后勤保障组负责人、金盏乡曹各庄村党总支书记兼经济合作社社长,负责对被拆迁腾退人员资格及土地性质进行核实确认、出具并提供相关证明材料等职务上的便利,伙同被告人董某某在曹各庄村东北侧林地上抢建房屋,进而通过虚增房屋面积及附属树木数量、种类等手段,骗取国家拆迁腾退补偿款1442.38万元,其中被告人黄某实际分得1042.38万元,被告人董某某实际分得400万元。

2009年11~12月,被告人黄某利用担任北京市朝阳区金盏乡城乡一体化工

* 北京市第三中级人民法院刑二庭法官,法学硕士。

** 北京市第三中级人民法院刑二庭法官助理,法学硕士。

作领导小组下设的金融园区拆迁腾退办公室后勤保障组负责人、金盏乡曹各庄村党总支书记，负责对被拆迁腾退人员资格及土地性质进行核实确认、出具并提供相关证明材料等职务上的便利，通过假冒他人名义获取困难住房，出具虚假宅基地确认单等证明材料的手段，骗取国家拆迁腾退补偿款99.586万元，后该款项全部转至王某（另案处理）实际控制的银行账户，并用于日常消费。

被告人黄某、董某某分别于2018年4月23日、2018年5月22日经电话通知到案接受调查。案发后，被告人黄某家属代为退缴赃款1100万元，被告人董某某家属代为退缴赃款256万元。

公诉机关以被告人黄某、董某某犯贪污罪向法院提起公诉。一审法院审理认为，被告人黄某作为村基层组织人员协助人民政府从事土地征收、征用补偿费用的管理工作，利用职务便利单独并伙同被告人董某某骗取国家拆迁补偿资金，数额特别巨大，其行为已构成贪污罪。在共同犯罪中，被告人董某某起次要、辅助作用，系从犯；被告人黄某、董某某经电话通知主动到案，案发后亲属代为退缴全部犯罪所得，被告人黄某当庭如实供述犯罪事实、自愿认罪，依法对被告人黄某予以从轻处罚，对被告人董某某予以减轻处罚。故判决被告人黄某犯贪污罪，判处有期徒刑11年，被告人董某某犯贪污罪，判处有期徒刑3年。

一审宣判后，董某某提出上诉。二审法院经审理认为，原审被告人黄某伙同上诉人董某某以非法占有为目的，虚构事实、隐瞒真相，骗取国家拆迁补偿资金，数额特别巨大，其行为均已构成诈骗罪。董某某在共同犯罪中起次要、辅助作用，系从犯；黄某、董某某经电话通知主动到案，案发后亲属代为退缴全部犯罪所得；黄某、董某某均表示认罪悔罪，故依法对黄某予以从轻处罚；对董某某予以减轻处罚，并宣告缓刑。故改判黄某犯诈骗罪，判处有期徒刑11年，并处罚金20万元，董某某犯诈骗罪，判处有期徒刑3年，缓刑5年，并处罚金6万元。

二、相关法律问题分析

本案系一起村干部在协助政府进行拆迁工作的过程中，通过抢栽抢建、虚构地上物面积等行为骗取拆迁补偿款的典型案例。这类案件中，村干部因协助政府从事行政管理工作而具有国家工作人员身份，是否利用职务便利骗取拆迁补偿款，成为区分该行为构成贪污罪还是诈骗罪的关键。

一审法院认为，被告人黄某作为村基层组织人员协助人民政府从事土地征收、征用补偿费用的管理工作，其利用职务便利单独并伙同被告人董某某骗取国家拆迁补偿资金，数额特别巨大，其行为已构成贪污罪；二审法院认为，黄某伙同董某某以非法占有为目的抢建房屋，通过指使负责非住宅入户调查、评估的人员虚报房屋面积、附属物种类和数量，进而骗取拆迁腾退补偿款的行为，没有利用国家工作人员职务上的便利，不符合贪污罪构成要件，应构成诈骗罪。一审法院和二审法院的分歧就在于黄某伙同他人骗取拆迁补偿款的行为是否利用了国家工作人员的职务便利。

认定被告人黄某是否利用职务便利，可以结合以下几个方面综合认定。

（一）被告人骗取钱款时的主体身份

被告人黄某系金盏乡曹各庄村党支部书记，在朝阳区土地储备非住宅拆迁腾退工作中，曹各庄村村委会负责对村民和宅基地进行核实确认，并向拆迁公司、评估公司提供相关证明材料及负责相关联系组织工作，在非住宅腾退中负责确认土地承租人主体资格及相关联系工作、负责组织相应数量人员协同入户。另外，黄某在金盏乡城乡一体化工作领导小组也担任职务，金盏乡城乡一体化领导小组在拆迁过程中负责各项工作，领导小组下设3个办公室及9个专项工作组，黄某系具体实施拆迁工作的金盏金融园区拆迁腾退办公室内设职能小组后勤保障组的负责人。

根据《全国人民代表大会常务委员会关于〈中华人民共和国刑法〉第九十三条第二款的解释》的规定，村民委员会等村基层组织人员协助人民政府从事下列行政管理工作，属于《刑法》第93条第2款规定的"其他依照法律从事公务的人员"：(1)救灾、抢险、防汛、优抚、扶贫、移民、救济款物的管理；(2)社会捐助公益事业款物的管理；(3)国有土地的经营和管理；(4)土地征用补偿费用的管理；(5)代征、代缴税款；(6)有关计划生育、户籍、征兵工作；(7)协助人民政府从事的其他行政管理工作。

因此，本案中黄某作为村基层组织人员，协助政府从事土地征用补偿费用的管理工作，并担任拆迁腾退办公室后勤保障组负责人，具有国家工作人员身份。

（二）被告人骗取钱款时的职务范围

被告人黄某在协助政府进行土地拆迁工作中，虽然具有国家工作人员的身份，但其职务范围是否包括管理、经手拆迁补偿款是认定其行为性质的一个重要方面。

贪污罪在客观上要求国家工作人员利用职务便利，侵吞、窃取、骗取或者以其他手段非法占有公共财物。最高人民法院发布的指导案例11号(杨某某等贪污案)明确指出，贪污罪中的"利用职务上的便利"，是指利用职务上主管、管理、经手公共财物的权力及方便条件，既包括利用本人职务上主管、管理公共财物的职务便利，也包括利用职务上有隶属关系的其他国家工作人员的职务便利。主管，主要指负责调拨、处置及其他支配公共财物的活动；管理，主要指负责保管、处理及其他使公共财物不流失的职务活动；经手，指领取、支出等经办公共财物因而占有公共财物的职务活动。不是任何利用职务上的便利非法占有公共财物的行为都能成立贪污罪，只有当国家工作人员现实地对公共财物享有支配权、决定权，或者具体支配财物的人员处于领导、指示、支配地位，进而利用了职务上的便利的，才能认定为贪污罪；否则，只能认定为盗窃、诈骗等罪。[①] 可见，国家工作人员在使用骗取的手段获取公共财物时，只有在对公共财物有现实的支配、决定的权力，并利用该职务便利将公共财物据为己有时，才能认定为贪污罪。

根据北京市朝阳区金盏乡人民政府拆迁腾退办公室提供的书证材料，拆迁补偿款由资金结算组负责发放，而黄某作为村党总支书记、拆迁腾退办公室后勤保障组负责人，其履行的是确认土地承租人主体资格及相关联系工作、负责组织相应数量人员协同入户等行政管理职责，其职务范围并不包括主管、管理、经手拆迁补偿款。因此，黄某在本案中不具有管理、经手拆迁补偿款的职务便利。

(三)被告人骗取钱款的手段及方式

黄某、董某某获得拆迁补偿款的基本过程为：2009 年 7 月，朝阳区金盏乡启动城乡一体化拆迁腾退工作。同年 8 月，时任金盏乡曹各庄村党支部书记的黄某为骗取拆迁腾退补偿款，征得董某某同意后，在董某某所租地块上违规抢建彩钢板简易房。后黄某在协助拆迁公司、评估公司入户调查过程中，指使拆迁公司、评估公司工作人员虚增非宅拆迁面积、虚增树木棵数、虚构树木种类为果树。董某某在明知是虚假的单位基本情况调查表、非住宅房屋拆迁估价结果报告附件、非住宅腾退货币补偿协议上签字，骗取拆迁腾退补偿款 1400 余万元，扣除董某某所租赁土地上树木实际应得补偿金额，二人共同诈骗的金额为 1200 余万元。

本案中董某某系涉事土地的承租人，承租协议真实有效，二人虚构的事实主要涉及房屋的合法性、房屋面积及树木的数量和种类。二人能够成功骗取拆迁补偿款主要通过两个手段：一是以非法占有为目，在征地公告发出后抢建房屋；二是通过指使负责非住宅入户调查、评估的人员虚报房屋面积、附属物种类和数量，进而骗取了拆迁腾退补偿款。第一个抢栽抢建的行为，很显然不需要利用职务上的便利条件；第二个虚构地上物面积并指示调查、评估的人员出具虚假材料的行为，可以说在一定程度上是利用了黄某所具有的村党支部书记的职务影响，但这种影响对形成虚假材料并不起决定性作用。从“抢栽抢建、虚构地上物面积等行为”本身来看，该骗取拆迁补偿款的手段并非利用职权进行的组织行为，而是黄某、董某某的个人劳作行为。

可见，本案中黄某作为村干部，在协助政府进行拆迁工作中，虽然具有国家

---

① 参见张明楷：《刑法学(下)》(第 5 版)，法律出版社 2016 年版，第 1183～1184 页。

工作人员身份,但其骗取的钱款并非自己管理、经手的钱款,其抢栽抢建、虚构地上物面积的行为也并非利用职权进行的行为,而是个人劳作行为。因此,无论从骗取钱款的性质,还是从骗取钱款的行为上来看,黄某都没有利用职务范围内的便利条件,二人虚构事实、隐瞒真相骗取拆迁补偿款的行为属于诈骗行为。

综上所述,在认定村干部是否利用了职务便利骗取拆迁补偿款时,要结合村干部主体身份、是否具有管理经手钱款的职责及便利条件、骗取钱款的手段及方式几个方面来认定。当村干部并非利用管理、经手拆迁补偿款的职务便利骗取公共财物时,其行为构成诈骗罪,而非贪污罪。

(责任编辑:张新平)

劳务派遣人员私自加价销售房屋不入账行为性质的认定

——韩某、闵某非国家工作人员受贿案相关法律问题分析

段惠云*　于慧雯**

裁判要旨

1. 无论是正式员工还是劳务派遣人员，只要其行为符合利用职务便利实质性要件的，都可以成为非国家工作人员受贿的犯罪主体，而不以行为人在劳动法意义上的身份判断犯罪主体是否适格。

2. 销售人员利用本人职务便利或者上级主管人员授权便利，为购房人在房源、房价等方面谋取利益，在合同之外收取购房人好处费的行为符合"权钱交易"的本质，应当构成非国家工作人员受贿罪。在上述过程中，行为人尽管有虚构事实、巧立名目的欺骗行为，但购房交付好处费没有陷入错误认识，不符合诈骗罪的犯罪构成。

3. 职务侵占与非公受贿的区别之一在于犯罪对象是单位财产还是他人给付的财产，对于本单位财产性质的判断有赖于单位财务管理制度，单位没有明确规定的，不应认定为单位财产。

一、据以研究的案例

2017年8~10月，被告人韩某、闵某被某劳务公司派遣到甲公司负责某项目

* 北京市第三中级人民法院刑二庭法官助理，北京师范大学法学硕士。

** 北京市第三中级人民法院刑二庭法官助理，中国人民大学法学硕士。

销售工作,韩某利用其担任项目销售经理的职务便利,将其所知的三套房屋的销售底价告知时任项目销售员的被告人闵某并让其销售,提议如能多收取钱款,自己每套房屋分 20 万元,其余均归闵某,闵某同意。后闵某以需要给领导、关系户好处费方能低价销售房屋为由向购房人索取好处费,先后收取被害人梁某现金 32 万元、周某现金 36 万元、李某和樊某现金 30 万元,并将其中共计 60 万元分给韩某。被告人韩某、闵某后被查获。侦查期间,韩某已将所得钱款全部退还给各购房人。一审庭审后,闵某家属代为退赃 38 万元。

一审法院判决被告人韩某犯非国家工作人员受贿罪,判处有期徒刑 3 年 6 个月;被告人闵某犯非国家工作人员受贿罪,判处有期徒刑 3 年;在案 38 万元发还梁某 12 万元、周某 16 万元、李某和樊某 10 万元。宣判后,被告人韩某不服,提出上诉。

二审法院认为,现有证据证明,本案的犯意由韩某提起,闵某积极参与,虚构了所售房屋系关系户低价清退房的事实,使购房人误以为只有通过给予关系户好处才能优惠购房,进而按照闵某的要求单独支付了相关款项,购房人在此过程中主观上并无明显过错。一审法院在审理期间,已充分考虑韩某、闵某认罪认罚、退赔购房人损失等情节,在原公诉机关量刑建议范围内对韩某、闵某判处刑罚,量刑并无不当。一审法院认定韩某、闵某犯非国家工作人员受贿罪的事实清楚,证据确实、充分,根据韩某、闵某犯罪的事实,犯罪的性质、情节及对社会的危害程度作出的判决,定罪和适用法律正确,量刑适当,审判程序合法,应予维持。故裁定驳回上诉,维持原判。

二、相关法律问题分析

对于销售人员在经济活动中,利用知悉本单位销售价格等相关销售优惠策略的便利条件,以好处费、茶水费、优惠卡等名目私自加价销售单位商品不入账的行为,实践中有不同的处理方式:第一类以诈骗罪进行评价,如百色市中院判决的邓某诈骗罪一案;第二类以职务侵占罪进行评价,如通州区法院判决的李某职务侵占罪一案;第三类以非国家工作人员受贿罪进行评价,如嘉兴市南湖区法院判决的杜某、沈某等 10 人非国家工作人员受贿罪一案。此外,还有以非国家工作人员受贿罪、职务侵占罪数罪并罚的,如苏州中院判决的杜某、沈某等 5 人非国家工作人员受贿罪、职务侵占罪一案。笔者认为,本案中二被告人的行为构成非国家工作人员受贿罪(以下称非公受贿罪),理由如下。

(一)劳务派遣工能够成为非公受贿的犯罪主体

本案中,劳务公司是派遣单位,甲公司是用工单位,韩某、李某作为劳务派遣工,在甲公司工作期间收受好处费违规卖房,能否定罪的关键在于确定二人是否满足非公受贿罪的主体要件。

劳务派遣是由劳务派遣机构与被派遣劳动者签订劳动合同,把劳动者派向其他用工单位,再由用工单位向劳务派遣机构支付服务费的用工形式。被派遣劳动者享有与用工单位的劳动者同工同酬的权利。有观点认为劳务派遣工不属于用工单位员工,不具备非国家单位工作人员犯罪的主体身份。实践中有劳务派遣工构成职务侵占罪的判例,如南京玄武区法院判决的吕某职务侵占案。那么该类主体能否构成非公受贿罪的主体?笔者认为答案是肯定的,不应简单以劳动合同签署主体为标准判断行为人是否构成非公受贿罪的主体。事实上,劳务派遣单位不是实际用工单位,其对于劳务派遣工的直接管理和控制远不如用工单位。劳务派遣工提供的劳务及劳动成果的直接享有者是用工单位,为了完成用工单位交付的工作任务,劳务派遣工在用工单位享有与本单位员工相同的权利和地位,对于用工单位的财产具有一定的支配权和管理权,也正是基于此,劳动合同法才赋予了劳务派遣工同工同酬的劳动权利。与此相对应,劳务派遣工若妨害对公司、企业的管理秩序,则应承担与本单位员工相同的责任。利用知悉本单位赋予的职务上的便利条件,以好处费等名目私自加价销售单位商品,将获利占为己有的劳务派遣工,当然在非公受贿罪的主体之列。

具体到本案中,韩某、闵某均系由劳务公司派遣到甲公司的销售人员,其中韩某是项目的现场销售经理,闵某是销售员,在用工单位负责销售房产这一临时性工作期间,韩某、闵某享有用工单位依据公司内部销售政策直接赋予的折扣权限,即甲公司按照主管销售人员职位的高低确定给予购房人优惠幅度的大小,职位越高,给予优惠的幅度越大。在案证人证言亦能证明,韩某、闵某各自有一定范围的折扣决定权,超过规定权限的,应当向上级主管人员申请并征得其同意。由此可见,在履行工作职责期间,劳务派遣工与本单位员工在职权分工上并无实质区别,韩某、闵某不仅享有这一职权,而且利用该职权收受贿赂,符合该罪的主体条件。

值得注意的是,上述职权无论大小均不具有公务的性质,否则对于行为的性质将另当别论。

(二)销售人员私收钱款不入账的行为构成贪利型犯罪

1. 二被告人的行为不构成诈骗罪

本案被告人闵某最初以涉嫌犯诈骗罪被刑事拘留,购房人以受害人的身份报案称被项目销售人员骗取好处费 90 余万元。诈骗罪的基本构造是欺诈行为—陷入错误认识—处分财产—遭受损失,其中最重要的环节便是被害人陷入错误认识进而处分财产的行为,这也是认定诈骗罪的核心要素。

本案中,闵某作为销售人员,在向购房人介绍房屋基本情况时有一定虚构行为,购房人看似遭受了经济损失,但购房人实际上并没有陷入错误认识,其对于额外交付一定好处费购房的附加条件是明知的。闵某虚构房源的事实只是导致购房人误认为好处费是给予特殊关系户"原房主"而非闵某的,而无论好处费支付给谁,购房人的出发点均是基于自身购房的利益需要,为了购房乃至最低价格购房而求诸于非正常途径,这种购房行为本质上有悖于市场经济公平竞争的基本规律。因此,从重大错误说的角度来看,购房人并没有陷入刑法意义上的错误认识,韩某、闵某的行为不构成诈骗罪,购房人亦难被称为被害人。

2. 二被告人的行为不构成职务侵占罪

非公受贿罪与职务侵占罪的区别关键在于犯罪对象不同,即行为人所获财物的权属性质,前者的客观行为本质上是职权和利益的交易,后者的客观行为则体现为以非法手段化公为私。因此,查明被告人所获财物的应然权属是准确认定两罪的关键。

对于单位所有的财物,通说认为既包括本单位所有的财物,也包括本单位依照法律规定或者契约约定临时管理、使用或者运输中的他人财物,笔者认为还应当包括依照单位内部管理规定归单位所有的财物。实践中,有的公司对于销售人员加价销售的,明确规定销售所得必须上交公司,可以给销售人员高比例提成。对于这种情况,销售人员明知按照本单位销售政策和管理规定,擅自加价销售所得差额部分应当归本单位所有,仍将其占为己有的构成职务侵占罪。本案中,甲公司的销售价格工作管理指引、折扣审批工作指引等文件中,均没有规定销售人员(含销售经理)在各自折扣权限内按照房屋销售最低价将房款上交公司后,加价销售部分归谁所有的内容。销售人员利用职务便利加价销售房屋,由于单位缺乏对加价部分数额归属的规范,难以认定差额部分系公司财物,亦难以认定销售人员具有侵占单位财物的非法占有目的,因此不应认定为职务侵占罪。

(责任编辑:王　凯)

同饮者的注意义务应以普通人的认知水平与行为能力为限
——刘某等诉张某等生命权、健康权、身体权纠纷案相关法律问题分析

程 乐* 王 伟**

裁判要旨

共同饮酒场合,同饮人彼此之间负有适当的安全注意义务,以减少安全风险,但此种安全注意义务应以普通人的认知水平与行为能力为限,对于无法预料的突发情况造成的损害后果,同饮人不应承担责任。

一、据以研究的案例

原告刘某系李某甲之妻,原告李某丙、李某乙系李某甲之子。2019 年 3 月 27 日晚,李某甲与被告张某、宋某、廖某、孙某、吴某、王某、郝某共同在某饭店一起就餐并喝酒,韩某中途加入就餐并提前离开。离开餐厅的顺序为:张某、李某甲送韩某离开;廖某自行离开;李某甲、孙某送郝某、王某离开;孙某自行离开;李某甲、吴某、宋某、张某一起离开。其间,张某与李某甲抢着结账,后由李某甲结账。用餐结束后,李某甲与张某、宋某三人前往某 KTV 唱歌、喝酒,李某甲送宋某、张某回家后,自行乘坐出租车回家,在车上因身体不适,被司机送往世纪坛医院并报警。李某甲于 2019 年 3 月 28 日 3 时 22 分死亡。

李某甲的居民死亡医学证明(推断)书显示,直接死亡原因为急性冠脉综合

* 北京市西城区人民法院法官,北京工商大学经济法学硕士。

** 北京市西城区人民法院法官助理,北京交通大学经济法学硕士。

征,发病至死亡大概间隔时间为3小时;引起急性冠脉综合征的情况为急性酒精中毒,发病至死亡大概间隔时间为7小时。

将李某甲送至医院的出租车司机于2019年3月28日在派出所所做询问笔录显示,李某甲在路边叫车时满嘴酒气,但意识清醒,能正常沟通,开车不到200米后,司机发现乘客闭着眼哼哼,后叫他不应,司机就直接将乘客送往了医院。

三原告认为,八被告与李某甲一起喝酒致其急性酒精中毒并最终死亡,八被告应承担相应的赔偿责任,请求法院判令八被告共同赔偿三原告医疗费2156.70元、被扶养人生活费107 315元、死亡赔偿金1 359 800元、交通费2000元、丧葬费64 272元、误工费6895元、精神损害抚慰金300 000元,要求被告赔偿75%合计1 381 831.20元。

一审法院经审理认为,三原告提供的证据不足以证明吃饭时八被告存在恶意敬酒、劝酒等行为。从监控录像所显示的李某甲离开餐厅的状况看,李某甲没有表现出表达不清、无法自主行走、意识不清或失去自制力的情形,亦无酒后呕吐等异常状况,在这种情况下一般人对李某甲酒后身亡的后果不具有可预见性,要求共同参加的人在饮酒结束后一段时间内预见到李某甲酒后身亡损害后果的发生并履行注意义务或者救助义务,过于苛责。根据出租车司机的询问笔录可以判断李某甲在将张某、宋某送回家后自行打车时亦未出现酒后意识不清或呕吐的异常行为,原告认为八被告没有尽到酒后救助义务,缺乏依据。此外,李某甲作为完全民事行为能力人,对自己的饮酒行为和饮酒的后果应当负责,如果仅因为共同饮酒就将这一义务转嫁他人,无疑有违责任自负的原则,三原告主张因共同饮酒要求八被告承担公平责任,缺乏依据。三原告所提交的证据不足以证明八被告对李某甲存在劝酒行为,八被告也不能合理预见到会发生李某甲死亡的损害后果,三原告认为八被告未尽到酒后救助义务,依据不足;且因李某甲本身对饮酒过量存在过错,所以本案不适用公平责任。一审法院据此判决驳回原告刘某、李某丙、李某乙全部诉讼请求。

判决后,三原告对判决不服,提出上诉。二审法院经审理认为,刘某等三人应对其上诉主张负有举证责任。因李某甲未出现醉酒后的异常行为,刘某等三人亦未提交相关证据证明张某等八人在聚餐过程中对李某甲有劝酒、敬酒、赌酒或罚酒等行为,且刘某等三人亦未举证证明张某等八人对李某甲患有疾病系明知,故难以认定张某等八人对李某甲的死亡存在过错。根据李某乙所述,李某甲生前患有Ⅱ型糖尿病,李某甲对饮酒后可能导致的身体伤害采取放任的态度,本案不应适用公平责任原则。故判决驳回上诉,维持原判。

二、相关法律问题分析

近年来,因共同饮酒行为引发的侵权纠纷逐渐增多。共同饮酒行为是社交生活中极为常见的一种现象,但法律对于共同饮酒的侵权责任并未作出明确的规定,《民法典》对此也没有相关的规定。共同饮酒之后出现人身损害的后果,是否应当承担侵权责任,在司法实践中也存在不同的认识。

(一)共同饮酒导致侵权行为的表现形式

《侵权责任法》[①]第6条规定:"行为人因过错侵害他人民事权益,应当承担侵权责任。根据法律规定推定行为人有过错,行为人不能证明自己没有过错的,应当承担侵权责任。"《民法典》第1165条基本沿用了上述规定,"行为人因过错侵害他人民事权益造成损害的,应当承担侵权责任。依照法律规定推定行为人有过错,其不能证明自己没有过错的,应当承担侵权责任"。

归责原则,是确定侵权人承担侵权损害赔偿责任的一般准则,它是在损害事实已经发生的情况下,为确定侵权人对自己的行为所造成的损害是否需要承担赔偿责任的原则。[②] 过错责任原则是侵权责任中最基本、最主要的归责原则。一般而言,按照过错责任原则,侵权责任的成立,必须具有违法行为、损害事实、因果关系和主观过错4个要件。

行为违法的认定。行为依其方式分为作为和不作为,这两种行为方式均可构成侵权行为的客观表现方式。作为是以积极行为侵害他人民事权益的行为。共同饮酒行为中明知饮酒人身体状况不适宜饮酒,却恶意劝说、强迫饮酒人饮酒,或者相互之间存在拼酒、赌酒,从而导致饮酒人醉酒产生人身损害后果,就属于作为方式的侵权行为。在司法实践中,因醉酒导致人身伤亡事故后的权利主体往往是饮酒人的法定继承人,且因为饮酒场所没有监控录像、不是亲身经历等客观因素的制约,权利主体在证明存在恶意劝酒、拼酒行为方面往往具有很大的难度。此外,由于共同饮酒人之间往往是熟人、朋友关系,恶意劝酒并非常态,因此大多数共同饮酒人承担责任的行为方式主要表现为不作为。不作为是消极地、未实施相应行为或是实施相应行为达不到积极履行法定义务而导致损害后果发生的行为方式。行为人负有法定作为义务是不作为行为承担责任的前提,法定作为义务的来源有三种:一是来自法律的直接规定;二是来自当事人之间的

---

① 《侵权责任法》已于2021年1月1日因《民法典》的施行而废止。

② 参见杨立新:《侵权法论》(第5版),人民法院出版社2013年版,第163页。

约定;三是来自行为人的先行行为。[①] 目前司法实践中的主流观点认为共同饮酒行为承担侵权责任的法理依据是对作为义务的违反,也就是说共同饮酒人承担义务主要来源于饮酒的先行行为。对于共同饮酒的人而言,产生承担同饮者责任的先行行为,不仅包括共同饮酒时的劝酒、罚酒、赌酒等不当行为,也包括在饮酒者出现醉酒状态或危险状态未及时送医或妥善安置的行为。

(二)先行行为导致的安全注意义务

大量饮酒后会导致饮酒者的认识能力、行为能力和控制能力下降,使饮酒者处于一种比正常情况危险的境地。共同饮酒人作为饮酒活动的共同参与者,其共同饮酒行为是醉酒者处于危险状态的直接原因,因此同饮人彼此之间负有适当的安全注意义务,包括相互提醒、劝告、通知、协助、照顾等,以减少安全风险。

注意义务是什么?就是行为人在实施某种行为时,对该行为所引起的法律后果应持关注程度的必要性。在市民社会中,每一个完全民事行为能力人在实施特定行为时,都必须了解该行为的性质以及后果,并且要对其后果予以必要程度的关注。[②] 笔者认为,共同饮酒人对于彼此之间的注意义务,实际上是一种基于先前行为产生的安全保障义务。但是这种注意义务应是基于合理预见性所产生的注意义务。此种安全注意义务应以普通人的认知水平与行为能力为限。可预见性是同饮人责任的边界,当一般人无法预见可能会产生的危险,而要求行为人事先采取措施予以避免,则过于苛责,也缺乏合理性。因此,对于无法预料的突发情况造成的损害后果,同饮人不应承担责任。此外,这种注意义务一般仅限于对同饮人的人身安全的注意义务,不包括对同饮人的财产安全的注意义务。

本案中,根据谁主张谁举证的原则,三原告认为八被告应承担侵权责任,则应提供相应的证据证明八被告存在劝酒、罚酒等不当行为或在明知李某甲因饮酒而处于危险状态但没有对其进行妥善安置,未能提供证据则承担举证不力的法律后果。庭审中,三原告亦认可李某甲因聚餐饮酒死亡是本案所涉各当事人均未能预料的偶发事件,故不能认定八被告存在侵权行为。

(三)能否适用公平责任

关于本案争议的另一个焦点是否适用公平责任,《侵权责任法》对此规定为"受害人和行为人对损害的发生都没有过错的,可以根据实际情况,由双方分担损失",导致在实践中公平责任成了兜底条款,适用范围过于泛化。为避免出现

---

① 最高人民法院民法典贯彻实施工作领导小组主编:《中华人民共和国民法典侵权责任编理解与适用》,人民法院出版社 2020 年版,第 28 页。

② 参见杨立新:《共同饮酒引发醉酒死亡侵权案件的法律适用界限》,载《法律适用》2019 年第 15 期。

"有损害后果即赔偿"的情况,《民法典》对公平责任的适用范围作了限制性规定,将"根据实际情况"修改为"依照法律的规定",只有在法律有明确规定的情况下,才可以直接适用公平责任,不可随意扩大解释和适用。

但是不管是侵权责任法的相关规定,还是现行《民法典》的规定,适用公平责任的前提条件都是"受害人和行为人对损害的发生都没有过错",这种过错在主观心理状态上不仅包括故意还应当包括过失。饮酒行为是一种自主行为,饮酒人明知饮酒会使认识能力、行为能力和控制能力下降的情况下依然过量饮酒,属于对损害后果具有过错,因此,一般不适用公平责任。

(责任编辑:王　凯)

微信群发表不当言论构成侵犯名誉权
——某公司、黄某诉赵某名誉权纠纷案相关法律问题分析

棋其格*

裁判要旨

1. 对于微信群中的言论是否侵犯他人名誉权的认定，不仅要符合传统名誉权侵权的全部构成要件，还应当考虑信息网络传播的特点并结合侵权主体、传播范围、损害程度等具体因素进行综合判断。

2. 不特定关系人组成的微信群具有公共空间属性，公民在此类微信群中发布侮辱、诽谤、污蔑或贬损他人的言论构成名誉权侵权，应当依法承担法律责任。

一、据以研究的案例

某公司在某小区一层开有一家美容店，黄某系该公司股东兼任美容师。2017年1月17日，赵某陪同住小区的另一业主到上述美容店做美容。黄某为顾客做美容，赵某询问之前其在该美容店祛斑的事情，后二人因美容服务问题发生口角。某公司、黄某主张赵某的微信昵称为××，且系小区业主微信群群主，双方发生纠纷后赵某多次在业主微信群中散布谣言，对二原告进行造谣、诽谤、污蔑、谩骂，并将黄某从业主群中移出，某公司因赵某的行为生意严重受损。为此，向法院起诉请求赵某赔礼道歉，消除影响，恢复名誉，同时要求赔偿损失及精神抚慰金共计3万元。

赵某辩称其2016年在该店做激光祛斑，黄某承诺全部祛除掉，但做过两次后，斑越发严重，多次沟通，对方不同意退钱，事发当日黄某否认赵某在此做过祛

* 北京市顺义区人民法院后沙峪法庭法官，中国政法大学法学硕士。

斑,双方发生口角;赵某只有一个微信号,且经常换名字,现在业主群里叫开心果,其不是群主,不清楚群主情况,没有加过黄某为好友,也没有在微信群里发过损害原告名誉的信息,只与邻居、朋友说过与原告的纠纷,某公司仪器不正规、讹诈客户,其他人也有同感,公民有言论自由。

法院自深圳市腾讯计算机系统有限公司调取了涉诉微信号的实名认证信息,确认为赵某。赵某表示对于微信群中发送的信息自己不清楚,已经不用该微信号了,也退出了一个业主群。法院经审理查明,赵某在与黄某发生纠纷后,通过其微信号在双方共同居住的小区两个业主微信群发布的信息中使用了“傻×”“臭傻×”“精神分裂”“装疯卖傻”等明显带有侮辱性的言论,并使用了黄某的照片作为配图,而对于某公司的“美容师不正规”“讹诈客户”“技术和产品都不灵”等贬损性言辞,赵某未提交证据证明其所发表言论的客观真实性。

一审法院经审理认为:名誉权是民事主体依法享有的维护自己名誉并排除他人侵害的权利。公民、法人享有名誉权,公民的人格尊严受法律保护,禁止用侮辱、诽谤等方式损害公民、法人的名誉。本案的争议焦点为赵某在微信群中针对黄某、某公司的言论是否构成名誉权侵权。根据已查明的事实,赵某将针对原告的侮辱性、贬损性不当言论发至有众多该小区住户的两个业主微信群,其主观过错明显,从微信群的成员组成、其他成员的询问情况以及网络信息传播的便利、广泛、快捷等特点来看,涉案言论确易引发对黄某、某公司经营的美容店的猜测和误解,损害小区公众对某公司的信赖,对二者产生负面认识并造成黄某个人及某公司产品或者服务的社会评价降低,赵某的行为与黄某、某公司名誉受损之间存在因果关系,故赵某的行为符合侵犯名誉权的要件,已构成侵权。

公民、法人的名誉权受到侵害,有权要求停止侵害,恢复名誉,消除影响,赔礼道歉,并可以要求赔偿损失。关于要求赵某基于侵犯名誉权之行为赔礼道歉,符合法律规定,应予以支持,具体方式由法院酌情确定。关于赔偿经济损失,某公司提供的证据不充分,但考虑到其在涉诉小区经营美容店,赵某在有众多该小区住户的微信群中发表不当言论势必会给美容店的经营造成不良影响,故综合考虑赵某的过错程度、侵权行为内容与造成的影响、侵权持续时间、某公司实际营业情况等因素酌情支持该赔偿。关于黄某主张的精神损害抚慰金,亦根据上述因素酌情确定具体数额。关于某公司主张的精神损害抚慰金,缺乏法律依据,不予支持。最终法院作出一审判决,由赵某在××房屋门口张贴致歉声明,并赔偿某公司经济损失 3000 元,赔偿黄某精神损害抚慰金 2000 元。宣判后,赵某提出上诉。二审法院作出判决:驳回上诉,维持原判。

二、相关法律问题分析

微信作为即时通信软件,具有私密性,但在某些情况下,又兼具公共空间属性,作为以信息网络形式侵害名誉权的一种特殊方式,微信群名誉权侵权符合传统名誉权侵权的所有特征,即名誉权的基础内容及侵权四要件①没有变,但其又在主体认定、传播范围、损害程度认定等方面有着自身的特殊性。

(一)微信群名誉权侵权行为认定难点

1. 侵权人的身份、网络侵犯名誉权的行为难以认定

微信群中名誉权侵权的关键证据是微信平台的电子数据信息,而该电子数据证据主要涉及两方面内容的举证:一是主体确认的证明,即要证明微信聊天记录中的相关内容的发布人就是案件中的侵权人。该侵权人身份的认定与传统名誉权侵权最大的不同即为微信群的侵权人身份确认存在较大的不确定性,亦是受害人举证证明的难点。对微信内容发布人的身份确认,当前司法实践主要有以下途径:当事人自认;微信头像或微信相册照片的辨认;微信朋友圈发出的内容,聊天记录中透露的身份信息;通过其他证人作证来证明该微信号主体的身份;微信号是否使用了实名认证的手机号;第三方机构即微信服务提供商腾讯公司的协助调查等。本案对于涉诉微信号主体即是通过微信服务提供商查证得以确认为被告赵某。但是如果侵权人没有进行实名认证,侵权人身份确认势必更会成为案件事实查明的难点。二是发布内容的证明,即要证明微信电子证据的真实性及关联性。微信聊天记录易因清理或更换手机而导致信息缺失,如不注意留存,往往不完整,且信息容易删改或通过技术手段伪造,其真实性也是证明难点。受害人需要提供原始、真实和完整的微信内容的电子证据,就必须保证微信内容的电子证据和其他证据之间存有关联性,并形成完整的证据链条,如可以使用微信的收藏功能或者通过录像将微信聊天记录拍摄下来并保留原始客观真实的记录,也可通过公证或者电子存证的方式固定聊天记录。审理中法官通常也会现场使用双方当事人的手机勘验比对微信聊天记录内容,以确认信息的完整性和真实性。本案中,在确认赵某是涉诉微信号的使用者后,赵某并未否认在微信群发布信息的真实性,仅否认是其所发,因此结合原告提交的微信聊天记录截屏以及证人证言等证据,最终确认了微信证据的真实性,进而确认其实施了侵权行为。

---

① 名誉权是民事主体对自身名誉享有不受他人侵害的权利,民事主体不仅包括自然人,也包括法人及非法人组织。传统名誉侵权的4个基本构成要件即受害人确有名誉被损害的事实、行为人行为违法、违法行为与损害后果之间有因果关系、行为人主观上有过错。

2. 微信群的成员情况与损害事实的认定紧密相关

微信群成员关系是否特定、成员人数的多寡对认定是否构成事实损害具有重要意义。微信群所构成的社交圈可以是由特定关系人组成,如家人群、同事群、同学群等,也可以由不特定关系人组成,如小区业主群、行业群、某某课程群等,通常不特定关系人构成的微信群更具有公共空间的属性,在公共场合中发布不实言论更容易被认定为侵犯名誉权。微信群的成员及人数关系到侵权行为的传播范围及名誉受损的影响范围,在损害事实认定中是重要的考量因素,如几个人的家人群很难认定名誉权侵权,但是几十人、上百人的特定或不特定关系人组成的微信群则可认定为公共空间,与现实生活中的公共场所无异,不因微信群固定人数而有所区别,如在本案的小区业主微信群内发表辱骂言论与在小区公告栏张贴告示的行为本质上是一样的。

3. 名誉权损害程度的判定问题

在微信群中发表不当言论构成名誉权侵权的损害程度可以从该言论的恶劣程度、发布频次、持续时间、网络传播的便利、广泛、快捷特点、发布信息对成员潜在的影响以及成员反馈的评价等因素进行综合考量。本案中,需要强调的是,法人名誉权与公民名誉权相比而言,侵权表现形式不同,侵犯公民个人名誉权常常表现为侮辱、诽谤等形式,是针对公民的人格、品德、思想等与人格相关的内容,而法人并没有性格、品德等自然人的属性,侵权表现形式多为捏造、散布虚假事实,公开发表内容不实言论或者进行有失公允的评论,损害法人的商誉、商品信誉,即侵害法人的名誉权。结合《最高人民法院关于审理名誉权案件若干问题的解答》[①]第7条、2014年《最高人民法院关于审理利用信息网络侵害人身权益民事纠纷案件适用法律若干问题的规定》第11条[②]的规定,涉案言论确属侮辱、诽谤、贬损性言辞,微信群成员系美容店的客户或者潜在客户,综合前述考量因素,赵某之行为确易引发小区公众对黄某、某公司经营的美容店的猜测和误解,损害小区公众对某公司的信赖,对二者产生负面认识并造成黄某个人及某公司产品或者服务的社会评价降低。

(二)言论自由权与名誉权的冲突与平衡

侵权人通常以行使言论自由权作为抗辩理由,因此在审理微信名誉权侵权纠纷案件时还应当厘清言论自由权与名誉权的边界。言论自由权是宪法赋予公

① 《最高人民法院关于审理名誉权案件若干问题的解释》已于2021年1月1日因《最高人民法院关于废止部分司法解释及相关规范性文件的决定》的施行而失效。

② 参见2020年修正的《最高人民法院关于审理利用信息网络侵害人身权益民事纠纷案件适用法律若干问题的规定》第8条。

民的一项基本权利,它是公民通过积极的言论表达自身的观点,赋予公民发表言论的权利。名誉权是人格权的一种,是民事主体依法享有的维护自身名誉并排除他人侵害的权利,其设定的目的在于通过规范甚至是限制人们的言论自由以实现保护他人的名誉的目的。言论自由与名誉权均为公民重要的权利或自由,两者缺一不可。网络的发展突破了地理、时空的限制使得人们表达自由的空间更为广泛,同时也更容易发生对他人名誉权的侵犯,当二者发生冲突时,则需要通过利益衡量原则去平衡二者之间的关系,以维护网络环境下的权利秩序。利益衡量原则即是对两种相互矛盾冲突的利益进行分析和比较,找出各自存在的意义和合理性,在此基础上作出孰轻孰重、谁是谁非的价值判断。实际上,保障网络言论自由和对网络上侵犯他人名誉权的行为进行追究并不矛盾,因为在合法的前提下,自由发表言论、行使批评、评论、监督的权利,并不会构成对他人合法权益的侵犯,所以任何意义上的自由都必须有法律上的依据,网络言论自由权的行使必须符合法律规定,既受到法律的保护,也受到法律的约束。对于随意捏造事实对他人侮辱中伤这类语言暴力侵权无论在现实中,还是在网络上都是不可取的违法行为,这些信息的传递对受害主体都可能会造成损害的后果。本案赵某在微信群中发表的侮辱、贬损性言辞已经侵犯了他人的正当权益,超出了法律边界,应当受到限制。

(三)确定法律责任承担方式的考量因素

1. 行为人须采取合理的措施恢复受害人名誉

一般来说,人民法院判决侵权人承担赔礼道歉、消除影响或者恢复名誉等责任形式的,应当与侵权的具体方式和所造成的影响范围相当。为实现侵权方式与造成影响范围相当的结果,责任的形式应当灵活掌握以便更有利于达到消除影响的目的。本案之所以判决在营业场所张贴致歉声明的形式,是考虑到如下因素:一是被侵权人已被强制退群,如在微信群中发布致歉声明,被侵权人对侵权人的履行情况无法知晓。且侵权人亦退出了涉诉业主群,这也导致侵权人无法在微信群中进行赔礼道歉。二是本案损害结果的范围所及微信群的成员为小区住户,被侵权人经营的美容店客户以小区住户为主,该名誉权侵权影响范围亦基本为小区住户,故在被侵权人经营场所张贴赔礼道歉公告,能实现“精准”消除影响的效果。关于黄某、某公司要求在报纸刊登公告方式道歉,超出了侵权行为的影响范围,应予调整。

2. 对某公司财产损失赔偿的考量因素

根据2014年《最高人民法院关于审理利用信息网络侵害人身权益民事纠纷

案件适用法律若干问题的规定》第18条[①]的规定,被侵权人因人身权益受到侵害造成的财产损失或者侵权人因此获得的利益无法确定的,人民法院可以根据具体案情在50万元以下的范围内确定赔偿数额。结合本案的实际情况,在酌定赔偿数额时的考虑因素为:(1)侵权人的过错程度,不仅考虑到事发时的过错程度,亦考虑在案件审理过程中侵权人对涉案行为的认识态度情节;(2)侵权行为内容及侵权持续时间;(3)微信群的规模;(4)微信群成员对侵权事实受影响的程度;(5)被侵权人经营业务的类型、经营模式、经营状态;(6)被侵权人的经营因侵权事实受到的不利影响。本案中某公司提供的损失证据并不充分,本院亦因此综合上述因素酌情确定了相应的赔偿金额。

（责任编辑:王　晨）

① 参见2020年修正的《最高人民法院关于审理利用信息网络侵害人身权益民事纠纷案件适用法律若干问题的规定》第12条。

网拍名人书信是否侵犯隐私权需结合内容进行类型化认定

——丁某诉北京某图书有限公司、赵某隐私权纠纷案相关法律问题分析

赵长新*　孟丹阳**

裁判要旨

书信手稿是否具有隐私属性,需要根据内容是否私密及当事人主观意愿进行综合判断。涉及家事安排、思想交流、感情抒发等纯属家庭成员间亲密交流的家信内容属于隐私。名人与公共利益无关的私人生活受法律保护。收藏品交易平台应当对书信、手稿等涉及隐私属性的物品来源、内容尽到合理的审核义务,否则要与侵权人承担连带责任。

一、据以研究的案例

原告丁某二系已故漫画家丁某一与沈某夫妇的独子、唯一的法定继承人。“某旧书网”系隶属于被告一某公司下的网络交易平台。2016 年 8～11 月,被告二赵某作为拍主在某旧书网公开拍卖丁某一、沈某与亲友之间的书信及丁某一手稿共计 18 件。其中,丁某一、沈某、丁某二以及丁某一之父丁某三之间的书信共 10 封,丁某一手稿 1 封,他人写给丁某一的书信共 7 封。拍品详情涉及涉案书信手稿的品相、规格以及丁某一夫妇的生平等;拍品照片可清晰阅读涉案书信手稿的内容。在拍卖过程中及结束后,任何人在进入该板块后均可以看到以上

---

* 北京互联网法院立案庭庭长,北京大学(在职)法律硕士。

** 北京互联网法院执行局法官助理,山东大学法学硕士。

信息。某公司未经权利人允许擅自展示涉案信件,未尽到审查义务。据此,二被告的行为构成了对丁某一、沈某及丁某二本人隐私权的侵犯。

被告一某公司提供了《某旧书网服务协议》和删除涉案书信的操作日志。某旧书网公布了《关于商品审核规则》和《收费办法》。《关于商品审核规则》第一章总则第 6 条规定了审核人员审核用户通过网站发布商品信息的相关审核内容。

被告二赵某主张涉案书信手稿并非首次公开出售,系其通过合法途径从潘家园市场支付合理对价购买,且拍卖时图片已添加水印遮挡,符合某网上传拍品销售标准。因被告二赵某未提供证据予以证明,法院对该主张不予采信。

一审法院判决:(1)二被告在某旧书网首页公开向丁某二赔礼道歉;(2)被告赵某赔偿丁某二精神损害抚慰金及合理开支(律师费)共计 3 万元,被告某公司承担连带责任;(3)驳回丁某二其他诉讼请求。

一审判决后,二被告提起上诉,二审中二被告撤回上诉。

二、相关法律问题分析

(一)关于涉案书信手稿内容是否属于个人隐私问题

隐私的观念最早是从西方兴起,随着人文主义和自由主义思想的发展,形成了两种不同的隐私文化。一种是美国从自由的角度理解隐私,另一种是欧洲大陆将隐私保护根植于人格尊严之上。[①] 对于隐私权性质的界定,理论和实务中一直存在争议。

为有效回应信息社会公民对自己生活空间、生活信息私密性以及私生活安宁性的新需求,我国《民法典》用专章对隐私权作出规定。其中,第四编第六章第 1032 条第 2 款规定,隐私是自然人的私人生活安宁和不愿为他人知晓的私密空间、私密活动、私密信息。[②]

第一,隐私的认定与划分。根据隐私的定义,结合不同的社会发展时期将一些隐私利益纳入保护范围,不过不能无限制扩张,要围绕定义内涵进行隐私范畴的划分。

2014 年《最高人民法院关于审理利用信息网络侵害人身权益民事纠纷案件

---

① 参见张新宝:《从隐私到个人信息:利益再衡量的理论与制度安排》,载《中国法学》2015 年第 3 期。

② 自 2021 年 1 月 1 日起施行的《民法典》第四编第六章在现行有关法律规定的基础上,进一步强化了对隐私权和个人信息的保护,其中第 1032 条规定了隐私的定义,列明禁止侵害他人隐私权的具体行为。案例分析的研究方向与《民法典》的立法精神是统一的。

适用法律若干问题的规定》第12条规定,对利用网络侵犯隐私权的行为进行规定,即网络用户或者网络服务提供者利用网络公开自然人基因信息、病历资料、健康检查资料、犯罪记录、家庭住址、私人活动等个人隐私和其他个人信息,造成他人损害,被侵权人请求其承担侵权责任的,人民法院应予支持。现实场景下的隐私、个人信息的范围很广,边界划定较为复杂,故上述规定对隐私、个人信息采取列举的形式加以规定,同时使用“等”字来表达权利内容可以大于列举范围。对于隐私的界定,可以从以下两个方面进行考察:一是要考察内容的私密性;二是要考察当事人的主观因素。

对于书信内容的私密性判断,要结合当时特定的历史时期。在移动通信尚未普及之时,书信往来是公众之间彼此联络、传递信息、交流思想感情的主要方式。对于大量的书信往来,可以从形式标准上加以区分:一是通信相对人或阅读对象,是指向家庭成员、普通亲友等特定人还是不特定公众。二是通信内容是一般性介绍近况或感想、交流公开事务、表达问候的内容还是涉及私人感情、私人活动的亲密交流等话题。本案中,丁某一、沈某、丁某二以及丁某一之父丁某三之间的10封书信内容,是涉及私人生活秘密、家人之间亲密交流的家信,具有明显的内容私密性,当然属于隐私范畴。他人写给丁某一的7封书信,主要是一般性的公开事务的往来信件,不涉及私人话题或秘密,不属于隐私范畴。

对于当事人主观因素的判断,不以承载隐私的信息是否具有商业价值为影响因素。对于涉及个人不愿为他人知道的信息,无论该信息的公开对权利人造成的影响是积极的还是消极的,无论该信息是否具有商业价值,只要该信息不属于公共领域并且本人不愿意公开,就应当受到隐私权的保护。① 本案中,被告二未举证证明涉案手稿已经公开发表,且手稿承载了丁某一的思想表达,属于隐私范畴。

第二,隐私的首次公开即一次用尽的问题。受制于存在形态,隐私一旦被披露就不再是隐私,也就是说,披露他人隐私造成的损害后果常常具有不可逆性。尤其是在网络环境下,一旦在互联网上披露了他人的隐私,就无法再通过“恢复原状”等方式予以救济,其私密性也无法予以恢复。② 因此,对于隐私的损害行为,要考察是否首次公开。对于并非首次公开的情况,考虑到隐私一旦被披露就不再是隐私,不能用隐私权进行保护,是否可以运用排除对个人信息的不当利用等保护方式尚存在探讨的空间。本案中,赵某主张涉案书信手稿系通过合法途

---

① 参见张新宝:《隐私权的法律保护》(第2版),群众出版社2004年版,第8~9页。

② 参见王利明:《论个人信息权的法律保护——以个人信息权与隐私权的界分为中心》,载《中国检察官》2013年第21期。

径支付合理对价购买的，购买前已在市场上多次流转，且拍卖时图片已添加水印遮挡内容，但并未提供证据予以证明，法院未予采信。

（二）名人隐私是否要让渡于社会公共利益

一般而言，隐私主要体现的是人格利益，隐私权主要是一种精神性的人格权，财产价值并非十分突出。不过，名人的隐私信息并非如此。一些名人的个人信息可能包含人格利益和财产利益，既包括了精神价值，也包括了财产价值，甚至主要体现为财产价值。① 在这些名人信息中，就包含承载了隐私的个人信息，并且往往在市场上具有广泛的利用价值。如果利用范围过宽，容易造成对名人隐私的侵害；如果利用范围过窄，不利于维护社会公共利益和满足公众兴趣。因此，对于承载了名人隐私的个人信息保护与利用的需求冲突，要将社会公共利益与个人容忍义务的范围进行调和，实现利益平衡。

一是书信手稿承载了名人效应。名人是在社会中具有一定知名度、影响力的人，属于“社会公众人物”这一概念。“社会公众人物”是与“政治公众人物”并列的概念，前者是指具有一定知名度而在社会生活中引人注意的人士，主要涉及公众兴趣的问题；后者是指政府公职人员等国家官员，主要涉及国家利益、公共利益和舆论监督的问题。② 社会公众人物又可以做进一步的划分，如一些影星、歌星或体育明星等公众人物，还有在某一行业或领域有突出成果或贡献的知名人士。本案中的书信手稿，正是由于丁某一在漫画界的名人身份而具备了区别于普通人往来信件的商业价值，因此书信手稿承载了更多依附于人身的史料价值和学术价值。

二是名人的部分被视为隐私的个人信息利用问题。作为备受关注的社会公众人物，从公共利益或公众兴趣等社会整体考虑，应承担相应的与其社会角色相匹配的容忍义务。部分承载了隐私的个人信息在不违反公序良俗的情况下，可以转化为公共信息。根据权利义务对等原则以及比例原则可以做进一步划分，对于明星而言，其需要出现在大众视野中来追求一定的曝光率，职业特性和社会角色决定了其个人隐私受到社会公共利益或公共兴趣需要的限制。对于名人而言，并非靠个人，而是主要靠作品的影响来吸引大众的关注。因此，其个人私生活等隐私受到公共利益或社会公共兴趣需要的限制相对有限。

三是名人隐私的合理限缩与适度保护问题。为促进社会公共利益而合理、审慎地利用一部分隐私，不属于侵权行为。不过，名人的公众属性，并不意味着

---

① 参见王利明：《论个人信息权的法律保护——以个人信息权与隐私权的界分为中心》，载《中国检察官》2013年第21期。

② 参见王利明：《公众人物人格权的限制和保护》，载《中州学刊》2005年第2期。

其民事权利当然地被限制，更不等同于其私人生活的完全曝光，与公共利益无关的私人生活应当受到充分的保护。本案中，对于丁某一的书信隐私内容已经进行了层次划分，对于其中虽然未公开但涉及丁某一与他人之间公共事务交流的部分不作为隐私加以保护。既然社会公众人物是因为其事业中的公共利益因素而使得隐私的范围受到限制，那么，与公共利益无关的部分就仍然应当受到保护。[①] 本案中，丁某一系漫画界名人，并不意味着其与亲人之间的私下往来的书信及其他未经公开发表的手稿因丁某一具有的“名人”身份而自然进入公共领域供他人阅览、谋利。并且，本案中被告二赵某网拍丁某一家信、手稿的行为，并非出于社会公共利益的目的，而是基于自身的营利目的。因此，被告二辩称丁某一的隐私要让渡于社会公共利益的主张，法院不予支持。

《侵权责任法》[②]第 18 条第 1 款[③]规定，被侵权人死亡的，其近亲属有权请求侵权人承担侵权责任。2001 年《最高人民法院关于确定民事侵权精神损害赔偿责任若干问题的解释》第 3 条第 2 项[④]规定，自然人死亡后，其近亲属因下列侵权行为遭受精神痛苦，向人民法院起诉请求赔偿精神损害的，人民法院应当依法予以受理：非法披露、利用死者隐私，或者以违反社会公共利益、社会公德的其他方式侵害死者隐私。本案中，丁某二作为丁某一、沈某之子，在丁某一、沈某去世后，有权就披露死者隐私的行为请求侵权人承担侵权责任。另外，丁某二认为涉案书信手稿涉及其本人，其作为利害关系人，亦有权提起侵权之诉。故丁某二作为本案原告适格，有权提起隐私权侵权诉讼。

（三）涉案书信手稿承载的其他权利属性

除隐私权外，涉案书信、手稿还承载着物权以及著作权的属性。

一是涉案书信、手稿的物权属性。涉案书信手稿内容记录于纸张之上，即形成了民法上的物。在丁某一、沈某在世时，其物权应当归属二人所有。在二人去世后，丁某二通过继承取得了涉案书信手稿的物权，可以请求无权占有该物者予以返还，但请求权基础与隐私权则截然不同。本案中，对于原告丁某二主张返还涉案书信、手稿的诉讼请求，由于涉案书信、手稿均已拍卖成交并交付买家，未由被告二赵某占有，因此法院无法支持返还涉案书信、手稿的主张。

对于原告丁某二与书信、手稿持有人关于涉案书信、手稿所有权的相关事

① 参见李新天、郑鸣：《论中国公众人物隐私权的构建》，载《中国法学》2005 年第 5 期。

② 《侵权责任法》已于 2021 年 1 月 1 日因《民法典》的施行而废止。

③ 参见《民法典》第 1181 条第 1 款。

④ 2020 年修正的《最高人民法院关于确定民事侵权精神损害赔偿责任若干问题的解释》中已无对应规定。

实，由于被告二未提供证据证明其通过合法渠道并支付合理对价购得书信、手稿，根据现有证据也无法查明涉案书信、手稿流入市场的原因及途径，因此，本案中未予以认定。不过，关于所有权取得的问题，《民法典》第二编第二分编第九章专门进行了特别规定，可以参照其中的立法精神。

二是涉案书信、手稿的著作权属性。涉案书信中的家信、手稿，系书写者独立创作的表达个人感情及观点，叙述个人生活及工作事务方面的内容，是以文字、符号等形式表达出来的文学、艺术领域内的智力成果，符合作品独创性要求，构成我国著作权法保护的作品。参照杨某某（笔名杨某）与中贸圣佳国际拍卖有限公司、李某诉前禁令案，禁令裁决中贸圣佳国际拍卖有限公司在拍卖、预展及宣传等活动中不得以公开发表、展览、复制、发行、信息网络传播等方式实施侵害钱某一、杨某某、钱某二写给李某的涉案书信手稿著作权的行为。因此，对于涉案书信、手稿的著作权，从发表权、复制权、信息网络传播权等方面也有保护的可能。由于本案中丁某二提出诉求的基础在于书信、手稿的隐私权属性，故对此不做过多论述。

（四）线上收藏平台的审核注意义务

作为专门为特殊收藏品提供交流、交易的电子商务平台，某旧书网不仅要通过技术手段、人工干预确保交易的公平、安全，也要对提交交易的收藏品这一特殊商品的合规性，特别是对书信、手稿等可能涉及隐私属性的物品来源、内容尽到合理的审核义务。

一是收藏品的特殊属性。近年来，随着国家对文化产业的大力扶持，收藏品市场呈现蓬勃发展的景象，越来越多的人将收藏品的交流作为陶冶情操、涵养文化的有益方式；同时，收藏品的稀缺性亦使其产生价值，可为收藏者带来可观的收益，成为人们投资的重要途径。

二是线上交易的公开性。随着电子商务、互联网技术及各行业之间的不断融合，收藏品交流、交易场所已经逐渐从传统的线下交易市场、拍卖行，扩展至电子商务平台。本案中，丁某一家信、手稿内容通过线上收藏平台长期向社会公开，借助互联网在公共空间散布传播，导致丁某一、沈某、丁某二的隐私长期暴露，给丁某二造成了严重的心理伤害和精神痛苦。利用互联网侵害人身权益的损害后果，远比物理空间更为严重。

某公司作为某旧书网的经营者，对网站负有管理义务。某公司应当根据其公示的《某旧书网服务协议》《某旧书网关于商品审核规则》，主动审核商品信息特别是含个人隐私的信息，一旦发现问题应及时删除。被告一某公司在明知涉案书信手稿被拍卖的情况下，未对涉及隐私的拍品是否经过合法授权、是否已经公开发表等进行基本审核，反而允许赵某进行拍卖，并从中获利，未尽到平台的审核义务。此外,某公司对参与拍卖交易的买卖双方均收取成交价一定比例的佣金,并组织丁某一书信拍卖专场,更应对拍卖交易涉及的商品及信息的合法合规性审查承担较高的注意义务。本案中,某公司未能审慎履行上述审核义务,依据《侵权责任法》第 36 条第 3 款[①]的规定,认定被告一某公司与实施侵权行为的网络用户即被告二赵某承担连带责任。

作为专业的收藏品交易平台,某公司应当以本案为鉴,加强对入驻商户出售商品的特殊属性、权利来源等方面的审核力度;另外,某公司应当防患于未然,将与收藏品相关的重要法律知识,特别是涉及隐私权的内容,以公示的形式对网络用户进行警示和教育,避免再次发生类似侵权行为,从而促进收藏品交易的电子商务模式健康、有序的发展。

(责任编辑:曹巧峤)

① 参见《民法典》第 1197 条。

夫妻双方共同意思表示的认定
——石某诉王某、赵某等房屋买卖合同纠纷案相关法律问题分析

施振伟*

裁判要旨

夫妻双方共同签字或者夫妻一方事后追认等共同意思表示所负的债务,应当认定为夫妻共同债务。夫妻之间形成“共意”,包括事前的共同签字以及事后一方的追认。对于“共同意思表示”的认定,不应局限于明示意思表示,一方在债务形成时明知且未作反对或者知道债务存在并有履行行为的,亦可认定双方对负债具有“共同意思表示”。

一、据以研究的案例

2016年8月,在某房地产经纪公司的介绍下,该公司销售员带领王某及其妻子赵某前往石某所有的诉争房屋处实地看房。9月27日,甲方石某、乙方王某、丙方某房地产经纪公司签订《房屋买卖合同》,约定:“一、甲方自愿将合同所列房屋出售给乙方,乙方对该房屋已充分了解并实地看房,对该房屋现状无异议,自愿购买该房屋……七、如乙方违约,须赔偿甲方20%购房总款为违约金……”合同签订时,赵某及王某的姐姐亦在场。合同签订当日,王某支付石某50万元购房定金,支付某房地产经纪公司居间服务费8.6万元。10月14日,王某通过银行转账方式支付石某150万元。10月28日,某房地产经纪公司员工通过微信发给赵某一张诉争房屋的房屋登记表照片,称:“姐,他这个房产证就没有户型图。”次日,该员工又通过微信告知赵某其他事宜。12月7日,石某与刘某

* 北京市延庆区人民法院民事审判一庭(环境资源审判庭)法官助理,兰州大学法律硕士。

登记结婚。12 月 15 日,某房地产经纪公司员工通过微信告知赵某:“地下一层都不算面积”“新楼盘都这样。”次日,某房地产经纪公司员工通过微信发给赵某诉争房屋的不动产权证书照片。

2017 年 1 月 4 日,王某诉至本院,要求判令解除上述《房屋买卖合同》,并判令石某、刘某返还王某购房款 200 万元、支付违约金 114.8 万元等。庭审中,石某提起反诉请求,要求:(1)确认三方签订的《房屋买卖合同》于 2016 年 12 月 20 日解除;(2)王某赔偿石某违约金 114.8 万元。后石某当庭表示撤回反诉。法院作出判决,判决王某与石某、某房地产经纪公司签订的《房屋买卖合同》于 2016 年 12 月 20 日解除;石某返还王某购房款 200 万元(含定金 50 万元)。石某不服该判决,向上级法院提起上诉,后又撤回上诉。

2018 年 1 月 2 日,石某诉至一审法院,请求判令王某、赵某支付石某违约金 114.8 万元,某房地产经纪公司与王某、赵某承担连带责任。一审法院以石某的起诉构成重复起诉为由,裁定驳回石某的起诉。二审法院认为石某的起诉不构成重复起诉,遂撤销了上述裁定,并指令一审法院审理。

指令审理后,一审法院另查明,石某、某房地产经纪公司及王某、赵某均认可诉争房屋无户型图。王某的姐姐也居住于诉争房屋所在的小区内,其曾陪同王某、赵某去看过诉争房屋。石某已按生效判决履行了全部付款义务。在《房屋买卖合同》签订之前,王某与赵某实地查看过诉争房屋两次。

一审法院经审理认为:王某与赵某系夫妻关系。《婚姻法》①第 19 条②规定:“夫妻可以约定婚姻关系存续期间所得的财产以及婚前财产归各自所有、共同所有或部分各自所有、部分共同所有。约定应当采用书面形式。没有约定或约定不明确的,适用本法第十七条、第十八条的规定。夫妻对婚姻关系存续期间所得的财产以及婚前财产的约定,对双方具有约束力。夫妻对婚姻关系存续期间所得的财产约定归各自所有的,夫或妻一方对外所负的债务,第三人知道该约定的,以夫或妻一方所有的财产清偿。”《最高人民法院关于适用〈中华人民共和国婚姻法〉若干问题的解释(二)》(以下简称《婚姻法解释二》)③第 24 条规定,债权人就婚姻关系存续期间夫妻一方以个人名义所负债务主张权利的,应当按夫妻共同债务处理。但夫妻一方能够证明债权人与债务人明确约定为个人债务,或者能够证明属于《婚姻法》第 19 条第 3 款规定情形的除外。《最高人民法院

① 《婚姻法》已于 2021 年 1 月 1 日因《民法典》的施行而废止。

② 参见《民法典》第 1065 条。

③ 《婚姻法解释二》已于 2021 年 1 月 1 日因《最高人民法院关于废止部分司法解释及相关规范性文件的决定》的施行而失效。

关于审理涉及夫妻债务纠纷案件适用法律有关问题的解释》(以下简称《夫妻债务解释》)[①]第1条[②]规定,夫妻双方共同签字或者夫妻一方事后追认等共同意思表示所负的债务,应当认定为夫妻共同债务;第2条[③]规定,夫妻一方在婚姻关系存续期间以个人名义为家庭日常生活需要所负的债务,债权人以属于夫妻共同债务为由主张权利的,人民法院应予支持。本案中,虽然赵某未在《房屋买卖合同》中与王某一起签字,但根据赵某在王某与石某、某房地产经纪公司签订《房屋买卖合同》之前实地查看诉争房屋两次,签订合同之时亦在场,在合同履行过程中,又多次通过微信与某房地产经纪公司员工索要房产证和户型图,并要求某房地产经纪公司与其一起找证据证明房主有过错,迫使房主同意把房款全部退还的事实及王某支付石某的购房款200万元亦属于王某与赵某的夫妻共同财产的性质,既可以认定王某购买诉争房屋系夫妻二人的共同意思表示,亦可认定系为家庭日常生活需要所为,故石某要求赵某与王某共同承担违约责任,共同支付114.8万元违约金的诉讼请求,有事实与法律依据,本院应予支持。据此,一审法院判决:(1)王某、赵某于本判决生效后7日内支付石某违约金114.8万元;(2)驳回石某的其他诉讼请求。一审宣判后,王某、赵某不服提出上诉,二审法院依法审理后判决:驳回上诉,维持原判。二审宣判后,王某、赵某向再审法院申请再审,再审法院作出民事裁定,驳回王某、赵某的再审申请。

二、相关法律问题分析

(一)夫妻共同债务认定的实践意义

夫妻共同债务的认定,不仅涉及夫妻双方的财产权利保护,也影响债权人的合法利益保护;既涉及家庭关系亦涉及市场交易安全。随着经济社会的飞速发展,夫妻共同债务的形式也日益复杂,与夫妻共同债务认定相关的案件亦逐年增加,夫妻共同债务认定也愈加困难,成为理论界和司法实践中的热点和难点问题。在现有法律规定内,最高人民法院先后通过制定司法解释、司法政策和发布指导性案例等多种形式,逐步构建起了较为完善的夫妻共同债务认定规则,尤其是《民法典》的颁布实施,吸收了最高人民法院相关司法解释的规定,这对于指导司法实践,平等保护债权人利益和夫妻双方利益,稳定婚姻家庭关系,维护市场交易安全,都具有十分积极的现实意义。

---

① 《夫妻债务解释》已于2021年1月1日因《最高人民法院关于废止部分司法解释及相关规范性文件的决定》的施行而失效。

② 参见《民法典》第1064条第1款。

③ 参见《民法典》第1064条第2款。

（二）法律及司法解释中关于夫妻共同债务规定的沿革

1.《婚姻法》中关于夫妻共同债务的规定

《婚姻法》第19条第3款规定："夫妻对婚姻关系存续期间所得的财产约定归各自所有的，夫或妻一方对外所负的债务，第三人知道该约定的，以夫或妻一方所有的财产清偿。"第41条①规定："离婚时，原为夫妻共同生活所负的债务，应当共同偿还。共同财产不足清偿的，或财产归各自所有的，由双方协议清偿；协议不成时，由人民法院判决。"

上述两个条文虽然对夫妻双方实行分别财产制下特定债务和离婚时如何偿还债务问题做了规定，但从整体看，对夫妻共同债务问题规定得不够明确具体，理论界和司法实践中对于如何认定夫妻共同债务问题仍然存有不同理解，争议不断，尤其给司法实践带来了诸多审理困惑。

2.旧的司法解释中关于夫妻共同债务的规定

2004年4月1日起施行的《婚姻法解释二》第24条第1款规定："债权人就婚姻关系存续期间夫妻一方以个人名义所负债务主张权利的，应当按夫妻共同债务处理。但夫妻一方能够证明债权人与债务人明确约定为个人债务，或者能够证明属于婚姻法第十九条第三款规定情形的除外。"相较于《婚姻法》的规定而言，该条规定进一步明确了夫妻共同债务认定的裁量标准，在随后的十几年司法实践中发挥了重要的裁判指引作用，一定程度上有效遏制了当时社会中存在的一些夫妻恶意逃避债务损害债权人合法权益的现象，较好地维护了市场交易安全。

另外，为防止夫妻一方与债权人恶意串通损害夫妻另一方合法权益，最高人民法院又于2017年出台了《最高人民法院关于适用〈中华人民共和国婚姻法〉若干问题的解释（二）补充规定》②以及《最高人民法院关于依法妥善审理涉及夫妻债务案件有关问题的通知》，进一步表明了人民法院对虚假债务、非法债务否定性评价的司法立场，对于司法实践中区分非夫妻共同债务起到了积极作用，但有关夫妻共同债务的认定标准、举证证明责任等方面的问题仍没有妥善全面地得到解决。

为积极回应社会关切，进一步细化和完善夫妻共同债务认定标准，合理分配举证责任，引导民商事主体规范交易行为，防范和化解风险，平等保护债权人利益和夫妻双方利益，最高人民法院于2018年出台了《夫妻债务解释》。该司法

---

① 参见《民法典》第1089条。

② 该补充规定已于2021年1月1日因《最高人民法院关于废止部分司法解释及相关规范性文件的规定》的施行而失效。

解释第1条规定:“夫妻双方共同签字或者夫妻一方事后追认等共同意思表示所负的债务,应当认定为夫妻共同债务。”第2条规定:“夫妻一方在婚姻关系存续期间以个人名义为家庭日常生活需要所负的债务,债权人以属于夫妻共同债务为由主张权利的,人民法院应予支持。”第3条规定:“夫妻一方在婚姻关系存续期间以个人名义超出家庭日常生活需要所负的债务,债权人以属于夫妻共同债务为由主张权利的,人民法院不予支持,但债权人能够证明该债务用于夫妻共同生活、共同生产经营或者基于夫妻双方共同意思表示的除外。”

3.《民法典》中关于夫妻共同债务的规定

《民法典》第1064条规定:“夫妻双方共同签名或者夫妻一方事后追认等共同意思表示所负的债务,以及夫妻一方在婚姻关系存续期间以个人名义为家庭日常生活需要所负的债务,属于夫妻共同债务。夫妻一方在婚姻关系存续期间以个人名义超出家庭日常生活需要所负的债务,不属于夫妻共同债务;但是,债权人能够证明该债务用于夫妻共同生活、共同生产经营或者基于夫妻双方共同意思表示的除外。”《民法典》中对夫妻共同债务认定的规定与《夫妻债务解释》的相关规定保持一致,并且以基本法律的形式明确了“共债共签”的基本原则,明确了夫妻共同债务的内涵、举证证明责任等,为解决实践中争议较大的夫妻债务问题提供了明确的法律依据,有利于平衡保护各方当事人的合法权益,有利于统一裁判尺度,合理防范和减少风险,维护社会稳定。

(三)夫妻共同债务认定应把握的原则

根据《民法典》的规定,认定夫妻共同债务时应坚持两个基本原则,二者具备其一即可。一是夫妻之间形成“共意”,包括事前的共同签字以及事后一方的追认。对于“共同意思表示”的认定,不应局限于明示意思表示,一方在债务形成时明知且未作反对或者知道债务存在并有履行行为的,亦可认定双方对负债具有“共同意思表示”。二是夫妻之间实际“共享”,包括基于日常家事代理形成的“共享”以及超出日常家事代理范围但该债务涉及的财产利益用于夫妻共同生活、共同生产经营等形成的“共享”。[①]

上述原则,对于明确夫妻债务认定具有重要意义,将共同意思表示和用于共同生活作为确定共同债务的必要条件,与原有立法体系进行合理平衡,兼顾交易安全与公平公正,符合夫妻人格独立平等的要求。

---

① 参见最高人民法院民法典贯彻实施工作领导小组主编:《中华人民共和国民法典婚姻家庭编继承编理解与适用》,人民法院出版社2020年版,第167~168页。

(四)夫妻双方共同意思表示的认定

《夫妻债务解释》第1条规定,夫妻双方共同签字或者夫妻一方事后追认等共同意思表示所负的债务,应当认定为夫妻共同债务。该条强调基于共同意思表示所负债务为夫妻共同债务。该规定系根据《民法总则》①、《婚姻法》、《合同法》②的相关规定,按照夫妻平等原则、订立合同的基本要求等制定,从夫妻共同债务的形成角度,明确和强调了夫妻双方共同签字或者夫妻一方事后追认以及其他共同意思表示形式所负的债务,应当认定为夫妻共同债务这一基本的认定原则。如通过电话、微信等形式,应视为其他共同意思表示,此类情形所负债务,应认定为夫妻共同债务。这一规定既充分尊重了民商事法律所确定的一般交易规则,又强调了夫妻共同债务形成时的"共债共签"原则,积极引导民商事主体主动规范交易行为、积极加强风险防范。一方面,这一制度设计可以从债务形成源头上尽最大可能规避夫妻一方"被负债"现象的发生;另一方面,也可以有效避免债权人因无法举证证明债务属于夫妻共同债务而遭受不必要的损失,对于保障夫妻一方合法权益和交易安全具有重要意义。

《民法典》第1064条第1款规定,夫妻双方共同签名或者夫妻一方事后追认等共同意思表示所负的债务,属于夫妻共同债务,这一规定同样吸收了《夫妻债务解释》的规定。这一规定,重新明确了夫妻共同债务的范围,以"共债共签"引导债权人在设立债权之始应当尽到合理的注意义务,最大程度上加强防范夫妻一方串通债权人损害另一方的风险,兼顾民商事交易安全与公平正义,对于指导夫妻共同债务诉讼实践具有重要意义。

本案中,虽然赵某未在房屋买卖合同中与王某一起签字,但根据赵某在王某与石某、某房地产经纪公司签订房屋买卖合同之前实地查看诉争房屋两次,签订合同之时亦在场,在合同履行过程中,又多次通过微信与某房地产经纪公司员工索要房产证和户型图,以及王某支付石某的购房款200万元亦属于王某与赵某的夫妻共同财产的性质等,综合考虑赵某上述参与合同履行、要求石某退还购房款的过程、购房款属于夫妻共同财产等因素,可以认定王某购买诉争房屋系夫妻二人的共同意思表示,为此所承担的违约责任应当认定为夫妻共同债务,故赵某应当与王某共同承担违约责任。

(五)认定夫妻双方共同意思表示参照适用中应注意的问题

在夫妻共同债务认定中对于夫妻双方共同意思表示的判断,要结合举证责任分配来认定。《夫妻债务解释》和《民法典》将夫妻"共债合意"和"共享"

---

① 《民法总则》已于2021年1月1日因《民法典》的施行而废止。

② 《合同法》已于2021年1月1日因《民法典》的施行而废止。

对应事实的证明责任分配给主张案涉债务为夫妻共同债务的债权人,债权人在诉讼中需举证证明债务系基于夫妻“共债合意”或“共享”。基于夫妻“共债合意”产生的债务,债权人不必证明债务是否用于夫妻共同生活,即可认定为夫妻共同债务。对于夫妻一方非基于“共债合意”负担的债务,债务人需证明债务需为夫妻“共享”,用于夫妻共同生活或者生产经营等,方能认定为夫妻共同债务。

但通过考察夫妻共同债务相关的裁判案例发现,基于夫妻“共债合意”认定夫妻共同债务问题中存有些许乱象。如举证责任分配差异导致同案异判、对夫妻构成“共债合意”的推定不同导致事实认定差别、夫妻一方“间接受益”情形的不同处置导致结果截然相反。尤其在认定夫妻是否构成“共债合意”时,存在裁判不一的现象。主要表现在:一是对通过配偶账户走账等情形能否推定夫妻具有“借款合意”认定不一。部分法官认为配偶对该债务“知情”,并据此认定存在“共债合意”;有的却认为无法据此认定存在“共债合意”。[①] 二是对于配偶“事后追认”的标准认定不一。据调研,多起案件改判系由于一审、二审对借款人配偶借款合意的推定标准不同导致。如某类案件中,一审法院将配偶代替还款行为视为其对债务进行了事后追认,二审法院对此予以否认,认为一审法院对配偶事后追认进行了扩大解释。李贝博士将此行为解读为配偶对举债夫妻一方的经济支持,不足以认定夫妻形成了“共债合意”。[②] 三是对债权人与举债人夫妻有特殊关系时“夫妻共债合意”的认定不一。如在某类案件中,一审法院因举债人配偶与债权人为姑侄关系,推定夫妻存在借款合意,成立共同债务,二审法院认为一审的裁判逻辑经不起推敲,遂予以改判。以上司法实践中裁判不统一问题,均在一定程度上影响了司法公信力,亟待合理规范。

因此,在司法实践中,对于夫妻双方共同意思表示的认定,要考虑当事人举证的难易程度,根据不同案件类型,合理分配举证责任,构建立体化多层次的举证责任分配规则体系。对于“共债合意”“共享”等,设定不同举证标准,充分运用日常生活经验判断以及高度可能性的证明标准,避免“一刀切”,最大限度实现债权人与未举债配偶之间利益平衡的“最大公约数”,避免夫妻双方恶意逃债,亦避免夫妻一方离婚时被高额负债。

另外,需要特别注意的是,《民法典》施行后,《婚姻法》《婚姻法解释二》《夫

① 参见肖晖、訾培玉:《夫妻共同债务认定问题探析——基于对法释〔2018〕2号实践状况的考察》,载《学术探索》2020年第1期。

② 参见李贝:《夫妻共同债务相关法律问题研究——“以新解释”为考察对象》,载《东方法学》2020年第1期。

妻债务解释》等已被废止,但根据《最高人民法院关于适用〈中华人民共和国民法典〉时间效力的若干规定》及法不溯及既往原则,《民法典》施行后的法律事实引起的夫妻共同债务认定案件,适用《民法典》的规定;《民法典》施行前的法律事实引起的夫妻共同债务认定案件,适用当时的法律、司法解释的规定,即适用《婚姻法》《婚姻法解释二》《夫妻债务解释》等的相关规定;《民法典》施行前的法律事实持续至《民法典》施行后,该法律事实引起的夫妻共同债务认定案件,适用《民法典》的规定,但是法律、司法解释另有规定的除外。

(责任编辑:曹巧峤)

合同仲裁条款的扩张适用问题
——A 公司等诉新疆五公司等侵权责任纠纷案相关法律问题分析

赵 彤[*] 凌 巍[**]

裁判要旨

1. 侵权责任纠纷具有可仲裁性。当事人在合同中约定的仲裁条款对基于该合同提起的侵权之诉原则上具有约束力。

2. 侵权之诉的当事人超出合同当事人范畴的,如该侵权之诉属于普通共同诉讼,诉讼标的具有可分性,仲裁条款仅约束签订合同的当事人;如该侵权之诉属于必要共同诉讼,诉讼标的具有不可分性,仲裁条款对于签订合同的当事人不具有约束力,人民法院对于该侵权之诉整体享有管辖权。

一、据以研究的案例

原告(上诉人)A 公司、B 公司向法院提出诉讼请求:(1)请求判令所有被告向二原告交付位于北京市建国路×××号××层的房屋;(2)所有被告向二原告连带赔偿因侵权行为而遭受的经济损失 1 亿元。事实和理由:B 公司系 A 公司的全资子公司,主要负责经营 A 公司在中国地区的共享办公空间业务和服务。为拓展 A 公司在国内的业务,2017 年 8 月 1 日,B 公司与新疆五公司就涉案房屋的租赁和运营签订了《房屋租赁合同》。2017 年 7 月 31 日,B 公司与北京某物业公司就涉案房屋的相关物业管理服务订立了物业服务合同。根据《房屋租赁合同》第 1.11 条和第 4.1.1 条的约定,全体被告应于 2017 年 8 月 1 日向 B 公司

* 北京市高级人民法院民一庭法官,北京工商大学法学硕士。
** 北京市高级人民法院刑二庭法官,中国政法大学民商法学硕士。

交付涉案房屋,从而使B公司开展相应业务。但2017年8月1日,全体被告拒绝交付房屋并阻止原告方进入涉案房屋,违反了《房屋租赁合同》的约定。2017年9月18日,B公司向新疆五公司发出《律师函》,要求新疆五公司立即交付涉案房屋。次日,B公司收到新疆五公司的《通知函》,要求解除《房屋租赁合同》,理由是该租赁合同缺乏某人寿保险公司的"内部授权"。2017年10月10日,二原告向新疆五公司回函拒绝接受其提出的解除租赁合同的要求,并再次要求新疆五公司交付涉案房屋,然而新疆五公司至今未履行相应义务。二原告认为某人寿保险公司是涉案房屋的控制人,其阻止新疆五公司交付涉案房屋,某物业公司阻碍房屋交付,全体被告系共同实施了侵权行为,侵害了二原告的商业利益和包括房屋使用权和债权在内的财产权益,故提起诉讼。

五被告某新疆五公司在首次开庭前对一审法院受理本案提出异议,认为:第一,本案不属于侵权责任纠纷,不应当依据侵权法律关系来确定管辖。理由如下:(1)二原告诉请主张其受到损害的权利应属债权,不具有绝对性与公开性,因而不属于侵权责任法的保护范围;(2)二原告主张的权益系合同项下特定当事人所享有的合同之债,故本案不属于违约与侵权责任竞合的情况。第二,即使法院认为本案属于侵权责任纠纷,本案也不适用最高人民法院就部分共同侵权案件所确立的仲裁条款管辖的例外。理由如下:(1)最高人民法院就部分共同侵权案件所确立的仲裁条款管辖的例外仅适用于必要共同诉讼;换言之,非必要共同诉讼的,不适用例外原则,仲裁条款继续约束仲裁协议当事人。(2)本案包含不同当事人之间的不同的法律关系,不属于必要共同诉讼。A公司与B公司针对涉案房屋未交付而提起的案件并非必要共同诉讼,A公司应另案起诉。B公司对某人寿保险公司的起诉基于房屋租赁合同,也非必要共同诉讼,不应在一案中审理,B公司应另案起诉。B公司对某物业公司的起诉也不应当与新疆五公司及B公司之间的纠纷在一案中处理。B公司要求新疆五公司履行房屋租赁合同约定义务的同时又要求其他主体承担侵权责任,不属于必要共同诉讼,不应合并受理。第三,B公司逃避仲裁条款管辖的行为不应该被支持。无论是现行法律规定还是相关司法实践,均不允许当事人通过选择诉讼以逃避仲裁条款。本案中房屋租赁合同及物业服务合同的文本均是B公司提供的模板文件,其中的仲裁条款系B公司拟定并提出,现B公司却企图加入与案件无关的主体来规避其自身制定的仲裁条款,令人深感不解,如果按照B公司的逻辑只要将合同主体各自的股东或者关联公司一起作为原告或者被告起诉就可以规避仲裁条款,那么,公司法确立的公司法人独立人格将无任何意义,公司法人在任何合同中设置仲裁条款也毫无意义。综上所述,根据《仲裁法》第26条的规定,请求法院驳回B公司对新疆五公司的起诉,并请求驳回A公司的起诉。

被告某人寿保险公司在首次开庭前对一审法院受理本案提出异议,认为:第一,就涉案房屋相关事宜,B 公司与新疆五公司及某物业公司分别订有明确的仲裁条款,故对于 B 公司与新疆五公司,B 公司与某物业公司因涉案房屋引起的纠纷,应当提交仲裁解决。A 公司与本案无任何关联,法院应当驳回 A 公司的起诉。第二,因人寿保险公司是否为本案适格的被告直接影响法院对本案的管辖权,因此,法院应当在管辖权异议审查阶段对此进行认定。人寿保险公司并未参与涉案房屋的纠纷,并非本案适格被告,而是原告为规避仲裁条款设定的诉讼连结点,因此法院对本案无管辖权,应该驳回两名原告的起诉。第三,原告基于《合同法》[①]第 122 条[②]之规定选择提起侵权诉讼,根据《最高人民法院关于适用〈中华人民共和国合同法〉若干问题的解释(一)》[③]第 30 条[④]的规定,"对方当事人提出管辖异议,经审查异议成立的,人民法院应当驳回起诉"。本案中,根据二原告的起诉状,二原告依据《合同法》第 122 条的规定要求被告承担侵权责任,而本案实际为 B 公司与新疆五公司及北京某物业公司之间的争议,鉴于 B 公司与新疆五公司及北京某物业公司就涉案房屋相关事宜签订有明确的仲裁条款,故就涉案房屋相关事宜引起的侵权之诉,应提交仲裁管辖。综上所述,法院应当驳回二原告的起诉。

被告北京某物业公司在首次开庭前对一审法院受理本案提出异议,认为:该公司与 B 公司就涉案房屋相关事宜签订有《物业服务合同》,该合同中约定有明确的仲裁条款,根据该仲裁条款的约定,B 公司与该公司因涉案房屋相关事宜产生的纠纷,应当提交中国国际贸易仲裁委员会仲裁解决,故根据《仲裁法》第 26 条之规定,请求法院驳回二原告之起诉。

一审法院裁定如下:(1)驳回原告 A 公司的起诉;(2)驳回原告 B 公司对五被告某新疆五公司的起诉;(3)驳回被告某人寿保险公司、北京某物业公司对本案管辖权提出的异议。A 公司和 B 公司不服原审裁定,提起上诉。二审法院裁定驳回上诉,维持原裁定。

二、相关法律问题分析

在诉讼实践中,管辖之争成为当事人诉讼策略的重要组成部分。由于合同

---

① 《合同法》已于 2021 年 1 月 1 日因《民法典》的施行而废止。

② 参见《民法典》第 186 条。

③ 此解释已于 2021 年 1 月 1 日因《最高人民法院关于废止部分司法解释及相关规范性文件的决定》的施行而失效。

④ 参见《民法典》第 186 条。

缔结时双方当事人地位的强弱不同,对于合同争议的处理方式一般体现的是合同强势一方的意思表示,但随着合同的履行和争议的产生,合同的另一方当事人逐渐意识到合同争议管辖条款的重要意义后,往往会通过增加案件主体、利用其他法律关系或创造新的连结点达到规避合同约定管辖的目的。本案的审理思路能够为此类案件的处理提供参考和借鉴。本案在处理管辖争议的过程中,主要辨析了关于合同仲裁条款能否扩张适用的问题。其中又包含了两个具体问题:一是合同中约定的仲裁条款对侵权责任纠纷是否有约束力;二是连带责任诉讼程序在涉仲裁管辖案件中的适用问题。

(一)合同中约定的仲裁条款对侵权责任纠纷是否具有约束力

本案中,B 公司与新疆五公司在《房屋租赁合同》第 29 条"争议解决"中明确约定了仲裁条款:"若因本合同(包括本合同的违约、终止或无效)产生任何争议、纠纷或索赔,或有有关本合同的任何争议、纠纷或索赔('争议')……若双方未在三十(30)日内达成相互接受的争议解决方案,则争议应由中国国际贸易仲裁委员会('贸仲')仲裁最终解决,仲裁地为北京,仲裁规则为申请仲裁时有效的仲裁规则。"现 B 公司起诉新疆五公司和另外两名被告承担侵权责任,侵权责任是否具有可仲裁性?如具备可仲裁性,是否能适用双方在租赁合同中约定的仲裁条款?适用仲裁程序的主体范围又该如何确定?新疆五公司之外的其余两名被告应当如何处理?

1. 侵权责任纠纷具有可仲裁性。《仲裁法》第 2 条规定:"平等主体的公民、法人和其他组织之间发生的合同纠纷和其他财产权益纠纷,可以仲裁。"第 3 条规定:"下列纠纷不能仲裁:(一)婚姻、收养、监护、扶养、继承纠纷;(二)依法应当由行政机关处理的行政争议。"从上述法条的具体内容可以看出,我国仲裁法并未将侵权责任纠纷排除在可仲裁的范围之外,且一般的侵权责任纠纷应属于仲裁法中规定的平等民事主体之间的财产权益纠纷,不具有人身属性,因此可以仲裁。

2. 当事人在合同中约定的仲裁条款对侵权责任纠纷是否具有约束力。既然侵权责任纠纷一般情况下具有可仲裁性,那么接下来就应该判断当事人之间提起的侵权责任纠纷能否受到合同中仲裁条款的约束。实践中,仲裁条款通常表现为概括性约定,一般表述为"合同项下产生的或者与合同有关的一切争议均要提交仲裁解决",本案也不例外,亦采用了这样的表述方式。因此,需要进一步解释的内容就是何为"与合同有关的争议"?合同是当事人意思自治的产物、合意的结果,在判断仲裁条款的含义时,也应当遵循合同的基本解释原则。从文义解释来看,如果双方当事人就侵权责任之诉的争议内容与合同有关,那就应当解释为“与合同有关的争议”，受到仲裁条款的约束。《最高人民法院关于适用〈中华人民共和国仲裁法〉若干问题的解释》第2条规定：“当事人概括约定仲裁事项为合同争议的，基于合同成立、效力、变更、转让、履行、违约责任、解释、解除等产生的纠纷都可以认定为仲裁事项。”具体到本案，B公司与新疆五公司的诉争事项系与合同履行有关的纠纷，应当受到仲裁条款的约束。此外通过考量不同国家有关仲裁协议规定的发展趋势以及我国纠纷解决实践的发展情况，也可以看出，不管是立法还是司法，都在努力促进法院管辖和仲裁管辖关系的合理配置，其中一个重要方面就是，对于仲裁协议实质内容的要求逐渐简化，且实质内容的认定更倾向于考量当事人的意愿，最主要的是约定了仲裁机构即可，具体仲裁事项约定的缺失并不影响仲裁协议的效力。而约定了仲裁机构一般也就表明了仲裁解决纠纷的意愿。对于仲裁机构的约定，达到确定的程度，具有可操作性，该约定就是有效的，对于一些不规范的仲裁协议的认定应尊重当事人意思自治，适当作宽泛解释，不必过于苛求其形式完善。①

3. 当事人超出仲裁条款所涉合同的主体范围时，应当如何适用仲裁条款？本案被告新疆五公司是包含仲裁条款的合同主体，但另外两名被告某人寿保险公司和北京某物业公司都不是涉案合同的主体，此时应当如何理解与适用仲裁条款？实务界和理论界有观点认为，对于共同侵权人存在关联关系而一方与被侵权人订立有仲裁协议的情况下的仲裁条款适用问题，应将仲裁协议效力范围作扩大解释，使共同侵权人与被侵权方三方均受仲裁协议的效力规范，该侵权纠纷适用仲裁管辖。② 笔者对此观点予以赞同，并认为用共同诉讼关系理论加以说明更为清晰。也就是说，这要取决于诉讼标的是否具有可分性。如果多个当事人之间的诉讼是普通共同诉讼，诉讼标的具有可分性，那么仲裁条款仍然可以约束侵权之诉中涉及的部分当事人，但未签订该合同的当事人不受此约束；如果多个当事人之间的诉是必要共同诉讼，诉讼标的具有不可分性，那么仲裁条款就在本案中失去拘束力，人民法院可一并审理涉及合同当事人的侵权之诉。审理思路见图1。至于具体到本案，是否可以分开处理，下文将做进一步分析。

---

① 参见田晓辉、隋长征：《法院管辖与仲裁管辖之关系研究——以当事人意思自治为视角》，载《辽宁教育行政学院学报》2006年第9期。

② 参见曹莹：《侵权行为引起的连带责任之诉讼管辖与仲裁管辖选择适用》，载《法制与社会》2017年第22期。

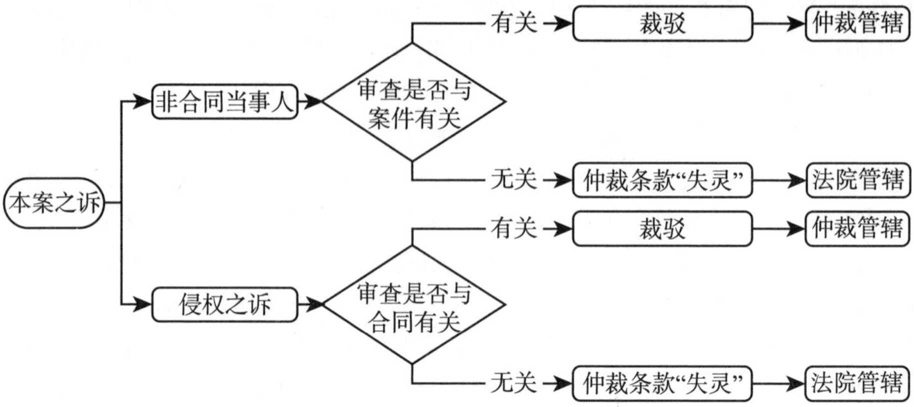

图 1　本案之诉的审理思路示意

（二）连带责任诉讼程序在涉仲裁管辖案件中的适用问题

本案原告 B 公司起诉的被告共有 7 名，要求 7 名被告承担连带责任，但其中只有新疆五公司与 B 公司之间存在合同关系，另外两名被告与 B 公司之间并无合同关系。虽然侵权责任纠纷应当受到仲裁条款的约束，但约束的也仅是存在合意的当事人，对于没有合同关系的当事人，自然不能直接适用仲裁条款。于是，本案在处理管辖或者主管问题时就涉及主体范围的问题，进一步分析，就涉及原告起诉主张的连带责任是否是可分之诉的问题。对此，我国的法律和司法解释有不同的规定。

《侵权责任法》①第 13 条②规定，法律规定承担连带责任的，被侵权人有权请求部分或者全部连带责任人承担责任。第 14 条③规定，连带责任人根据各自责任大小确定相应的赔偿数额；难以确定责任大小的，平均承担赔偿责任。支付超出自己赔偿数额的连带责任人，有权向其他连带责任人追偿。上述条文与其他大陆法系国家和地区的立法一样，在总体上体现了连带债务的整体性、连带性以及连带债务人内部的求偿关系。不同之处在于，《侵权责任法》至少从字面上来看，并未显示出债权人对多个债务人在请求时间上的可选择性。但在对《侵权责任法》第 13 条理解时，仍应理解为债权人既可同时、也可先后请求全部或部分债务人承担一部或全部债务。因此连带责任诉讼不应属于必要共同诉讼，而系可分之诉。

① 《侵权责任法》已于 2021 年 1 月 1 日因《民法典》的施行而废止。

② 参见《民法典》第 178 条第 1 款。

③ 参见《民法典》第 178 条第 2 款。

2003年《最高人民法院关于审理人身损害赔偿案件适用法律若干问题的解释》第5条①规定："赔偿权利人起诉部分共同侵权人的，人民法院应当追加其他共同侵权人作为共同被告。赔偿权利人在诉讼中放弃对部分共同侵权人的诉讼请求的，其他共同侵权人对被放弃诉讼请求的被告应当承担的赔偿份额不承担连带责任。责任范围难以确定的，推定各共同侵权人承担同等责任。人民法院应当将放弃诉讼请求的法律后果告知赔偿权利人，并将放弃诉讼请求的情况在法律文书中叙明。"该司法解释确立的规则是：第一，共同侵权导致的连带责任，在诉讼程序上以必要共同诉讼作为诉讼机制，人民法院应当依职权追加其他未被起诉的共同侵权人为共同被告；第二，原告不同意追加或者放弃对部分共同侵权人的诉讼请求的，视为免除该部分侵权人的责任，该免除对其他共同侵权人发生相对效力，即原告对放弃的属于该部分侵权人的份额不能够请求赔偿，其他共同侵权人对该部分也不再承担连带赔偿责任；第三，人民法院应当对原告作出释明，并在法律文书中叙明，该判决产生既判力，原告在未来对本案中被放弃诉讼请求的共同侵权人另行起诉的，将遭到败诉的后果。

上述法律和司法解释的规定为法律适用冲突埋下了伏笔。在受害者只选择起诉部分共同侵权人的情况下，其他共同侵权人是否必须共同参加诉讼？当事人不同意追加的是否就意味着其放弃了对该侵权人应当承担部分的诉讼请求，从而免除了其他共同侵权人在该份额范围内相应的赔偿责任？在法院对部分共同侵权人的判决生效、执行未果时，受害人能否另行起诉其他共同侵权人？如果法院对部分共同侵权人的诉讼进行审理时，法院未追加其他共同侵权人即作出判决，是否可就该判决提起再审？

笔者赞同《侵权责任法》第13条的精神，连带责任诉讼在程序上不应按照必要共同诉讼对待。具体理由如下。

首先，连带责任的民法理论基础决定了《侵权责任法》第13条的合法合理性。按照连带责任的理论，损害赔偿的范围不是基于连带责任人的数量决定的，而是由侵权行为所造成的损害结果的大小决定的。因此是否将全体连带责任人都追加为被告，并不影响对连带责任范围的确定。司法解释放弃追加就等于放弃未追加连带责任人责任份额的做法，实际上是人为剥夺了被侵权人的请求权和获得全部赔偿的权利，有将连带责任的内部责任外部化的不当趋势。

其次，从比较法角度，各国立法大多赋予了被侵权人自由选择权。日本民法典甚至明确规定了被侵权人可以同时或先后请求给付，即明确赋予当事人在行

---

① 参见2020年修正的《最高人民法院关于审理人身损害赔偿案件适用法律若干问题的解释》第2条。

使请求权在时间上的选择权。

再次,司法解释将全部共同侵权人纳入诉讼,秉持的是有助于纠纷一次性解决的思路,但笔者认为,这样的诉讼程序设计极易因其他共同诉讼人不易追加而导致诉讼迟延,不利于受害人的及时受偿。不易追加的原因可能包括:与未起诉债务人存有亲戚、同学等情谊关系,不情愿起诉;因部分债务人下落不明,应诉、裁判文书送达时间过长,而未起诉或者撤回起诉;未起诉无责任能力的债务人;证明未起诉债务人应担责任存在举证困难等。此外,确定内部责任负担的设想不错,但司法实践中判决对外承担连带责任后,极少有判决主动确定内部责任份额的,大部分还是由当事人另案起诉解决。

最后,司法解释做此规定还有注重审判与执行衔接、避免当事人双重受偿的考虑,但笔者认为,不能因为增加了执行的难度而导致程序设置不符合实体法和程序法的理论,给当事人实现权利和法院审判造成困难。并且,这样的规定在司法实践中容易引发后诉判决主文如何精确表述的问题。

根据上述分析,本案一审、二审裁判的结论正确,B 公司对某人寿保险公司、某物业公司提起的侵权之诉与其对新疆五公司提起的侵权之诉在诉讼标的上具有可分性,并非必要共同诉讼,仲裁条款仅可以约束侵权之诉中涉及的部分当事人(B 公司与新疆五公司),载明仲裁条款的合同未涉及的当事人(某人寿保险公司、某物业公司)则无须接受仲裁管辖的约束力。综上所述,对于 B 公司与新疆五公司之间的侵权之诉应受仲裁条款的约束,不应由法院主管和审理。

(责任编辑:王　凯)

缺陷出生致新生儿死亡侵权责任的认定

——冯某、何某诉某县妇幼保健计划生育服务中心、北京某有限公司等医疗损害责任纠纷案相关法律问题分析

王　晓[*]　李思锦[**]

裁判要旨

1. 医疗机构在产前检查过程中违反告知义务,未明确告知患者产前筛查和产前诊断的差别,侵害夫妻知情权和生育选择权,造成缺陷出生,缺陷出生的新生儿因先天性缺陷死亡的,应当赔偿夫妻抚养缺陷儿与抚养一个健康孩子相比多承担的特别抚养费、精神损害赔偿金和丧葬费。

2. 医疗损害赔偿纠纷中,司法鉴定意见仅作为裁判参考的重要证据。存在共同因果关系时,应综合考虑整体案情和司法鉴定过失参与度的意见,确定侵权各方的承担责任的大小比例。

一、据以研究的案例

冯某、何某诉称:2018年1月2日,冯某在某县妇幼保健计划生育服务中心(以下简称某妇幼中心)孕检后生育女儿何甲,经检查,何甲患有先天性心脏病、21-三体综合征及唇腭裂等病症。冯某、何某认为,鉴于冯某怀孕时是在某妇幼中心检查,某妇幼中心、北京某有限公司在对冯某的产检过程中存在重大过错,未尽到充分的注意义务,出具错误的诊断结论,造成何甲的缺陷出生,导致冯某丧失了优生优育的知情权及优生优育的选择权。故请求法院判令:(1)某妇幼

* 北京市大兴区人民法院综合庭副庭长,中国政法大学法律硕士。

** 北京市大兴区人民法院执行局法官助理,中国政法大学法学硕士。

中心承担30%的责任,赔偿冯某、何某90 629.65元;(2)北京某公司承担50%的责任,赔偿冯某、何某151 049.42元;(3)本案诉讼费、鉴定费由某妇幼中心、北京某公司共同承担。

某妇幼中心答辩:(1)某妇幼中心已将产前筛查高危孕妇通知书告知了冯某,也告知冯某进一步产前诊断等相关事宜,前往某市妇幼保健院进行咨询就诊,某妇幼中心已经履行了告知义务。冯某进行外周血胎儿染色体非整倍体检测签署了申请单和知情同意书,某妇幼中心已经将该检测的相关情形、局限性告知了冯某,冯某进行了签字确认;(2)冯某、何某的女儿唇腭裂和先天性心脏病与某妇幼中心没有因果关系,冯某没有在某妇幼中心进行B超检查,某妇幼中心对此不应当承担责任;(3)在《关于规范有序开展孕妇外周血胎儿游离DNA产前筛查与诊断工作的通知》中指出,该检查并不能确保100%的检出率,只是要求不低于95%,因此,个别检查出现漏检的情况也在规范所要求的合理范围之内;(4)冯某、何某在变更诉讼请求申请书中主张的丧葬费,患儿已经死亡,具体死亡原因应当明确,以便确定赔偿范围、数额以及是否应当赔偿的问题。

北京某公司辩称:(1)根据冯某签署的知情同意书,北京某公司的检测范围限于21、18、13这三对染色体,冯某、何某起诉状中陈述的先天性心脏病、唇腭裂这些疾病不在北京某公司的检测范围之内;(2)在冯某签署的知情同意书中,北京某公司已经明确告知现有的检测有出现假阴性的可能;(3)冯某、何某主张的医疗费、护理费、交通费、营养费、住院伙食补助费等费用应与患儿疾病相关联,冯某、何某主张的精神损害抚慰金过高。

中国平安财产保险股份有限公司北京分公司(以下简称平安公司)辩称,其公司并非本案的适格被告,故不同意承担任何赔付义务。

一审法院经审理查明:冯某与何某系夫妻关系。

2017年7月18日,冯某在某妇幼中心采血进行产前筛查。7月21日,某市妇幼保健中心出具产前筛查报告,提示筛查结果为"高风险",建议做进一步的产前诊断和遗传咨询。7月27日,某妇幼中心向冯某发放产前筛查高危孕妇通知书,告知冯某DS风险值为1∶182,属筛查高风险,建议其尽快到某市产前诊断中心就进一步产前诊断等相关事宜进行咨询就诊,否则自行承担相应后果。冯某在该通知书上签字。同日,冯某在某妇幼中心签订"外周血胎儿染色体非整倍体(T21、T18、T13)检测(高通量测序法)申请单",由某妇幼中心进行采血并送检至北京某公司进行检测。

2017年8月3日,北京某公司出具无创产前基因筛查报告,检测结果显示冯某所怀胎儿的21、18、13三对染色体均未见明显异常。8月18日,北京某公司作为投保人在平安公司为被保险人冯某投保了无创产前基因检测保险。2018

年1月1日,冯某分娩一女婴,即本案患儿何甲。

2018年6~11月,何甲多次至医院进行体格、染色体及超声检查后,被诊断为21-三体综合征(唐氏综合征)、心脏杂音及腭裂。2019年1月及同年5月,何甲由于坏死性小肠结肠炎、脓毒血症、肠穿孔(非创伤性)、呼吸衰竭、先天性心脏病等原因多次住院治疗。2019年5月20日,何甲因呼吸循环衰竭被宣布临床死亡。

冯某、何某主张其因何甲的缺陷出生,产生的包括医疗费、护理费、交通费、住院伙食补助费、营养费、丧葬费、鉴定费及精神损害抚慰金在内的损失共计302 098.83元。冯某、何某认为某妇幼中心、北京某公司在冯某产前诊疗中存在失误,造成何甲的缺陷出生,故起诉要求某妇幼中心承担损失30%的责任即90 629.65元,北京某公司承担损失50%的责任即151 049.42元。

审理过程中,鉴定机构出具司法鉴定意见书,意见如下:(1)某妇幼中心在冯某的产前孕检过程中的诊疗、筛查行为存在告知不充分的过错,该过错与损害后果之间具有因果关系,原因力大小为次要原因。(2)北京某公司出具无创产前基因筛查报告,结果为未见明显异常;但患儿何甲出生后,经诊断为21-三体综合征,故其检验结果与实际不符,存在过错。该过错与损害后果之间具有因果关系,原因力大小为同等原因。(3)根据现有病历材料记载,冯某在11~13+6周未做胎儿颈后透明层厚度(NT)检测,18~24周未进行胎儿系统超声波检查,故其在孕期未进行规范的保健检查,遗漏了筛查胎儿出生缺陷的时机,与何甲的畸形出生亦存在一定的因果关系。

一审法院认为,医务人员在诊疗活动中应当向患者说明病情和医疗措施。需要实施手术、特殊检查、特殊治疗的,医务人员应当及时向患者说明医疗风险、替代医疗方案等情况,并取得其书面同意;不宜向患者说明的,应当向患者的近亲属说明,并取得其书面同意。医务人员未尽到前款义务,造成患者损害的,医疗机构应当承担赔偿责任。本案中,根据鉴定所出具的司法鉴定意见书,认定某妇幼中心在对冯某进行孕检过程中的诊疗、筛查行为存在过错,该过错与损害后果之间具有因果关系,原因力大小为次要原因;认定北京某公司对冯某进行孕检过程中的诊疗、筛查行为存在过错,该过错与损害后果之间具有因果关系,原因力大小为同等原因。某妇幼中心、北京某公司虽对鉴定意见书有异议,但未提交相反证据予以证明,故法院采信上述鉴定意见。某妇幼中心、北京某公司符合《侵权责任法》[①]规定的侵权要件,应当按比例对冯某、何某由此造成的损失承担

① 《侵权责任法》已于2021年1月1日因《民法典》的施行而废止。

侵权赔偿责任。

就冯某、何某的各项损失,法院核定数额为 195 685.34 元(包括医疗费、住院伙食补助费、护理费、营养费、交通费、丧葬费和精神损害抚慰金)。根据《北京司法鉴定业协会关于办理医疗过失司法鉴定案件的若干意见》中的医疗过失参与度对照表,综合考虑涉案整体案情及鉴定意见,法院酌情确定某妇幼中心承担 30%的责任,北京某公司应承担 50%的责任。

综上所述,一审法院判决如下:(1)某妇幼中心于本判决生效后 10 日内赔偿冯某、何某各项损失合计 58 705.6 元;(2)北京某公司于本判决生效后 10 日内赔偿冯某、何某各项损失合计 97 842.67 元;(3)驳回冯某、何某的其他诉讼请求。该判决作出后,诉讼双方均未提起上诉,判决已发生法律效力。

二、相关法律问题分析

(一)缺陷出生致新生儿死亡的请求权基础

缺陷出生,又称错误出生、不当出生,是指由于医方的过错,如过失诊断或未充分履行告知与建议的义务,而使缺陷儿出生。缺陷出生致新生儿死亡,是指新生儿的死亡与出生缺陷之间具有相当因果关系。

缺陷出生的损害赔偿请求权的基础一般认为构成违约请求权和侵权请求权的竞合,原告可以自由选择。无论采取何种救济途径,目的均在于保障受害人的权利,选择何种救济途径是当事人诉权的内容,法官应在释明的基础上充分尊重当事人的诉权。释明的重点在于是否适用精神损害赔偿这一问题。法官应向当事人进行以下释明:违约损害赔偿请求权和精神损害赔偿请求权能否共存,目前,仅在违约行为损害对方人格权并造成严重精神损害时得到了未来式的明确肯定回答(《民法典》第 996 条)。[①] 基于我国目前已经施行的生效法律中并无违约责任和精神损害赔偿共存的明确规范,结合司法实践经验中当事人多选择侵权请求权为经济途径的传统,下文主要讨论以侵权损害赔偿请求权为救济路径的问题。

缺陷出生损害赔偿侵权请求权的主体只能是缺陷儿的父母。从生命伦理的角度,生命的本质是平等的、无差别的,缺陷儿的生命权不应受到侵害,即使在缺陷儿因出生缺陷已经死亡的案件中,其死亡结果与不曾出生对于缺陷儿本人来说不存在差别。所以该请求权的主体只能是缺陷儿的父母,因其会为缺陷儿支出超过抚养一个正常孩童的医疗费、抚养费、照顾费用等特殊抚养费

---

① 《民法典》第 996 条规定:"因当事人一方的违约行为,损害对方人格权并造成严重精神损害,受损害方选择请求其承担违约责任的,不影响受损害方请求精神损害赔偿。"

用;并且,缺陷儿的父母因缺陷儿的出生失去了精神愉悦,同时增加了精神压力,在这些特殊抚养费用和精神损害方面,缺陷儿父母作为被侵权人享有损害赔偿请求权。

缺陷出生损害赔偿侵权请求权的客体是缺陷儿父母的知情权和生育选择权。因医疗机构的过错,使缺陷儿的父母无法得知胎儿的缺陷情况,损害了缺陷儿父母的知情权;缺陷儿父母因不知胎儿存在缺陷,而丧失了终止妊娠的选择权,其优生优育的生育选择权也遭受了损害。

缺陷出生致新生儿死亡时,其请求权基础与缺陷出生并无差别,但新生儿因出生缺陷死亡对其父母受到的财产损害认定会有特殊之处,如丧葬费是否属于赔偿范围,将于下文详细论述。

本案中,冯某、何某享有缺陷儿父母的损害赔偿请求权,其选择了侵权损害赔偿请求权的救济方式。

(二)缺陷出生致新生儿死亡侵权责任的构成

1. 医院侵权损害赔偿责任的构成

(1)医疗机构告知义务的过错认定标准

在缺陷儿出生阶段,医方的过错在于未尽到告知义务。此类案件的难点之一就是要解决医疗机构在产前筛查过程中,对孕妇的告知义务应尽到何种程度的问题,亦即如何才算达到严谨、具体、明确的告知。此部分以某妇幼中心为例,展开论述。解决这一问题必须要明确两个概念:产前筛查与产前诊断。二者均属于孕期保健的内容,但存在本质区别,产前筛查是针对所有孕妇的,目的是筛查出高风险的胎儿及母亲;而产前诊断则针对的是筛查出来的高风险孕妇,目的是确诊。一般情况下,产前筛查是无创的,但产前诊断则是侵入性的,如羊膜腔穿刺。无创DNA产前筛查又称无创胎儿染色非整倍体检测,是采取孕妇静脉血,利用新一代DNA测序技术对母体外周血浆中的游离DNA片段(包含胎儿游离DNA)进行测序,并将测序结果进行生物信息分析,从中得到胎儿的遗传信息,从而检测胎儿是否患有三大染色体疾病。该技术目前检出率在90%以上。但需明确的是该检测手段仍属于产前筛查。针对唐筛高危孕妇的,不应再适用无创DNA检测,而应进行诸如包括羊膜腔穿刺在内的产前诊断。

本案中,冯某的唐筛DS风险值已高达1∶182,属筛查高风险,虽然某妇幼中心建议其到市产前诊断中心进行咨询就诊,但遗憾的是,某妇幼中心作为医方并没有明确告知冯某无创DNA与羊膜腔穿刺的区别,亦未充分告知孕妇行无创DNA检查的相关风险,告知内容不够具体。如果当初某妇幼中心已明确告知冯某应进行产前诊断,而冯某坚持进行无创DNA检查,而放弃羊膜腔穿刺检查,并在知情同意书上签字,则医院无错过。但医院提供的现有材料中并无上述记载,因此某妇幼中心存在过错。

(2)被侵权人受到损害

作为被侵权人的缺陷儿父母,其知情权和优生优育选择权受到侵害,并且会为缺陷儿额外支出特殊抚养费用,承受更大的精神压力,且新生儿的出生本是一件为父母带来精神愉悦的事情,但新生儿的缺陷显然不可能为其带来精神愉悦感。缺陷儿父母的精神和财产权益损害显而易见。

本案中,冯某、何某的知情权和优生优育选择权受到侵害,何甲缺陷出生,由此给冯某、何某带来的财产和精神损失,均属于被侵权人冯某、何某遭受的损害。

(3)医疗机构过错和被侵权的损害之间有因果关系

相当因果关系说是我国目前在认定因果关系中的主流学说,其含义由"条件关系"和"相当性"两部分组成,条件关系指的是若无事件 A 发生,则不会有损害 B 出现,相当性则是指有 A 发生,通常会产生 B 损害。概括而言,相当因果关系是指在通常情况下,依一般的社会经验,认为有该种可能性,即为有因果关系的发生。缺陷出生案件中,若医疗机构充分履行告知义务,则依一般社会经验,知情的父母会选择终止妊娠;反之,医疗机构告知义务履行不充分,父母不知所孕育的胎儿有缺陷,通常会产生缺陷出生的损害后果。所以,医疗机构告知不充分的过错和缺陷出生的损害之间有因果关系。

在本案中,如果某妇幼中心充分履行告知义务,告知冯某应进行产前诊断,那么冯某可以选择终止妊娠不让何甲作为缺陷儿出生。因此,某妇幼中心的过错和何甲缺陷出生的损害后果之间存在因果关系。

2. 医疗检测机构侵权损害赔偿责任的构成

(1)医疗检测机构的过错认定

开展孕妇外周血胎儿游离 DNA 产前筛查与诊断的医疗检测机构是否存在过错要从两方面考虑:一方面,医疗检测机构是否充分履行了告知义务;另一方面,医疗检测机构对鉴定结果与实际不符的结果是否存在过错。根据上文所述,产前筛查和产前诊断存在本质区别,医疗检测机构亦应告知患者无创 DNA 产前筛查和羊膜腔穿刺等产前诊断手段的区别。同时,因无创 DNA 产前筛查存在假阴性,所以对鉴定结果和实际不符的结果医疗检测机构是否存在过错,应由医疗检测机构举证证明其已按照孕妇外周血胎儿游离 DNA 产前筛查与诊断的相关法律规范操作。同时,因司法鉴定具有专业性、客观性,所以司法鉴定的鉴定结果也可以作为裁判的重要参考。

本案中,北京某公司虽然书面告知患者无创 DNA 检查属产前筛查,非产前诊断,具有对 21-三体综合征存在 2%的假阴性率,但亦未明确告知冯某、何某产前筛查和产前诊断的区别。鉴定机构从客观事实出发,结合无创 DNA 产前筛查存在假阴性这一特点,综合认定北京某公司对冯某进行无创DNA产前筛查,检查结果与实际不符,存在过错。

(2)被侵权人受到损害且与医疗检测机构的过错之间有因果关系

如上所述,缺陷儿父母受到的财产权益损害和精神损害是显而易见的。该损害与医疗检测机构的过错之间是否存在因果关系,亦应采相当因果关系说。医疗检测机构充分履行告知义务或检测结果与实际相符,则依一般社会经验,父母会选择终止妊娠;反之,父母不知所孕育的胎儿有缺陷,通常会产生缺陷出生的损害后果。所以,医疗检测机构与缺陷出生的损害后果之间有相关因果关系。

本案中,北京某公司检测结果与实际不符,且未充分履行告知义务,导致冯某、何某不知孕育的胎儿存在缺陷,未能选择终止妊娠。因此,北京某公司与何甲缺陷出生的损害结果之间具有相当因果关系。

3. 共同因果关系中侵权损害赔偿责任的承担

在共同因果关系侵权关系中,即两人以上分别实施侵权行为造成同一损害,能够确定责任大小的,各自承担相应的责任;难以确定责任大小的,平均承担责任。在医疗损害纠纷案件中,因司法鉴定具有专业性、客观性,所以司法鉴定意见越来越多地被作为重要证据供裁判参考。

本案中,某妇幼中心和北京某公司的过错均能造成何甲缺陷出生的损害后果,构成共同因果关系的侵权。考虑到冯某在孕18~24周未进行胎儿系统超声波检查,遗漏了筛查胎儿出生缺陷的时机这一事实,鉴定机构认定某妇幼中心承担次要责任,是合理的;北京某公司在检查前已书面告知冯某相关风险,冯某知情同意并签字,故认定北京某公司虽存在过错,但其过错与损害后果之间的原因力大小为同等原因。就某妇幼中心和北京某公司共同因果关系侵权的责任承担大小的确定,根据《北京司法鉴定业协会关于办理医疗过失司法鉴定案件的若干意见》中的医疗过失参与度对照表,综合考虑涉案整体案情及鉴定意见,法院酌情确定某妇幼中心承担30%的责任,北京某公司承担50%的责任。

(三)缺陷出生致新生儿死亡损害赔偿范围的确定

根据相关法律规定,受到人身损害的被侵权人有权要求侵权人赔偿医疗费、护理费、交通费等为治疗和康复支出的合理费用以及因误工减少的收入。造成被侵权人精神损害的,被侵权人可以请求精神损害赔偿。填补损害是侵权法的重要机能,①其效果在于赔偿损失,救济受害人。在缺陷出生致缺陷儿死亡的案件中,被侵权人是缺陷儿的父母,其损失的医疗费、住院伙食补助费、护理费、营

① 参见王泽鉴:《侵权行为》,北京大学出版社2016年版,第8页。

养费、交通费和精神损害抚慰金都可以请求赔偿;除此之外,因缺陷儿的死亡与缺陷出生之间存在相当因果关系,如果缺陷儿父母的知情权和优生优育的生育选择权不被侵害,那么其可以选择终止妊娠,则不会产生丧葬费的财产损害。所以,缺陷儿父母的丧葬费损失也应得到赔偿。

在本案中,何甲的死亡是因其缺陷出生患有21-三体综合征,根据当前的医学理论及专业技术知识、经验可以得知,患有21-三体综合征极有可能致使其抵抗力和免疫力下降,且很可能发生先天性心脏病、腭裂、支气管炎、重症肺炎、坏死性小肠结肠炎等疾病,最终导致死亡。所以本案中,对于冯某、何某的各项必要合理费用和损失认定如下:医疗费用确定为扣除已报销金额外有证据支撑的金额37 211.84元,住院伙食补助费、护理费、营养费、交通费均综合考虑何甲的特殊病情和当地相关收费水平来认定损失金额。何甲的丧葬费请求权人资格由其父母承继,根据《最高人民法院关于审理人身损害赔偿案件适用法律若干问题的解释》第27条的规定,支持了冯某、何某丧葬费用63 553.5元的主张。

(责任编辑:曹巧峤)

“高考移民”违反公序良俗的裁判认定与社会主义核心价值观融入文书的说理路径

——王某诉河南爱丽生企业管理咨询有限公司服务合同纠纷案相关法律问题分析

林　挚[*]　赵　玉[**]

裁判要旨

公序良俗包括公共秩序和善良风俗,其中公共秩序指国家的一般利益,既包括国家共同的利益,也包括部分群体的利益。“高考移民”的行为侵犯了不特定多数高考生的利益,属于违反公共秩序的行为。

一、据以研究的案例

原告王某诉称,2020 年 5 月 19 日,其与河南爱丽生企业管理咨询有限公司(以下简称爱丽生咨询公司)签订《爱丽生 VIP 西藏购房服务协议》一份,约定爱丽生咨询公司为其提供在西藏自治区购买商品房、落户及子女在西藏自治区参加高考等各项服务,确保其子女享受西藏自治区普通城镇居民子女参考高考政策;购房款/服务费总价 29. 8 万元。协议签订当天,王某支付爱丽生咨询公司 29. 8 万元款项。因合同无效,导致协议目的无法实现,故诉请法院:(1)判令爱丽生咨询公司返还 29. 8 万元及利息(以 29. 8 万元为基数,按照全国银行间同业拆借中心公布的贷款市场报价利率自 2020 年 5 月 19 日起计算至被告给付之日止);(2)诉讼费由爱丽生咨询公司承担。

被告爱丽生咨询公司辩称:(1)该公司与王某签订的合同合法有效,该合同

---

* 北京市海淀区人民法院法官,北京大学诉讼法学(民诉)硕士。

** 北京市海淀区人民法院法官助理,中国政法大学诉讼法学(民诉)硕士。

是双方真实意思表示，不存在《合同法》[①]第 52 条[②]规定无效合同的情形，双方均应依约履行合同义务。王某于 2020 年 5 月 19 日签订服务协议，在协议签订时西藏购房、落户及高考政策是完全符合政府文件的规定的。（2）该公司已履行了约定义务，不存在违约情形。截至王某起诉之日，该公司已经协助王某完成了签订《商品房买卖协议》网签备案及不动产权证办理等工作。2020 年 5 月 30 日，西藏教育厅发布新的高考政策，该公司已于 6 月 3 日及时告知王某，希望王某尽快办理落户事宜，但王某不配合。另对于新政策的变化，双方都是无法预见的，但是新政策并不影响双方约定的权利义务的履行。综上，该公司与王某签订的协议是合法有效的，同时由于西藏当地政府变更政策及王某不配合导致服务内容无法继续履行，该公司没有过错不应退款，请求依法驳回王某的诉讼请求。

法院经审理查明：2020 年 5 月 19 日，王某（甲方）与爱丽生咨询公司（乙方）签订《爱丽生 VIP 西藏购房服务协议》一份，约定：双方就甲方购买由乙方提供的西藏商品房、甲方与房屋出售方签订《商品房买卖合同》相关手续，并由乙方协助办理落户等事宜，双方达成如下协议：甲方定向购买乙方提供的西藏商品房基本信息：商品房项目：××苑，位置：波密县，房屋面积：26.05 平方米，商品房性质：可以网签、在约定时间办理不动产证，并保证可以落户的商品房，房屋及服务总价：29.8 万元。自本协议签订之日起乙方协助甲方与西藏地区房屋出售方签订《商品房买卖协议》网签备案，协助甲方办理不动产权证、户口迁移、西藏地区的身份证办理，甲方子女高考报名、协调考前培训、高考期间以及考后报志愿等各种协助工作。甲方享有乙方提供的西藏房落户政策解读，西藏定向购房的全流程服务，并享有西藏地区普通城镇居民子女参加高考的权利。

2020 年 5 月 19 日，双方又签订《爱丽生 VIP 西藏购房补充协议》一份，载明：王某购买爱丽生咨询公司销售的西藏波密县××项目×栋×层×号公寓（或商铺），共计 29.8 万元，在房产证办理至购房者名下后，该公司协助办理购房者一名监护人和一名孩子的户籍迁入西藏手续，依据现行户籍政策和高考政策让购房者子女按照西藏普通城镇居民的身份参加高考。双方还约定了各自的违约责任等。

同日，爱丽生咨询公司向王某出具收据，另提供《西藏自治区商品房（预售）买卖合同》及《不动产权证书》各一份。不动产权证显示坐落于西藏林芝市波密县××苑×幢×号的房屋权利人为王某。附记显示：王某与墨脱县丽影实业有限公司于 2020 年 5 月 20 日签订《西藏自治区商品房（预售）买卖合同》，合同备案

---

① 《合同法》已于 2021 年 1 月 1 日因《民法典》的施行而废止。

② 参见《民法典》第 146 条。

号:×××。房产交易金额为 12 万元。

庭审中,爱丽生咨询公司对双方之间签订购房协议及补充协议,并收取王某款项 29.8 万元的基本事实无异议。

一审法院认为,王某与爱丽生咨询公司签订的《爱丽生 VIP 西藏购房服务协议》《爱丽生 VIP 西藏购房补充协议》的实质目的是进行“高考移民”,谋取高考竞争优势利益。现阶段国家为维护高考公平的竞争秩序,结合我国教育的实际现状,给予少数民族和部分边远地区适当的高考优惠政策,故双方订立的合同直接损害了高考的公共秩序,损害了不特定考生的公共利益,上述两份合同应认定为无效合同。无效的合同自始没有法律约束力。合同无效后,因该合同取得的财产,应当予以返还;不能返还或者没有必要返还的,应当折价补偿。有过错的一方应当赔偿对方因此所受到的损失;双方都有过错的,应当各自承担相应的责任。对于涉案房屋,爱丽生咨询公司提供房屋买卖合同及不动产权证书复印件,以证明涉案房屋已实际办理至王某名下,王某对此并不认可。法院认为,爱丽生咨询公司自认涉案房屋买卖合同上的王某签字并非系本人所签,但根据双方签订的购房服务协议及收据、微信聊天记录等证据,结合本案的全部案情,法院认定涉案房屋(价值 12 万元)已登记在王某名下。鉴于此种情况,虽合同无效,但结合房屋的现状、实际的案情、双方各自的违约程度,在诚实信用和公平原则基础上,法院认定涉案房屋归王某所有,房屋价值 12 万元,爱丽生咨询公司不再予以返还。对于剩余款项 17.80 万元,涉案购房协议无效,双方均存在过错,故法院结合双方各自的违约程度等酌定爱丽生咨询公司返还王某款项 10.68 万元及利息。

综上所述,一审法院作出判决:(1)被告爱丽生咨询公司于本判决生效后 10 日内向原告王某返还 10.68 万元及利息(以 10.68 万元为基数,自 2020 年 9 月 7 日起按照同期全国银行间同业拆借中心公布的贷款市场报价利率计算至实际清偿之日止);(2)驳回原告王某的其他诉讼请求。

宣判后,双方当事人均未上诉。

二、相关法律问题分析

2017 年,《民法总则》[①]第 153 条[②]首次明确“违背公序良俗的民事法律行为无效”。2021 年 1 月 1 日正式施行的《民法典》沿用了该规定。与此同时,2021 年 1 月 19 日,最高人民法院出台了《关于深入推进社会主义核心价值观融入裁

---

① 《民法总则》已于 2021 年 1 月 1 日因《民法典》的施行而废止。

② 参见《民法典》第 153 条。

判文书释法说理的指导意见》,要求将社会主义核心价值观作为理解立法目的和法律原则的重要指引,对于涉及国家利益、重大公共利益,社会广泛关注等类型的案件要强化运用社会主义核心价值观释法说理。然而,如何判断个案纠纷因为违反公共利益而无效,并通过裁判文书说理将社会主义核心价值观融入其中,值得深入思考。本文以“高考移民”裁判为索引,提炼判断合同内容违反公序良俗的细分标准,并阐述该类合同无效的裁判论述中引入社会主义核心价值观的说理方法,以期探索弘扬社会主义核心价值观的裁判分析路径,持续完善裁判文书说理的方法论。

需要说明的是,本案涉及的是公序良俗中的公共利益,除概念理解外,本文中的公序良俗主要指公共利益。

(一)“公序良俗”的文义理解与本质追寻

“公序良俗在今日已为私法上之至高原则”[①]是当前的私法通识。与强制性法规在否定法律行为效力时所表现出的法律行为的特定性不同,以违反公序良俗为由否定法律行为,通常表现为弱特定性,判断行为亦常伴有公共性。弱特定性、公共性使对于“公序良俗”的分析视角、标准确定会对同一民事法律行为的效力会产生截然不同的判断结论。如以本案为代表的“高考移民”服务合同,部分地区的裁判认为合同内容属于双方当事人真实意思表示,合法有效;[②]而如本案的裁判则认为合同约定的内容侵犯了社会公共利益,应属无效。基于公序良俗的重要意义,厘清“公序良俗”的基本概念则颇为重要。

1.“公序良俗”的概念

公序良俗,从概念上常被拆分为“公共秩序”和“善良风俗”。

现行民法理论将公序良俗界定为公共秩序和善良风俗。公共秩序是存在于法律本身的价值体系;善良风俗则是指法律外的伦理秩序,善良风俗是人类生活最低限度的伦理道德标准。[③] 一般认为,公共秩序是法律本身的价值体系,指“社会一般利益”;善良风俗则属于法律外的伦理秩序,为“社会一般道德观念”。[④] 然而,公共秩序和善良风俗虽然在概念上易作界分,但实际判断却较难把握。同时,在《民法典》出台之前,我国立法多用社会公共利益指向公序良俗,因此,现行民法通识坚持民事立法公序良俗的概念表达的内容与社会公共利益、

① 参见郑玉波:《民法总则》,台北,三民书局 1979 年版,第 335 页。

② 本文以“高考”为关键词在中国裁判文书网检索了 2019 年 7 月至 2021 年 6 月全国法院审结的 105 份涉及高考的服务合同纠纷,其中“高考移民”纠纷占比达 10%。其中,在(2020)豫 0105 民初 7654 号民事判决书中,该判决认为双方签订的关于“西藏高考项目”协议系双方真实意思表示,合法有效。

③ 参见陈自强:《民法讲义:契约之成立与生效》,法律出版社 2002 年版,第 150 页。

④ 参见王泽鉴:《民法总则》(最新版),北京大学出版社 2014 年版,第 277~278 页。

社会公共道德的指向一致。[①] "社会公共利益"与"公共秩序"的表述有异但不存在本质差异,均是指外部的公共秩序和社会秩序。在实证法应用时,公序良俗充分涵盖社会公共利益、社会公共道德等内容。

2."公序良俗"的本质

公序良俗的本质是伦理化规则的延伸。[②] "公序"的核心是规则,源自外部社会秩序;"良俗"的精要在伦理,源自内部道德观念。二者合为一体旨在协调法律秩序与伦理、道德秩序。但是,公序良俗的目的是不使法律行为成为违反伦理性的工具。换言之,在不能违反法律本身价值体系或违反伦理者的方面,具有强制性。[③] 同时,由于社会秩序、道德秩序受到社会经济、政治、文化等影响,[④]长期处于变化状态,使公序良俗存在另一个显著特征即"不确定性"。此外,恰是因为公序良俗涵盖的对象处于变化之中,公序良俗亦呈现强包容性的特征。本案中,"高考移民"对高招秩序的破坏则是在中华人民共和国成立之后高考制度恢复且逐步实施各省自主招生政策的背景下应运而生。

3."公序良俗"的适用

公序良俗是法治的最低线,具有消极适用性。[⑤] 司法实践中,具体规则应当优先适用,只有在穷尽所有法律规则后均无可适用的规范或者法律规定模棱两可时,才得以适用公序良俗分析,否则将会导致"向一般条款逃逸"的现象。[⑥] 本案中,由于现行立法规范对于"高考移民"尚无相关强制性法律规定,因此裁判中引用了《合同法》中违背社会公共利益的条款进行裁判。

(二)违反"公序良俗"的判断向度和标准

考虑"公序良俗"边界的不确定性,从法学理论和便利裁判的角度来看,判断民事活动是否违背"公序良俗"的可以细分为时间、空间、内容三个向度。

1.时间向度:以民事活动发生为准

现有理论观点普遍认为"对民事活动是否违背公序良俗,原则上应以法律行为作成之时准据。法律行为于作成时,违反公序良俗无效者,不因其后公序良俗观念的变更,而使其复活,具有效力"。[⑦] 该观点的合理性在于充分考虑了民事主体意思自治和契约自由内容广泛、难以预见的实际,在兼顾民事主体作出意

---

① 参见王利明:《民法总论》(第2版),中国人民大学出版社2015年版,第60页。

② 参见刘银良:《"公序良俗"概念解析》,载《内蒙古大学学报(人文社会科学版)》2004年第6期。

③ 参见王泽鉴:《民法总则》,中国政法大学出版社2001年版,第290页。

④ 参见杨华:《马克思主义视域下的"公序良俗"及其时代性》,载《现代法学》2018年第4期。

⑤ 参见刘银良:《"公序良俗"概念解析》,载《内蒙古大学学报(人文社会科学版)》2004年第6期。

⑥ 参见曾世雄:《民法总则之现在与未来》,中国政法大学出版社2001年版,第19页、第28页。

⑦ 王泽鉴:《民法总则》,中国政法大学出版社2001年版,第291页。

思表示之时即为民事主体的内心真意表达的现实中,选择民事活动发生时刻作为判断的时间向度,具有充分的合理性和可行性。

本案判断王某与爱丽生咨询公司所签订的合同是否违反公序良俗中的公共利益,也是以合同签订时王某所欲实现的为子女进行"高考移民"目的为时间基准,而非以后续西藏购房、户口迁移时刻作为判断时点。

2. 空间向度:以社会主义核心价值观为标准

对于是否违反公序良俗的具体标准,普适认知为对于公共利益应当采用国家标准,而善良风俗由于地方差异较大,可以采取地方标准或者民族标准。① 然而,无论是国家标准还是地方标准,都是处于流变状态。为此,需要选择核心价值观这一民族在长期发展过程中形成判断是非的标准为依据。② 在当前中国特色社会主义制度不断发展和完善的背景下,凝结对中国特色社会主义价值共识的社会主义核心价值观则成为判断是否违反民事活动、是否违反公序良俗的最新标准。无论是涉及公共利益的国家标准还是善良风俗使用的地方标准,皆统摄于社会主义核心价值观之下。

本案中,王某与爱丽生咨询公司签订的"高考移民"服务合同,从个人层面而言,是对诚信品格的违背,具体而言是对诚信应考的背离;从社会层面而言,是对平等秩序的破坏,具体来说是在各省实际存在教育水平、录取分数线、录取率差异的情况下,侵害了流入地考生公平竞争的权利,是对平等高考、高招秩序的扰乱。在该情境之下,裁判者提出的损害高考公共秩序,影响不特定多数人的公共利益才富有实际意义。

3. 内容向度:以法律行为内容为审查对象

公序良俗的判断对象不是自然人的行为,而是他们所为的法律行为;③换言之,公序良俗系针对法律行为的内容进行审查。④ 我国《民法典》第 143 条第 3

---

① 参见陈吉生、金锦诚:《公序良俗的非确定性与裁判结果的确定性探析》,载《法律适用》2008 年第 5 期。国家标准指根据在全国占主导地位的流行意见来判断公序良俗的内容;地方标准根据在特定地区占主导地位的流行意见来判断。

② 现有通识观点认为,法官在适用公序良俗时,至少应当遵循两项要求:一是仅在制定法模棱两可或未做规定的情形下适用;二是应以本国现时的公序良俗作为判断基准。而社会主义核心价值观则是当下我国主流的社会通识,是公序良俗重要的评价依据。

③ 正如德国联邦最高法院在一则判例中指出的,在《民法典》第 138 条的框架下,关键的问题并不在于对某一个人的行为进行评判,并对某种不道德的行为进行制裁,而仅在于判断某项法律行为是否违反了善良风俗。

④ 参见于飞:《公序良俗原则与诚实信用原则的区分》,载《中国社会科学》2015 年第 11 期。

款、[1]第153条第2款[2]均明确民事法律行为不得违反公序良俗。需要注意的是,公序良俗并非完全等同于道德要求;违反社会主义核心价值观亦不完全意味着民事法律行为无效。实践中,即使当事人的行为在道德上应受指责,但其实施的法律行为却可能有效;即使当事人为善意,只要法律行为的后果表现为不可忍受,该法律行为也可能违反善良风俗。[3] 进一步而言,法律行为的原因、内容、条件、动机等因素违反公序良俗时,对法律行为是否无效的影响也不相同。[4] 通常来说,法律行为的内容违反公序良俗时,将直接导致法律行为无效。

在对内容的具体判断上,需以特定行为是否违反以不特定大多数人的公共利益为基准。[5] 可以说,凡是涉及特定对象的,并不纳入公共利益的范畴;只有特定的法律行为涉及不特定大多数的群体利益时,才可能违背公序良俗。本案中,"高考移民"的行为恰是因为影响到不特定考生的利益,才被纳入违背公序良俗的体系中考察。

(三)社会主义核心价值观引入违反"公序良俗"的裁判说理路径

将社会主义核心价值观融入涉及公序良俗的案件裁判中除了具备前述天然的可行性外,从案件裁判的角度而言,社会主义核心价值观的引入恰能对公序良俗原则的适用起到防止滥用的反向监督作用,因此,需要明确将社会主义核心价值观引入违反"公序良俗"的说理路径,以达到厘清审判思路,完善裁判说理,进而在裁判中弘扬社会主义核心价值观的目标。

1. 定位:找准个案违反"公序良俗"与社会主义核心价值观的契合点

社会主义核心价值观是当前我国普适的社会共识,既是道德规范,也是立法指引。其核心内涵是公序良俗适用的最高参照标准。换言之,当在个案中拟使用公序良俗作为裁判依据时,首先要找出个案违背的公序良俗对应社会主义核心价值观内涵的维度,进而通过对所对应维度含义的深入解读,为裁判文书的说理奠定基础。

本案中,仅就"高考移民"合同的内容来看,约定考生到外地购房、加入西藏等地户籍似乎并无不妥,但是放在高考公平竞争的大背景下可以发现,该做法是对现行高招制度的规避行为,生活在教育资源相对丰富的考生拟通过到高考招

---

① 《民法典》第143条规定:"具备下列条件的民事法律行为有效:(一)行为人具有相应的民事行为能力;(二)意思表示真实;(三)不违反法律、行政法规的强制性规定,不违背公序良俗。"

② 《民法典》第153条第2款规定:"违背公序良俗的民事法律行为无效。"

③ 参见易军:《民法上公序良俗条款的政治哲学思考———以私人自治的维护为中心》,载《法商研究》2005年第6期。

④ 参见戴孟勇:《法律行为与公序良俗》,载《法学家》2020年第1期。

⑤ 参见王轶、关淑芳:《论民法总则的基本立场》,载《国家行政学院学报》2018年第1期。

录分数线较低的地区参加考试，从而发挥自身的比较优势，进而实现到优质大学上学的目标。该做法一方面打破了公平竞争的高考本意，另一方面挤占了当地其他考生的高考资源和名额，可以说，这是一种通过非诚信的高考路径获取最大优势的法律行为。因此，该合同约定的法律行为违背了社会主义核心价值观的“诚信”内涵，是因为不诚信高考引发的对社会公共利益和高招秩序的破坏。因此，裁判者在“本院认为部分”率先强调合同约定的实质是“高考移民”，目的在于谋取高考竞争优势利益，与我国现阶段国家为维护高考公平竞争秩序不符，为合同无效的论述进行铺垫。

2. 对比：特定社会主义核心价值观内涵的应然要求与个案实然差异

在明确个案所对应的社会主义核心价值观的具体指向后，需要剖析该内涵的应然要求，再对应个案场景进行应然层面的分析，最终与个案的实然情况进行比对，以分析个案中的行为在维护社会主义核心价值观的不足，进而为后续的裁判说理校正夯实根基。当然，需要说明的是，社会主义核心价值观是道德要求，对于社会主义核心价值观的践行欠缺并不必然意味着违背公序良俗，但是违背公序良俗的情形一定背离了社会主义核心价值观。

本案中，裁判没有直接从社会主义核心价值观入手展开分析，而是直接阐述“高考移民”损害社会公共利益，扰乱高考秩序，进而判断该服务合同无效。实际上，文书分析可以进一步完善。裁判可以从诚信的内涵入手，论述诚信所蕴含的“诚实、守信用”之应然要求，并具体到高考领域，表现为诚信应考、诚实面对个人所处地区的高考招录现实等。反观案件中的“高考移民”服务合同，其本质是一种打破本地高招竞争激烈的局面，到高招政策倾斜区域应考的走“捷径”做法，该做法抢占了同地区考生的资源，严重损害了不特定多数群体的利益，最终得出“高考移民”服务合同违背公序良俗，应属无效的结论。

3. 阐述：社会主义核心价值观浸润的三种文书说理方法

在具体的裁判文书行文路径上，可以根据案件的基本情况选择对应的方法。

(1)演绎法[①]

演绎法即遵循“三段论”的方式，将公序良俗的内容作为大前提，相关案件事实作为小前提，得出裁判结论。在描述公序良俗的大前提时，需对社会主义核心价值观的内涵进行抽丝剥茧，进而引出个案中公序良俗的具体内容，从而作出可信服的说理过程。

---

① 参见陈林林、严葳：《公序良俗的法理分析：性质、类型与适用》，载《南京社会科学》2021年第2期。

(2)类推法

近年来最高人民法院亦先后发布了三批涉及社会主义核心价值观的典型案例,已有案例的论述可以作为个案裁判的支撑。具体来说,法官在个案裁判中,可以进行类比推理。尤其在法官在面对新型案件时,需要通过和既有类型的比对,选取相关的比较点,进而得出合理结论。在公序良俗的案件中使用类推的方法,一方面可以扩展既有法律规定的调整范围,覆盖新型案件;另一方面也可以合理限制法官在运用公序良俗裁判时的自由裁量权。本案中对高考移民服务合同的效力评价及方法,在未来将可运用至同类型涉及人员选拔等合同约定的效力评价中。

(3)权衡法

个案的差异性决定了不同的案件事实可能违反公序良俗的要点各不相同,千案千面的现象时有发生。层出不穷的社会创新也使新类型的案件在当时当下是否违反了公序良俗原则需要法官作出评价。在缺乏法律规则,甚至是公序良俗的内容与法律规则乃至法律原则相互冲突的情况下,需以社会主义核心价值观倡导的内容为指引,进行价值权衡或利益衡量。具体而言,在社会主义核心价值观的框架中,要权衡认定特定的法律行为违背公序良俗是否有益于社会的长期发展和公共秩序的维护;不利于社会健康发展的法律行为需要严格制止;尚存不同认识的情况则需要通过长期、短期的对比,分析利弊进行综合考量。如涉"高考移民"的合同效力目前在不同地区存在争议,确认合同有效的裁判除了未深究"高考移民"根源系对诚信品格的背离外,未从横向分析该行为对户口迁入地考生的资源挤占,同时也未从纵向评价该做法对迁出迁入地甚至其他省市的长远影响。本案充分考虑到高考作为国家人才选拔途径的重要性,综合权衡上述因素,最终认定"高考移民"服务协议扰乱了高考秩序,应为无效。

(责任编辑:阚道祥)

债权人因重大过失未及时申报债权构成清算义务人的免责事项

——李某某诉郗某某等清算责任纠纷案相关法律问题分析

宋　健*

裁判要旨

有限责任公司清算义务人在自行清算过程中已恰当通知债权人申报债权，但债权人因可归责于自身的重大过错未能及时申报，且公司在清算之前已被生效裁判文书认定丧失偿债能力的，公司清算义务人不再对该债权人承担损害赔偿责任。

一、据以研究的案例

2003年9月20日，某餐饮公司设立，股东包括王某、梁某与郗某某。2007年12月，北京市密云区人民法院作出判决，判令某餐饮公司给付李某某货款79 000元及相应利息。该判决书首部李某某自行申报的住所为北京市朝阳区某地(系李某某的户籍地)。2008年3月31日，李某某向北京市密云区人民法院就上述判决申请强制执行，北京市密云区人民法院没有发现某餐饮公司存在可供执行的财产，并于2008年11月20日终结本次执行。

2017年，某餐饮公司经股东会决议决定组成清算组，并对某餐饮公司进行清算。2017年9月25日，某餐饮公司清算组在北京晨报刊登清算公告，要求各债权人在见报45日内申报债权，申报期间为45日，公告中还附有清算组成员名

* 北京市西城区人民法院民三庭法官，中国社会科学院研究生院法学博士。

单与联系方式、地址。另根据郗某某自述,在 2017 年 9 月 28 日,清算组向李某某在北京市朝阳区某地的住址邮寄清算通知。同日,清算组还自行前往前述地址寻找李某某,并经询问街坊后在疑似该地大门上张贴了清算通知。

某餐饮公司完成注销前,清算组出具的清算报告显示某餐饮公司的债权债务已经清理完毕。清算组成员王某、郗某某与梁某三人在清算报告上签字确认。此后,某餐饮公司召开股东会,表决并决定注销某餐饮公司,某餐饮公司注销后的未尽事宜由股东承担,全体股东一致确认清算报告内容。2017 年 11 月 16 日,北京市工商行政管理局丰台分局核定准予某餐饮公司注销。

庭审中,李某某表示朝阳区某地系其配偶的房产,婚后李某某将户籍落在此地,但李某某本人则在 1998 年就搬离该地,不在该地居住。

一审法院经审理认为:本案的争议焦点应当确定为:第一,某餐饮公司清算组是否履行了向李某某通知申报债权的清算义务;第二,李某某是否有权请求清算组成员直接向其清偿某餐饮公司注销前对李某某所负债务。关于第一项争议焦点,一审法院认为,首先,应当判断案涉朝阳区某地是否为李某某的住所地。根据(2007)密民初字第 5846 号民事判决书与本案中李某某提交的起诉书和身份证复印件,李某某在长达 10 余年的时间里始终向法院主张朝阳区某地为其住所地,因此郗某某等涉诉相关人员可以合理信赖李某某在 2007~2019 年,仍然以北京市朝阳区某地作为其有效住所地。其次,一审法院认为根据现有证据材料能够认定郗某某等以朝阳区某地为受送达地履行了通知债权人申报债权的清算义务。郗某某提交的证据材料能够证明其采用了上门送达和邮寄送达两种方式。此外,提供准确的住所地是诉讼参与人的应尽义务,李某某本人户籍落在此地,应当知晓该地的送达难度与客观障碍。即使郗某某等人确实未能准确找到北京市朝阳区某地,郗某某等人也基于自身能力与经验恰当地履行了通知义务,对此李某某未能实际收到通知的客观后果也不具有可归责的过错情形。第三,关于清算组为债权人预留的申报期限是否充足。本案中,有证据显示某餐饮公司清算组于 2017 年 9 月 28 日向李某某进行送达,通知其申报债权期限为 30 日;根据清算组于同日在北京晨报所刊登清算公告,债权人申报期限为 45 日;两者取其后,则李某某至迟应当于 2017 年 11 月 13 日(前日为周日,不作为期间届满日)向清算组申报债权。某餐饮公司于 2017 年 11 月 16 日完成注销登记,其间为李某某预留了合理的申报期限。综合上述理由,一审法院确认清算组对李某某恰当地履行了通知清算义务。

关于第二项争议焦点,一审法院针对李某某分别主张的逃避债务、恶意处置公司财产、明知资不抵债却仍然自行清算以及谎称债权债务清理完毕骗取注销登记分别评述如下。首先,关于逃避债务一节,一审法院认为李某某作为债权人,早在2007年便已起诉某餐饮公司,并在2008年进入强制执行程序,但因某餐饮公司没有可供执行财产,因此其债权始终无法得到清偿。换言之,某餐饮公司2008~2017年清算的10年时间内,持续处于没有清偿能力的资不抵债状态,也没有证据显示某餐饮公司曾获得可供执行财产,部分恢复清偿能力。其次,在2017年清算时,某餐饮公司清算组已经恰当地对李某某履行了通知清算义务,因此并不能认定所谓逃避债务的情形存在。关于恶意处置财产损害债权人利益,一审法院认为,对于某餐饮公司是否存在恶意处置财产的情形,因某餐饮公司在长达10年的时间内持续处于没有可供执行财产的资不抵债状态,根据常理,在2017年清算时公司重新拥有财产的可能性极低,在债权人未就此举证的情况下,一审法院难以认定该种情形成立。关于资不抵债应当申请破产清算以及以虚假清算报告骗取注销登记一节,一审法院认为,某餐饮公司在资不抵债的情形下应当向人民法院申请破产清算,其自行组织清算并申请注销确实存在违法之处,但仅凭这种违法情形尚不能认定侵权责任必然成立,仍然需要审查"虚假的清算报告""骗取公司登记机关办理法人注销登记"的情形是否存在,以及债权人损失与上述行为之间是否存在因果关系。对此,一审法院认为,虽然清算组出具的清算报告中载明"债权债务已经清理完毕",但从审慎审查虚假行为的裁判立场出发,存在将此处已经清理完毕的债权债务解释为对已经申报的债权债务清理完毕的合理可能。在存在这种合理解释可能的情况,不应贸然认定存在"虚假清算报告",进而亦不能认定"骗取注销登记"行为的存在。最后,基于某餐饮公司长期处于没有可供执行财产的情况,即使更早地组织清算,或进行破产清算,也并不必然保证李某某的债权能够实际得到清偿,因此,一审法院难以认定上述违法情形与李某某涉案债权未获清偿所致损失之间存在因果关系。

据此,一审法院认为郗某某等清算义务人恰当地履行了通知债权人李某某申报债权的清算义务,且在某餐饮公司清算过程中,不存在与李某某债权不能足额受偿之间有因果关系的违法清算行为,判决驳回了原告李某某的诉讼请求。

二审法院认为本案争议焦点包括:(1)某餐饮公司清算程序是否存在违法情形;(2)王某、梁某、郗某某是否应当向李某某承担赔偿责任。

针对争议焦点一,二审法院认为郗某某已经举证证明其向李某某邮寄清算通知,在李某某未能提交反证的情况下应采纳郗某某的主张;清算组采用在北京晨报上刊登清算公告的方式也符合法律规定;关于某餐饮公司自行清算一节,二审法院认为某餐饮公司清算组履行对李某某的通知义务后,李某某既未在某餐饮公司清算组通知的期限内申报债权,也未在清算程序终结前申报债权,且某餐饮公司经过生效执行裁定确认,已无可供执行的财产,某餐饮公司即使未进入破产清算程序,对李某某的债权也不产生实质损害。因此,二审法院认为某餐饮公司清算组履行了对李某某的通知义务,并按照相关法律和司法解释规定发布了相应的清算公告,李某某关于某餐饮公司清算程序不合法的上诉理由不能成立。

针对争议焦点二,二审法院认为,王某、梁某、郗某某作为某餐饮公司的股东和清算组成员,对某餐饮公司债权人承担赔偿责任的前提是存在怠于履行清算义务或恶意处置某餐饮公司财产或未经清算即办理注销登记的行为,且上述行为与李某某的债权无法受偿的结果之间存在因果关系。根据查明的事实,经过北京市密云区人民法院的生效执行裁定书确认,某餐饮公司已无财产可供执行,因此李某某的债权无法获得清偿与某餐饮公司是否进行清算以及王某、梁某、郗某某的行为并无因果关系,故对此上诉理由,二审法院不予采信。

据此,二审法院经审理后,认为某餐饮公司清算程序不存在违法情形,判决驳回上诉,维持原判。

二、相关法律问题分析

(一)清算责任纠纷案件的司法大数据统计分析

通常情况下,清算责任纠纷并非债权人首选的诉讼路径。仅在债权人已经起诉债务人公司,但无法在执行程序中足额受偿的情况下,债权人才有可能选择向公司清算义务人主张其清算责任。但是近年来,伴随着宏观经济中的各种难题,中小企业经营困难的困境越发凸显,不能通过基础债权足额受偿的债权人逐渐增多,相应地导致此类案件数量骤升。通过中国裁判文书网,以清算责任纠纷为案由,在由全国基层法院受理的一审民事案件裁判文书数据库中进行检索,可以发现在2016~2020年5年间案件数量增长显著(5年案件数量分别为:288件、493件、672件、1114件、1477件)。考虑到新冠肺炎疫情的影响,在短期内此类案件数量存在进一步急速攀升的可能。

为进一步研究清算责任纠纷案件具体所涉争议的类型及其占比,北京市西城区人民法院曾对北京法院在2018~2020年以判决方式结案的122件清算责任纠纷案件进行统计分析。归纳出的争议焦点,可以将公司是否实际成立清算组作为区分依据。若公司未及时成立清算组,清算义务人应承担何种清算责任;或公司虽进行清算并完成注销登记,但清算过程存在瑕疵,此时清算义务人应承担何种清算责任。

1. 出现解散事由后未及时成立清算组的,清算义务人在何种情况下应对公司债权人承担清算责任。公司营业执照被吊销后应当自吊销之日起15日内成立清算组并开始清算。对此,《最高人民法院关于适用〈中华人民共和国公司法〉若干问题的规定(二)》(以下简称《公司法解释二》)第18条第1款亦作出专门规定,公司清算义务人未在法定期限内成立清算组开始清算,导致公司财产贬值、流失、毁损或者灭失的,清算义务人应当赔偿债权人在其受损范围内的损失。但是,实践中对于债权人在何时能够依据上述法律规定起诉清算义务人存在两种裁判标准。

一种裁判标准认为,逾期未清算导致公司财产贬值,并因此导致债权人受损均应作为认定清算责任成立的事实要件。因此,实践中债权人为最终向公司股东主张清算责任或股东损害债权人利益责任,应当依序完成以下互相关联的诉讼及执行程序:第一,基础债权债务诉讼;第二,基于胜诉判决向债务人申请强制执行;第三,执行法院出具因不能发现可供执行财产而终结本次执行的裁定书;第四,基于执行裁定认定债务人资不抵债的事实,债权人对债务人申请破产清算;第五,破产法院依职权启动破产清算程序,管理人在破产清算程序中要求公司清算义务人提供公司财务账簿、重大财产以完成清算,但公司清算义务人无法提供上述材料或财产;第六,破产法院因无法找到可供清偿债务的财产,或因无法编制财务报表而被迫终结破产清算程序;第七,此时债权人才能根据上述生效法律文书提起股东损害债权人利益责任纠纷。上述过程涉及普通民事案件、执行程序、破产清算程序三种性质完全不同的诉讼程序,耗时极长。

例如,某案中原债务人公司在 2001 年被吊销营业执照,债权人在 2003 年获得胜诉判决,并申请强制执行。2010 年执行法院出具因无可执行财产终结本次执行程序的裁定,债权人旋即以清算责任纠纷为由起诉公司股东,但审理法院以公司没有进行清算程序,不能确定损失是否实际发生为由,驳回了债权人的诉讼请求。此后,债权人申请公司强制破产清算,直至 2011 年破产案件审理法院因公司财务账簿、重要交易文件下落不明,裁定终结公司破产程序。最终,债权人才依据破产案件裁定起诉股东损害债权人利益责任纠纷,并获得胜诉。但即使获得足额执行,考虑通胀以及货币购买力变化等因素,债权人的实际损失仍然存在。此后债权人仍然选择了类似的诉讼路径。该案原告为专业资产管理公司,2017 年受让涉案债权后从变更执行申请人开始,到 2020 年 9 月方才获得对被执行人的清算义务人关于清算责任的胜诉判决。

相对应地,存在另一种更有利于债权人的裁判标准。例如,另一案中,原债务人于 2016 年 8 月 26 日被吊销营业执照,至债权人于 2018 年 5 月 15 日起诉时仍未履行清算义务。与前一裁判标准不同,本案审理法院据此认定清算义务人怠于履行清算义务的消极行为“导致公司财产状况不明”,而且“在公司解散后,原则上应当推定只要公司依法进行清算,债权人就可以得到全额清偿,如清算中发现公司资产不足以清偿全部债务,可申请转入破产程序……对债权人经强制执行后仍未获得清偿的部分,应推定为属于清算义务人未及时启动清算程序所造成的公司责任财产的减少部分,除非清算义务人能够举证证明该减少的财产不是其不作为造成的”。

不难发现,这一思路实际上是对清算责任纠纷案件的举证责任分配机制进行了突破,实质上类似特殊侵权责任纠纷中的举证责任倒置规定。原本债权人需要通过申请破产清算,才能完成证明清算义务人怠于清算且由此导致公司责任财产不足。根据上段裁判标准,只要债权人通过执行程序无法足额受偿且清算义务人未在法定期间内履行清算义务,那么清算义务人就必须承担证明自己不存在怠于履行清算义务以及导致公司责任财产减少的举证责任。相比之下,在另一案中,债权人仅用两年时间便取得对清算义务人的胜诉判决,大大减少了诉讼成本。

2. 公司虽然成立清算组并进行清算,但清算组并未通知已知债权人申报债权的,清算义务人是否应当承担清算责任。根据《公司法解释二》第 11 条的规定,公司在清算阶段应当书面通知全体已知债权人,并根据公司经营范围大小确定在适当影响力的报纸上刊发清算公告。若清算义务人未按照前述规定履行通知义务,由此导致债权人未能及时申报债权而未获清偿的,清算义务人应当对债务人的损失承担赔偿责任。某案中,原告与原债务人存在婴幼儿游泳拓展训练馆销售协议,且原告在原债务人处预存了现金。后原债务人经营不善,唯一自然人股东被告制作清算报告,并在工商管理部门申请注销原债务人公司。法院审理后认为,清算组应当首先采用直接通知的方式进行,原债务人明知承诺向原告退款,但仅在报纸上进行公司,不能免除对原告直接通知的法定义务。据此法院判令被告对原告承担赔偿责任。

实践中,从该条法律规定衍生出一项极为成熟的类案裁判标准,即只要公司清算时没有书面通知债权人(包括债务未到期的债权人)申报债权,公司注销后清算义务人便应对债权人承担赔偿责任。全部案例中,没有任何一例案例与此标准相悖。因此能够将其认定为成熟稳定的类案裁判标准。[①] 此外,根据《公司法解释二》第 19 条的规定,公司未经依法清算并以虚假的清算报告骗取公司登记机关办理法人注销登记的,清算义务人仍应对债权人承担赔偿责任。法院在适用上述裁判标准时,有时也会适用上述法律规定,即同时认定清算义务人未依法书面通知债权人构成未经依法清算,且清算报告虚假。

3. 综上所述,对于清算义务人未履行清算义务的类案,裁判标准逐渐转向实

① 参见北京市朝阳区人民法院民事判决书,(2018)京 0105 民初 80153 号;北京市大兴区(县)人民法院民事判决书,(2019)京 0115 民初 4823 号;以及北京市顺义区人民法院民事判决书,(2020)京 0113 民初 1878 号等。

质审查债权人不能实现债权的损失与清算义务人消极履行清算义务之间是否存在因果关系,对此法院采用了类似医疗侵权纠纷中举证责任倒置的分配标准。对于清算义务人虽完成清算,但未能通知已知债权人参与分配的情形,司法实践已经形成极其成熟的类案裁判标准。本文所分析的李某某诉郗某某等清算责任纠纷案恰好对以上两项争议焦点均有所涉及,两审裁判文书对其也有直接回应,因此案例的代表性较强。

(二)对本案所涉争议问题的法律分析

1. 清算义务人通知已知债权人申报债权这一清算义务的法律效果。清算意味着公司法人人格走向消灭,公司独立的财产亦将完全分配,在公司法人人格消灭前,债权人能否参与公司剩余财产的分配过程,对债权人至为重要。而要保障债权人这一受偿权利,首先必须充分保护债权人对清算程序开始的知情权。根据《公司法解释二》第 11 条第 2 款的规定,清算组在清算过程中必须通知已知债权人申报债权。若清算组未恰当履行通知义务,导致债权人未及时申报债权而未获清偿,清算组成员应对造成债权人的损失承担赔偿责任。由此可以认为,清算组未充分履行通知义务构成使清算义务人承担损害赔偿责任的充分要件。实践中,若公司虽然完成注销登记,但清算组未能举证证明在清算过程中曾向已知债权人履行通知义务,清算义务人几乎必然承担对债权人的损害赔偿责任。[①]

然而,若清算组恰当地对已知债权人履行了通知申报债务义务,但债权人因可归责于自身的过错错失申报债权的时机,导致公司注销登记后债权仍然未获清偿。此时债权人这一过错在清算责任的认定过程中将产生何种效果?对此问题,本文认为,虽然公司法与公司法解释并未给出直接回应,但通过对《公司法解释二》第 13 条和第 14 条的解释,可以认为债权人的上述过错绝非不产生任何影响。具体分析过程如下。

首先,根据《公司法解释二》第 13 条的规定,债权人仅在清算报告经股东会确认完毕前完成补充申报的,清算组才予以登记债权。依反向解释,若债权人在清算程序终结之后才进行补充申报的,清算组有权拒绝登记债权,其效果等同于债权人自行放弃使其债权受偿的可能。

其次,根据《公司法解释二》第 14 条第 1 款的规定,债权人因重大过错未在规定期限内申报债权的,即使其在清算程序终结前完成补充申报,其对公司剩余财产受偿的优先顺位亦劣后于公司股东。根据《公司法》第 186 条第 2 款的规

---

① 北京市第二中级人民法院民事判决书,(2016)京 02 民终 6790 号;北京市第一中级人民法院民事判决书,(2019)京 01 民终 1366 号;以及广东省深圳市中级人民法院民事判决书,(2018)粤 03 民终 19080 号均持此观点。

定,股东仅能在公司清偿全部已知债务后才能对公司剩余财产进行分配。换言之,股东的优先顺位劣后于所有其他债权人。在此情况下,应当推定因重大过错未能申报债权的债权人对公司剩余可分配财产实质丧失受偿权利。

最后,根据《公司法解释二》第 14 条第 2 款的规定,补充申报的债权人不能以未足额受偿为由,要求对公司重新进行破产清算。换言之,《公司法解释二》在此已经预见到公司在自行清算过程中可能存在的资不抵债情形,对于补充申报的债权人,因其自身存在可归责的过错,丧失对公司进行破产清算以期重新分配公司剩余财产的权利。对此,同样可以解释为债权人将自行承担其债权不能足额受偿的风险。

综上所述,通过对《公司法解释二》第 13 条和第 14 条规定的反向解释以及体系解释,可以认为债权人因可归责于自身的重大过错而未能完成申报债权的,其待申报债权的受偿顺位劣后于股东,由此造成的法律后果是该债权人原则上将丧失基于《公司法解释二》相关规定向清算义务人主张清算义务的请求权基础。相应地,若清算组举证证明其向已知债权人充分、恰当地履行通知申报债权的清算义务,而债权人因上述过错导致其未能及时申报债权的,按照前述解释结论,该债权人丧失对公司剩余财产的受偿权利,除非债权人举证证明清算程序存在属于《公司法解释二》第 23 条第 1 款规定的违法情形。

2. 公司出现法定解散事由后,但并未及时成立清算组时清算义务人是否承担清算责任。对此争议,《全国法院民商事审判工作会议纪要》(以下简称《九民纪要》)也有所涉及。《九民纪要》从怠于履行清算义务的认定、因果关系抗辩以及诉讼时效期间三方面给出了避免利益明显失衡现象的方案。其中,因果关系抗辩这一项对于指导清算责任纠纷案件审理极有助益。例如,公司作为被执行人,经强制执行后,法院认定该公司无财产可供执行,并作出终结本次执行的裁定。此后公司出现各种法定解散事由,导致需要清算但实际上未能清算的。因公司此时已没有可执行财产,换言之偿债能力已经丧失,此时公司清算义务人是否实际履行清算义务,与债权人在执行程序中无法获得清偿的损失,已不存在因果关系。根据《九民纪要》的上述规定,可以支持清算义务人关于因果关系的抗辩意见。此处的未能清算与存在较为轻微违法情节的清算程序也可作类推适用。

如前所述,清算责任纠纷以及诉讼功能相似的股东损害债权人利益责任纠纷在短期内案件数量将居高不下。本案判决充分保护了已恰当履行通知义务的清算组成员的期待利益,合理地加重了自身存在重大可归责过错的债权人的举证责任,在债权人与公司股东之间实现了较为均衡的利益分配。清算组履行通知义务固然是合法启动清算程序的第一步,但债权人亦有义务积极申报债权,在清算组的主持下有效率地实现债权。本案裁判思路的推广,将有助于提醒债权人尽快主张申报债权的权利,有利于提高清算组合法执行清算事务的积极性,对提升我国商事主体营商环境亦将有所助益。

（责任编辑:彭　春）

思想表达二分法在文字作品侵权判定中的具体运用

——李某诉周某某、甲出版公司侵害著作权纠纷案相关法律问题分析

张晓霞* 杨 振**

裁判要旨

未经许可改编他人作品亦未表明原作者身份，导致公众将他人作品误认为是改编者的作品之行为，属于2010年《著作权法》第47条第5项①规定的剽窃行为。被诉侵权作品与原作品构成实质性相似是认定构成剽窃的前提。判断两部长篇小说是否构成实质性相似，本案采取的方式是对主张构成实质性相似的一方当事人的举证内容进行梳理和分类，按照当事人认可的抽查方式进行比对和认定。

小说的故事结构、故事情节、人物设置及文字描写中的独创性表达可以受到著作权法的保护。当事人举证证明的被诉侵权作品与原作品在非独创性表达层面的相似内容不属于实质性相似的比对范围。本案中，《人民的名义》与《生死捍卫》在故事结构、18处人物设置、50处具体情节、78处文字描写中的独创性表达层面存在明显的差异性，并未构成实质性相似。

一、据以研究的案例

原告（上诉人）李某诉称：其根据自身的检察工作经历于2008年6月开始创

---

* 北京知识产权法院审判监督庭庭长。

** 北京知识产权法院三级法官助理，中国政法大学法学硕士。

① 参见2020年修正的《著作权法》第52条第5项。

作小说《生死捍卫》，于2010年9~11月在《检察日报》连载刊登，并于2010年11月由乙出版发行。2017年1月，周某某撰写的小说《人民的名义》由甲出版公司出版发行。李某认为，小说《人民的名义》在人物设置、人物关系、关键情节、一般情节、场景描写、语句表达等方面大量抄袭、剽窃其《生死捍卫》一书且未给其署名，侵犯了其享有的著作权。

被告（被上诉人）周某某、甲出版公司辩称：《人民的名义》与《生死捍卫》描写的是两个完全不同的故事，在表达方式上具有实质性区别，不存在抄袭和剽窃的事实。

一审法院经审理后认为，涉案两部小说在破案线索的推进及逻辑编排、角色设置、人物关系、情节、具体描写5个方面的表达上不构成实质性相同或者相似，《人民的名义》不构成对《生死捍卫》的抄袭，李某关于周某某、甲出版公司侵犯其著作权的主张不能成立，故判决驳回李某的全部诉讼请求。李某不服一审判决提起上诉，主张两部小说在故事结构、18处人物设置、50处具体情节、78处文字描写上构成实质性相似。二审法院判决：驳回上诉，维持原判。

二审判决认为：周某某创作的小说《人民的名义》并不构成对李某小说《生死捍卫》的剽窃。具体理由如下。

第一，两部小说经由各自的故事发展脉络、侦破线索推演、前后逻辑编排、故事情节推进等设置内容呈现了个性化的具体故事结构表达，有较为明显的差异性。虽然《生死捍卫》在故事结构层面有其独创性表达，应当受到《著作权法》的保护，但是，《人民的名义》的故事结构与之相较并未构成实质性相似。尽管两部小说均采取了主线检察线、副线政治线的双线线索设置，但这是反腐题材小说常用的结构模式，并非《生死捍卫》的独创性表达内容，不属于《生死捍卫》这部作品著作权保护的范围。

第二，虽然通过《生死捍卫》的具体故事情节和环境描写段落体现的人物经历、人物矛盾、人物对故事情节发展的作用等方面呈现的18处具体人物设置表达有其独创性部分，属于《著作权法》的保护范围。但是，《人民的名义》的相应人物设置与之相较并未构成实质性相似。尽管两部小说在某些人物设置上选取了相同或相似的素材，但这些素材都是日常生活中常见的，并非《生死捍卫》的独创性表达，不应被某一部作品独占。

第三，将李某主张的50处具体情节分别置于各自小说之中，通过《生死捍卫》中相应情节的具体描述、情节设置以及该情节在塑造人物、表现主题、推动故事发展等方面的作用可知，其中的特定情节表达有其独创性部分，应当受到《著作权法》的保护。但是，《人民的名义》的相应情节内容与《生死捍卫》相比并未构成实质性相似。

第四,将李某主张相似的78处文字描写亦分别置于各自的小说之中可知,李某请求保护的文字描写中的一部分属于常用词汇、固定搭配、俗语俚语、生活语言、特定情境的常用表达等日常生活中的文字描写,其本身并不属于《著作权法》的保护范畴。结合日常生活中的常见文字描写,《生死捍卫》形成了一部分自己的独创性表达,但《人民的名义》中的相应文字描写段落与其相同之处仅是选取了相同或相似的公有领域素材或者出现了几处相同或相似的词语,二者相较并未构成实质性相似。

二、相关法律问题分析

本案是典型的影视剧热播之后所引起的原著小说侵权纠纷案件,集中展现了思想表达二分法在小说侵权判定中的运用思路和认定方法。

(一)著作权法只保护具有独创性的表达

著作权制度的目的在于促进文学、艺术和科学领域的创新与繁荣。为实现这一目的,著作权法应维护激励作者创作与满足社会对知识和信息的需求之间的平衡。为达到这种平衡,必须恰当确定著作权客体的范围,而著作权客体的范围取决于对作品的认定。为此,在司法实践中产生了思想表达二分法的法律原则,即著作权法只保护表达、不保护思想。这意味着只有表达才能构成作品,而思想不能构成作品。但是,并不是所有的表达都能构成作品,只有具备独创性的表达才能被认定为作品进而获得著作权法的保护。那些属于公有领域的表达不能被个人独占,因而并不属于著作权法的保护范畴。

(二)剽窃行为及其认定方法

根据2010年《著作权法》第47条第5项的规定,剽窃他人作品的,应当根据情况,承担停止侵害、消除影响、赔礼道歉、赔偿损失等民事责任。未经许可改编他人作品并在使用时没有表明原作者身份的行为属于将他人作品据为己有的剽窃行为,侵犯了原作者的改编权和署名权。本案中,李某主张周某某未经许可改编其小说《生死捍卫》且未注明其原作者身份反而署名作者为周某某故而认为侵犯其改编权、署名权,实质上是主张周某某创作的小说《人民的名义》构成对其小说《生死捍卫》的剽窃。

对于“剽窃”的含义,《著作权法》并没有规定,一般认为剽窃是指一种将他人作品全部或部分地作为本人的作品来使用的行为,其不仅侵犯他人的财产权,而且涉及侵犯他人的人身权。对于如何判断这种将他人作品据为己有的侵权行为,审判实践一般借助“接触+实质性相似”的规则。简言之,即先对两部小说进行实质性相似比对;如果两者构成实质性相似,而在后创作的小说作者具有接触在先小说的合理可能性,则构成剽窃;如果两者不构成实质性相似,即可认定不构成剽窃。

由于是否构成实质性相似是认定是否构成剽窃的前提,故判断《人民的名义》与《生死捍卫》是否构成实质性相似即为本案的焦点问题,这在一审和二审是一致的。对于两部篇幅较长的小说而言,认定是否构成实质性相似往往以当事人认可的抽查比对方式进行。此类案件的审理也通常依据主张构成实质性相似的一方当事人的举证进行梳理和比对。虽然李某在二审中主张两部小说的相似性体现在故事结构、18 处人物设置、50 处具体情节、78 处文字表达等方面与一审时其认为相似性体现在破案线索的推进及逻辑编排、角色设置、人物关系、情节、具体描写等方面有所不同,但是并未改变认定两部小说是否构成实质性相似这一焦点问题。

(三)小说构成剽窃的侵权判定思路

小说属于以文字形式表现的文字作品,由题材、主题、结构、人物、情节、背景等内容构成。小说中的表达不局限于遣词造句层面的文字性内容,故事结构、故事情节、人物设置同样是小说表达的组成部分。判断请求保护小说中的哪些表达属于具有独创性的表达是对两部小说进行实质性相似认定的前提。只有当被诉侵权小说中的相应内容与请求保护小说中的独创性表达部分构成相同或相似时,才有可能认定为构成剽窃。

首先,关于故事结构。"开端、发展、高潮、结局"是小说故事结构的基本模式。李某在本案中请求保护的"故事结构"并非这种高度概括的故事结构模式,而是将包含小说的线索设置与情节发展等具体内容的"故事结构"作为比对内容。对于这种"故事结构"是否受到著作权法的保护,取决于它是否构成具有独创性的表达。当小说中通过故事情节的前后衔接、逻辑编排呈现了个性化的故事发展脉络、有独创性的谋篇布局展现时,这样的故事结构是受到《著作权法》保护的。结合本案,判断李某所主张的两部小说的"故事结构"是否构成实质性相似,有必要在梳理总结两部小说在故事脉络、主要故事情节、故事线索推演与逻辑编排等谋篇布局、整体构思上的具体内容之基础上进行认定。小说《生死捍卫》是以检察官调查为叙事主线、以案件侦破为叙事演绎,设置了主线检察线、副线政治线,两条线交叉推进的故事架构。故事内容以爆炸案、田军军抢劫猥亵幼女案、高阳县苗木受贿案、国光厂国资流失案这 4 个案件为脉络进行谋篇布局,或展现人物形象、或推动情节发展、或烘托小说主旨。小说开篇的爆炸案作为引子,牵扯出的花石湾矿转让纠纷、法官枉法裁判、遗留磁带录音、揭发检举内容等为后续核心案件国光厂国资流失案提供了侦破线索的铺垫。在爆炸案推进的同时设置了用于刻画反派人物形象的田军军抢劫猥亵幼女案。小说前半段设置重点案件高阳县苗木受贿案,该案中检察院公益诉讼受阻、侦查突破之际证人猝死、房屋漏水暴露私藏巨款等情节设置逐渐揭露了全国样板"高阳模式"中复杂纠葛的政商利益关系。小说核心案件国光厂国资流失案在开篇不久以匿名举报信的方式埋下伏笔,在小说后半段逐渐铺展。该案中国光厂工人围堵、群体性突发事件爆发、知情人揭露内幕、老检察长交出卷宗、布局实施抓捕、恶势力设计反扑等情节设置将整部小说的人物矛盾和故事冲突推向高潮。最终政商勾结、行贿受贿、违法放贷、骗取国资的案件告破,"农业学高阳,工业学国光"的神话破灭,整个故事以犯罪分子受到惩处、反腐败斗争获得胜利结束。而小说《人民的名义》在故事架构上同样设置了双线线索,主线是检察官的案件侦查,副线是错综复杂的官场关系,两条线索交叉共进。但是,与《生死捍卫》不同,《人民的名义》在故事脉络上没有相对独立的案件阐述,整个故事推演与谋篇布局通过前后情节与线索的铺设,使人物塑造、主题表现、故事发展环环相扣、一气呵成。小说以查办小官巨贪开篇,受贿人检举揭发副市长行贿。抓捕副市长过程中有人通风报信致使行动失败。大风厂工人举报副市长与山水集团不正当利益、股权质押有黑幕。山水集团强拆大风厂、工人护厂引发"九一六"事件。反贪局长在侦查接近真相时遇害昏迷,男主人公临危受命。大风厂老板举报银行副行长受贿、刷卡锁定证据。三堂会审失利、线索中断之时,获知向反贪局长举报之人来自山水集团。对山水集团试探性"扫黄",中院副院长被抓。前省委书记的儿子斡旋捞人,与山水集团的利益链浮出水面。对银行副行长的审讯有突破,供出涉及银行、山水集团、省油气集团、大风厂的过桥款实情,窝案、塌方式腐败显现。省油气集团董事长被捕,贪腐犯罪团伙摆"鸿门宴",设计陷害、阻挠侦查,将故事冲突和矛盾引向高潮。困局之际,3 张照片揭露美色腐败往事。重新侦查违法乱纪行为,H 省官场政治生态存在的问题得以揭露,整个故事以贪腐犯罪成员一一接受制裁结束。通过比对可知,两部小说经由各自的故事发展脉络、侦破线索推演、前后逻辑编排、故事情节推进等设置内容呈现了个性化的具体故事结构表达,有较为明显的差异。虽然《生死捍卫》在故事结构层面有其独创性表达,应当受到《著作权法》的保护,但是,《人民的名义》的故事结构与之相较并未构成实质性相似。尽管两部小说均采取了主线检察线、副线政治线的双线线索设置,但这是反腐题材小说常用的结构模式,并非《生死捍卫》的独创性表达内容,不属于《生死捍卫》这部作品著作权保护的射程范围。

其次,关于人物设置。人物塑造是小说创作的核心。情节设置和环境描写都围绕人物塑造展开。人物与情节、环境相互交融,不可分割。人物设置构成实质性相似,之所以会导致阅读体验中的雷同感,是由于与人物有关的特定故事情节和环境描写段落中的人物经历、人物矛盾、人物对故事情节发展的作用等具体内容所刻画、塑造、呈现的具有独创性的人物设置表达构成了相似。但是,当属于公有领域的素材被使用在不同小说中,与不同的人物、情节、环境相结合创作出给予读者完全不同阅读体验的作品时,并不会构成实质性相似。例如,《生死捍卫》中的柳絮、柳眉与《人民的名义》中的高小琴、高小凤。《生死捍卫》中的柳絮是荣华集团总经理、向荣华的情人。时尚性感、善于应酬的柳絮在小说中参与的故事情节并不多,她仅在协助向荣华召开新闻发布会宣布茶油加工厂因火灾被烧毁关闭、在男主人公杨天翔和晏秋豪华游轮上宴请老师叶知秋时进包间寒暄应酬、陪白无瑕在商场买包与招摇过市的田军军母亲显富斗气等场景中出现过。柳眉是柳絮的亲妹妹,仅在小说接近结尾处出现,向荣华将其安排在杨天翔的外甥可儿身边、诱骗可儿落入圈套因“侵占公款”被抓,以此威胁杨天翔停止对国光厂的调查。柳絮、柳眉仅是小说中的次要反面人物,他们对核心事件均未参与,小说也没有对二人长相是否相似的描写。而《人民的名义》中的高小琴是山水集团老总、H省公安厅厅长祁同伟的情人。风姿绰约、艳而不俗的高小琴有“阿庆嫂”的风范,具有“书卷气与江湖气微妙的混合”,与祁同伟育有一子,两人台前幕后、巧取豪夺、聚敛财富,共同打造的秘密商业帝国山水集团成为从省委原书记赵立春、儿子赵瑞龙到京州市中院副院长陈清泉等一众贪腐成员利益输送、奢靡享乐的场所。作为贪腐犯罪集团的核心成员,高小琴在小说中有较多情节描写、起到重要的情节作用,如在祁同伟指挥下安排京州市副市长丁义珍出逃,与省油气集团董事长兼总裁刘新建、京州城市银行副行长欧阳菁联合做局谋取大风厂股权,参与谋杀知悉山水集团秘密并试图向陈海举报的刘庆祝等。高小凤是高小琴的双胞胎妹妹,二人长相出众,被赵瑞龙的前生意合伙人杜伯仲发现后进行培训,她从土气的渔家姑娘被塑造成为知书达礼、善解人意的小可人。赵瑞龙、杜伯仲设局将高小凤作为礼物送给高育良,高小凤后与高育良结为夫妻,二人育有一子。通过比对可知,虽然《生死捍卫》对姐妹花柳絮、柳眉的人物设置体现了一定的独创性,但《人民的名义》中的双胞胎姐妹高小琴、高小凤与之相比在人物形象的具体设置、故事情节的参与及剧情推动作用等方面存在显著差异。尤其是《人民的名义》对高小凤这一人物设置与其情节的安排非常独特,如小说在描写了高小琴与祁同伟是情人关系但未铺垫高小琴有双胞胎妹妹高小凤且二人外貌完全相同的背景下,通过侯亮平收到3张高育良与高小琴(实为高小凤)的亲密照片设置疑问和悬念,后通过赵瑞龙、杜伯仲二人回忆当年如何利用高小凤的美色诱惑高育良腐败的往事解答照片疑惑,并通过祁同伟与高小琴在穷途末路之时安排金蝉脱壳之计留下高小凤顶替高小琴拖住侯亮平而设法逃亡的情节，巧妙地运用了高小凤与姐姐高小琴外貌相同的特质，令读者获知真相后恍然大悟，感到既在意料之外、又在情理之中。两部小说中相应人物的相似之处在于美貌与气质俱佳的姐妹花均是反面人物，妹妹均出现在小说尾声、均曾利用美色设计权谋，但这些相同元素并非《生死捍卫》的独创性表达内容，不属于《著作权法》的保护范畴。

再次，关于具体情节。故事情节除了在故事结构上的作用外，同时也为塑造人物、表现主题服务。特定故事情节构成实质性相似之所以会导致阅读体验中的相仿感受，是因为体现作者独特的素材选取、人物安排、事件编排、逻辑关联等细节设置的具体情节表达呈现了相似性。但是，针对同一公有领域素材，经由不同的具体描述、情节设置以及该情节在塑造人物、表现主题、推动故事发展等方面的作用所呈现的不同情节内容，并不会构成实质性相似。例如，商场刷卡情节。《生死捍卫》中的商场刷卡情节是白无瑕、柳絮到商场买包，遇到田军军母亲（贺鹏程的情人）购买名牌包时招摇过市的张狂嘴脸，故意提高音量高调刷金灿灿的信用卡买了名贵包，与田军军母亲显富斗气、压制其嚣张气焰的情节。《人民的名义》中的商场刷卡情节是欧阳菁因在商场购物时使用了受贿银行卡刷卡结账，从而被检察院成功锁定受贿证据的情节。两部小说虽然都设置了在商场购物刷银行卡的情节，但是，《生死捍卫》中的商场刷卡情节主要用于塑造人物形象，刻画了田军军母亲招摇过市、拜金显富的人物形象，表现了白无瑕、柳絮对田军军母亲的反感和厌恶的态度，也从侧面烘托出贺鹏程的反面形象，但对故事情节发展、主题深化没有作用；而《人民的名义》中的商场刷卡情节成为给欧阳菁定罪的关键，呼应了小说前文蔡成功举报欧阳菁但未有确凿证据的情节安排，也为后续欧阳菁乘坐李达康专车外逃途中被带走传唤、欧阳菁被捕后供述贪腐犯罪团伙黑幕的情节设置进行铺垫。从前述分析可知，在商场购物时刷银行卡的生活素材并不能被某一部作品所独占。商场刷卡这一日常生活场景在两部小说中经过不同作者的描写呈现了完全不同的表达，并未构成实质性相似。

最后，关于文字描写。文字组合、遣词造句层面的形式表达是文学作品最直接的呈现样式。文字描写是展现不同语言风格和思想内容的基本载体，最能体现作品的语言魅力和作者的创作风格。常用词汇、固定搭配、俗语俚语、生活语言、特定情境的常用表达等这些日常生活中的文字描写本身并不属于《著作权法》的保护范畴。选取了相同或相似的公有领域素材或者出现了几处相同或相似词语的文字描写段落也并不会构成实质性相似。例如，关于“玉兰花”与“玉兰树”的文字描写。《生死捍卫》在“走在校园的林荫道上，白玉兰花的幽香沁人心脾”“夜色中暗香浮动，仍然是白玉兰花沁人心脾的芬芳”“天地间一片寂静，星光坠入草丛，只听到玉兰花开裂的声音”等文字描写中，选取“玉兰花”这一植物,用“白玉兰花的幽香(芬芳)”描绘校园里的独特气息,用“玉兰花开裂的声音”反衬周围环境的寂静,该文字描写段落有其独创性,可以受到《著作权法》的保护。但是,《人民的名义》中的文字描写“白色路灯映照着几棵高大的玉兰树,院内宁静安谧,一对石狮子蹲在台阶旁”“她(欧阳菁)经常站在花园里发呆,或抬头仰望玉兰树上皎洁的花朵”与之并不相同。《人民的名义》使用“高大的玉兰树”描写省委大院的环境,使用“玉兰树上皎洁的花朵”烘托欧阳菁幻想、渴望爱情的人物形象。相比之下,两部小说文字描写中的相同之处仅是夜晚的玉兰花(树)或静谧的环境,而这并非《生死捍卫》的独创性表达部分。两部小说将相同的植物玉兰花(树)选取、编排、加工在不同的场景,烘托不同的环境氛围与人物形象,创作形成了完全不同的表达,并未构成实质性相似。

通过上述分析可知,小说《人民的名义》与《生死捍卫》在故事结构、18 处人物设置、50 处具体情节、78 处文字描写等方面并未构成实质性相似,而且存在明显的差异性,并不会导致读者对两部小说产生相同或相似的欣赏体验。因此,周某某创作的小说《人民的名义》并不构成对李某的小说《生死捍卫》的剽窃,并未侵犯李某享有的改编权和署名权。

影视剧热播之后所引起的原著小说侵权纠纷频发现象,一方面反映出文化艺术产业繁荣大背景下广大公众对于小说文学创作的关注度高涨,另一方面也是当前知识产权保护意识提升、维权意识增强的真实写照。不过,无论作为法律共同体,还是新闻媒体或普通公众,都需要我们从热血状态回归到理性思维,使权利的主张、意见的发表、观点的陈述都依托于法治的框架进行支撑、阐述和论辩,如此才能真正实现保护和支持原创文学作品发展的目的。

(责任编辑:何　琴)

被转让车辆的保险合同权益能否一并转让

——方某某诉北京某商贸有限公司买卖合同纠纷案相关法律问题分析

刘珍君*

裁判要旨

买卖双方在签订车辆买卖合同时，未对被转让车辆的保险合同权益是否随同车辆转让作出明确约定的，涉案车辆的投保人在车辆过户后与保险公司解除商业保险合同，导致事故发生后无法进行商业险理赔的，车辆的出卖人无须赔偿因保险合同解除无法理赔而给买受人造成的损失。

一、据以研究的案例

2018年12月18日，方某某从北京某商贸有限公司购买江铃牌轻型普通货车一辆，双方口头约定购车款为36 000元。12月19日，北京某商贸有限公司将涉案车辆的机动车交通事故责任强制保险单和机动车保险单交付给方某某，并与方某某就涉案车辆办理了所有权转移登记手续。上述两份保险单的被保险人均为案外人孙某。12月20日，涉案车辆所投保的第三者责任险（含不计免赔）经永安财产保险股份有限公司批改进行了退保。方某某主张其于2019年5月在使用涉案车辆过程中发生交通事故，造成案外人肖某某的车辆受损。方某某主张其共计支出车辆维修费6300元，经机动车交通事故责任强制保险理赔后，其自行承担了4300元。2019年5月20日，方某某为涉案车辆投保了商业机动车保险，支出保险费1834.77元。方某某主张购车款中包含了保险费用，但北京某商贸有限公司不予认可，方某某亦未提交证据予以证明。庭审中，双方均认可

* 北京市密云区人民法院刑事审判庭法官，中国人民大学法学硕士。

在就涉案车辆的买卖事宜达成口头协议时未就车辆保险事项进行明确约定，方某某在涉案车辆办理了所有权转移登记手续之后未要求北京某商贸有限公司向保险公司申请办理批改手续，将其变更为涉案车辆保险合同中的被保险人。双方协商未果，故方某某诉至法院。

方某某诉称：北京某商贸有限公司向方某某交付了没有商业三者险的车辆，此行为违反了合同约定和商业交往的基本诚信，导致方某某承担不必要的经济损失和诉累，为维护自身合法权益，方某某要求：(1)判令北京某商贸有限公司赔偿方某某修车损失4300元；(2)判令北京某商贸有限公司向方某某支付车辆商业保险费1500元；(3)判令北京某商贸有限公司承担律师咨询费1200元；(4)本案诉讼费由北京某商贸有限公司承担。

北京某商贸有限公司辩称：方某某在购买涉案车辆时该车辆确实投保了商业三者险，但方某某与北京某商贸有限公司就涉案车辆办理过户手续之后，涉案车辆的原车主孙某到保险公司就涉案车辆办理了商业三者险的退保手续，北京某商贸有限公司对此不知情。北京某商贸有限公司与方某某就涉案车辆约定的购车款中并不包括保险，保险属于附属物；方某某购买涉案车辆并办理过户手续之后应到保险公司自行查询保险状况，并及时进行保险变更，方某某如果发现涉案车辆未投保商业三者险，其可以自行购买商业三者险，故不同意方某某的诉讼请求。

一审法院经审理认为，方某某与北京某商贸有限公司通过口头形式签订车辆买卖合同，该合同系双方真实意思表示，不违反法律、行政法规的强制性规定，合法有效。对于双方在转让车辆时是否将涉案车辆的保险合同权益随同车辆一并转让给方某某，庭审中，双方均认可在就涉案车辆买卖事宜达成口头协议时并未就涉案车辆的保险事项进行明确约定，且双方所约定的购车款36 000元亦未明确表明其中包括了保险费用，故可以认定双方之间仅就车辆形成了买卖合同关系，车辆保险不属于该车辆买卖合同对应的标的物。北京某商贸有限公司虽然向方某某交付了保单，但方某某作为买受人，在明知随车保险手续未变更时，本应慎重使用车辆，由于其未履行此项注意义务，最终导致损失不能得到保险的全部赔偿，故方某某要求北京某商贸有限公司承担赔偿责任缺乏合同和法律依据，一审法院不予支持。综上，依据《合同法》[①]第10条、第60条、第130条[②]，2017年《民事诉讼法》第64条[③]之规定，判决驳回方某某的全部诉讼请求。宣判

① 《合同法》已于2021年1月1日因《民法典》的施行而废止。

② 参见《民法典》第135条、第176条、第595条。

③ 参见2022年修正的《民事诉讼法》第67条。

后,双方均未提出上诉,判决已发生法律效力。

二、相关法律问题分析

在日常生活中,二手车交易比较活跃,但是对于二手车交易中的车辆保险问题,许多车辆的受让人并未给付足够的重视。实践中,对于尚处保险期内的被转让车辆,买卖双方可以采取两种方式处理被转让车辆的保险问题:一是双方在买卖合同中就涉案车辆剩余期限内的保险费负担问题进行明确约定,并及时将车辆所有权的变更事宜通知保险公司,同时根据规定办理保险合同的变更手续;二是买卖双方未就剩余期限内的保险费问题进行明确约定,投保人申请对涉案车辆的商业险进行退保,保险公司将剩余期限内的保险费用退还给投保人,车辆买受人可以重新投保车辆保险。本案中,原告从被告处购买并办理车辆的所有权变更手续之后,案外人申请对该车辆的商业险进行了退保,导致买受人在发生交通事故之后,无法通过商业险进行保险理赔。本案的争议焦点在于买卖双方在转让车辆时,是否将涉案车辆的保险合同权益随同车辆转让给受让方。笔者认为,本案中无法认定原告在购买车辆的同时取得了涉案车辆的保险合同权益。理由如下。

(一)双方未就涉案车辆的保险事宜进行明确约定

根据《合同法》第12条①的规定:"合同的内容由当事人约定,一般包括以下条款:(一)当事人的名称或者姓名和住所;(二)标的;(三)数量;(四)质量;(五)价款或者报酬;(六)履行期限、地点和方式;(七)违约责任;(八)解决争议的方法。"关于被转让车辆的保险合同权益是否随同车辆转让给受让方,属于交易内容的范畴,即合同的标的物,是买卖双方在交易时必须予以明确的。但本案中,车辆转让的买卖双方均认可在就涉案车辆买卖事宜达成口头协议时并未就涉案车辆的保险事项进行明确约定,且双方所约定的购车款36 000元亦未明确表明其中包括了保险费用,故可以认定双方未对被转让车辆的保险合同权益是否随同车辆转让作出明确约定。

(二)转让保险合同权益并非车辆买卖合同的从给付义务

合同的从给付义务,是指主给付义务以外的,有助于完全满足债权人给付利益且能够独立成为诉权标的的义务。从给付义务产生的原因主要有:基于法律明文规定;基于当事人的特别约定;基于诚实信用原则及补充的合同解释。本案中,原被告双方就车辆买卖事宜达成口头协议,被告交付车辆并转移其所有权为

---

① 参见《民法典》第470条。

被告的主给付义务,提供车辆执照等必要文件为从给付义务。但车辆保险合同与车辆买卖合同之间,并不存在主从合同关系,车辆保险合同中的保险权益亦不属于被转让车辆的从物,其并不必然要随车辆的转让而转让。对购买时已经投保的车辆,买受方购买后,其既可以自己重新投保,也可以继受原车主所购买的保险,关键看其个人意愿。本案中被告虽向原告交付了交强险和商业三者险的电子保单,但双方在交付保单时均明确知晓保单记载的被保险人为案外人孙某,双方就车辆买卖达成协议并办理过户手续后,原告从未要求被告向保险公司申请办理批改手续,将其变更为被转让车辆保险合同中的被保险人,故无法认定被告有将被转让车辆的保险合同权益随同车辆转让给受让方的意思表示。

(三)车辆投保人在车辆转让后有权决定是否解除商业保险合同

本案中,涉案车辆先由被告从案外人孙某处购买,后又转让给本案原告,但涉案车辆的保险始终未办理批改手续,故涉案车辆的被保险人经两次买卖后仍为案外人孙某。对于交强险的解除问题,根据我国法律、司法解释以及保险条例的规定,交强险保险合同有效期内存在以下6种情形时,投保人可以申请解除:(1)车辆注销登记;(2)办理停驶;(3)经公安机关证实丢失;(4)重复投保;(5)车辆被转让至车籍所在地以外的地方;(6)新车参数不符合规定。而商业险保险合同,投保人可以随时要求解除合同。也就是说,保险合同是投保人与保险人之间关于承保事项的合意,是否解除、是否继续有效亦取决于是否是投保人的真实意思表示。本案的涉案车辆已经转让,案外人孙某作为投保人可以基于其自身意愿,要求解除原保险合同。既然没有相关证据证明被告已将被转让车辆的相关保险合同权益转让给原告,那么案外人是否将保险合同提前退保就与原告无关,原告因事故发生后无法理赔从而要求被告赔偿其无法从保险公司获取赔偿的损失,缺乏依据,无法得到支持。

(责任编辑:彭　春)

出生医学证明的法律性质分析

——舒某诉某医院不予办理出生医学证明案相关法律问题分析

盛亚娟* 曹 实**

裁判要旨

医疗保健机构办理《出生医学证明》是法律、法规授权组织履行公共管理职能的行政行为。母婴健康保健系统录有新生儿父亲信息,但办理《出生医学证明》时父亲拒不提供身份证件的,医疗保健机构可依母亲书面声明予以办理。

一、据以研究的案例

原告舒某与案外人白某于2017年结婚,后原告舒某怀孕,在被告某医院处建立母婴保健档案。2019年3月原告舒某于被告某医院处分娩一女婴,后原告要求被告为其女办理《出生医学证明》,被告因新生儿父亲未到场且原告舒某无法提供新生儿父亲有效身份证件而未予办理。

原告诉称,白某自原告怀孕后已经与原告分居,从未履行过丈夫和父亲的义务。双方分居后原告已经起诉白某要求离婚,但被告恶意利用管辖权异议与拖延诉讼等手段至今未离成。原告多次与白某沟通要求其配合办理孩子的出生证明,白某为了不支付抚养费拒不配合,且原告现无法联系到白某。为新生儿办理《出生医学证明》是被告的法定义务,不能因白某不予配合就不履行法定职责。被告的行为导致孩子无法办理户口和社保,给原告家庭带来巨大的经济压力。现诉至法院,诉讼请求为:(1)判令被告某医院履行法定职责,为原告舒某的女

* 北京市西城区人民法院行政庭副庭长,法学硕士。
** 北京市西城区人民法院行政庭法官助理,法学博士。

儿办理《出生医学证明》;(2)被告承担本案诉讼费用。

被告某医院辩称,第一,医院并非本案适格被告。首先,医院属于事业单位,不是具有国家行政职权的行政机关和组织;其次,被告出具《出生医学证明》的行为非具体行政行为,实质上与医院出具病历、处方、疾病诊断证明等材料一样,在性质上属于医学上的证明行为,并不是针对社会事务进行的行政管理。第二,被告严格按照《出生医学证明》的填写签发要求履行审查职责,原告未能提供新生儿父亲的有效身份证明,且在母婴健康保健系统中已获悉新生儿父亲登记信息的情况下,被告为保证《出生医学证明》的内容客观真实,无法仅听取原告单方陈述在父亲信息栏中填写"白某"或"/",被告要求原告先履行义务后再办理并无过错,故请求法院驳回原告的诉讼请求。

一审法院经审理认为,出具《出生医学证明》的行为具有授权性、法定性和强制性,符合行政权行使的一般特征。医院虽然不是行政机关,但其承担出具《出生医学证明》的行政管理职能,是法律法规授权的组织,因此具有行政诉讼的被告主体资格,是本案适格被告。《出生医学证明》影响到新生儿重大人身财产权益,在不违反法律禁止性规定的前提下应当从有利于新生儿角度考量。被告在原告多次申请下仍拒绝为其女办理《出生医学证明》的行为,违反了《母婴保健法》第 23 条的规定,属于不履行法定职责,故依据《行政诉讼法》第 72 条之规定,责令被告某医院于判决生效后 7 日内为原告舒某之女出具《出生医学证明》。

此案宣判后,双方当事人均未上诉。

二、相关法律问题分析

医疗保健机构具有一定的特殊性,一方面,作为医疗服务的提供单位,其与就医患者形成了以诊断、治疗为核心的平等民事法律关系,一旦出现医患纠纷,可以通过提起民事诉讼予以解决;另一方面,医疗保健机构属于事业单位,承担一定的公共服务职能。办理《出生医学证明》的行为如何认定在实践中存在争议,主要有以下 3 种观点:第一种观点认为,办理《出生医学证明》是对新生儿自然情况的记载,属于医院为产妇提供生育医疗服务的附随义务,属于民事合同范畴,因此应当作为民事案件受理;第二种观点认为,办理《出生医学证明》是卫生监管部门委托医疗机构行使行政管理职权的行为,实施主体是医院,但行政责任的承担者是卫生行政部门,因此应当以卫生行政部门为被告提起行政诉讼;第三种观点认为,医疗保健机构办理《出生医学证明》是法律、法规授权组织履行公共管理职能的行政行为,医院是行政诉讼法的适格被告。一审法院所持第三种观点,现结合案件的争议焦点分析如下。

（一）医院出具《出生医学证明》是基于行政管理职权的行政行为，医院是行政诉讼法的适格被告

《行政诉讼法》第 2 条规定，公民、法人或其他组织认为行政机关和行政机关工作人员的行政行为侵犯其合法权益，有权依照本法向人民法院提起诉讼。前款所称行政行为，包括法律、法规、规章授权的组织作出的行政行为。医院虽然不是行政机关，但其承担出具《出生医学证明》的行政管理职能，是法律法规授权的组织，因此具有行政诉讼的被告主体资格，是本案适格被告。

1. 从权力来源来看，医疗保健机构出具《出生医学证明》，其权力直接源于法律授予，而非卫生行政部门的委托。《母婴保健法》第 23 条明确规定，医疗保健机构和从事家庭接生的人员按照国务院卫生行政部门的规定，出具统一制发的新生儿《出生医学证明》。

2. 从行为特征来看，《出生医学证明》具有法定性和强制性，医疗保健机构对《出生医学证明》出具的条件、时间、内容、形式不可随意选择，亦不可与新生儿家属意定更改。根据《北京市关于出生证明的规定》第 3 条的规定，《出生医学证明》由卫生部门统一制发，市、区（县）卫生局负责《出生医学证明》的发放管理与监督。由此可见，《出生医学证明》是根据法律明确授权由医疗保健机构等按规定出具，未经授权的主体禁止出具；《出生医学证明》由国家卫生行政部门统一制发，签发时间、流程、内容等均由法律规范明确规定；医疗机构对符合条件的公民必须出具《出生医学证明》，没有自主选择是否出具、何时出具、如何出具的权力。因此出具《出生医学证明》的行为具有授权性、法定性和强制性，符合行政权行使的一般特征。

医疗服务行为是基于医患双方缔结的合同关系所产生的行为，虽然出于职业伦理和道德，医方具有一定的强制缔约义务，但总体上遵循私法的意思自治原则。法律对于提供医疗服务的主体有严格的资格限制，但对其从事的诊断、治疗等具体行为不需要法律明确授权，对其形式和内容亦不存在法定要式，而是由医患双方自主决断。可见，医疗服务行为呈现非授权性、意定性和自愿性特点。由此可见，出具《出生医学证明》在行为特征上区别于出具病历、处方、诊断等医疗服务行为。

3. 从行为效力来看，《出生医学证明》用以载明新生儿自然情况和血亲关系，是新生儿获得国籍、户籍、社会保障的必要依据，不仅具有医学意义，更具有社会意义。行政行为通过履行公共管理职能，维护公共秩序，以促进公共利益的整体实现；民事行为调整平等自然人、法人或其他组织之间的关系，目的在于实现个体权利义务的增减得失。《出生医学证明》载明新生儿姓名、性别、健康状况、出生地点、父母情况等信息，具有医学法律效力，用以证明出生人口的自然状

况和血亲关系。

4. 从行为目的来看,《出生医学证明》体现了明显的公共管理职能。《出生医学证明》是国家进行人口管理、合理分配社会资源、维护稳定社会秩序的基本手段,制度目的在于建立稳定的社会关系、在教育、就业、养老等方面实现社会利益的有序分配,具有明显的公共管理色彩。

综上所述,办理《出生医学证明》既区别于基于意思自治的民事医疗行为,亦不属于受卫生行政部门的委托行为,是直接源于法律授权的具有公共管理职能的行政行为。

(二)医院未出具《出生医学证明》的行为是否构成不履行法定职责

公安部、原国家卫生和计划生育委员会《关于启用和规范管理新版〈出生医学证明的通知〉》(国卫妇幼发〔2013〕52 号)附件 2《新版〈出生医学证明〉(第 5 版)首次签发情形与要求》第二部分“首次签发要求”中规定,签发机构审验新生儿父母有效身份证件原件并留存复印件后,按照《出生医学证明首次签发登记表》内容签发。在有关“新生儿父母信息”部分中规定,未提供新生儿父亲信息的,新生儿母亲应当提供本人签字的书面声明,签发机构可在《出生医学证明》上父亲信息的相应栏目处填写“/”。被告认为,原告未按上述规定要求向被告医院提供新生儿父亲的有效身份证原件。同时原告的母婴健康保健系统中已经录入了父亲信息,不属于上述规定中“未提供新生儿父亲信息的”情形,因而被告不能仅凭原告的单方声明在父亲信息栏目处填“白某”或“/”,故无法为原告之女办理《出生医学证明》。

本案中被告医院对上述规范性文件条款的理解过于机械,不利于保护当事人的合法权益。从查明的事实可知,原告与白某的婚姻处于存续状态,在原告母婴健康保健系统中录有白某的相关信息是怀孕建档的正常流程和要求。后原告因与白某产生矛盾起诉离婚,根据生效民事判决记载,诉讼时原告已经怀孕,且仅原告一方出庭而白某未出庭。可见,原告在本案中所称其无法联系到白某以取得其身份证件具有合理性。因此,原告在办理《出生医学证明》时无法提供新生儿父亲的身份证件既非原告过错所致,也无其他可代替性方案。对于不能提供新生儿父亲信息的情形,上述规定给予“依母亲书面声明”进行办理的解决途径。若被告仅因母婴保健系统中曾记录过父亲信息就阻断该解决途径,必将使原告之女陷入无法获得救济的境地,对原告之女后续获得国籍、户籍、社会保障等权益造成重大影响。这既背离了规范《出生医学证明》的初衷,也不符合人口管理的根本目的。被告在原告多次申请下仍拒绝为其女办理《出生医学证明》的行为,违反了《母婴保健法》第 23 条之规定,属于不履行法定职责。

实践中,因签发《出生医学证明》引发的案件通常发生在夫妻之间感情不和，甚至正处于离婚争议时。一方面，医疗机构要综合考虑母亲不能提供父亲身份证件是否存在主观过错或主观恶意，如果综合相关情节能够认为母亲有合理的理由难以提供父亲信息，则不应对其过分苛责；另一方面，《出生医学证明》影响到新生儿的重大人身财产权益，在不违反法律禁止性规定的前提下，应当从有利于新生儿角度予以考量。

（责任编辑：项利军）

姓名权"有不违反公序良俗的其他正当理由"的认定

——李某某诉北京市公安局顺义分局赵全营派出所履行法定职责案相关法律问题分析

陈金涛[*]　孙畅阳[**]

裁判要旨

《婚姻法》①第22条②的规定并非强制性规范,其旨在保护双方在婚姻家庭中对自己子女命名的平等权,而非强制规定子女必须与父或母一方姓氏保持一致。《民法典》沿用了该规定。孙女随继祖父之姓不违背社会公德、不损害社会公共利益,属于"有不违反公序良俗的其他正当理由",应当予以支持。

一、据以研究的案例

韩某某和付某某均为中国公民,二人育有两女,次女李某某。2019年6月14日,顺义区妇幼保健院开具《出生医学证明》,其中记载新生儿姓名为"李某某"。刘某某系韩某某的生母。刘某某与韩某某生父离婚后,于2000年与李某甲再婚。李某甲出生于1965年5月31日。李某甲、刘某某、韩某某三人的户口均登记在同一户口簿上,户主为李某乙(李某甲之子),户籍登记地址位于顺义区赵全营镇。2019年6月25日,韩某某前往北京市公安局顺义分局赵全营派出所(以下简称赵全营派出所)为李某某办理新生儿户籍登记,并提交了申请材料。赵全营派出所对韩某某提交的申请材料进行审核,在听取韩某某的陈述和

* 北京市第三中级人民法院行政庭法官助理,中国社会科学院研究生院法律硕士(法学)。

** 北京市第三中级人民法院行政庭法官助理,北京航空航天大学法学硕士。

① 《婚姻法》已于2021年1月1日因《民法典》的施行而废止。

② 参见《民法典》第1015条。

申辩后，认为李某某《出生医学证明》上的姓氏未随父母姓，不符合办理规定，当场告知韩某某不能给李某某办理户籍登记。

2019年6月28日，韩某某再次前往赵全营派出所询问能否为李某某办理户籍登记，在得到否定性答复后，韩某某要求赵全营派出所为其出具证明，用于更改《出生医学证明》。赵全营派出所当天为韩某某出具《情况说明》，主要内容为："我辖区村民韩某某与付某某婚后第二胎女孩开《出生医学证明》时把姓写'李'姓，不符合户籍规定，请有关部门给予纠错（有效期：30天）。"韩某某收到《情况说明》后，未在有效期内申请有关部门对李某某的姓氏进行更改。韩某某认为，赵全营派出所拒绝为李某某办理户籍登记违反法律规定，于2019年6月28日以李某某的名义向一审法院提起本案之诉。

原告（被上诉人）李某某诉称：韩某某去赵全营派出所为新出生的李某某办理出生户口事宜。李某某的父亲姓韩，母亲姓付，爷爷姓李（系韩某某的继父）。韩某某为了报答继父20余年的养育之恩，尊崇中华民族的伦理孝道，在确认不违反国家相关法律法规的前提下向赵全营派出所提出让李某某随其爷爷姓氏"李"姓。赵全营派出所对此予以拒绝。故诉至法院，请求：（1）确认赵全营派出所不进行户籍登记、不说明理由的不作为行为违法；（2）赵全营派出所依法履行法定职责，为李某某办理户籍登记。

被告（上诉人）赵全营派出所辩称：李某某不符合新生儿户口登记的受理条件。韩某某的亲生父母离婚后，母亲与李某甲于2000年登记结婚，韩某某由继父李某甲抚养。韩某某与付某某于2014年5月20日登记结婚。2019年5月31日，二人育有一女，为报答继父的养育之恩，韩某某将女儿取名为李某某。2019年6月25日，韩某某到赵全营派出所办理新生儿户口登记。经民警查看，韩某某提交的新生儿入户相关材料，发现新生儿出生证上的姓氏未随父母姓。因不符合《全国人民代表大会常务委员会关于〈中华人民共和国民法通则〉第九十九条第一款、〈中华人民共和国婚姻法〉第二十二条的解释》[①]的规定，赵全营派出所未给其办理新生儿户口登记，并说明理由。综上所述，请求法院驳回李某某的诉讼请求。

一审法院经审理认为：《婚姻法》第22条的规定并非强制性规范，其旨在保护双方在婚姻家庭中对自己子女命名的平等权，而非强制规定子女必须与父或母一方姓氏保持一致。《全国人民代表大会常务委员会关于〈中华人民共和国民法通则〉第九十九条第一款、〈中华人民共和国婚姻法〉第二十二条的解释》体现了对公民权利自由和合理诉求的尊重，也折射出法律对社会多样性、创造性的

① 此解释已于2021年1月1日因《最高人民法院关于废止部分司法解释及相关规范性文件的决定》的施行而失效。

宽容。以“李”姓为李某某进行户籍登记，虽然没有和李某某的父或母一方的姓氏保持一致，但该行为有利于构建文明和谐的家庭关系和社会关系，符合文化传统和伦理观念，并不会造成民事、行政管理等活动混乱无序的严重后果，不违反公序良俗。

选取父母姓氏之外其他姓氏的行为，不仅不应违背社会公德、不损害社会公共利益，还应当具有合理性。何为“其他正当理由”，立法解释并未详细列举，通常情况下主要存在于实际抚养关系发生变动，有利于未成年人身心健康，维护个人人格尊严等情形。只要其理由是健康的，积极向上的，都不宜禁止。李某某随“李”姓是韩某某为了报答李某甲的养育之恩，该理由积极向上，对于弘扬“父慈子孝”的中华民族优秀道德传统具有积极意义，且因李某甲与李某某出生于同一日期，李某某随“李”姓又具有纪念意义。因此，李某某随“李”姓具有合理性，属于“其他正当理由”的范围。遂判决：责令赵全营派出所于本判决生效之日起两个月内为李某某办理户籍登记。

赵全营派出所不服，持一审答辩理由提起上诉。二审中，经法院做工作，赵全营派出所撤回上诉，李某某撤回起诉。

二、相关法律问题分析

公民依法享有姓名权。在中华传统文化中，“姓名”中的“姓”，即姓氏，主要源于客观上的承袭，系先祖所传，承载了对先祖的敬重、对家庭的热爱等，体现着血缘传承、伦理秩序和文化传统，承载着传统文化价值，浸润着父辈对子女的亲情。公民选取或创设姓氏应当符合中华传统文化和伦理观念。

一般而言，新生婴儿随父姓或者母姓符合中华传统文化和伦理观念，便于社会关系辨认，可在一定程度上避免近亲结婚。但这不意味着只有随父姓或者随母姓两种选择，考虑到社会实际情况，公民有正当理由的也可以选取其他姓氏。《全国人民代表大会常务委员会关于〈中华人民共和国民法通则〉第九十九条第一款、〈中华人民共和国婚姻法〉第二十二条的解释》规定：“公民依法享有姓名权。公民行使姓名权，还应当尊重社会公德，不得损害社会公共利益。公民原则上应当随父姓或者母姓。有下列情形之一的，可以在父姓和母姓之外选取姓氏：（一）选取其他直系长辈血亲的姓氏；（二）因由法定扶养人以外的人扶养而选取扶养人姓氏；（三）有不违反公序良俗的其他正当理由。少数民族公民的姓氏可以从本民族的文化传统和风俗习惯。”2021 年 1 月 1 日起施行的《民法典》第 1015 条将该规定予以完全吸纳，体现了法律对公民权利自由和合理诉求的尊重，折射出法律对社会多样性、创造性的宽容。

依据该规定，父姓和母姓之外选取姓氏主要有三种情形。本案当事人选取的是继祖父的姓氏，虽然满足选取“其他直系长辈”，但不符合“血亲”的要求，故而不符合第一种情形；李某某系由其父母直接抚养，亦不符合第二种情形。本案的争议焦点就在于原告法定代理人提出的理由是否符合上述立法解释第2款第3项规定的“有不违反公序良俗的其他正当理由”。从字面上讲，“有不违反公序良俗的其他正当理由”需要同时满足两个必要条件：一是不违反“公序良俗”；二是具有“正当理由”。

（一）关于“公序良俗”的理解与审查

《民法总则》[①]第8条[②]规定，民事主体从事民事活动，不得违反法律，不得违背公序良俗。公序良俗主要指社会公共秩序和社会善良风俗，要求公民从事民事活动应当遵守公共秩序，符合善良风俗，不得损害社会公共利益，不得违反国家的公共秩序和社会的一般道德。姓氏选择属于民事基本制度，涉及公序良俗，不违反公序良俗是选取其他姓氏时应当满足的最低规范要求和道德义务。公共秩序主要从社会公共管理角度出发，判断选取姓氏行为是否有利于管理机关和其他社会成员对姓氏使用人的主要社会关系进行初步判断，会不会导致社会管理混乱，会不会增加社会管理的风险性和不确定性。显然，本案中均不属于以上三种情形，本案情形并不会造成民事、行政管理等活动混乱无序的严重后果。社会善良风俗主要从传统角度出发，判断选取姓氏行为是否违背弘扬中华传统伦理道德的传承与社会主义核心价值观，是否不利于传播主流价值观念，是否不利于彰显中华民族向心力、凝聚力。让女儿随同继父姓，是韩某某为了报答继父李某甲的养育之恩，是积极向上的。故而法院认为，只有在对国家和国家机关的公共形象毁损，或者毁损其他公民、法人或者组织的姓名、名称、名誉，或者违背社会公德的，才属于违反公序良俗，本案情形不违反公序良俗。

（二）关于“正当理由”的理解与审查

对于何为“其他正当理由”，立法解释并未详细列举，2021年颁布的《民法典》对此也没有进一步的规定。无论法条多么详尽繁杂，面对无穷的现实，总是显得不足，由立法者事后补充立法弥补漏洞或进一步解释来衡平救济个案的不公，总是显得有些迟钝。司法机关不能因法律没有规定而拒绝裁判，而且也不能任意背离既有法律进行裁判。[③]“适用法律”而制定法不明确、有漏洞或拘泥于制定法字面含义将导致不能容忍之明显不公时，就需要根据法律原则、公共政

① 《民法总则》已于2021年1月1日因《民法典》的施行而废止。

② 参见《民法典》第8条。

③ 参见孙海波：《裁判对法律的背离与回归：疑难案件的裁判方法新论》，中国法制出版社2019年版，第355页。

策、社会习惯、学说理论、衡平各种法律价值后作出处理，以弥补漏洞实现个案衡平。①

从该立法解释的来源上看，因北雁云依案涉及法律适用问题，需送请有权机关作出解释或者确认，山东省济南市历下区人民法院层报最高人民法院后报请全国人大常委会，全国人大常委会作出了上述解释。该案于2010年3月11日裁定中止审理，中止事由消除后，于2015年4月21日恢复审理并于4月23日作出判决。最高人民法院亦将“北雁云依”诉济南市公安局历下区分局燕山派出所公安行政登记案作为第89号指导案例下发全国，裁判要旨中即对“正当理由”进行了解读，认为仅凭个人喜好愿望并创设姓氏，具有明显的随意性，不符合上述立法解释第2款第3项的情形。

司法机关对本案是否符合“正当理由”进行判断而非重新层报至全国人大常委会解读，符合指导案例精神，符合社会对司法的期待，法律的褶皱只能靠或主要靠执法者通过法律解释熨平，以及时解决争议，通过判决实现正义。

本案中，法院从解释本身以及《婚姻法》的立法目的出发，判断选取姓氏行为是不是有符合构建敬老爱幼，互相帮助，维护平等、和睦、文明的婚姻家庭关系的要求，是不是有利于未成年人身心健康，是不是有利于维护个人人格尊严，是不是健康积极向上，是不是属于封建迷信或颓废之理由等情形，以解读“正当理由”。本案中坚持让女儿随同继父姓，是韩某某为了报答李某甲的养育之恩，且因李某甲与李某某出生于同一日期，李某某随“李”姓具有纪念意义。上述理由并不违背社会善良风俗，不具有随意性与突发性，且有利于构建文明和谐的家庭关系和社会关系，更符合中华民族“父慈子孝”“敬老孝老”的文化传统和伦理观念，具有一定的积极意义与示范意义，属于可以接受的“正当理由”，因而法院对此予以认可。

（三）关于裁量空间的理解

本案中，赵全营派出所在拒绝的同时提出两种解决方案：一是韩某某本人先改为“李”姓，李某某再随“李”姓；二是新生儿户籍登记时登记为“韩”姓，后再变更为“李”姓，因此主张对李某某的户籍登记申请尚存裁量空间。

行政机关尚有裁量空间通常涉及两种情形：一是事实问；二是法律问题，即事实和法律上是否存在是行政机关初次判断的问题，如存在，基于司法的谦抑性与行政机关在某些领域的专业性，司法机关常常作出撤销重做式的概括判决，将初次判断裁量权交还给行政机关。随着法治政府建设的加快以及对公民权利保

① 参见何海波：《实质法治：寻求行政判决的合法性》，法律出版社2009年版，第265页。

障范围的扩大与程度的深入,裁判时机成熟性理论开始进入司法权与行政权的边界界定审视过程。最高人民法院在(2018)最高法行申543号裁定中指出,“所谓裁判时机成熟,意味着作出这样一个具体的、全面满足原告诉讼请求的判决所依赖的所有事实和法律上的前提都已具备”。

本案中,为李某某办理户籍登记所需要调查核实的事实已经清楚明确,李某某无须重新或进一步提交新的申请材料,赵全营派出所亦无须再开展其他调查核实工作,于事实方面已不存在任何不确定因素,即“裁量空间已为零”。关于法律问题,前文已认定随继祖父姓属于《全国人民代表大会常务委员会关于〈中华人民共和国民法通则〉第九十九条第一款、〈中华人民共和国婚姻法〉第二十二条的解释》第2款第3项规定的“有不违反公序良俗的其他正当理由”的情形。因此法院认定该两种方案所依据的随继祖父姓违反公序良俗的前提已不成立,赵全营派出所对李某某的户籍登记申请已无裁量空间,直接判令其于本判决生效之日起两个月内为李某某办理户籍登记是正确的,有利于避免久拖不决对李某某未来的生活、学习和成长带来不必要的困扰。对于此类裁判时机成熟的案件,即人民法院经审查可以完全满足原告诉讼请求的案件作出内容具体的判决符合司法权的价值定位,可以避免循环诉讼的“翻烧饼”现象,有利于实质性化解纠纷,符合司法权的内在规律,符合2017年修正的《行政诉讼法》新增的“解决行政争议”之立法目的。二审法院在审理过程中进一步解读,做好双方工作,上诉人当庭撤诉,从二审立案至结案共计5天,及时地化解了争议。

(责任编辑:张澪元)

【观点争鸣】

老年人捡拾“垃圾”变卖导致财产损害的事实及责任认定

马德天*

裁判要旨

在民事侵权案件中，老年人因主观认识错误导致他人财产受到损害，在损害结果认定存疑时，应当根据“谁主张，谁举证”的举证规则合理分配举证责任。在受损方已经初步完成损害结果的举证义务后，除非老年人一方提供足以推翻受损方损失主张的证据，否则任何合理怀疑均不被采信。此外，老年人捡拾“垃圾”，误将他人有价值的物品当作废品处理，在具体赔偿责任认定时亦应综合考虑老年人的主观认识能力及受损方是否存在一定过错等原因，以公平原则为要义合理地划分民事责任的承担比例，避免“一刀切”的处置引发对裁判结果的争议，从而获得当事人双方的认同。

一、案情简介

(一)案情始末

原告北京某健康管理服务中心(以下简称美容中心)从事美容美肤服务，其在北京市某小区某楼20层租用房屋用于日常经营。2019年11月24日9时许，快递公司将原告从网上购买的化妆品的一个纸箱放置于门口，原告员工谢某签收后将纸箱拿到屋内，经过清点后又将纸箱放在美容中心门口即楼内过道处。15时左右，美容中心员工准备将纸箱拿到房内时发现纸箱及物品全部丢失。美

* 北京市西城区人民法院立案庭法官，中国政法大学法律硕士。

容中心员工谢某随即向当地派出所报案。公安机关调取楼内物业监控视频显示,涉案纸箱被被告潘某(71岁)取走。被告在电梯间还打开箱子,检查了箱内的化妆品。派出所民警传唤被告且进行了询问,被告称其每天接送外孙上学,然后会在小区内捡拾垃圾废品进行变卖。事发当天,其自楼顶向下逐层收集住户丢弃的废品,在20层原告门口的楼道发现涉案纸箱和物品,以为是住户丢弃的垃圾,便拿走纸箱并将纸箱内的物品丢弃,将纸箱变卖给小区垃圾分类员唐某,其根本不知道纸箱内标满各种外文字体的瓶瓶罐罐是什么东西。

公安机关对美容中心的员工谢某、垃圾分类员唐某进行了询问,他们陈述的事实过程与被告的陈述基本吻合。唐某亦称亲眼看到潘某将纸箱内的物品丢弃,仅将纸箱变卖。潘某丢弃的物品,唐某以为是垃圾,已经运往生活垃圾处理中心处理,无法寻回。美容中心员工谢某称,事发当日其就在小区附近找到潘某变卖的快递纸箱,并进行了留存。公安机关认为,被告潘某的行为不构成刑事、行政立案条件,未对其采取强制措施,并建议原告美容中心通过民事诉讼向被告主张损害赔偿。

后原告、被告双方就财产损害赔偿问题进行了协商,但双方因对涉案物品的价值、数量、责任承担等问题发生争议,无法达成一致意见。原告认为,被告为了谋取私利,擅自将原告所购商品丢弃,给原告造成经济损失17 837.5元,原告多次向被告追偿均被拒绝。为维护自身合法权益,原告向当地法院提起诉讼,请求法院判决被告赔偿化妆品损失及律师费共计22 837.5元。被告潘某不同意原告的全部诉讼请求。

(二)法院裁判结果

法院经过审理认为,首先,原告提交了出库单、发票、电子银行转账回单用以证明其遭受的货物损失价值,被告对此不予认可,并从货物的价格、数量、重量等方面提出相应的抗辩意见,但均未提交有效的证据予以证明。原告出示的出库单所显示的货物名称及数量与发票所记载的内容一致,发票显示的金额与电子银行转账回单显示的金额一致,三份证据所记载的日期亦与本案事实紧密关联,由此相互印证,形成了完整的证据链条,足以证明原告购买货物的实际价值。虽然被告认为原告主张的损失与实际不符,但在上述原告已证明购买货物实际价值的情况下,被告作为主动行为的侵权人应对其将快递纸箱拖走时该纸箱内实际货物数量或价值发生变化情况进行充分举证,而不能再苛责原告对此进行举证。现被告未提供充分证据证明其主张,故法院对原告主张的货物损失金额为17 837.5元予以确认,对被告认为原告主张损失的货物数量和价值过高,与实际不符的抗辩意见不予采信。

其次,根据原告职工谢某在派出所的陈述和原告的当庭陈述,原告的职工将装有价值贵重货物的快递签收后，直接放置于门口公共楼道内长达数小时，其本身对贵重货物未尽到谨慎防范义务，故原告对货物损失的结果存在一定过错，可以减轻被告的赔偿责任。但鉴于货物放置的公共楼道内亦属于小区居民楼内相对封闭空间，而被告在此情况下将置于相对封闭空间内的非其所属物品擅自处理，故其对损害结果承担较大责任。法院依照公平公正原则，综合考虑各当事人的过错程度，根据本案的具体案情，酌定由被告承担60%的赔偿责任为宜。

最后，由于律师费并非被告侵权行为所必然产生的损失，且律师费用的数额完全是原告和其委托诉讼代理人之间内部的协商结果，被告并未参与律师费的协商过程，原告与其律师关于律师费的约定不能突破债之相对性原理对被告产生约束力，故原告要求被告承担律师费的诉讼请求，于法无据，不予支持。

法院依照《侵权责任法》[①]第6条、第26条，[②]2017年《民事诉讼法》第64条[③]，判决如下：(1)被告潘某于本判决生效之日起7日内赔偿原告美容中心化妆品损失10 702.50元；(2)驳回原告美容中心的其他诉讼请求。案件宣判后，当事人经法院调解，就本案赔偿事宜达成一致意见。被告当庭向原告支付赔偿金9000元，并表示不再上诉。原告表示同意被告赔偿9000元，并表示不申请强制执行。后本案上诉期满，民事判决书直接生效。

二、争鸣观点

（一）损害结果事实的认定

本案的争议焦点之一为原告损失的物品数量及价值如何认定，也即本案作为侵权案件，其重要事实之一损害结果如何认定。之所以产生如此争议，主要原因在于案发现场仅有的楼道监控视频中显示被告将纸箱子拖走，并对纸箱内的物品进行了简单的观察。此时纸箱内的物品摆放已非快递原始状态，显得杂乱无章。在纸箱被放置于楼道的过程中，原告的员工谢某曾将快递纸箱拿回屋内进行清点，因此不排除原告的员工将贵重物品已经取出，而将剩余物品放置于楼道的合理怀疑。且原告作为专业从事美容美肤服务的机构，其购买的物品价值与网络上或化妆品牌官方指定的市场价格亦有可能具有较大出入。对此，被告进行了充分的抗辩，其认为原告主张的损失价值与实际不符，其主张丢失的物品数量与价值并非最终的实际损害结果，故其不同意原告的诉讼请求。

就此问题，主要争议焦点有二：一是现有的第三方即公安机关调取的监控录

---

① 《侵权责任法》已于2021年1月1日因《民法典》的施行而废止。

② 参见《民法典》第1165条、第1172条。

③ 参见2022年修正的《民事诉讼法》第67条。

像无法确切显示丢失物品的实际数量和价值,且原告在放置纸箱前确有将纸箱打开查验的举动,因此应当由原告对物品数量是否发生变动、丢失物品价值与实际出货单显示是否一致进行进一步举证。因为相较于被告潘某而言,在这一事实认定方面,原告明显在举证能力方面存有优势。本案中,被告亦向法院提交了快递纸箱的照片、相关化妆品官方指导价和实际批发价的网络查询对比资料等证据对原告主张的损失结果进行了反驳。由此,原告应当承担较多的举证责任去证明实际的损害结果。如果原告未能就此问题进行充分举证,则相应的损失认定则应由法院根据派出所笔录、监控录像等其他证据予以酌定,属于法院自由裁量权范畴的问题。二是原告向法院提交了发票、出库单、转账记录等证据已经就其损失结果即丢失物品的数量和实际价格进行了举证,原告已经尽到了举证责任,此时被告质疑,应当就自己的主张提供充足的证据予以佐证,这也是一般侵权案件"谁主张,谁举证"举证规则的具体体现。被告虽然提供了一些证据予以反驳原告的损失主张,但均只能使法院对原告主张的事实产生合理怀疑,而未达到直接认定的标准。在双方当事人均未能直接证明货物数量是否发生变动、货物价值的情况下,法院应当对比双方所举证据的证明力,从而做出符合实际的事实认定。仅凭一方的合理怀疑,就直接加重对方的举证义务,既不公平,亦有违举证规则。

(二)民事责任的承担

本案的争议焦点之二为赔偿责任的承担。本案中,被告无疑是直接侵权责任人,如果不是被告自作主张随意拿走原告门前的纸箱,就不会导致本案的发生。在案件审理过程中,被告认可其侵害了原告的财产权,但其提出原告对财产损害结果的发生亦有不可推卸的责任。因为原告将打开的纸箱及杂乱放置的物品长时间置于室外,容易使被告误以为是被废弃的物品,从而导致被告将物品捡拾变卖,产生了本案的损害结果。原告主观亦具有过错,应当承担相应的责任,从而减轻被告承担的损害赔偿责任。

就此问题,主要争议观点有二:一是根据公安机关的调查和处理结果来看,被告实施了侵权行为,导致原告的财产受损,无疑是直接侵权责任人。被告作为成年人应当对自己的行为所产生的结果进行合理的预判,但其未尽到足够的审慎义务,疏忽大意误将他人财产认为废弃之物进行处置,导致财产受损。虽然被告未被公安机关追究刑事及行政责任,但其承担民事责任是毋庸置疑的。虽然原告的快递纸箱是打开的,其中物品的摆放是凌乱的,但根据物品外表应当能判断物品是新的未经使用的。且纸箱位于原告门前的楼道,被告在处置前应当敲门进行询问后方可处置,故被告主观上具有过错,应当承担全部的民事赔偿责任。二是尽管被告是直接侵权责任人,但损害结果的发生并非全部归因于被告。

首先,原告的员工将快递物品长期置于门外楼道这一公共区域,本身主观上就具有放任物品丢失的过失。其次,丢失物品较为特殊,均为进口化妆品,虽然包装完好,但却摆放凌乱,且纸箱亦为敞开状态,容易使人误解为丢弃物品。最后,由于物品包装多为外文书写,对于被告这样一个长期生活在农村,文化水平不高,且从未接触过化妆品的高龄老年人而言,亦无法及时判断属于贵重化妆品。因此,原告对于损害结果的发生亦存在一定的过错。因此,根据我国民事法律的过失相抵原则,被告应当减轻一定的赔偿责任。至于如何认定,应当由法院根据案件的具体情况予以酌情处理。就此酌定处理方案,有人主张“各担一半”,有人主张被告承担80%的赔偿责任,原告承担20%的赔偿责任。

三、笔者观点

本案是老年人基于主观认识错误,由于疏忽大意导致财产损害赔偿的典型案例。一方面,在我们的日常生活中,老年人爱捡拾废品垃圾进行变卖的行为较为常见,这属于个人生活习惯;另一方面,随着社会经济的发展和人民生活方式的不断变化,网络快递购物日益成为人们常见和使用的便利交易形式。当快递人员送件遇到收货人不在场的情形下,快递人员一般会经过收货人的允许将快递物品放置于送达地址附近,如收货地址为住所,物品会放置于住所门前。未拆封的快递货物,人们一般不会将其作为废品对待,否则私自拿走或损坏则有“盗窃”或“故意损害公私财物”之嫌。但如果快递被拆封,快递箱内物品杂乱摆放,则会被老年人当作遗弃的物品看待,从而捡拾变卖。老年人因疏忽大意导致他人物品财产损害,这主要是老年人的日常生活习惯与新兴的日常购物方式之间的认识误差导致。本案的处理引起了社会的广泛关注和探讨,对老年人和快递收货人具有很好的警示教育意义。

(一)损害结果认定的举证责任分配

本案为财产损害赔偿纠纷,属于侵权责任纠纷的一种,应当以存在损害结果为前提。对于财产侵权案件,损害结果主要体现为受到损害的财产的具体价值,以确定侵权人应当支付多少赔偿金。本案的争议焦点之一就是双方对损害结果认识不一。原因在于原告收货后对快递进行了拆封验货,然后将打开的快递纸箱放置于住所门前。这一过程存在一个货物数量和价值减少的合理怀疑。被告亦基于此对化妆品损失数量和价值提出了质疑。由于损害结果系案件的客观事实,故依据“谁主张,谁举证”的原则,应当由原告承担证明损害结果认定的举证责任。现原告已经就损害结果提供了化妆品销售商开具的发票、出库单和交易的银行转账记录,并且这些证据前后衔接印证了损失物品的数量价值,足以说明原告已经完成了相应的举证责任。此时,若要求原告继续就货物损失价值和数量未发生变动进行举证,势必会过于苛责而加重原告的举证责任,既不合理亦不公平。因此,法院有必要对举证责任进行公平合理地分配。被告应当就其对化妆品的数量和价值的质疑与反驳进行相应的举证。然而被告未能对其主张的事实进行充分合理的举证,不足以推翻原告提出的证据,因此法院没有采信其答辩意见,从而采纳了原告的损失主张,认定本案化妆品的损失价值为发票所载明的金额。

(二)赔偿责任的合理划分

我国《民法典》沿用了《侵权责任法》的规定,行为人因过错侵害他人民事权益,应当承担侵权责任。侵权责任的成立必须具备违法行为、损害事实、因果关系和主观过错4个要件,四者缺一则不能构成侵权责任。被告潘某将原告的快递纸箱及纸箱内物品错误地当成废品进行处置,使原告遭受财产损失,其行为与损害结果之间具有必然的因果关系。虽然公安机关并未对被告进行刑事立案,但并不妨碍法院依据现有证据认定被告应承担的民事责任。被告潘某作为成年人,在处置纸箱和纸箱内物品的过程中,应当根据纸箱和物品的包装情况对其是否属于他人抛弃的废品进行合理判断。被告想当然地将纸箱和物品作为废品处置,其主观应当或能够预见自己行为的损害结果,由于疏忽大意没有预见,符合侵权法律规定的主观过错要件。因此,被告潘某应当赔偿原告已遭受的财产损失。

但本案在赔偿责任认定方面又存在特殊之处。首先,被告潘某年逾七旬,年龄较大,且文化层次较低,仅具有小学文化程度,又来自偏远省份的县城农村,其本身对化妆品的认知与年轻人相比存有较大差距。如果直接"一刀切"地认定被告承担全部赔偿责任,则有违民事法律的公平原则,处理结果亦不公正。其次,原告在明知自己所购货物为贵重物品的前提下,将所购物品放置在相对封闭的楼道公共区域内,且时间长达近5个小时,有违常理,其对本案的损害结果亦存有一定程度的过失。根据"过失相抵减责"规则,即被侵权人对损害的发生也有过错的,可以减轻侵权人的责任。最后,法院认定由被告潘某承担60%的赔偿责任较为合理,同时也得到了双方当事人的一致认同,体现了社会效果和法律效果的统一。

(责任编辑:凌　巍)

“夫妻忠诚协议”性质及效力的认定

张英周*

裁判要旨

1. 对夫妻忠诚协议是否可以及如何参照适用《民法典》合同编的相关规定，需根据有关身份关系协议的性质，结合具体情况进行判断。夫妻忠诚协议所约定的内容系为督促保持忠贞而维持婚姻或身份关系，或对合同编的适用将导致相关调整身份关系法律的规范意旨落空的，应当认定属于依其性质不能参照合同编的规定适用。

2. 夫妻是否忠诚实质上属于情感道德范畴，夫妻忠诚协议，应由当事人本着诚信原则自觉履行，法律虽不禁止夫妻之间签订此类协议，但也并不赋予此类协议强制执行力，不能作为分割夫妻共同财产或确定子女抚养权归属的依据。在离婚分割夫妻共同财产时，应综合考虑婚姻关系中各自付出、贡献大小、过错方的过错程度和对婚姻破裂的消极影响，按照照顾子女、女方和无过错方权益原则进行判决。

一、案情简介

原告王某与被告李某系大学同学，双方经自由恋爱于2016年登记结婚，婚后未生育子女。婚后双方共同购买位于A市共有房屋一套。2019年2月14日，原告王某（乙方）与被告李某（甲方）签订的《协议书》约定：“甲乙双方为合法夫妻，为维护夫妻之间忠实、和睦的婚姻家庭关系，经友好协商达成协议，以资共同遵守：一、甲乙双方在婚姻存续期间，应当履行遵守相互忠实义务，相互扶持，相濡以沫，不得做出任何违反夫妻忠诚的行为。二、甲方在婚姻关系存续期

* 北京市石景山区人民法院民二庭负责人，中国人民大学硕士研究生。

间;不得在未取得乙方同意下使用'陌陌'等一切危害夫妻关系的交友软件;不得沉迷于游戏,不得对乙方采取暴力、冷暴力等行为;忠实于乙方,禁止一切违反忠诚行为,包括但不限于婚外性行为、嫖娼、一夜情、与第三方同居、与第三方发生不正当关系等。三、乙方的权利和义务:每月给予甲方基本生活所需费用,不得无故克扣导致甲方无法正常生活;在日常生活中关心甲方。四、债权债务约定:1. 婚姻存续期间,各自名下的债务归各自负担。因甲或乙单方行为产生的任何债务均不得归为共同债务,共同债务必须有甲乙双方签字认可的书面证明。2. 个人债务仅以负债方所有财产为限清偿,不得涉及另一方财产。因乙方负债导致另一方财产损失的,负债方应予赔偿。3. 债权债务关系形成前,负债方将上述债务约定告知债权人或第三人,债权人或第三人以不知该约定为由要求甲乙共同偿还,并致一方损失的,负债方应予赔偿。五、违约责任:1. 甲方违反协议约定,应将其名下的所有不动产无偿赠与乙方所有(位于A市及B市两处房产),且甲方需积极配合乙方完成产权变更(如房产已出售或为其他用途,甲方需无偿给予乙方同等价值赔偿)。2. 甲方违反协议约定导致婚姻关系破裂,则甲方一切财产均归乙方所有,甲方不参与任何财产分配,即净身出户。双方均已经明确协议所有内容,并知晓违反协议后应承担的后果,确定协议约定是双方真实的意思表示,签字即对双方具有约束力。"

原告王某向法院提出诉讼请求:(1)判令解除婚姻关系;(2)根据《协议书》的约定分割共有财产,并赔偿律师费等损失。事实与理由:《协议书》签订后,因被告违反协议约定的忠诚义务,导致夫妻双方感情破裂,《协议书》系双方自愿签署的真实意思表示,合法有效,应获得遵守。

被告李某辩称,同意离婚,但不认可存在《协议书》约定违反忠诚义务的事实,协议书不是完全自愿签订,被告为挽回婚姻感情而签署的具有道德性质的忠诚协议,不应以法律调整,且约定有违公平原则,属无效协议,共有财产应依法分配。同时,被告主张分割因购买A市房屋向其父母及亲属借款而形成的夫妻共同债务400万元。

法院经审理认为,婚姻关系存续应当以夫妻感情为维系的基础,是否应准予双方离婚,应以双方感情是否破裂作为主要考量因素。本案中,原告要求离婚,被告明确表示同意,经法院主持调解,双方亦无和好的可能,故足以认定原告、被告夫妻感情已经破裂,应当判令准予原告、被告离婚。

关于《协议书》的性质及效力问题。本案中,根据《协议书》约定内容,其中部分内容涉及被告如违反夫妻忠诚义务,则应承担放弃共同财产分配等违约责任,该内容系夫妻间有关忠诚协议约定的性质;部分涉及对夫妻关系存续期间债务如何负担及处理的约定,系对双方婚姻关系期间共同财产分配的约定。其中,夫妻忠诚协议是夫妻双方结婚前后,为保证婚姻关系存续期间不违反夫妻忠诚义务而以书面形式约定违约金或赔偿金责任的协议。夫妻是否忠诚实质上属于情感道德范畴,夫妻之间订立的忠诚协议,应由当事人本着诚信原则自觉履行,法律并不禁止夫妻之间签订此类协议,但也不赋予此类协议的强制执行力,不能以此作为分割夫妻共同财产或确定子女抚养权归属的依据。当事人在离婚分割夫妻共同财产时,应综合考虑婚姻关系中各自的付出、贡献大小、过错方的过错程度和对婚姻破裂的消极影响,对无过错方酌情予以照顾,以平衡双方利益,通过司法裁判树立正确的社会价值导向。

本案中,双方虽签订了夫妻忠诚协议,但应建立在双方诚信自愿履行基础之上,不具有合同法上的法律约束力,故不能通过外在法律的强制手段予以解决。因此,原告请求被告依据《协议书》约定的违反忠诚义务而分配财产并承担律师费等违约赔偿责任的主张,缺乏法律依据,本院不予支持。但夫妻忠诚义务的违反,可能引起严重不利后果,即夫妻双方离婚之时,在共有财产分割中照顾无过错方。此外,夫妻忠诚协议中约定的内容及记载的事实,亦可以作为查明案件有关事实及认定离婚财产分割的考虑因素。本案中,原告、被告系大学同学,经自由恋爱结为夫妻,应具有深厚的感情基础,双方在日常生活中应互相忠实,互相尊重,互相关爱,维护平等、和睦、文明的婚姻家庭关系。但是,根据现有证据,可以证实被告的一些行为严重伤害了夫妻之间的感情,导致双方婚姻最终走向破裂,被告对婚姻感情破裂具有不可推卸的责任。

首先,根据《民法典》第 1087 条第 1 款之规定,离婚时,夫妻的共同财产由双方协议处理;协议不成的,由人民法院根据财产的具体情况,按照照顾子女、女方和无过错方权益的原则判决。据此,夫妻一方对离婚存在过错的,法院在分割财产时,应给予无过错方适当的照顾,多分给无过错方财产或给予无过错方优先选择的权利。本案中,根据《协议书》约定的内容以及原告提交的聊天软件截图、照片、录音资料等证据,可以证实离婚系可归责于被告事由导致双方感情破裂,被告对婚姻破裂存在过错,故在财产分割时应采取照顾女方和无过错方原则,对共有财产予以分割。对位于 A 市双方婚后取得的共有房屋,双方均认可由原告取得房屋权属,故该房屋应归原告所有,剩余银行贷款及利息由原告继续偿还,原告给予被告相应的折价补偿。根据照顾女方和无过错方原则,结合该房屋的价值、剩余贷款数额、被告过错等因素,法院酌情确定原告给予被告相应的折价补偿。

其次,夫妻一方婚前签订不动产买卖合同,以个人财产支付首付款并在银行贷款,婚后用夫妻共同财产还贷,不动产登记于首付款支付方名下的,离婚时该不动产由双方协议处理。双方不能达成协议的,人民法院可以判决该不动产归登记一方。双方婚后共同还贷支付的款项及其相对应财产的增值部分,离婚时应根据照顾子女、女方和无过错方权益原则,由不动产登记一方对另一方进行补偿。对于位于B市的房屋,系被告婚前签订买卖合同并在银行贷款,双方婚姻存续期间共同偿还部分贷款。结合该房屋双方婚后偿还贷款情况、双方贡献大小、被告过错等因素,法院酌情确定由被告就共同还贷增值部分给予原告相应补偿。

再次,关于被告主张因购买A市房屋向案外人借款400万元,请求分割400万元共同债务的主张。因被告所提交的其本人书写的借条复印件与银行流水不能一一对应,且被告所主张的借款是否属于夫妻共同债务的认定结果与案外债权人存在法律上的利害关系,在案外人均未参加诉讼的情况下,法院无法查明和确认被告主张的是否属于共同债务。对此,各方可另行依法解决。

最后,根据《民法典》第1065条的规定,男女双方可以约定婚姻关系存续期间所得的财产以及婚前财产归各自所有、共同所有或者部分各自所有、部分共同所有。夫妻对婚姻关系存续期间所得的财产以及婚前财产的约定,对双方具有法律约束力。根据民法意思自治原则,法律允许夫妻用协议的方式,对夫妻在婚前和婚姻关系存续期间所得财产的所有权的归属、管理权、使用收益、处分权,以及对家庭生活费用负担、第三人债务清偿责任、婚姻关系终止时财产清算及分割等事项作出约定,且对双方具有法律约束力。因此,退一步讲,即便被告所主张的与案外人之间借款债务的事实成立,鉴于双方签订的《协议书》第4条约定内容仅涉及对夫妻关系存续期间共同债务负担及处理,双方对该部分有关债权债务处理约定的内容不涉及身份关系,亦不违反法律强制性规定,对双方应具有约束力。因此,对被告主张分割共同债务的主张,法院不予支持。

二、争鸣观点

关于夫妻忠诚协议的法律效力问题,在《民法典》实施前,法律并无明确的规定,法学理论界一直以来存在激烈的争议,审判实践中对此类协议认定也没有统一的标准。最高人民法院在起草《关于适用〈中华人民共和国婚姻法〉若干问题的解释(三)》①时曾经试图解决该问题,原拟定的条文为:"夫妻双方签订有关忠诚协议,一方以另一方违反忠诚协议为由主张按照约定内容履行的,经法院审查没有欺诈、胁迫的情形,应当予以支持。当事人约定数额过高的,一方可以请求法院予以适当调整。"由于理论界和实务界对该问题争议较大且未能形成一

① 此解释已于2021年1月1日因《最高人民法院关于废止部分司法解释及相关规范性文件的决定》的施行而失效。

致的倾向性意见，故忠诚协议问题最终被搁置处理。关于夫妻忠诚协议的效力问题，目前理论界和实务界主要存在如下分歧和争议。

第一种意见认为，夫妻忠诚协议属于广义的民事合同，只要夫妻忠诚协议是在双方平等自愿基础之上订立，不存在法律关于合同无效、可撤销情形，依法应当认定合同效力，协议约定的赔偿数额或违约金过高时，可根据公平原则予以调整。[①] 出于对婚姻关系和社会稳定的维护以及对弱势一方的保护，应承认夫妻忠诚协议的效力，道德约束力的不足和权利意识、自我保护意识的增强，使越来越多的夫妻忠诚协议产生。[②] 即便《婚姻法》[③]第 4 条[④]规定的夫妻忠实义务并非权利义务规范，而是倡导性规范，也不妨碍夫妻双方为赋予忠实义务以法律强制力而自愿以民事协议形式将道德义务转化为法律义务，只要此种协议不违背法律、行政法规的禁止性规定，不违背公序良俗，法律应承认其效力。[⑤] 夫妻忠实义务既是道德义务又是法律义务，可将忠诚协议视为为维持婚姻关系稳定而签订的特殊合同，以满足特殊生效要件为审判基准。[⑥]

第二种意见认为，夫妻忠诚协议虽以合同形式存在，但没有合同债权发生的根据，不属于合同之债，法律不允许通过合同约定支配人身关系，婚姻法规定的夫妻忠诚义务，仅是道德义务，夫妻一方以此道德义务作为对价与另一方进行交换而订立的合同，不能理解为确定具体民事权利义务的合同，夫妻之间签订的“空床费”“净身出户”“不忠赔偿款”等具有违约或损害赔偿性质的忠诚协议无效。合同关系具有经济属性，本质上是一种交易关系。在司法裁判环节，如果法官用合同法规则裁决夫妻忠诚协议，既是对合同法的误解，也是对婚姻关系的亵渎。承认夫妻忠诚协议的效力，容易诱发夫妻一方借助“忠实协议”侵吞夫妻共同财产的情况出现，从而形成不良逆向激励。[⑦]

---

① 参见北京市第二中级人民法院民事判决书，(2020)京 02 民终 5381 号；北京市东城区人民法院民事判决书，(2019)京 0101 民初 18299 号；福建省福州市中级人民法院民事判决书，(2019)闽 01 民终 5767 号。

② 参见郭鹏：《夫妻忠诚协议的再探讨——基于学说理论和实证案例的反思》，载《劳动保障世界》2017 年第 24 期。

③ 《婚姻法》已于 2021 年 1 月 1 日因《民法典》的施行而废止。

④ 参见《民法典》第 1043 条。

⑤ 参见贵州省贵阳市中级人民法院民事判决书，(2020)黔 01 民终 286 号民事判决书；广东省中山市中级人民法院民事判决书，(2016)粤 20 民再 15 号；河北省沧州市中级人民法院民事判决书，(2015)沧民终字第 268 号；河南省郑州市中级人民法院民事判决书，(2008)郑民二终字第 60 号。

⑥ 参见宋洋：《夫妻忠诚协议审判研究——以 30 份裁判文书为样本》，载《四川文理学院学报》2011 年第 6 期。

⑦ 参见景春兰：《夫妻“忠诚协议”的裁判规则解释》，载《政治与法律》2017 年第 8 期。

第三种意见认为，夫妻是否相互忠诚属于情感道德领域范畴，国家公权力在涉及有关个人情感、隐私领域时，司法应保持应有的谦抑品格，正所谓“清官难断家务事”，不可过度介入婚姻中的内部事务。[①] 夫妻之间签订的忠诚协议，虽不违法无效，但应由当事人自觉履行，法律并不赋予其强制执行效力，不能以此作为分割夫妻共同财产或确定子女抚养权的依据。夫妻一方起诉确认忠诚协议效力或者以另一方违反忠实义务要求依法履行该义务的，对此类案件不予受理。[②]

第四种意见认为，对忠诚协议的效力不能一概而论，应根据不同忠诚协议的类型及约定的具体内容以及其他现实情况等综合认定。[③] 以财产赔偿金和财产分割不利益为条件的忠诚协议，可以认定为有效；以解除婚姻关系或者放弃直接抚养子女权利等为条件涉及身份关系的约定无效。[④] 协议约定的目的无意维持婚姻，而在于指向离婚时过错赔偿的，有关财产分割、经济补偿等为条件的忠诚协议，可以认定为有效。对于夫妻忠诚协议中的财产性条款，应当认定其有效，关于人身权利的部分，应当认为无效。[⑤]

三、笔者观点

综合上述意见，结合《民法典》及司法解释的规定，笔者认为，夫妻是否忠诚实质上属于情感道德范畴，夫妻之间订立的忠诚协议，应由当事人本着诚信原则自觉履行，法律并不禁止夫妻之间签订此类协议，但也不赋予此类协议的强制执行力，不能以此作为分割夫妻共同财产或确定子女抚养权归属的依据。当事人在离婚分割夫妻共同财产时，应综合考虑婚姻关系中各自的付出、贡献大小、过错方的过错程度和对婚姻破裂的消极影响，按照照顾子女、女方和无过错方权益原则判决，对无过错方酌情予以照顾，以平衡双方利益，通过司法裁判树立正确的社会价值导向。

---

① 参见江必新主编：《中华人民共和国民法典适用与实务讲座》（下册），人民法院出版社 2020 年版，第 906 页。

② 参见上海市浦东新区人民法院民事判决书，（2011）浦民一（民）初字第 10338 号；上海市第一中级人民法院民事判决书，（2011）沪一中民一（民）终字第 2493 号。

③ 参见北京市第三中级人民法院民事判决书，（2014）三中民终字第 08873 号；江苏省南京市中级人民法院民事判决书，（2013）宁民终字第 2967 号。

④ 参见梅夏英、叶雄彪：《婚姻忠诚协议问题研究》，载《法律适用》2020 年第 3 期。

⑤ 参见高青青、范克欣：《夫妻忠诚协议的法律效力分析——以中国裁判文书网的案例为例》，载《法制与社会》2019 年第 11 期。

(一)关于夫妻忠诚协议是否具有可参照适用合同编调整问题

根据《民法典》第464条的规定,合同是民事主体之间设立、变更、终止民事法律关系的协议。婚姻、收养、监护等有关身份关系的协议,适用有关身份关系的法律规定;没有规定的,可以根据其性质参照适用合同编的规定。据此,有关身份关系协议在特定情况下可以参照合同编的规定处理,通常参照的范围仅限于财产性协议。对具体身份关系是否可以及如何参照适用《民法典》合同编相关规定,需根据有关身份关系协议的性质,结合具体情况来进行判断。[①] 因身份关系不仅涉及平等民事主体之间的私益,更涉及社会公共利益和社会伦理道德范畴,具有浓厚的伦理色彩,其所具有的浓重伦理色彩决定了身份关系协议中必然有不适宜为合同编所调整的内容。若夫妻忠诚协议所约定内容系督促保持忠贞而维持婚姻,或身份关系的协议对合同编的适用将导致相关调整身份关系法律的规范意旨落空,则应当认定属于依其性质不能参照合同编规定适用。[②] 因此,对于纯粹身份关系性质的夫妻忠诚协议虽以合同形式存在,但没有合同债权发生的根据,其是基于夫妻身份关系而发生,不属于合同之债,不属于合同法意义上的合同,不宜由合同编调整。

本案中,根据《协议书》的约定,夫妻关系存续期间被告"不得采取暴力、冷暴力等行为,禁止一切违反忠诚行为,否则应承担违约赔偿责任"等内容,系以夫妻关系身份为前提,原告为督促被告保持忠贞以维持婚姻关系存续而订立的协议,基于夫妻忠诚协议的身份性,虽以合同形式存在,但基于夫妻身份关系而发生,不属于合同编意义上的合同,故不宜纳入合同编财产关系法律规范调整的范围。

(二)关于夫妻互相忠实义务法律规范的性质问题

《民法典》第1043条规定,夫妻应当互相忠实,互相尊重,互相关爱。这里的互相忠实既包括夫妻之间生活的专一,也包括夫妻间的情感交流和彼此尊重,以及夫妻不得恶意遗弃对方,不得为第三人利益牺牲和损害配偶一方的利益。互相尊重是指夫妻在共同生活中,应当相互尊重对方的意志和意愿,相互支持和理解,不得将自己的意志强加于对方。上述规定是将婚姻家庭道德规范法律化,将道德准则融入法律规范,属于倡导性、宣誓性条款,以立法形式明确告诉人们,

---

① 参见黄薇主编:《中华人民共和国民法典合同编释义》,法律出版社2020年版,第11页。

② 参见最高人民法院民法典贯彻实施工作领导小组主编:《中华人民共和国民法典合同编理解与适用(一)》,人民法院出版社2020年版,第27页。

国家提倡什么样的婚姻家庭关系,但并非设定实体上民事权利义务关系的规范。[①] 故夫妻之间将相互忠实的道德义务作为财产或物质交换对价而订立的协议,属于将道德义务以合同形式予以设定,不能认定是确定民事权利义务的协议。故夫妻忠诚协议的义务履行不应具有强制性,其性质类似于自然债务。[②] 但对上述义务的违反,可能引起严重的不利后果,即夫妻双方离婚之时,在共有财产分割中照顾无过错方。此外,夫妻忠诚协议中约定的内容及记载的事实,亦可以作为查明案件有关事实及认定离婚财产分割的考虑因素。本案中,原告、被告在夫妻关系存续期间应互相忠实,互相尊重,互相关爱,维护平等、和睦、文明的婚姻家庭关系。但是,现有证据可以证实,被告的一些行为严重伤害了夫妻之间的感情,导致双方婚姻最终走向破裂,被告对婚姻感情破裂具有不可推卸的责任。

(三)关于夫妻忠实义务规范能否作为协议效力依据问题

《最高人民法院关于适用〈中华人民共和国民法典〉婚姻家庭编的解释(一)》第4条规定:"当事人仅以民法典第一千零四十三条为依据提起诉讼的,人民法院不予受理;已经受理的,裁定驳回起诉。"据此,夫妻忠诚协议实质属于情感道德范畴,应由当事人本着诚信原则自觉履行,法律并不禁止夫妻之间签订此类协议,但也不赋予此类协议的强制执行力。[③] 当事人依据夫妻忠诚协议约定已经履行了赔偿等义务而反悔的,人民法院不予支持;当事人依据夫妻忠诚协议要求赔偿或承担违约责任的,同样不予支持。[④] 忠诚协议这种具有强烈感情色彩的身份协议,实质属于情感道德范畴,当事人自觉自愿履行忠诚协议当然极好,违反忠诚协议一方心甘情愿"净身出户"。或赔偿若干金钱,为自己出轨行为付出经济上的代价。但是如果一方不愿履行,不应强迫其履行忠诚协议,就如同超过诉讼时效的债权债务,是否履行全凭当事人自愿。[⑤] 如果相关忠诚协议得到法院的支持,当事人为获取证据,窃听电话、私拆信件以及对个人隐私权更为严重的侵犯情形都可能发生,其负面效应不可低估,夫妻之间的感情纠葛可能演变为刑事犯罪案件。综合考虑各种利弊因素,不宜赋予忠诚协议强制执行的

① 参见最高人民法院民法典贯彻实施工作领导小组主编:《中华人民共和国民法典婚姻家庭继承编理解与适用》,人民法院出版社2020年版,第36页。

② 参见何晓航、何志:《夫妻忠诚协议的法律思考》,载《法律适用》2012年第3期。

③ 参见最高人民法院民法典贯彻实施工作领导小组主编:《中华人民共和国民法典婚姻家庭继承编理解与适用》,人民法院出版社2020年版,第39页。

④ 参见何志:《婚姻案件审理要点精释》,人民法院出版社2013年版,第8页。

⑤ 参见江必新主编:《中华人民共和国民法典适用与实务讲座》(下册),人民法院出版社2020年版,第905页。

效力。[①] 忠诚协议要获得法院赋予的强制执行效力，必须经过一系列的查证和举证程序，法院审理此类案件，必然会面临一个尴尬而危险的举证困境和一系列的负面影响。法院无论如何裁判及裁判的结果如何，都可能会卷入法律与道德之争的旋涡。夫妻忠诚协议更多是情绪化的产物，不具有合同法上的强制执行效力；否则可能会因为其在婚姻存续期间的单独可诉性而沦为情感游戏的裁判或私房钱索取的工具。[②] 夫妻一方以对方违反协议约定提起诉讼的，人民法院不予受理，已经受理的，应裁定驳回起诉。[③] 本案中，双方虽签订了夫妻忠诚协议，但应建立在双方诚信自愿履行基础之上，不具有合同法上的法律约束力，故不能通过外在法律的强制手段予以解决。

（四）关于夫妻离婚共同财产的分割原则

根据《民法典》第1087条第1款之规定，离婚时，夫妻的共同财产由双方协议处理；协议不成的，由人民法院根据财产的具体情况，按照照顾子女、女方和无过错方权益的原则判决。据此，分割夫妻共同财产，一般应当以均等为原则，以照顾子女、女方原则为补充。但是，夫妻一方对离婚存在过错的，人民法院在分割财产时，应给予无过错方适当的照顾，多分给无过错方财产或给予无过错方优先选择的权利。本案中，根据《协议书》约定的内容以及原告提交的聊天软件截图、照片、录音资料等证据，可以证实离婚系因可归责于被告的事由导致双方感情破裂，被告对婚姻破裂存在过错，故在财产分割时应采取照顾女方和无过错方原则，对共有财产予以分割。

（五）有关财产型夫妻忠诚协议参照合同编适用问题

实践中，有关身份关系协议的属性和种类并不单纯。除纯粹引起身份关系变动的协议外，还有既能够引起身份关系变动，又能导致财产关系变动的复合型

---

① 参见吴晓芳：《〈民法典〉婚姻家庭编涉及的有关争议问题探析》，载《法律适用》2020年第21期。

② 参见陈甦：《婚内情感协议得否拥有强制执行力》，载《人民法院报》2007年1月11日，第5版。

③ 参见江苏省高级人民法院《家事纠纷案件审理指南（婚姻家庭部分）》：夫妻是否忠诚属于情感道德领域范畴，夫妻双方订立的忠诚协议应当自觉履行。夫妻一方起诉主张确认忠诚协议的效力或者夫妻另一方违反忠诚协议为由主张其承担责任的，裁定不予受理，已经受理的，裁定驳回起诉。上海市高级人民法院民一庭《民事法律适用问答选登（二）》问题3：夫妻在婚前或婚后所签订的一方应当对另一方忠实，不得有婚外情，如有违反，违反的一方应当支付违约金或赔偿损失的约定，是否具有可诉性，法院应否支持当事人的诉请？答：《婚姻法》第4条（《民法典》第1043条）所规定的忠实义务，是一种道德义务，而不是法律义务，夫妻一方以此道德作为对价与另一方进行交换而订立的协议，不能理解为确定具体民事权利义务的协议。对夫妻双方签有忠诚协议，现一方仅以对方违反忠实协议为由，起诉要求对方履行协议或支付违约金及赔偿损失的，人民法院不予受理；除《婚姻法》第46条（《民法典》第1091条）规定的情形外，夫妻一方在离婚案件中以对方违反忠实协议或违背忠实义务为由，要求对方支付违约金或损害赔偿的，审理该案的人民法院不予处理。

身份协议。因此,对夫妻共同财产约定处理的混合型夫妻忠诚协议而言,应当作出切分处理,对涉及人身权利的约定,应当否认其效力。而对于“名为约定、实为法定的财产型夫妻忠诚协议”中有关财产部分的约定,如其内容不违反法律、行政法规强制规定,不违反公序良俗的,可以认定其效力。[①]《民法典》第1065条明确规定:“男女双方可以约定婚姻关系存续期间所得的财产以及婚前财产归各自所有、共同所有或者部分各自所有、部分共同所有。……夫妻对婚姻关系存续期间所得的财产以及婚前财产的约定,对双方具有法律约束力。夫妻对婚姻关系存续期间所得的财产约定归各自所有,夫或妻一方对外所负的债务,相对人知道该约定的,以夫或妻一方的个人财产清偿。”据此,根据民法意思自治原则,法律允许夫妻用协议的方式,对夫妻在婚前和婚姻关系存续期间所得财产的所有权的归属、管理权、使用收益、处分权,以及对家庭生活费用负担、第三人债务清偿责任、婚姻关系终止时财产清算及分割等事项作出约定,且对双方具有法律约束力。因此,本案中,即便被告所主张的与案外人之间借款债务的事实成立,鉴于双方签订的《协议书》第4条约定内容仅涉及对夫妻关系存续期间共同债务负担及处理,双方对该部分有关债权债务处理约定的内容不涉及身份关系,亦不违反法律强制性规定,对双方应具有约束力。因此,对被告主张分割共同债务的主张,法院不予支持。

(责任编辑:张濡元)

① 参见童航:《夫妻忠诚协议效力的认定》,载《甘肃政法学院学报》2014年第6期。

当事人约定不明情形下债务加入、债务转移和保证的区分标准

张丽新* 唐大利**

裁判要旨

1. 在判断第三人承诺履行债务的意思表示系债务加入、债务转移还是保证时，首先应当根据意思表示解释规则确定当事人的真实意思，不能确定的情形下根据履行顺位的约定可以排除债务加入、债务转移以及连带保证，不以债务人届期未履行作为第三人履行债务的条件的可以排除保证，仍不能区分的应从平衡保护的立场出发推定为一般保证。

2. 在第三人与债权人之间本身并无债权债务关系而仅为债务人向债权人出具借条的情况下，如果该借条未约定以债务人届期未履行作为履行条件且债权人未明确放弃向债务人主张债权的，则第三人出具借条的行为可认定为债务加入。

一、案情简介

原告刘某某诉称：刘某甲与刘某乙系朋友关系。2016 年 11 月，刘某乙称其外甥女李某某有投资工程项目，短期可得高额返利，并劝刘某甲出资，承诺刘某甲出资后如李某某不能按时还款返利，则由刘某乙负责返还。为此刘某乙于 2016 年 11 月 15 日以为刘某甲出具借条的方式为李某某按时返款返利提供保证。之后，刘某甲将 50 000 元转至刘某乙名下账户，刘某乙将钱款转给李某某。2017 年 11 月 20 日，在李某某因涉嫌诈骗罪被羁押期间，刘某甲、刘某乙达成协

* 北京市第三中级人民法院民四庭法官，中国政法大学法学学士。

** 北京市第三中级人民法院民三庭法官助理，中国政法大学法学硕士。

议,刘某乙自愿为李某某承担返还义务,并再次为刘某甲出具借条以示诚意。2018 年 4 月 25 日,北京市顺义区人民法院以诈骗罪判决李某某有期徒刑 12 年 4 个月,并责令李某某退赔刘某甲经济损失 50 000 元。2018 年 9 月 30 日,北京市顺义区人民法院出具(2018)京 0113 执 4254 号执行裁定书,裁定:因未能查到李某某名下可供执行的财产,而终结北京市顺义区人民法院作出的(2017)京 0113 刑初 1095 号刑事判决的执行程序。刘某甲认为,刘某乙再次出具借条的行为属于债务加入,刘某甲有权要求刘某乙履行返还义务。故刘某甲起诉至法院请求判令刘某乙支付刘某甲欠款 50 000 元。

被告刘某乙辩称:刘某乙通过一次喝酒认识的刘某甲,当时有一个办公用品项目刘某乙问刘某甲做不做,刘某甲说做,之后刘某甲把钱转给刘某乙,刘某乙又把钱转给李某某,刘某乙有转账记录可以证明。刘某乙虽然出具了借条,但是钱不是刘某乙借的,钱是李某某借的。刘某乙与刘某甲之间并没有发生真实的借款关系,刘某乙打借条的行为也不属于债务加入。

法院经审理查明:刘某甲经刘某乙介绍认识案外人李某某。2016 年 11 月 15 日,刘某甲通过银行转账方式向刘某乙汇款 50 000 元,刘某乙又将该款转账给案外人李某某,当日刘某乙向刘某甲出具借条,显示内容有"今借刘某甲(五万元正)伍万元正"。后李某某因涉嫌诈骗罪被立案侦查,北京市顺义区人民检察院于 2017 年 9 月 27 日向北京市顺义区人民法院提起公诉。2017 年 11 月 20 日,刘某乙为刘某甲再次出具借条,显示内容有"今借刘某甲(五万元正)伍万元正"。2018 年 4 月 25 日,北京市顺义区人民法院以诈骗罪判决李某某有期徒刑 12 年 4 个月,并责令李某某退赔刘某甲经济损失 50 000 元。2018 年 9 月 30 日,北京市顺义区人民法院出具(2018)京 0113 执 4254 号执行裁定书,裁定:因未能查到李某某名下可供执行的财产,终结北京市顺义区人民法院作出的(2017)京 0113 刑初 1095 号刑事判决书第二项的本次执行程序。

刘某乙给付刘某甲款项 50 000 元,于判决生效之日起 7 日内执行。刘某乙不服一审判决,向二审法院提起上诉。

法院生效裁判认为:债务加入是指第三人与债务人约定加入债务并通知债权人或者第三人向债权人表示愿意加入债务,债权人未在合理期限内明确拒绝的,债权人可以请求第三人在其愿意承担的债务范围内和债务人承担连带责任。本案中,双方当事人对于借款人系李某某,借款通过刘某乙转给李某某等事实均无异议,刘某乙在此情况下针对该笔债务先后两次向刘某甲出具借条,可以说明刘某乙具有加入该债务的意思表示,因第三人向债权人表示愿意加入债务,债权人亦予以接受属于债务加入的有效形式,故本案刘某乙向刘某甲出具借条的行为在法律性质上实际构成债务加入,现刘某甲向其主张借款,刘某乙即应对该

50 000 元债务承担偿还责任。二审法院作出终审判决，判决驳回上诉，维持原判。

二、争鸣观点

第三人与债权人之间并无债权债务关系的情形下，第三人为债务人向债权人出具借条，第三人与债务人的法律关系该如何确定，审判实践中存在以下不同观点：第一种观点认为，第三人与债权人并不存在债权债务关系，其单方出具借条具有保证的性质，应当承担保证责任。第二种观点认为，因第三人向债权人出具借条，具有明确独立承担他人债务的意思表示，故属于债务转移（亦称免责的债务承担）。第三种观点认为，在查明第三人系因他人债务而向债权人出具借条的情况下，第三人出具借条的行为构成债务加入（亦称并存的债务承担），应与债务人共同承担债务。上述三种争议观点涉及的实质法律问题是当事人约定不明情形下债务加入、债务转移和保证的区分问题，对于该问题以往理论及司法实践中争议很大，因《民法典》填补了此前关于民法理论中债务加入的立法空白，且《民法典》《最高人民法院关于适用〈中华人民共和国民法典〉有关担保制度的解释》（以下简称《担保制度解释》）对于担保部分亦做了重大修改，故约定不明情形下债务加入、债务转移以及保证的区分问题再次出现在司法实践中，三者之间具体该如何区分有待重新厘清。

三、笔者观点

（一）以《民法典》相关规定为基础的理论区分

债务加入，即第三人加入债务中，作为新债务人和原债务人一起对债权人承担连带债务。虽然理论及司法实践中对于债务加入的研究及适用并非罕见，但《民法典》却是首次在立法中对债务加入予以确认，《民法典》第 552 条规定："第三人与债务人约定加入债务并通知债权人，或者第三人向债权人表示愿意加入债务，债权人未在合理期限内明确拒绝的，债权人可以请求第三人在其愿意承担的债务范围内和债务人承担连带债务。"鉴于债务加入与债务转移属于债务承担范畴，债务加入与保证又均具有担保的性质，故三者的区分历来是理论和司法实践的难题，《民法典》虽首次在法律层面规定债务加入，但也未对三者之间的区分作出特别规定，故区分标准的确立首先应当从各自规定的定义入手，探寻区分三者的基本标准。

1. 债务加入与债务转移的区分

债务加入与债务转移都属于债务承担范畴，债务转移实质不改变债务的内容,债务人将债务全部或者部分转移给第三人。[①] 债务转移在原《合同法》第 84 条即有明确规定、《民法典》第 551 条再次予以明确。债务转移与债务加入的区别在于债务转移中,原则上原债务人不再作为债务人,而由第三人作为债务人,因此债务转移又被称为免责的债务承担。但债务加入中,第三人和原债务人一起对债权人负有连带债务,因此债务加入也成为并存的债务承担。根据上述规定可以看出,债务加入相对于债务转移对债权人更加有利,但是相对于第三人来说,债务转移对其负担相对更重。

2. 债务加入与保证的区分

《民法典》第 681 条对保证作了定义,"保证合同是为保障债权的实现,保证人和债权人约定,当债务人不履行到期债务或者发生当事人约定的情形时,保证人履行债务或者承担责任的合同"。从法律上看,保证本身是一种债的担保方式,具有保障债权实现的功能。而就债务加入而言,债之关系以外的第三人进入债之关系,与原债务人一起对债权人负责,原债务人的责任财产不受影响,在此基础上,又增添了债务加入人的责任财产,因此,债务加入本身也具有担保功能。[②] 债务加入与保证从功能上讲均具有担保债权实现责任财产的担保功能,故而是否具有担保债权的意思并不能明确区分二者,其不同之处在于:第一,保证是债务人不履行债务时,保证人承担保证责任的从属性债务,而债务加入是第三人作为连带债务人,没有主从关系;第二,保证具有保证期间和诉讼时效的限制,而债务加入后产生的连带债务仅具有诉讼时效的限制;第三,保证人承担保证责任后,可以向债务人追偿,而债务加入作为连带债务人履行债务后,是否对债务人有追偿权,取决于其与债务人之间的约定。

(二)约定不明情形下的体系化区分规则

对于债务转移、债务加入以及保证的约定不明,主要原因可以分为以下两点:一是在商事交易实践中大量的增信措施,如差额补足、流动性支持等,这些措施都是当事人结合交易实践的需要而采取的一些灵活处理的方式,有一些甚至是当事人为了规避法律上关于提供担保的一些程序性安排,商主体未必不知晓债务转移、债务加入以及保证的真正含义。二是在传统的民间社会中,第三人往往出于情谊、经济因素等,由于不熟悉法律,而通过借条、承诺、保函甚至是仅在借条上签字等方式表示愿意帮助债务人还款,此时究竟应当构成债务加入、债务

① 参见黄薇主编:《中华人民共和国民法典解读》(合同编·上),中国法制出版社 2020 年版,第 282 页。

② 参见王利明:《论"存疑推定为保证"——以债务加入与保证的区分为中心》,载《华东政法大学学报》2021 年第 3 期。

转移还是保证,争议较大。针对上述情况,区分的思路应当是首先按照意思表示解释规则,从文本上探寻当事人真意,如不能确定的,则再适用核心区别点规则和推定规则加以区分。

1. 意思表示解释规则

《民法典》第 142 条[①]确立了意思表示的一般规则,在进行具体判断时应当判断当事人是否具有以下意思:一是直接从三者的定义文字表述来判断,如合同中如果出现“保证”等文字的,一般应按照保证认定。如果仅出现“连带清偿、共同偿还”表述的,一般应按照债务加入认定。如果当事人出具“给予流动性支持,差额不足”等书面增信承诺的,要结合合同条款的具体内容进行判断,具有提供担保的意思表示的,可以认定为保证。[②] 二是第三人是否具有为债务人还债的意思。判断债务加入与保证的关键在于,第三人是否具有为债务人共同还债的意思表示。债务加入意思表示的核心在于是否愿意为债务人清偿债务,如果第三人没有为债务人还债的意思,则可能只是成立保证。三是第三人向债权人表示是否履行的债务具有不确定性。如第三人表示只有在债务人不能清偿时将予以资金支持,此种承诺一般属于保证。在确定性承诺中,第三人明确地、肯定地表示要为债务人履行债务,此种确定性承诺更可能被认定为债务加入。[③]

2. 核心区别点规则

在具体案件中,当事人约定的情形极为复杂,解决的路径应当是抓住概念的核心区别点进行综合判断。具体区分规则为:在文义解释无果的情形下,履行顺位的约定可以排除债务加入、债务转移以及连带保证。因为一般保证具有补充性,即只有在主债务人不能履行债务时,一般保证人才能履行债务或承担责任,而债务加入、连带保证不具有补充性,债权人可以直接要求债务加入人或连带保证人履行债务,债务转移因原债务人已经免责,更不存在约定履行顺位的余地。不以债务人届期未履行作为第三人履行债务的条件可以排除保证,因为《民法典》第 681 条规定保证人履行债务或者承担责任以债务人不履行债务为前提。[④]

---

① 《民法典》第 142 条规定:有相对人的意思表示的解释,应当按照所使用的词句,结合相关条款、行为的性质和目的、习惯以及诚信原则,确定意思表示的含义。无相对人的意思表示的解释,不能完全拘泥于所使用的词句,而应当结合相关条款、行为的性质和目的、习惯以及诚信原则,确定行为人的真实意思。

② 参见刘贵祥:《民法典关于担保的几个重大问题》,载《法律适用》2021 年第 1 期。

③ 参见高圣平:《民法典担保制度及配套司法解释理解与适用》,中国法制出版社 2021 年版,第 113 页。

④ 参见夏昊晗:《债务加入与保证之识别——基于裁判分歧的分析和展开》,载《法学家》2019 年第 6 期。

3. 推定规则

从《民法典》《担保制度解释》对于推定规则的修改来看,传统的强调保护债权人利益已经转向为债权人、债务人、担保人各方利益的平衡保护。为避免具有保护保证人作用的保证法律规范被规避,加强对单方承诺负担义务的第三人的保护,在债务转移与债务加入难以区分的情况下应当推定为债务加入,在债务加入与保证难以区分的情形下则应当推定为保证,至于是一般保证还是连带保证则需进一步结合文义进行区分,但如果仍无法确定,则应按《民法典》第 686 条第 2 款的推定规则,推定为一般保证。

(1)债务加入与债务转移约定不明的,推定为债务加入

债务转移较之债务加入,对于债权人的保护并未更加周全,对于第三人负担也更加沉重,故在债务转移还是债务加入意思不清晰时,考虑到债权人对债务人资金能力和履行能力的信赖,从保护债权人和第三人利益的角度,债务人不应轻易从债务中摆脱,应当推定为债务加入,除非债权人有明确的免除债务人债务的意思表示,否则不能推定为债务转移。

(2)保证与债务加入约定不明的,推定为保证

当债务加入与保证发生冲突时,《担保制度解释》第 36 条第 3 款的规定可以作为判断依据,该款规定:“前两款中第三人提供的承诺文件难以确定是保证还是债务加入的,人民法院应当将其认定为保证。”如此规定的理由在于:“一方面,第三方为相关债务人提供增信承诺,其中皆不乏利益考量,当事人间的利益关系可作为保证与债务加入识别时综合考量的一个综合因素,却不应成为基本标准;另一方面,从《民法典》第 686 条规定看,已由注重债权人的保护向平衡债权人和担保人的利益转变,因此,在无法作出有说服力的合同解释的情况下,应向责任较轻的方向进行推定。”[①]该司法解释的规定虽然仅针对增信措施而言,但从其规范意旨来看,亦可作为保证与债务加入约定不明的一般推定规则。

(3)一般保证与连带保证约定不明的,推定为一般保证

《民法典》第 686 条第 2 款规定,“当事人在保证合同中对保证方式没有约定或者约定不明确的,按照一般保证承担保证责任”,该规定彻底修改了《担保法》[②]第 19 条关于约定不明情形下推定为连带保证的认定规则。该修改反映的是《民法典》从以往单方强调保护债权人利益变更为债权人和担保人利益平衡保护的新理念。事实上这也是传统民法中平等原则的回归。因为从大陆法系主

---

① 最高人民法院民事审判第二庭:《最高人民法院民法典担保制度司法解释理解与适用》,人民法院出版社 2021 年版,第 337 页。

② 《担保法》已于 2021 年 1 月 1 日因《民法典》的施行废止。

要国家的立法例来看,一般保证属于基本的保证类型,而连带保证则属于特殊的保证形态。只有在保证人与债权人明确约定就主债务负连带履行责任或者保证人抛弃先诉抗辩权时,该保证才属于连带保证。《德国民法典》第771条、《法国民法典》第2021条,均是如此规定,瑞士、日本等国的法律规定亦同。我国《民法典》将默认保证方式从连带保证转变为一般保证有利于平衡保护各方权益,维护交易安全。

(三)第三人为债务人向债权人出具借条的法律性质

在平衡保护理念下,以意思表示解释规则、核心点区分规则和推定规则为具体指导,第三人与债权人之间并无债权债务关系的情形下,第三人为债务人而向债权人出具借条,第三人与债务人的法律关系该如何确定,其分析路径如下。

首先,应当查明的前提事实是第三人与债权人之间不存在债权债务关系以及出具借条系为债务人而出具,故第三人则不能以第三人与债权人不存在实质上的借贷关系进行抗辩,以此否定其义务的承担。因为债务加入具有无因性,第三人缘何出具借条并非法院查明的事实。

其次,第三人为债务人出具借条,单纯从借条形式本身可以看出第三人在签订借条当时具有承担债务人债务的意思。至于该意思具体是债务加入、债务转移还是保证,则需要从上述区分规则出发来认定,即是否以债务人届期未履行或存在履行顺位作为条件。本案中,第三人为债务人出具借条,该借条的内容中并未约定履行顺位或以债务人届期未履行为条件,故可以排除保证,因为借条并未体现出主从关系。

再次,在认定不属于保证的情形下,是属于债务加入还是债务转移,对于这个问题,应当从借条的内容上判断债权人是否明确表示不再向债务人主张债权。本案中,仅从借条的内容上看,无法反映出债权人具有明确免除债务人的意思表示,故不能认定为债务转移,因为债务转移对于债权人利益影响重大,其成立的前提条件就是必须经过债权人的同意。

最后,从平衡保护的角度出发,考虑到债权人对债务人的资力和履行能力的信赖,基于保护债权人利益的价值取向,只要债权人未明确放弃向债务人主张权利,债务人就不应轻易从债务中摆脱。而从保护第三人利益出发,只要是第三人未在借条上明确表示独立承担债务人的债务且债务人对此亦表示同意的情形下,也不能认定为债务转移,故认定出具借条的行为为债务加入更为妥当,此亦达到了三方利益的平衡。

(责任编辑:张潆元)

【北京法院参阅案例】

北京法院参阅案例第 39 号

北京市两高律师事务所诉白某诉讼代理合同纠纷案

关键词：违约金过高　违约金调整　释明　改判

参阅要点

合同违约方在一审中主张不构成违约，但未提出违约金过高抗辩的，法院应当依法进行释明。若一审法院未释明但判决被告依合同约定承担违约金，二审法院可以根据案件具体情况直接释明并改判。

相关法条

1.《合同法》第 114 条①

2.《最高人民法院关于适用〈中华人民共和国合同法〉若干问题的解释（二）》第 29 条②

3.《最高人民法院关于审理买卖合同纠纷案件适用法律问题的解释》第 27 条③

当事人

原告（被上诉人）：北京市两高律师事务所

---

① 《合同法》已于 2021 年 1 月 1 日因《民法典》的施行而废止，参见《民法典》第 585 条。

② 此解释已于 2021 年 1 月 1 日因《民法典》的施行而废止。

③ 本案中适用的是 2012 年发布的《最高人民法院关于审理买卖合同纠纷案件适用法律问题的解释》，参见 2020 年修正的《最高人民法院关于审理买卖合同纠纷案件适用法律问题的解释》第 21 条。

被告(上诉人):白某

基本案情

2011年8月10日,甲方(白某)与乙方(北京市两高律师事务所,以下简称两高律师所)签订《委托代理合同》,约定:"第一条、委托代理事项:甲方因与鄂尔多斯市东胜区拆迁办不服行政裁决纠纷一案,聘请乙方律师作为委托代理人。……第三条、委托代理期限:合同代理期限自本合同签订之日起至一审终止(包括和解、调解、撤诉、判决、裁定、裁决)。……第六条、律师代理费和办案费用:1. 甲方应按下列第(2)种方式向乙方支付律师代理费:……(2)结案后,以一审终止为准,甲方应支付乙方律师代理费二十万元。2. 乙方律师在代理过程中发生的办案费用,由甲方承担。……第八条、违约责任:……3. 甲方逾期支付乙方律师代理费或者办案费用的,每日按照未付金额的千分之五向乙方支付违约金。"

2011年8月11日,两高律师所王某代白某将东胜区房屋征收拆迁管理局起诉至鄂尔多斯市东胜区人民法院,要求法院依法撤销鄂东拆裁字(2011)第0286号行政裁决、责令东胜区房屋征收拆迁管理局重新作出相关具体行政行为。

2011年9月14日,白某以与鄂尔多斯市东胜区房屋拆迁管理办公室协商为由向内蒙古鄂尔多斯市东胜区人民法院申请撤回起诉。同日,内蒙古鄂尔多斯市东胜区人民法院出具(2011)东法行初字第15号行政裁定书,裁定准许白某撤诉。

2011年9月15日,被拆迁人白某、白某2与拆迁人鄂尔多斯市东胜城市建设开发投资集团有限责任公司签订《房屋拆迁补偿安置协议书》。

因白某未支付律师费,两高律师所诉至法院,要求:(1)判令白某支付律师费20万元;(2)白某支付上述费用的违约金(以20万元为本金,从2011年9月15日起至实际给付之日止,按照日5‰为标准计算);(3)诉讼费由白某负担。

审理结果

2012年4月25日,北京市朝阳区人民法院作出(2011)朝民初字第33847号民事判决:(1)白某于判决生效后10日内给付两高律师所代理费20万元;(2)白某于判决生效后10日内给付两高律师所上述款项的违约金(以20万元为本金,自2011年9月15日起至实际给付之日止,按照日5‰的标准计算)。

白某不服一审判决,提出上诉。2012年9月3日,北京市第二中级人民法院作出(2012)二中民终字第10572号民事判决:(1)维持北京市朝阳区人民法院(2011)朝民初字第33847号民事判决第1项;(2)撤销北京市朝阳区人民法院(2011)朝民初字第33847号民事判决第2项;(3)白某于本判决生效后10日内给付两高律师所违约金(以代理费20万元为本金,自2011年9月15日起至实际给付之日止,按照中国人民银行规定的同期人民币贷款基准利率上浮30%计算);(4)驳回两高律师所的其他诉讼请求。

裁判理由

法院生效裁判认为:依据《委托代理合同》的约定,白某向两高律师所支付20万元代理费的条件已经成就。依据《委托代理合同》的约定,白某逾期支付两高律师所代理费或者办案费用的,每日按照未付金额的5‰向两高律师所支付违约金。经本院释明,白某主张违约金计算标准过高,请求法院依法予以调整。《委托代理合同》中关于违约金的计算标准明显过高,本院予以调整。考虑到实际损失、合同的履行情况、当事人的过错程度等因素,根据公平原则和诚实信用原则,本院认为,本案中违约金的计算标准应当调整为按照中国人民银行规定的同期人民币贷款基准利率上浮30%。

据此,二审法院判决撤销原审判决第2项,判令白某按照中国人民银行规定的同期人民币贷款基准利率上浮30%标准向两高律师所支付违约金。

北京法院参阅案例第 40 号

北京利多亚科技有限公司诉紫衡阳光低碳技术(北京)有限公司建设工程合同纠纷案

关键词:违约金过高　违约金调整　释明　上诉

参阅要点

违约方在一审中经法院释明后明确表示不要求调整违约金,但宣判后又以违约金过高为由提出上诉的,二审法院一般不予支持。

相关法条

1.《合同法》第 114 条①

2.《民事诉讼法》第 13 条

3.《最高人民法院关于审理买卖合同纠纷案件适用法律问题的解释》第 27 条②

当事人

原告(反诉被告、被上诉人):北京利多亚科技有限公司

被告(反诉原告、上诉人):紫衡阳光低碳技术(北京)有限公司

基本案情

2013 年 10 月,紫衡阳光低碳技术(北京)有限公司(以下简称紫衡阳光公

① 《合同法》已于 2021 年 1 月 1 日因《民法典》的施行而废止,参见《民法典》第 585 条。

② 本案中适用的是 2012 年发布的《最高人民法院关于审理买卖合同纠纷案件适用法律问题的解释》,参见 2020 年修正的《最高人民法院关于审理买卖合同纠纷案件适用法律问题的解释》第 21 条。

司)作为甲方,北京利多亚科技有限公司(以下简称利多亚公司)作为乙方,双方签订《供暖系统安装合同》,约定:“乙方为甲方提供荣丰嘉园2、3锅炉房锅炉供暖安装及7号楼锅炉房1台供热水锅炉安装项目服务订立本合同。合作方式:项目安装共计570 000元,本工程由甲方出资;自甲乙双方合同签订之日起后30个日历日完成所有设备的订货、安装和调试工作。合同履行中,甲方延迟支付资金,甲方应向乙方支付逾期付款违约金,逾期付款违约金按所欠到期款项的每日千分之三计算。”

2013年11月15日,《供暖系统安装合同》所涉荣丰嘉园2号、3号、7号楼锅炉房实际交付紫衡阳光公司投入使用。2013年11月15日,紫衡阳光公司支付利多亚公司工程款399 000元,2014年1月23日紫衡阳光公司支付利多亚公司工程款121 000元,现尚欠50 000元未付。为此,利多亚公司诉至法院,要求判令紫衡阳光公司支付工程款50 000元;支付逾期付款违约金。

一审中,紫衡阳光公司针对利多亚公司主张的违约金,系以不构成违约为由进行免责抗辩,而未主张调整违约金。一审法院就此对紫衡阳光公司进行释明,询问是否主张调整违约金,紫衡阳光公司表示不要求调整违约金。

审理结果

北京市西城区人民法院于2015年6月17日作出(2015)西民初字第6136号民事判决:“一、紫衡阳光低碳技术(北京)有限公司于判决生效之日起七日内给付北京利多亚科技有限公司剩余工程款五万元;二、紫衡阳光低碳技术(北京)有限公司于判决生效之日起七日内给付北京利多亚科技有限公司违约金六万六千六百元;三、驳回北京利多亚科技有限公司的其他诉讼请求;四、驳回紫衡阳光低碳技术(北京)有限公司的反诉请求。”宣判后,紫衡阳光公司不服,向北京市第二中级人民法院提起上诉,北京市第二中级人民法院于2015年10月20日作出(2015)二中民终字第08833号民事判决:驳回上诉,维持原判。

裁判理由

法院生效裁判认为:因紫衡阳光公司确实存在付款迟延履行的情节,利多亚公司要求紫衡阳光公司支付相应违约金,具有合同依据。至于违约金标准问题,紫衡阳光公司于原审中未主张调整违约金,原审法院结合本案实际情况,已依法对其进行释明,询问其是否主张调整违约金。在此情况下,紫衡阳光公司明确表示不要求调整违约金。鉴于此,原审法院对双方合同约定的违约金标准予以确定,处理并无不当。现紫衡阳光公司再以违约金标准过高为由提出上诉,依据不足,本院对其相关上诉理由不予采信。

北京法院参阅案例第 41 号

陈某诉北京合生绿洲房地产开发有限公司商品房预售合同纠纷案

关键词：申请减少违约金　自认　认可对方诉讼请求

参阅要点

违约方在一审中认可守约方提出的违约事实及违约金，法院据此做出裁判后，其在二审中又要求减少违约金的，法院一般不予支持，但违约方能够证明存在受胁迫或者重大误解等情形的除外。

相关法条

1.《合同法》第 8 条、第 107 条、第 114 条第 1 款①

2.《民事诉讼法》第 13 条、第 51 条、第 64 条第 1 款②

3.《最高人民法院关于民事诉讼证据的若干规定》第 3 条、第 8 条、第 9 条③

4.《最高人民法院关于适用〈中华人民共和国民事诉讼法〉的解释》第 92 条、第 342 条④

---

① 《合同法》已于 2021 年 1 月 1 日因《民法典》的施行而废止，分别参见《民法典》第 465 条、第 577 条、第 585 条第 1 款。

② 本案中适用的是 2012 年修正的《民事诉讼法》，分别参见 2021 年修正的《民事诉讼法》第 13 条、第 54 条、第 67 条第 1 款。

③ 本案中适用的 2008 年调整的《最高人民法院关于民事诉讼证据的若干规定》，第 3 条、第 9 条分别参见 2021 年修正的《最高人民法院关于民事诉讼证据的若干规定》第 2 条、第 10 条，第 8 条已无对应规定。

④ 本案中适用的是 2015 年发布的《最高人民法院关于适用〈中华人民共和国民事诉讼法〉的解释》，分别参见 2022 年修正的《最高人民法院关于适用〈中华人民共和国民事诉讼法〉的解释》第 92 条、第 340 条。

当事人

原告(被上诉人):陈某
被告(上诉人):北京合生绿洲房地产开发有限公司

基本案情

2013年10月22日,北京合生绿洲房地产开发有限公司(以下简称合生绿洲公司)与陈某签订《商品房预售合同》(以下简称《预售合同》),约定陈某购买合生绿洲公司开发的803号房屋,总价款为2 923 205元。《预售合同》第12条约定:"出卖人应当在2016年6月20日前向买受人交付该商品房。"第14条约定:"除不可抗力外,出卖人未按照第十二条约定的期限和条件将该商品房交付买受人的,逾期在180日之内,自第十二条约定的交付期限届满之次日起至实际交付之日止,出卖人按日计算向买受人支付已交付房价款万分之一的违约金,并于该商品房实际交付之日起30日内向买受人支付违约金,合同继续履行;逾期超过180日后,买受人有权退房,买受人退房的,出卖人应当自退房通知送达之日起60日内退还全部已付款,并按照买受人全部已付款的1%向买受人支付违约金;买受人要求继续履行合同的,合同继续履行,自第十二条约定的交付期限届满之次日起至实际交付之日止,出卖人按日计算向买受人支付全部已付款万分之一的违约金,并于该商品房交付之日起30日内向买受人支付违约金。"后陈某支付了全部购房款。

2016年9月12日,合生绿洲公司向陈某送达《交楼通知书》,载明商品房已经达到交付条件,通知陈某于2016年9月18日办理收楼手续。后陈某于约定的时间前往办理收楼手续,因就迟延交房违约金的抵扣问题双方未能达成一致意见,故合生绿洲公司并未实际交付803号房屋。

后陈某于2017年2月21日提起本案诉讼,要求合生绿洲公司立即交付803号房屋;并支付迟延交房违约金至实际交付之日止(按日1‰自2016年6月21日计算,以2 923 205元为基数)。

一审诉讼过程中,一审法院就违约金的问题进行释明,合生绿洲公司表示认可2016年6月21日至9月18日存在迟延交房行为和违约金的数额,只是以陈某存在逾期付款为由不同意承担2016年9月18日之后的违约责任。

一审宣判后,合生绿洲公司上诉请求撤销一审判决书,发回重审或依法改判为合生绿洲公司支付陈某2016年6月21日至9月28日的违约金,且其中扣除25天。

审理结果

2017 年 4 月 7 日，北京市通州区人民法院作出(2017)京 0112 民初 4976 号民事判决：(1)合生绿洲公司于本判决生效之日起 15 日内向陈某交付北京市通州区永顺镇乔庄村永顺镇居住项目 803 号房屋；(2)合生绿洲公司给付陈某 2017 年 2 月 21 日之前的逾期交房违约金 71 910.84 元，于本判决生效之日起 15 日内执行清；(3)合生绿洲公司按 2 923 205 的日 1‰给付陈某 2017 年 2 月 22 日至实际交房之日的逾期交房违约金。

合生绿洲公司不服一审判决，提出上诉。2017 年 6 月 30 日，北京市第三中级人民法院作出(2017)京 03 民终 6820 号民事判决：驳回上诉、维持原判。

裁判理由

法院生效裁判认为：合生绿洲公司与陈某签订的预售合同及附件是双方真实意思表示，不违反法律法规的强制性规定，合法有效，双方均应当依约履行各自义务。合生绿洲公司通知陈某于 2016 年 9 月 18 日收房时，已超过合同约定期限。一审期间，合生绿洲公司认可其自 2016 年 6 月 21 日至 9 月 18 日的逾期交房行为，只是对其通知陈某收房之后的违约责任存在异议。然而二审期间，合生绿洲公司又以政府原因为由要求 25 天的免责期。对此，法院认为，合生绿洲公司于一审期间的陈述已构成自认，且一审期间从未提出过免责天数的抗辩，再结合合同的提供方因素，认为合生绿洲公司的上述意见有违诚信，不予采纳。据此，二审法院判决驳回上诉，维持原判。

【热点问题聚焦】

非法集资涉案财产处置之路径探索

——以北京市2016~2020年审结的1939件非法集资案件为样本

北京市高级人民法院、北京市东城区人民法院课题组*

近年来,非法集资案件呈现高发多发态势,①数量增幅明显,犯罪手段翻新。作为典型的涉众型经济犯罪案件,非法集资犯罪因其经济性和涉众性成为影响民生和社会稳定的突出因素。综观现有的研究成果,理论界对非法集资案件的定罪问题研究较多,但是对涉案财产处置相关问题的研究略显单薄。然而从集资参与人的视角而言,追赃挽损及涉案财产的处置是影响其评价非法集资犯罪最终处理结果公正与否的重要考量因素。受立法层面简单罪状描述模式及司法层面标准不一等因素掣肘,非法集资案件定罪及涉案财产处置之困局仍未破解。司法实践中,因非法集资犯罪涉案财产金额巨大、权属复杂、主体多元、涉案财产处置标准不统一,处置不当,极易侵犯集资参与人的财产权益甚至演变为群体性事件。② 鉴于此,调研组以北京市2016~2020年审结的1939件非法集资案件为样本,③结合其中典型案件涉案财产的处置过程展开探讨,在对涉案财产处置现状进行实证分析的基础上,对其提出问题,进行剖析解惑、追本溯源,从实体构建与程序衔接两个层面,探索有针对性的应对举措,以期提升质效、化解矛盾、解决

---

* 课题主持人:蓝向东,课题负责人:罗勇;执笔人:朱锡平、石魏、肖圣雷、冀敏。

① 参见彭新林:《非法集资犯罪司法疑难问题探讨》,载《东南大学学报(哲学社会科学版)》2020年第1期。

② 参见莫洪宪、黄鹏:《涉众型经济犯罪违法所得处理问题研究》,载《人民检察》2016年第16期。

③ 经不完全统计,北京市2016~2020年审结的非法集资案件数量分别为111件、259件、358件、736件、475件,此数据以中国裁判文书网公开的案件为统计源,与实际裁判案件量稍有出入。

疑惑,为非法集资类案的处理提供有益借鉴。

一、非法集资涉案财产处置现状之实证分析

横向对比可见,2020 年北京地区审结的非法集资案件较 2016 年增长了 3 倍多,案件数量增幅明显。此类案件是在中国市场经济转型背景下产生的兼具市场危害性与社会稳定危害性因素的类案,尤其是涉案财产处置环节更是矛盾激发的中心点,故调研组从非法集资案件涉案财产司法样态考察入手,探究涉案财产的处置难点,从而有针对性地提出破解之具体思路。

(一)非法集资案涉案财产司法样态考察

1. 涉案财产类型复杂多样、覆盖主体广泛、金额巨大

近年来,北京地区非法集资犯罪呈现的一个突出特点为“三多”,即案件数量多、涉案被告人多、涉案金额多。笔者以 2020 年北京地区审结的非法集资案件为例进行了统计分析。对比 2016 年度审结的此类案件 111 件、涉及 446 名被告人、涉案金额约 400 亿元,无论案件数量、涉案被告人,还是涉案金额均有显著增加(见图 1),案件数量平均年增长率约为 81.98%,涉案被告人平均年增长率高达 56.17%,涉案金额年均增长率为 118.35%。经统计,2020 年度北京地区审结非法集资案件数量为 475 件,涉及被告人人数 1448 人次,涉案金额高达 1900 亿元。如图 1 所示。

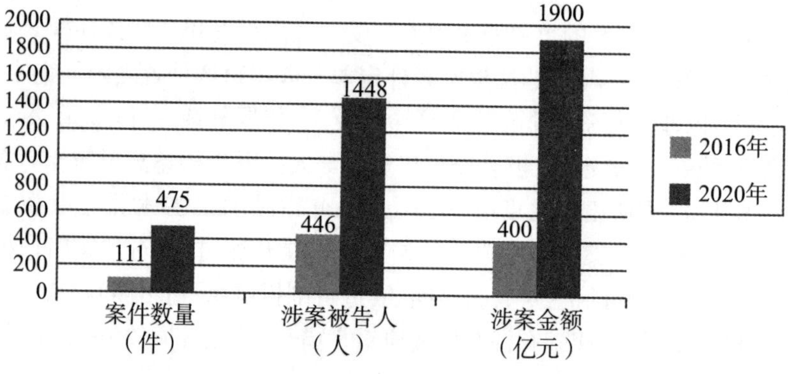

图 1　2016 年与 2020 年度非法集资案件要素对比

2020 年度北京地区审结的 475 件非法集资案件中,非法吸收公众存款案 407 件,约占非法集资案件总数的 85.68%,因非法吸收公众存款罪被判处刑罚的被告人共 1162 人次,覆盖 15 个区的基层人民法院;集资诈骗案 68 件,涉及 286 名被告人,覆盖 12 个区的基层人民法院、3 个中级人民法院。就涉案

主体而言,集资参与人的人数更是屡创新高,如e租宝案件,涉案集资参与人高达90余万人。在共同犯罪人中,涉案公司、企业内部呈现横向和纵向的组织架构。横向方面,公司内部既有业务部、宣传部,还有财务部、后勤部等。纵向方面,组织体系呈现金字塔形的架构(见图2),分工明确、组织严密。最上层的组织者、领导者负责公司的总体构建、人事及财务管理、集资款项使用等,中层领导者上传下达,如区域经理作为中层领导者,负责该区域的非法集资活动以及给业务员发放工资、奖金、提成等,业务员不断交流学习、提升非法集资手段,呈现专业化、职业化的发展趋势。就涉案财产金额而言,2016~2020年审结的1939件非法集资案件中,涉案金额超过1亿元的有657件,涉案金额超过2000万元的案件占比更是高达85%以上,甚至出现涉案金额超千亿元的特大非法集资犯罪案件。

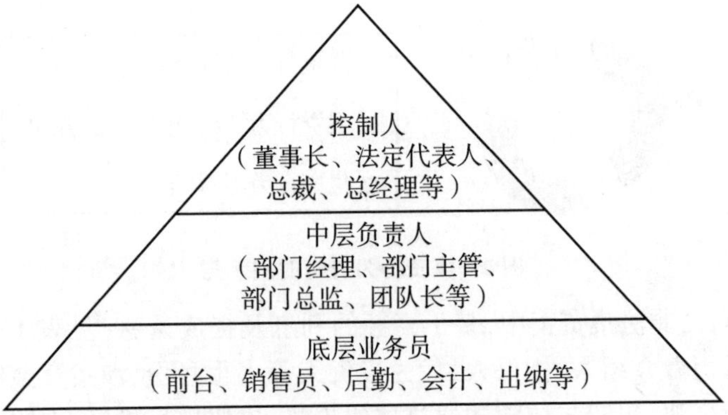

图2　非法集资实施人员结构示意

非法集资犯罪案件中,需要查封、扣押、冻结的涉案财产除了常见的银行账户、房产等外,可能还涉及车辆、珠宝等动产,采矿权、股权等经营性权利,甚至包括生鲜物品(见图3)。据不完全统计,在全市法院2016~2020年审结的非法集资犯罪中,查封、扣押、冻结的涉案财产中,银行账户金额约占全部涉案财产金额的75%,房产金额约占全部涉案财产金额的6%,车辆金额约占全部涉案财产金额的5%,股权金额约占全部涉案财产金额的3%,采矿权等其他经营性权利金额约占全部涉案财产金额的2%,珠宝、生鲜等其他财产金额约占全部涉案财产金额的9%。

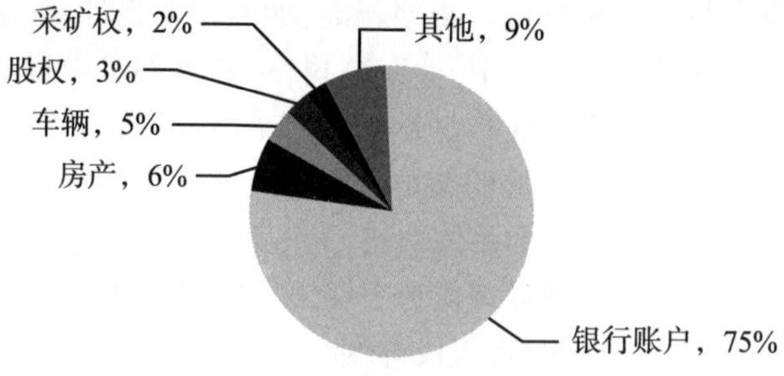

图 3　涉案财产分布情况

2. 涉案集资款项去向多元,追缴退赔比例低①

非法集资犯罪存续周期长(见图 4)、涉及资金体量大、资金流向较为复杂,案发后大量涉案资金流失,导致“无赃可追”。

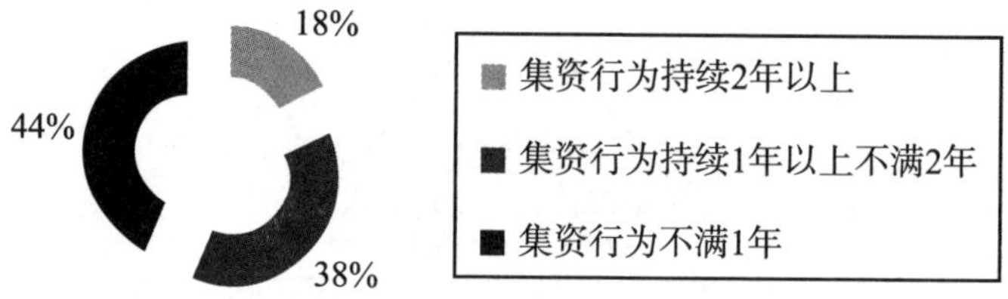

图 4　集资行为持续时间示意

通常而言,非法集资案中,基于高额的利息及提成诱惑(见表 1),一些集资参与人亦承担着介绍人、担保人、代为投资人等多重身份,涉案资金经过多手流转后进入资金池,犯罪主体随即通过虚假借款、虚假项目投资、虚假转让等形式使资金向多方流转,资金在市场行为中灭失或转移占有、变更权属。在这种行为模式下,基于以下几个因素,多数资金难以追回:其一,犯罪行为人通过违法方式将资金转移,资金甚至流向境外账户;其二,投资利息等内容约定模糊,加上集资参与人之间存在多笔投资、委托投资、本金利息持续投资等投资模式导致涉案金额难以确定;其三,追赃渠道有限,一些集资款项用于烂尾投资,资产难以有效变现,一些集资款用于从事违法活动或个人消费,难以追赃挽损;其四,中间成本金额大,除直接吸引投资之外,非法集资行为人还委托银行、公司、第三人等吸引投资,对此需支付提成、奖金,利率高、数额大,导致涉案财产追缴难、认定难、返还难。

① 参见石魏:《非法吸收公众存款案件司法实践问题之反思——以北京市 2013~2019 年审结的 813 件一审案件为样本》,载《人民司法(应用)》2020 年第 16 期。

表1　以有确切投资利率的915件非法集资案件为样本

投资利率	2016年/件	2017年/件	2018年/件	2019年/件	2020年/件	总和/件	占总数比重/%
≤10%	38	76	124	198	134	570	62.30
10%(不含)~30%(含)	8	35	47	94	38	222	24.26
>30%	7	24	18	57	17	123	13.44

与此同时,恢复被损害的社会关系、退赔集资参与人、被害人的经济损失是司法机关工作的重点内容,然而就司法实践情况来看,非法集资犯罪行为人追缴、退赔比例极低。通过对北京市近5年审结的1939件非法集资案件进行研究,发现具有退赔情节的1260件样本中,退赔比例在40%以上的仅有37件,20%~40%的为81件,10%~20%的为152件,10%以下的为990件,各年具体情况见图5。退缴比例低,集资参与人权益无法得到有效保障,重要原因在于总体刑罚较轻、惩治乏力(见表2),既没有对被告人彻底进行追缴、责令退赔,也缺乏健全的预防机制,导致被告人出狱后,可能利用违法所得重操旧业、变本加厉,严重损害公民的财产权益及国家的金融管理秩序。

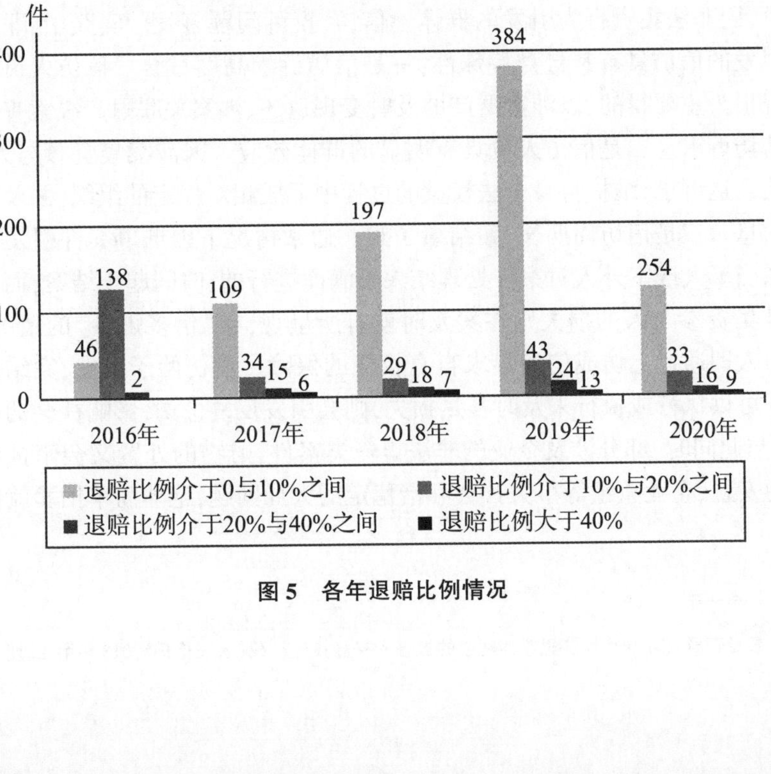

图5　各年退赔比例情况

表 2　5952 名被告人惩处情况明细

惩处情况	2016 年/人	2017 年/人	2018 年/人	2019 年/人	2020 年/人	总和/人	占总数比重/%
刑期≤3 年	195	242	343	687	467	1934	32.5
3 年<刑期≤5 年	156	229	343	547	568	1843	31.0
5 年<刑期≤15 年	29	89	120	172	101	511	8.6
无期徒刑	6	14	31	41	33	125	2.1
缓刑	52	168	214	735	255	1424	23.9
免予刑事处罚	0	7	2	0	1	10	0.2
单处罚金	8	0	5	39	9	61	1.0
单位犯罪	0	6	4	18	14	42	0.7
中止审理	0	2	0	0	0	2	0

3. 财产处置方案难构建，易因追赃引发信访闹访

在案件处理中，一些涉案当事人因证据材料缺失，部分财产权益无法通过刑事诉讼加以救济，或者无法获得足额清偿而对资产处置方案存有异议。在这种情况下，因非法集资行为引发的群体性信访、投诉问题多发。实践中，非法集资案件引发的信访具有其自身特殊性：一是信访诉求高度重合。信访人员一般以追赃挽损为主要目的，以涉案财产的及时变现返还、涉案关联财产线索查实为直接的信访诉求。二是信访人员具有明显的群体效应。因涉案集资参与人数多，他们在表达诉求、维护自身合法权益的过程中形成相对稳定的组织，并及时交流案件信息。三是信访周期长，案结事了难。通常情况下因刑事案件引发的信访往往系当事人或案外人对案件处理结果不满而进行的，时间起于结案，而非法集资案件集资参与人的损失则在案发时就有所呈现，在“僧多粥少”的情况下，集资参与人即通过上访或信访寻求自身权益的保障。信访始于案发，案结后如果无财产可供执行或执行未及时补足损失，则会引发反复信访，影响社会的和谐稳定。① 与此同时，部分涉及企业的非法集资类案件，财物的处置又会牵扯到企业工人的安置、企业重组等事关社会和谐稳定的大局问题，绝非简单拍卖就能解决

① 参见李辰：《涉众型经济犯罪案件中的被害人权益救济》，载《人民检察》2013 年第 15 期。

的,处置稍有不当,就可能引发群体性事件和社会矛盾。[①] 对此,因追赃问题引发的信访问题成为此类案件办理的社会效果与法律效果平衡的重要考量。

(二)非法集资案涉案财产处置短板考察

综观我国刑事立法,对于刑事诉讼中涉案财产处置的制度设计相对单薄,立法层面尚未搭建起细致完善的涉案财产处置机制。实践中,办案机关处置涉案财产主要依据《刑法》第64条的规定,但是该规定较为原则,加之办案机关理解并不统一,司法实务应用缺乏成熟、统一的运行模式,存在诸多不确定环节。尤其是非法集资类涉众型经济犯罪案件,涉案财产体量大、权属复杂,在涉案财产处置中暴露出查控与处置力度不足、涉案财产证明标准不一、第三人财产权益程序救济缺位等短板。

1. 涉案财产类型多样、权属复杂,查控力度不足

司法实践中,非法集资案件涉案财产的类型多、权属杂,不仅在审判阶段作出有效处置需审慎,而且在诉讼过程中如何有效查控也面临多种困境。由于刑事立法缺位,对于性质、权属不明的财物,侦查机关难以及时作出扣押、查封等处置措施。据不完全统计,在刑事审判实践中,对涉案财产提出异议的主要为所有权人、共同所有人、债权人、债务人及其他权利相关人(见图6)。部分债权人通过诉讼、仲裁等其他途径争取优先受偿权,增加了涉案财产权属判断的复杂性。

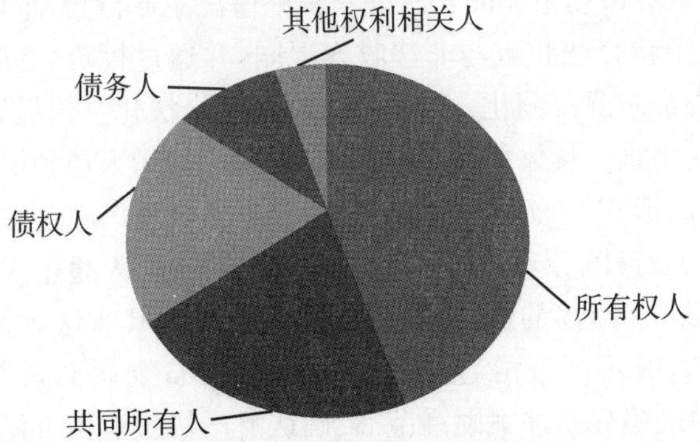

图6 对涉案财产提出异议的人员类型分布

从客观层面看,一是此类犯罪需进行查封、扣押、冻结的涉案财产,除常见的银行账户、房产等外,可能还涉及车辆、珠宝等动产,采矿权等经营性权利,甚至

① 参见义乌市人民检察院调研组:《当前非法集资类犯罪现状及涉案财物处置问题研究——以义乌市为例》,载《浙江警察学院学报》2017年第2期。

包括生鲜物品。查封物品种类多样,涉案财产是否为犯罪所得难以判断,在司法实践中处理困难。二是涉及非法集资犯罪的公司因集资数额大,同时其具有对外投资、借贷等刑民交织、错综复杂的法律关系,涉及债权、股权、抵押权、担保物权等。公安机关在侦查中根据经济往来对可能属于涉案财产的物品进行查封,但是因为其经过买卖、租赁、担保、赠与等对外民事活动,权属是否发生变化较难查清。三是因非法集资犯罪涉及的集资参与人众多、金额巨大、法律关系复杂,因此在证据收集过程中需要做的侦查工作较多,且非法集资犯罪涉及的领域宽、地域广,跨地区、跨省甚至跨国案件层出不穷,公安机关在收集证据过程中耗费大量人力、物力资源。在司法资源有限的情况下,全面、彻底收集犯罪人定罪量刑及涉案财产证据的力量不足,影响了涉案财产查控的力度。

从主观层面看,实践中公安机关存在重视定罪量刑证据收集,轻视涉案财产查控的错误理念。在审判阶段,对未进行查控的资产或者已经查控的资产,第三人或者利害关系人提出诉求的,即使补充侦查,也会面临价值贬值、证据灭失、产权转移等情况,且随着时间间隔的增长,灭失的可能性增大,追赃挽损的功能难以实现。

2. 涉案财产范畴难以厘清,区分处置路径受限

(1)从犯罪行为的视角看,行为人的主动性资产混同掣肘涉案财产认定。为了逃避侦查,非法集资犯罪人通常会借助公司、企业增加犯罪行为的隐蔽性和欺骗性,通过企业制市场主体的合法外衣实施违法犯罪行为、牟取暴利。在这个过程中,犯罪分子将合法收入与非法收入混同,并通过投资、参股等多种形式将其非法募集的资金来源模糊化、去向多样化、形式合法化,极具隐蔽性,在违法所得认定方面存在困难。具体而言,一种形态表现为行为人单独设立公司、企业进行经营,利用合法形式掩饰其非法目的,营造涉案财产来源合法、手段正当的假象,增加司法机关对其认定的难度;另一种形态则表现为通过入股、投资或向其他公司、企业提供“帮助”的形式牟取巨额利益,并将其非法收益与合法收入混同,进行再投资。故不同公司、企业之间,乃至公司、企业不同资产之间产生混同。司法实践中准确界定涉案财产范畴、确认财产权属至关重要,口径把握太窄可能会纵容犯罪,不能彻底铲除其经济基础;口径把握过宽则有可能侵犯公司、企业的合法财产权益,不利于营商环境的营造和保护企业的财产权益。

(2)从司法认定的视角看,第三人的被动性资产混同影响涉案财产认定。一方面非法集资犯罪在外在形态上具有多样性、复杂性,在法律关系层面表现出刑民交叉、权属复杂多样的特征,致使不同区域之间、不同法院之间,乃至不同承办人对于类似行为的认定存在此罪与彼罪的认识差异,甚至实践中出现罪与非罪的定性分歧,既可能将一般的民间经济行为上升为刑事犯罪予以惩治,亦可能

对本应予以刑事处罚的行为误判或轻判，严重影响司法的公正及统一；另一方面在非法集资过程中，犯罪分子设置的利率较高（见图7），业务员、中间人提成高、成本大，涉案财产尤其是违法所得经过流通、转化、混同等，与最初的形态、性质、权属已经大相径庭，对其认定异常困难，且跨区域性资金流向不明确导致取证难、追赃难、认定难、处置难。与此同时，鉴于非法集资案件的刑民交叉属性，涉案财产范畴的确定还关乎案外第三人的财产权益，涉及面广、人员复杂，增加了涉案财产认定及处置的难度。

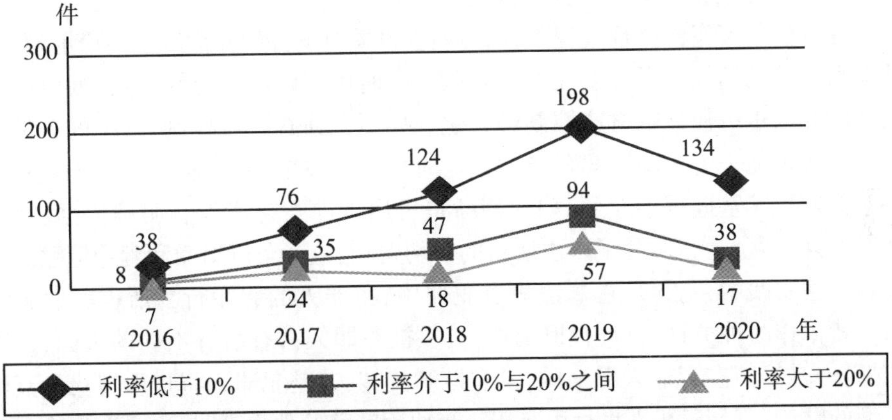

图7　样本案件中犯罪分子设置的利率情况

3.刑民关系交叉，涉案财产执行受影响

在非法集资案件的审理中，刑事与民事法律关系错综复杂，犯罪事实认定与法律适用难度高。司法实践中，非法集资类案件行为人以企业等形式活动，其间会产生借款、担保、抵押等多种民事法律行为。在刑事案件案发之前，由于犯罪行为人资金链断裂等原因，会有部分集资人以民事纠纷为由诉诸法律，办案机关基于先期民事诉讼对涉案财物（如非法集资款项购置的房产）采取措施，案件生效后进入执行环节。相对而言，非法集资案件刑事立案相对滞后，但是所有集资参与人的挽损诉求会在案发后短期集聚，且集资参与人对相关资产讯息高度关注，在这种情况下，未提起民事诉讼的集资参与人会对先前民事诉讼案件的执行提出异议，要求对于民事案件中被采取措施的涉案财产按比例优先受偿，而提起民事诉讼的集资参与人当然持反对意见，[①]办案机关既无可依据的相关规定，也

① 参见义乌市人民检察院调研组：《当前集资类犯罪现状及涉案财物处置问题研究——以义乌市为例》，载《浙江警察学院学报》2017年第2期。

无可行性操作方案,进而陷入两难境地。

二、非法集资涉案财产处置之困局剖析

当前非法集资案件涉案财产处置难的原因是多方面的,既有刑事政策原因的影响,也受刑事立法规定原因的影响,还有非法集资案自身的犯罪活动复杂、[①]刑民交叉属性、形态多样性等现实原因的影响。基于此,调研组针对上文中实证考察的结论,对非法集资涉案财产处置的困局进行了深度剖析。

(一)涉案财产范畴在实体上界定不清

在非法集资案件办理过程中,因为侦查机关对案件的介入属于诉讼前端,对涉案财产的控制最主要发生在侦查阶段。同时由于财物的可转移性,侦查阶段的及时介入也可使涉案财产控制最大化。如不在侦查阶段控制,后续的公诉及审判阶段可能失去控制涉案财产的最佳时机。但在案件办理初期,由于侦查机关对案件事实掌握得不全面,如何判断是否属于涉案财产没有明确依据。《刑法》第64条规定:犯罪分子违法所得的一切财物,应当予以追缴和责令退赔。但是在司法实践中,尤其是在非法集资犯罪中,犯罪人的犯罪行为所得一般为货币。货币作为种类物,不具有识别性,其在被犯罪人占有后有不同的去向,一般包括:一是停留在犯罪人账户内,没有继续流转;二是犯罪人将货币转化为其他类型的财产;三是犯罪人将货币基于正当原因转移给他人;四是犯罪人将货币基于不正当原因转移给他人。对犯罪人的犯罪所得之物如何根据不同的情况认定为涉案财产,没有明确的法律依据,加之非法集资犯罪中经济往来情况复杂,这就造成了对非法集资犯罪中的违法所得之物的认定存在争议的现状。

在侦查阶段,侦查机关对可能属于涉案财产的财物进行查封、扣押、冻结,其中可能因为控制错误导致涉案财产与行为人合法财产同时被查封、扣押、冻结进而一并移送检察院、法院。缺乏界分合法财产与涉案财产的判定标准,极易导致对涉案财产处置的随意性、模糊性甚至错误性。

(二)涉案财产处置环节程序虚置

1.对涉案财产的先行处置程序不完善

基于对涉案财产范围认定的不明确,对已经查封、扣押、冻结的涉案财产的处置多依赖于法院最终的判决认定。对银行账户等价值稳定、不易贬值且控制成本低的涉案财产,等待法院判决后处理并无不妥。但是对于一些易贬值、不易储存或者控制成本大的涉案财产,如生鲜物品、豪华车辆等,如果等待法院判决

---

① 参见张珩:《非法吸收公众存款罪的难点问题》,载《中国刑事法杂志》2010年第12期。

处理,可能会造成价值损失。加之非法集资犯罪案情复杂等原因,一般办案期限较长,会加大此类财物因长时间不处理的价值损失。再加上对易贬值涉案财产先行处置的法律规定及诉讼程序并不完善,缺乏合理、完善的救济路径,①造成司法机关既不能处置也不敢处置。

2. 对物的处置依附于对人之诉,第三人参与路径缺失

程序正当原则要求中立的司法裁判机构必须给予所有与案件有利害关系的人充分陈述自己意见的机会,即充分保障诉讼参与人的程序参与权。② 但司法实践中存在因非法集资的资金从外部流入导致非法集资犯罪人的资产被采取强制措施的情况。在可能涉及第三人权益的已查封、扣押、冻结财产中,没有相应的权利救济途径可以让第三人就财产处置发表答辩意见,可能会导致对涉案财产的辩论不充分,法官在收不到相关异议的情况下,对涉案财产的处置可能会出现错误,影响第三人的合法权益。

3. 针对涉案财产处置的专门庭审程序空转

(1)庭审中关于涉案财产处置的程序设计缺位。受程序结果影响的人应当有权参与该程序,这不仅是程序本身公正的基本要素,也是程序结果公正的保障,③但是刑事涉案财产在庭审程序中既缺乏独立的诉讼程序,也缺乏第三人参与的有效途径。当前非法集资犯罪案件审理过程中,对涉案财产不会专门进行质证,而是结合定性、量刑将相关证据材料一并予以出示,但涉案财产种类繁多、数额巨大、民刑交织,涉案财产的权属、性质、来源、价值等相关的证据材料缺乏专门性、有针对性的举证、质证程序。虽然违法所得没收程序规定利害关系人可以提出上诉,但是在审判过程中其缺乏足够的程序话语权、参与权、异议权,而第三人即使提起异议,审判机关是否允许其参与,参与后享有什么诉讼权利缺乏法律的明确规定,致使其财产权缺乏有效保护,严重影响当事人及公众对司法裁判的信任。

(2)关乎涉案财产处置的证明标准、举证责任缺乏规定。我国《刑事诉讼法》第 245 条明确规定,对作为证据使用的实物应当随案移送,对不宜移送的,应当将其清单、照片或者其他证明文件随案移送。人民法院作出的判决,应当对查封、扣押、冻结的财物及其孳息作出处理。但司法实践中,诸多案件涉案财产不是作为证据加以使用的,故侦查机关向检察院移送的仅是对物采取的查封、扣

① 参见李玉华:《从涉众型经济犯罪案件看涉案财物的先期处置》,载《当代法学》2019 年第 2 期。

② 参见朱艳萍:《刑事涉案财产裁判程序的缺失与司法规制》,载《人民司法(应用)》2018 年第 10 期。

③ 参见吴光升:《刑事涉案财物处理程序的正当化》,载《法律适用》2007 年第 10 期。

押、冻结等手续及清单,极少移送关乎涉案财产来源、权属、价值的相关证据。审判机关组织庭审过程中,法庭调查及法庭辩论的重点往往锁定于被告人的定性及量刑,对涉案财产的权属、处置情况简要带过或仅出示证据目录,虚化描述涉案财产的归属等重要情节。在侦查机关未移送涉案财产相关证据的情况下,即使控辩双方想要对其质证、交叉询问,也缺乏现实可能性和可行性,一则缺乏独立的涉案财产处置程序,二则也缺乏涉案财产证据的支撑。

(三)对财产之诉重视不足,配套机制不健全

1. 未树立正确的涉案财产处置理念

司法实践中办案机关还在一定程度上存在重定罪量刑轻涉案财产处置、重自由刑轻财产刑的办案理念,且证明标准不明确,导致侦查机关注重非法集资犯罪的证据收集,对于涉案财产来源、权属、性质和价值的证据收集不充分、不全面、不及时。尤其是事关涉案财产权属、性质、金额的证据收集不仅全面性、有效性欠缺,而且及时性、规范性亦存在不足,为涉案财产的处置留下隐患。而公诉机关对涉案财产一并出示证据,缺乏有效的针对涉案财产的专门辩论,致使控辩双方及第三人无法对此充分发表意见、出示证据、证明权属。

另外,非法集资犯罪案情复杂、案件事实多、涉及面广、影响大,而涉案财产种类多、价值大、权属复杂、刑民交织,侦查机关在案件办理过程中,存在查控随意性大、保管不规范、移转以清单为主、解除不及时、救济不到位等情况,导致审判阶段及执行阶段涉案财产权属难以查清、执行难以有效进行。

2. 涉案财产的强制措施缺乏可操作性机制

我国刑事诉讼法对被追诉人设置了拘传、拘留、取保候审、监视居住、逮捕等强制措施,但对涉案财产可适用的强制措施手段有限,难以适应当前非法集资犯罪追赃挽损的需求。我国刑事诉讼法规定的查封、扣押、冻结针对对象一般是可证明犯罪嫌疑人有罪或无罪的各种财物、文件,侧重于对行为人的定性,对其他涉案财产查控的主动性欠缺。实践中如发现犯罪嫌疑人有转移、隐匿财产情形,因为财产与犯罪是否存在关联存疑,而被害人或第三人又无权申请财产保全,侦查机关也无法第一时间采取财产保全措施,加之面对案情复杂的非法集资犯罪案件,最短仅为 6 个月的对物强制措施期限对侦查机关而言非常紧张,极易导致财产的流失和移转。

三、非法集资涉案财产处置之规范化路径

非法集资涉案财产处置既关乎权利人的财产利益,也关乎社会维稳安保,关乎个案公平正义,也关乎法治建设发展进程。在市场转型与变革的社会大背景下,非法集资案件司法处断暴露出一些短板亦是在预判之内,对此需直面问题,

理性转变司法观念,从实体、程序乃至配套机制多个层面规范机制建设,探索契合司法审判“政治效果、法律效果、社会效果”三个效果题中之义的规范化路径。

(一)实体层面的探索

涉案财产与犯罪行为存在关联性、随附性,其来源于、产生于、关联于犯罪行为。涉案财产的认定以犯罪行为的认定为前提,在犯罪行为的最终性质未确定之前,对于是否属于涉案财产的判断应当根据财物与犯罪行为的实质性联系来认定。与犯罪行为的实质性联系,是指财物与犯罪行为所得的资金、物品等具有直接的、对向性的关联,如属于犯罪所得的一部分、由犯罪所得直接转化而成等。

1. 待处置涉案财产的范围确定

如前文所述,非法集资案件中往往呈现出合法财产与非法财产相混同、公司财产与个人财产相混同的样态,依何标准进行合法财产的诉前或诉中剥离尚没有明确的法律依据。调研组认为,涉案财产范围的认定应当秉持实质性联系原则,即只有集资行为人通过集资行为获取资金后继续进行的投资或买卖财物等才能认定为涉案财产。案发时集资行为人名下的财产可直接推定为涉案财产,除非行为人有证据证明这部分财产系本人合法财产或代持的他人财产。当然,在诉讼过程中,集资行为人主动将个人合法财产用于退赔,或家属自愿代为退赔的财产也应纳入涉案财产进行处置。

2. 集资行为人转出财产的性质认定

对于基于正当、合法理由转出的财产,如支付的房屋租金等,为了保障他人的合法权益,避免对正常稳定的经营行为造成侵犯,不宜对此类财产进行追缴。此外,对于经过多次转化或权属移转的财产性质认定是司法实务中的难点所在。有观点认为,此类财产虽经过多次转化或者权属转移,但是其本质来源于犯罪行为,也应该属于涉案财产范畴。有观点认为,其虽来源于犯罪所得,但是在转化及权属转移过程中,其法律性质发生变化,不宜直接作为涉案财产处理。笔者认为,对于多次转化或者权属转移的,应当坚持实质联系原则进行判断。对基于合法正当理由的转化,且始终与犯罪所得保持实质性联系的,或者权属虽发生多次转移但均基于非法不正当的理由进行变更权属的,均应认定为涉案财产。但是对于在转化过程中,他人基于正当善意合法的理由获得,或者在权属转移过程中基于正当合法善意的理由取得权属的,不宜作为涉案财产认定。

3. 退赔数额标准的认定

刑事诉讼中投资人的实际损失是追赔、追赃的标准所在,故非法集资案件中,应退赔数额的认定是财产处置的基础环节。调研组认为,我国现行民事立法并不保护超出合理范畴的高额利息,但是对方自愿支付并履行的除外。但是在非法集资案件中,案发前集资参与人可能未收到事前约定的高额利息,但是案发后，案件已经进入刑事诉讼领域，不能单以民事法律行为进行评价，出于处断公允的考虑，只能就集资参与人投资的本金部分进行追偿，事前约定的高额利息部分应当扣除。

（二）程序层面的优化

1. 完善先行处置程序

对于易贬值或者控制成本大的涉案财产或者具有其他特殊情况的涉案财产而言，尽早地处置更有利于涉案财产的保值及集资参与人经济利益的实现，从价值衡量角度出发，完善并切实执行涉案财产的先行处置具有现实需求。

就具体程序设计而言，各办案机关在各自办案阶段，符合先行处置条件的，可严格依照相关规定对涉案财产先行处置，并将处置后的资金通过专门的案款账户随案移送。对涉案财产先行处置可能涉及第三人利益的，应当允许第三人在涉案财产处置前的一定期限内对涉案财产的先行处置提出异议，对异议有证据支持的，应当暂缓涉案财产的先行处置，对没有证据支持或经审核不影响涉案财产认定的，应当及时对涉案财产先行处置。与此同时，因涉案财产先行处置涉及被告人、集资参与人甚至案外人的经济利益，故对涉案财产先行处置必须实施有效监督。人民检察院作为法律监督机关，对涉案财产先行处置行为应尽到监督责任，对自主发现及通过其他线索发现的涉案财产先行处置不当的，应当及时提出纠正意见。

2. 完善第三人参与程序

涉案财产处置直接关系到被告人、集资参与人、第三人等多方当事人的经济权益，在被告人被予以刑事处罚的情况下，如何保障当事人的财产权益直接关系到各方当事人权益的保障力度及社会的和谐稳定，必须加以重视。但由于立法及司法解释对涉案财产属于混合财产或者第三人所有的情况未予规定，致使其他所有权人的权益如何保障缺乏明确依据，即使其提出异议，司法实践中如何操作需要明确。

调研组认为，当第三人对查封、扣押、冻结的财产提出异议并提交证据的，公检法机关应予以受理，并将相关材料附卷。第三人作为涉案财产的利害关系人参加诉讼，并在诉讼中赋予其知情权、参与权、辩论权以及请求抗诉权。[①] 审判机关可在庭审前或庭前程序主持公诉机关与第三人交换涉及涉案财产的证据材料，并告知其开庭程序、时间、地点，征询其是否申请证人出庭等，庭审中对涉及被告人定罪的法庭调查结束后，可专门对涉案财产性质、权属等进行法庭调查、

① 参见石魏、贾长森：《涉众型经济犯罪实证分析及应对策略建议》，载《法律适用》2019 年第 9 期。

法庭辩论。另外,虽然司法解释规定,案外人可以就查封、扣押、冻结的财物及其孳息提出权属异议,但并未明确何时可以提出异议、采用何种方式、有无期限限制、具有何种法律效力等。对此,调研组认为,第三人在侦查、审查起诉、审判阶段均可提出异议,且以书面形式为准,但对涉及第三人权属的涉案财产的处置只能在庭审阶段予以解决。如第三人在侦查或者审查起诉阶段提出涉案财产权属的书面异议,应当要求其提交证明涉案财产权属、性质的相关证据,连同书面异议一并随案卷移送审判机关。若审判机关在审判阶段方收到第三人的书面异议,则应在3日内将书面异议及证据材料移转给公诉机关,以保障双方在庭审阶段对有异议的涉案财产有效举证质证、确定权属。公诉机关在移送案卷材料及公诉时,除了移送定罪量刑的证据之外,还要提交涉案财产尤其是查控在案的涉案财产种类、权属、金额、性质等情况的清单以及涉案财产与犯罪行为之间的关系,如系犯罪工具、违法所得等,而且在起诉书中公诉意见部分列明对涉案财产的处理建议。法院在裁判文书中对控辩双方关于涉案财产的争议要予以回应、阐明处置的理由及依据。

3. 完善证明标准及庭审程序

司法实践中,对涉案财产的判断依赖于针对财物性质收集的证据,但是在案件办理过程中,完全证明财物为涉案财产才能对财物采取措施的方法不仅不能保证案件办理的效率,也不符合司法规律。调研组认为,对涉案财产性质进行判断应采用优势证据证明标准,经庭审质证,如果该财物来源于非法集资犯罪活动的可能性高于其他合法来源,或者该财物用于非法集资犯罪活动的可能性高于其他用途,那么就应当认定为涉案财产并进而采取措施。

庭审中公诉机关对涉案财产权属、性质、处置等承担举证责任。对公诉机关不能举证使法官足以相信涉案财产与非法集资犯罪相关的,公诉机关承担举证不力的后果。同时,庭审中,如果法庭调查及法庭辩论的重点仅限于案件定性及量刑,而将涉案财产权属、处置依附于对人之诉,通过笼统出示证据或概括出示证据目录,不能实现对涉案财产处置问题的充分举证和辩论,也不能为法官准确处置涉案财产提供参考。因此,需要在庭审过程中建立针对涉案财产的举证、质证并发表意见的程序,让控辩双方及第三人充分发表关于涉案财产的意见,法官在充分听取各方意见的前提下,准确对涉案财产加以处置。

(三)配套机制的完善

1. 转变办案理念,人财处置并重

刑罚如果过分强调惩治功能,就容易忽视定罪量刑之外情节的处置,造成因定罪量刑之外的因素影响判决效果。因此,要转变办案思路,树立准确定罪量刑、妥善处置涉案财产并重的刑罚理念。① 非法集资犯罪案情复杂、涉案金额巨大、法律关系复杂,侦查机关在证据收集过程中,应当改变重定罪量刑轻财产处置的观念,在收集定罪量刑证据的过程中,注重对涉案财产权属、价值、来源等证据的收集。与此同时,要通过完善第三人参诉程序等方式保障财产权益人的合法权益,减轻侦查机关诉前处置相关财产的顾虑,提高侦查机关收集涉案财产证据材料的积极性和主动性。除此之外,探索建立科学合理的奖励、考核机制,提升侦查机关对涉案财产证据收集的力度、广度和深度,如将涉案金额、返还数额、价值、退赔金额、退赔比例等列入考核的标准,鼓励公安机关加强对涉案财产的查封、扣押、冻结、保全等。

2. 完善对涉案财产的强制措施

(1)统一司法机关查封、扣押、冻结程序的实践操作。因公检法机关对查封、扣押、冻结的规定及权限存在差异,导致各司法机关在案件办理过程中存在较大差异,且公检法机关之间难以实现有效衔接。因此建议对查封、扣押、冻结的实践操作进行统一,避免实践操作的差异性认知。

(2)细化刑事查封、扣押、冻结的操作流程。对与犯罪事实可能相关,且当事人有转移财产可能的,可以先予以查封、扣押、冻结,涉案财产的证明标准应以优势证据为原则。对现有证据尚未达到优势证据标准,但当事人在刑事立案后一定期限内(如3个月)有转移、变卖、交易的突发情形,亦可先予以控制,避免因证据收集不及时而导致涉案财产被转移产生财产损失。但侦查机关移送审查起诉时仍不能证明属于涉案财产时,应当及时解除强制措施。

与此同时,我国刑事立法及司法解释仅规定了轮候冻结的可适用性,对于具体操作方案及适用原则没有明确规定。在非法集资案件中,对同一涉案财产,刑事诉讼程序及民事诉讼程序均需对其采取措施的情况并不罕见,民事诉讼解决的是平等主体之间的人身权益或财产权益,刑事诉讼在解决被告人刑事责任的同时,对财产权益进行认定、分配、处理,追求的目标均是保障当事人的合法财产权益。调研组认为,基于查封、冻结、扣押作为一种查控的手段行为,其本身并不解决实体问题,系为诉讼程序实体裁判服务,故应当明确刑事与民事诉讼程序竞合时的手段优先原则,而优先原则的确定则应配合先刑后民或民刑并行的诉讼程序。

---

① 参见刘东阳、石魏、李超峰:《对恶势力实践问题的实证分析及应对举措》,载《社会科学家》2020年第12期。

四、结语

非法集资案件是在市场转型背景下产生的一种新型犯罪类型，具有涉案人数多、资金流向复杂、作案手段不断翻新、[①]刑民关系错综复杂等特点。此类犯罪规制目的在于维护金融秩序的安全平稳。因此，涉案财产处置与受害人追赃挽损皆是司法处断效果的重要衡量因素。司法是被动的，但是司法机关在涉案财产处置中应秉持主导地位，前端通过先期处置程序及时控制资产，中端通过财产强制措施避免财产流失，后端通过法庭调查、法庭辩论明确涉案财产范畴、权属及具体处置方式，从而全流程、多方位对非法集资涉案财产进行查控、处置，方可在实现司法公正的同时最大化地保障集资参与人、第三人等多元主体的财产权益。

① 参见非法集资犯罪问题研究课题组：《涉众型非法集资犯罪的司法认定》，载《国家检察官学院学报》2016年第3期。

关于加强审判辅助事务集约化*管理的调研

北京市西城区人民法院课题组**

审判事务从属性上可以分为审判核心事务和审判辅助事务。审判核心事务事关判断权,只能由法官行使,主要是行使法律解释权和裁量权的工作,对当事人的诉讼权利义务具有重大影响,主持开庭、出具裁判结果是最主要的两项。审判辅助事务外延很广,包括送达、保全、记录、归档,甚至包括阅卷、调解、起草裁判文书等,可以由法官助理、书记员行使,法官负责审核监督。《人民法院组织法》第48条、第49条和《最高人民法院关于完善人民法院司法责任制的若干意见》第19条、第20条对法官助理、书记员负责审判辅助事务作出了规定。① 审判辅助事务与审判权行使密切相关,其运转是否顺畅高效,直接影响着审判质效的状况。

最高人民法院在《关于进一步推进案件繁简分流优化司法资源配置的若干意见》《关于深化人民法院司法体制综合配套改革的意见——人民法院第五个

---

* 社会化、信息化是集约化的必要支撑,本文所称集约化是包含社会化、信息化含义在内的统称。

** 课题主持人:时任北京市西城区人民法院党组书记、院长刘双玉。课题负责人:时任北京市西城区人民法院院长助理李锐。课题组成员:北京市西城区人民法院立案庭(诉讼服务中心)庭长张晖;立案庭(诉讼服务中心)副庭长秦学伟;立案庭(诉讼服务中心)副庭长王兵莹;立案庭(诉讼服务中心)法官助理邹鸿雁。课题执笔人:北京市西城区人民法院立案庭审判员王晨。

① 《人民法院组织法》第48条第1款规定:"人民法院的法官助理在法官指导下负责审查案件材料、草拟法律文书等审判辅助事务。"第49条规定:"人民法院的书记员负责法庭审理记录等审判辅助事务。"《最高人民法院关于完善人民法院司法责任制的若干意见》第19条规定:"法官助理在法官的指导下履行以下职责:(1)审查诉讼材料,协助法官组织庭前证据交换;(2)协助法官组织庭前调解,草拟调解文书;(3)受法官委托或者协助法官依法办理财产保全和证据保全措施等;(4)受法官指派,办理委托鉴定、评估等工作;(5)根据法官的要求,准备与案件审理相关的参考资料,研究案件涉及的相关法律问题;(6)在法官的指导下草拟裁判文书;(7)完成法官交办的其他审判辅助性工作。"第20条规定:"书记员在法官的指导下,按照有关规定履行以下职责:(1)负责庭前准备的事务性工作;(2)检查开庭时诉讼参与人的出庭情况,宣布法庭纪律;(3)负责案件审理中的记录工作;(4)整理、装订、归档案卷材料;(5)完成法官交办的其他事务性工作。"

五年改革纲要(2019—2023)》《关于进一步全面落实司法责任制的实施意见》等一系列重要文件中,都提出要探索推进审判辅助事务的集约化管理,促进提高工作效能。[①] 北京市西城区人民法院(以下简称西城法院)于 2019 年 8 月启动书记员集中管理改革,于 2020 年 6 月、7 月分别启用了集约送达中心、电子卷宗生成中心,逐步形成了审判辅助事务集约管理的一体化工作新模式。本报告以西城法院的改革创新做法为基础,简述审判辅助事务集约化管理改革的重要意义,总结经验模式,分析改革过程中存在的问题,并提出相应的对策建议,以期为基层法院相关改革提供参考。

一、加强审判辅助事务集约化管理的必要性

"审判辅助人员数量不够,法官助理与书记员职责定位不清晰,法官助理后备力量不足,编制外辅助人员流动性大、保障不到位等问题,已成为制约人民法院良性发展的重要因素。"[②]推进审判辅助事务的集约化管理是破解上述问题的重要一步、关键一招。加强审判辅助事务集约化管理的必要性如下。

(一)缓解案多人少矛盾、提升审判效率的需要

西城法院位于首都功能核心区,年收案量超过 8 万件,位列北京市第三,法官人均结案 440 件,案多人少矛盾比较突出,人民群众对审判质效要求较高。全院现有员额法官 173 人,行政编法官助理 110 人,聘任制法官助理 59 人,聘任制书记员 76 人,书记员缺口率超过 56%。目前,聘用制审判辅助人员空编 46 人,由于人员匮乏、待遇欠佳、发展空间受限等问题,近年来一直处于"招不来""留不住"的境况,自 2016 年以来共招录 103 人,已离职 40 人。在审判辅助人员供给不足的情况下,通过剥离送达、记录、卷宗扫描等事务性工作的任务量,推进资

---

① 《关于进一步推进案件繁简分流优化司法资源配置的若干意见》就破解"送达难"这一问题,提出要推行诉前地址确认制度、强调填写送达地址确认书、推广电子送达、完善邮寄送达制度,要求"根据审判实际需要,在诉讼服务中心或者审判业务等部门安排专门的审判辅助人员,集中负责送达、排期开庭、保全、鉴定评估、文书上网等审判辅助事务。"

《关于深化人民法院司法体制综合配套改革的意见——人民法院第五个五年改革纲要(2019—2023)》第 37 条提出:"推动部分事务集约化、社会化管理……在人民法院内部推行文书送达、财产保全、执行查控、网络公告等事务集约化管理。"第 64 条提出:"完善电子卷宗生成和归档机制。健全电子卷宗随案同步生成技术保障和运行管理机制,实现电子卷宗随案同步上传办案系统、电子卷宗自动编目、原审卷宗远程调阅、诉讼文书辅助生成和类案智能推送应用覆盖全国法院……"

《关于进一步全面落实司法责任制的实施意见》第 10 条规定:"……审判辅助事务可以实行集约化管理,建立专门实施文书送达、财产保全、执行查控、文书上网、网络公告等事务的工作团队,提升工作效能。充分运用市场化、社会化资源,探索将通知送达、材料扫描、卷宗归档等辅助事务外包给第三方机构,将协助保全、执行送达等辅助事务委托给相关机构,提高办案效率。"

② 最高人民法院党组成员、政治部主任马世忠在全国高级法院政治部主任电视电话会议上的讲话。

源优化配置,减轻审判辅助人员的工作负担,是促进审判效率提升的有效途径。对西城法院单一民事案件各诉讼流程进行分解,对每个环节所花费的工作量测算后分析发现,送达、庭审记录和归档三项工作,司法判断权的属性最弱,更多是程序性、事务性工作,具有服务外置和集约化管理的可行性。经估算可知,剥离送达、庭审记录和卷宗扫描归档工作,审判团队就自身内部工作而言,大约每个简易案件可以节约工作时间 3.75 个小时,普通案件可以节约工作时间 8.75 个小时。基层法院一审民事案件工作量测算见表 1。

表 1　基层法院一审民事案件工作量测算

诉讼流程	次数	简易程序案件平均耗时/小时	普通程序案件平均耗时/小时
阅卷	1	0.85	3
送达	1	0.80	1.40
财产保全	10.55%的案件需要保全	4.60	4.60
调解	66%的案件 1 次,7%的案件 2 次以上	1	1.40
庭前调查(法官与辅助人员共同参与)	1	0.60	1.50
开庭审理	简易程序 1.10,普通程序 1.30	1.50×1.10(次)	2×1.30(次)
合议	1	0	2
庭审记录(含开庭时间、合议时间、开庭准备时间、核对笔录时间)	1	1.50×1.10+0.50+0.25=2.40	2×1.30+2+0.50+0.25=5.35
调撤文书制作	60.60%	0.48	1
判决文书制作	39.40%	1.86	4.50
整卷归档	1	0.80	2

(二)配合审判团队建设、落实司法责任制的需要

审判团队建设是保障司法责任制落实的重要一环,审判团队中法官助理、书

记员的主要工作就是从事审判辅助事务工作。实践中，审判团队配不齐、法官助理与书记员职责混同问题非常突出，有的工作谁有时间谁干，有的甚至互相推诿扯皮，影响了审判团队的高效运转和对法官履职的保障。审判辅助事务虽然具有一定的专业性，但大多是辅助性、事务性工作，具有机械性、程式化、重复性特点。实行审判辅助事务集约化管理，相关事务从审判团队中剥离，才能保障辅助人员特别是法官助理集中精力深度研究法律事务，如文书起草、类案研究等智识性工作，从而更好地减轻法官负担，让法官更加专注于研究疑难复杂法律问题，提高案件质效。

（三）支撑"一站式"多元解纷和诉讼服务体系建设的需要

内设机构改革后，基层法院立案庭和诉讼服务中心合并，尤其是按照北京市高级人民法院要求，"多元调解+速裁"工作统一到立案庭后，立案庭已经成为法院接收和处理案件的"大门诊"，案件和人员都向诉讼前端集中。目前，西城法院立案庭设有"1+2+1"速裁团队17个（立案速裁13个，金融速裁4个），前端速裁团队设定年均任务量1200件（金融速裁团队3500件），每年审结案件至少要达到35 000件，占到全部民商事案件的60%以上。只有实行审判辅助事务集中管理，最大限度地减轻审判团队负担，才能为大量简单案件快审快判和案件快速流转提供保障。同时，案件和人员的集中，包括诉讼服务中心功能的升级改造，也为审判辅助事务集约化管理提供了有利条件。

（四）落实全流程网上办案、推进智慧化法院建设的需要

近年来法院信息化建设突飞猛进，最高人民法院多次强调要探索推进全流程网上办案、网上监督管理。实践中，全流程网上办案、网上监管之所以还没有很好实现，一个重要原因是案件前期基础信息录入和每个环节的网上留痕落实不到位。依靠每个团队辅助人员的自觉，实行众多辅助事务环节信息的分散录入，是造成案件信息不完整、电子卷宗深度应用不足的重要原因。对审判辅助事务实施集约化管理，在案件流程的源头实施集中录入，减少录入环节，保证信息准确性和完整性，有利于全流程网上办案、网上监督管理和电子卷宗深度应用的有效落实。

推行审判辅助事务集约化管理，不仅有利于减轻审判团队负担，而且有利于促进审判效率的提升。在更深层次上，还将对审判工作带来深远影响：一是推动审判辅助人员的职责重构。根据《人民法院组织法》和《最高人民法院关于完善人民法院司法责任制的若干意见》的相关规定，办理送达等审判辅助事务是法官助理的重要职责，法庭记录则是书记员的主要职责。送达等事务实行集中管理并从审判团队剥离后，法官助理的职责将集中于法律研究、类案检索、起草判决等工作。书记员集中管理后，伴随着法庭记录语音识别功能的进一步完善，整

卷工作也实行外包后,书记员的职责被逐步解构和替代,书记员的职责也需要重新定位。二是推动审判流程管控重塑。审判辅助事务集中到诉讼服务中心办理后,对后端审判工作形成了有力牵引,有利于促进审判流程管控模式的革新。电子卷宗生成中心案卷的同步送扫实现了案件进展情况的实时查询、在线监管,倒逼案件后端审判管理提前介入并向精细化方向延伸。三是人员分类管理的重造。在《人民法院组织法》2018 年修订前,法律上关于审判辅助人员的分类中,没有关于法官助理的规定,书记员是承担审判辅助事务的最主要人员。法律修订后,法官助理在办理审判辅助事务中承担了更重要的角色。但审判辅助事务集中管理后,对法官助理尤其是书记员的需求在萎缩,同时,大量聘用制外包人员涌入法院,从事与审判事务密切相关的辅助工作。这对法院人员分类管理的再定义提出了新的需求和挑战。

二、西城法院审判辅助事务集约化管理的工作情况和成效

西城法院经过充分调研、反复论证、达成改革共识后,对审判辅助事务集约化管理的探索经历了先行先试、由点及面、逐步推开的过程,形成了以书记员集中管理、集约送达、电子卷宗同步生成为抓手的一体化工作格局。

(一)以书记员集中管理为突破口努力推进庭审效率的提升

为解决书记员缺口率高的问题,更好地保障办案需要,西城法院于 2019 年 8 月启动书记员集中管理工作,先行选择立案庭(速裁团队)、民一庭(民事)、民三庭(商事)和行政庭四个审判庭开展试点工作,自 2020 年 1 月起在全院推开,实现了除速裁团队外的全覆盖。主要做法是:在政治部干部人事组专门设立书记员管理办公室,集中管理 36 名书记员,根据法庭预定管理系统登记,指派书记员为试点庭室审判团队的开庭、谈话、调解等审理活动提供庭前准备、庭审直播、笔录制作、当事人笔录签阅和录音录像光盘刻制等工作。书记员对应固定法庭,以法庭为原点为预约团队提供无差别服务。

2020 年书记员管理办公室保障全院 101 个员额法官线上线下庭审,日保障量为 65 个,人均 157 个,审判团队在法庭预定管理系统中预定的审理活动 100% 保障。与改革前相比平均审理活动时长由 70 分钟逐渐递减至 42 分钟,比改革初期缩短 40%,法庭利用率提高 47%,语音识别系统的稳定性和识别率不断提升,准确率从 90%提高到 96.5%。

书记员集中管理改革,不但实现了庭审效率的提升,也促进了庭审规范化水平的提高。书记员依托语音识别系统将笔录内容实时投屏,原汁原味呈现庭审原貌,倒逼法官的规范审理行为。法庭预定管理系统后台自动统计等待法官时长,客观真实地反映法官到庭情况,倒逼法官准点到庭。改革后,法官准点开庭

率已从59%跃升到92%。通过单次最长1.5个小时的庭审时间限制,倒逼法官减少开庭次数,提升其驾驭庭审的能力。此外,驻庭书记员归书记员管理办公室统一管理后,加强对驻庭书记员的统一监督,法庭使用更加规范,以往审务督察中经常出现的书记员着装不规范、法庭中诉讼材料随意丢放等问题也得到遏制。

(二)以集约送达为牵引努力推进审判流程提速

送达在诉讼制度中占有重要地位,是当事人获取诉讼信息的主要渠道和推动诉讼活动顺利进行的重要保障。从法院立案到作出判决,每一步都要做好送达工作,只有依法完成送达任务后才能保证审判程序的顺利进行。长期以来,送达成为法院审判工作尤其是民事审判工作面临的一个难题,是影响审判质量效率的突出因素。据相关统计,花费在送达程序上的司法资源占总数的40%左右。同时,因送达程序不合法、不规范问题导致案件发回重审、改判或者再审的案件也时有发生。[①] 2017年7月,《最高人民法院关于进一步加强民事送达工作的若干意见》提出:"可以根据实际情况,有针对性地探索提高送达质量和效率的工作机制,确定由专门的送达机构进行送达。"2019年7月,《最高人民法院关于建设一站式多元解纷机制一站式诉讼服务中心的意见》明确提出:"完善集约化诉讼服务机制。推动将扫描装订、卷宗流转等辅助性、事务性工作集中到诉讼服务中心,实行集约管理。""将能够由社会第三方辅助完成以及能够外包的服务性工作全部剥离出来,通过购买服务,由社会化专业化团队开展。"这些规定是开展集约送达工作的政策支持和依据。

改革前,西城法院送达工作采取"外包+分散"的模式,即把外包送达人员派驻到各审判庭室或团队专门从事送达工作,送达人员的日常管理由所驻庭室负责。这种方式存在的主要问题:一是分散的工作模式制约了效率的提升,外包人员分散于各庭室或团队,审判团队人员日常管理耗费精力,外包人员工作量不均衡,资源没有充分利用。二是送达结构不合理,法院专递送达是所有送达方式中使用量最大、使用习惯度最高的一种,导致虽然有成本更低、时效更快的可替代送达方式选择,如电子送达、窗口预约送达等,但是仍存在法院专递送达优先、法院专递送达与其他送达方式重复使用,甚至不认可其他送达方式的问题。随着专递送达量的增加,送达费用也逐年攀升。三是外包人员日常工作管理缺乏统一标准,各庭室收案情况变化导致需求不一,外包人员流动频繁,导致多次培训、

① 据上海某基层法院统计,该院2011~2014年共受理涉及公告送达缺席审判再审案件19件,由于各种原因决定再审15件,公告案件再审率约为1.7‰。参见最高人民法院2015年度司法调研重大课题"关于民事送达疑难问题的调研",转引自冉崇高、赵克:《理论厘清与制度重构:关于民事送达难的实证分析》,载《法律适用》2017年第9期。

重复培训等问题。四是送达工作质效考核缺乏针对性,送达工作量统计标准不统一,送达结果验收确认流程烦琐、耗费时间,对部分外包人员送达行为不规范问题难以进行质效评价。五是工作统计分析缺乏平台支撑,各类型案件的送达情况,各送达方式的数据统计汇总存在严重滞后性,难以完整、准确、全面地衡量和展现送达工作成效。2019 年西城法院各类送达方式情况见图 1。

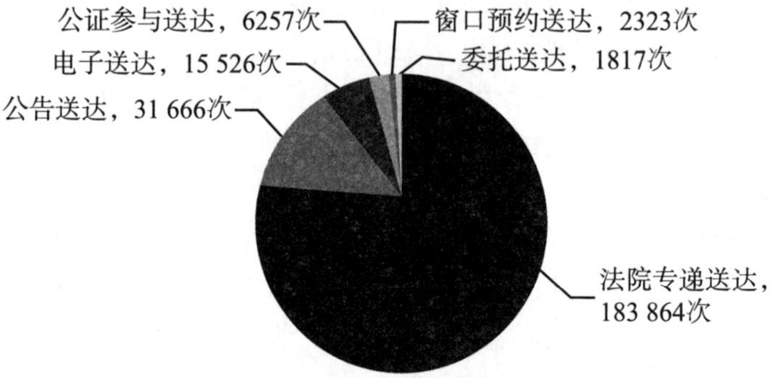

图 1　2019 年西城法院各类送达方式情况

为解决上述问题,西城法院对集约送达工作进行了系统规划设计,制定出台了《集约送达中心实施方案》《集约送达工作规范流程》《各部门集约送达工作流转交接规范》等系列制度文件,并于 2020 年 6 月 1 日,正式启用了集约送达中心。中心占地 243 平方米,分为 4 个办公区,约 30 名工作人员分工开展工作,设计了双手托起印有天平的信封的服务标识,寓意“集约高效、严谨便捷、智能精准”的送达理念。新集约送达中心投用后,西城法院送达工作形成送达人员团队化、送达流程一体化、线上操作智能化的全新送达工作格局。主要做法如下。

一是推动集约送达“四个统一”。所有案件、全部业务庭室人员从送达工作中统一剥离,集约送达中心承接全院所有民商事、行政、执行案件的送达工作,使全部审判执行团队彻底从送达事务性工作中解脱出来。全部外包人员集中到集约送达中心进行统一管理培训、统一调配,实现资源利用集约化、工作效能最大化。全部外包人员统一培训考核,实现规范化管理。统一使用集约送达一体化信息平台,审判团队在集约送达一体化平台“一键点击”,多种送达方式“一站式”完成。

二是推动送达流程规范化运转。送达人员实行团队化、流水化运转,将送达的每个环节细分节点,确保人员分工明确,制定完善的操作流程,保证每个环节无缝对接、相互检验、递进实施,提升送达的效率和质量。

三是探索创新"主动送达+被动送达"模式。在立案速裁、金融速裁和部分后端审判团队建立主动送达模式，无须审判团队提起，主动开始送达，送达前先联系原告、引导当事人填写要素式案件列表、送达诉讼材料随案扫描并上传制作电子卷宗，送达完成后将送达结果反馈给审判团队，再由审判团队安排排期谈话等工作，最大限度压缩案件流转时长，主动送达期限一般不超过7天。在案件审理过程中产生新的送达任务的，或者不适宜主动送达的，仍采用"被动送达"模式，由审判团队根据案件审理需要，在线发起送达任务，集约送达中心根据任务清单完成送达任务。通过"主动送达+被动送达"相配合的模式，既推动了诉讼流程的提速，又方便了审判团队根据案件情况和自身时间及时、有效、合理地安排工作。

四是推动送达工作可视化管理。审判团队从办案系统上"一键发送"申请，送达任务直接通过线上流转到送达专员，内外网平台兼容并行、无缝对接，送达进度一目了然，可以实时追溯、有效监督。通过集约送达一体化平台的数据分析，建立全院送达数据综合看板，按照业务庭室、送达方式、数量、送达成功率、送达时长、送达合规性、送达逾期、送达成本、送达失败原因等多个维度进行数据展现，为考核评价、决策参考提供科学翔实的依据。

2020年6~12月，送达中心总共接收案件63 389件，其中民商事案件45 817件，执行案件17 259件，民商事案件中主动送达15 559件。累计拨打电话52 505人次，累计电子送达5845次，累计发送司法专邮84 690件，累计完成外出送达任务1674件，累计完成窗口自取任务2349人次。

集约送达中心运行以来，在以下4个方面收到成效。

一是统一规范送达工作标准，提升了送达质效。改革前，根据《民事诉讼法》①第159条关于"基层人民法院和它派出的法庭审理简单的民事案件，可以用简便方式传唤当事人和证人、送达诉讼文书、审理案件"的规定，有的审判团队在自行送达时会存在一些不够规范的做法，如电话通知当事人来院开庭并于开庭前办理送达手续，或者电话通知当事人后视为送达而缺席审判等，容易引发当事人对送达工作法律效力的质疑。送达中心成立后，根据《民事诉讼法》第87条②"经受送达人同意，人民法院可以采用传真、电子邮件等能够确认其收悉的方式送达诉讼文书，但判决书、裁定书、调解书除外"的规定，以及最高人民法院《民事诉讼程序繁简分流改革试点实施办法》第24条"经受送达人同意，人民法院可以通过中国审判流程信息公开网、全国统一送达平台、传真、电子邮件、即时

① 此处适用的是2017年《民事诉讼法》，参见2021年修正的《民事诉讼法》第162条。

② 参见2021年修正的《民事诉讼法》第90条。

通信账号等电子方式送达诉讼文书和当事人提交的证据材料”等规定,对案件送达流程进行了重新梳理,对电话通知、电子送达、外出送达等各种工作方式进行了统一规范,送达工作规范性明显增强,送达效率明显提高。如在电话通知时,通过自动记录、全程录音、系统留痕确认的方式固定证据,并积极引导当事人来院送达、电子送达,或者配套采用邮寄、公告等其他法律认可的方式进行送达,确保了送达工作法律效力的有效性。在外出送达时,由法警和送达专员共同组成送达小组代替法官外出送达,通过送达中心的数据库资源,调取当事人在淘宝、天猫等平台上留存的收货地址,依据外出送达目的地的坐标信息,对外出送达任务进行路线规划,既节约了办案资源,实现外出送达资源的合理调配,也提高了找到当事人的概率和直接送达的成功率。送达中心对各审判庭室的案件量进行测算,确定邮寄送达使用限额,倒逼审判庭室合理选择送达方式,优化了送达结构。目前,司法专邮的用量开始出现下降迹象,普通民商事案件司法专邮妥投率也由改革前的45%提升至80%。

二是电子送达率大幅提高,强化了对优化营商环境的服务保障。分散送达模式下,虽然在审判团队中一直推广并宣传使用电子送达模式,但改变审判团队固有工作模式存在困难,电子送达效果并不理想。集约送达后,首次送达阶段积极引导当事人填写电子送达地址,同时用送达地址确认书和电话录音的形式加以固定,在送达系统中将电子地址进行维护,方便审判团队后续用电子方式予以有效送达,电子送达的覆盖率得以迅速提升。目前,电子送达覆盖率由集约前的1.94%提升至39.54%,民商事案件电子送达裁判文书比由1.91%提升至50.72%。商事案件中电子送达覆盖率也由改革前的21.96%提升至61.17%,已达到北京法院目标责任制考核办法中该项指标的满分要求。审判团队和当事人在试用后也逐渐体会到电子送达的高效便捷,速裁团队中电子送达裁判文书比例最高的达到了85%。

三是审执团队事务性工作减少,推动了审判人员办案工作习惯的转变。集约送达中心投入运行以来,审执团队将更多的精力投入到案件的实体审执工作中去,工作负担明显减轻。以民三庭为例,该庭商事案件数量约占全院收案总量的30%,且大标的、疑难复杂、新类型案件多,人案矛盾凸显,以往法官疲于完成结案任务,法官助理疲于完成低技术含量的事务性工作,该庭近几年调研宣传等多项指标完成情况不尽如人意。改革后,该庭18名行政编法官助理在协助法官办案的同时,在调研宣传、支部建设等方面发挥了更大潜能,撰写的调研信息、学术论文、案例分析以及开展普法活动等,数量均较上年同期明显提高。

四是集成送达大数据应用,强化了对诉讼流程的监督管理。集约后统一使用集约送达一体化信息平台,在三个方面强化了监督管理:第一,将执行中的送达纳入送达中心统一管理,防止体内循环。以往,执行中的送达工作由执行团队自行开展,通过案件评查或当事人反映发现,存在有的案件长期不送达,有的案件不规范终本恢复执行后重复送达等问题。执行送达由送达中心统一管理后,强化了监督制约,促进了执行不规范问题的解决。第二,通过集约送达一体化信息平台的数据分析,诉讼服务办公室可以及时了解送达前案件立案、扫描工作的进展情况、送达工作的完成情况,从而对外包团队的工作形成有效的监管和考核。第三,送达统一管理后,带动了对案件流程的事前、事中监督,推动了案件错误及瑕疵的及时发现和解决。送达中心在案件送达过程中引导被告填写案件要素式表格,初步固定被告答辩意见和调解方案,并将送达结果制作成送达报告随案移送法官,同时形成电子卷宗,为院庭长监督管理和后续案件监管部门评查超审限案件和撤诉案件提供了参考依据。截至目前,集约送达过程中已发现有的案件存在裁判文书中当事人名称错误、材料案号不一、传票开庭时间有误等问题,并及时进行了纠正。

(三)以电子卷宗同步生成为支撑努力保障全流程在线监督落地

电子卷宗生成与集约送达两项工作密切相关、相辅相成,必须一体化实施。一方面,集约送达后,从诉讼前端开始,就同步形成了诉讼材料的电子卷宗,为全流程卷宗同步生成奠定了扎实基础;另一方面,送达等审判辅助事务剥离后,只有同步实施卷宗扫描工作的外包,才能真正实现减轻审判团队事务工作负担的目的,否则,送达阶段与审判阶段相互割裂,审判团队仍然自行分散承担卷宗扫描工作,有限的资源无法优化高效利用,就无法实现通过集约管理推动审判质效提升的初衷。根据《最高人民法院关于全面推进人民法院电子卷宗随案同步生成和深度应用的指导意见》《最高人民法院关于进一步加快推进电子卷宗随案同步生成和深度应用工作的通知》《北京市高级人民法院关于全面推进北京市法院电子卷宗随案同步生成的工作方案》等文件精神,西城法院对电子卷宗随案同步生成工作的模式和流程进行了系统设计,着重考虑了如下几个因素:一是秉持让审判团队少送扫、减少纸质案卷流转、切实减轻审判团队负担这一基本原则;二是统筹考量立案、审判工作特点及审判团队分布情况、办公条件的限制;三是设立过渡期,过渡期内,纸质卷宗与电子卷宗并行,采取"审判团队确认生成电子档案+纸质卷宗同步整理归档"的模式,让审判团队尽快适应无纸化全流程办公模式并养成操作习惯。2020年7月1日,西城法院电子卷宗扫描中心正式启用,电子卷宗同步生成工作采取购买外包服务的形式,配备外包扫描人员20人,承担所有诉讼材料的集中收转、扫描、加工、保管、借阅、整理等工作,实现"一次扫描、全程使用、一键归档"。同时,在5个办公区设立电子扫描工作站,实现"随收随扫""应扫尽扫"。具体做法如下。

1. 立案扫描阶段采取集中扫描模式。扫描团队将案件当事人、诉讼代理人、其他诉讼参与人在立案阶段提交的纸质诉讼材料当日或最迟次日完成扫描。扫描完成后，将纸质诉讼材料退回立案庭。原则上，当日上午送扫的材料需当日扫描完毕退回纸质材料，当日下午送扫的材料最迟于次日中午前扫描完毕退回纸质材料。当事人、诉讼代理人、其他诉讼参与人通过网上立案系统提交的电子化立案材料，在“待入卷”栏目内，立案团队通过审核后将材料归入电子卷宗的相应目录内。

2. 案件报结前扫描阶段采取“引导提交人先送扫+审判团队随时扫描”的模式。在各办公区电子扫描工作站派驻扫描人员，案件审理过程中，对外积极引导当事人、诉讼代理人、其他诉讼参与人前往电子扫描工作站对外窗口完成提交纸质材料的扫描，扫描团队扫描完成后，经提交人确认签字，将纸质材料当场退还给提交人。提交人将扫描过的纸质材料提交至审判团队。审判团队收取当事人、诉讼代理人、其他诉讼参与人没有送扫的材料，由审判团队自行扫描或送交电子扫描工作站扫描。扫描团队负责电子材料的加工、归目、挂接和整理等工作。案件审理过程中，法官依职权调取的纸质材料或形成的鉴定勘验意见、笔录等，由审判团队随时生成随时扫描。审判团队确保除上诉材料和裁判文书送达手续外，所有入纸质卷宗的材料均在报结前扫描完毕。

3. 归档前扫描阶段采取补充扫描及质检模式。案件报结后 20 日内，审判团队将未完成扫描的纸质材料移送至扫描团队完成补充扫描，原则上这一阶段只扫描上诉材料及裁判文书送达手续材料，审判团队对生成的电子卷宗在系统确认后，对卷宗的全部纸质材料进行清点，由归档专员将纸质卷宗移交整卷外包团队整理。归档专员在交接过程中核对电子卷宗与纸质卷宗的页数，若电子卷宗页数少于纸质卷宗，则纸质卷宗不能交送整卷外包团队，退回审判团队自行补充扫描。整卷外包团队接收的纸质卷宗不完整的，不予整理归档，退回审判团队。

截至 2020 年 12 月底，电子卷宗同步生成中心同步扫描卷宗共计 72 213 卷共 2 553 485 页，扫描率达到 100%。电子卷宗生成中心案卷同步送扫的实现，为电子卷宗深度应用提供了基础，西城法院信息回填使用率、庭审笔录语音转录自动生成率、程序性文书自动生成率和裁判文书自动生成率均有明显提升。案卷同步送扫也为案件评查中心和院庭长掌握案件进展情况提供了条件，案件超审限预警提示、扣审限在线审批更加精准及时，促进了审判监督管理的自动触发、全程留痕、有效追溯。

三、困难和问题

西城法院探索审判辅助事务集约化管理虽取得初步成效，但还有一些问题需要解决。

一是审判辅助事务购买社会服务的制度机制还不够健全。审判辅助事务的集约化管理必须依赖外包购买服务，当前人民法院购买社会化服务的探索尚处于零星、自发阶段，尚未形成规模效应，相对于政府向社会力量购买服务，法院购买社会化服务还处于起步阶段，无论在事项范围、购买方式、绩效评估，还是在政策推动、顶层设计和制度建设等方面，都存在一些问题和障碍。全国范围内尚缺乏统一的法院购买服务指导性目录，财政部门为法院充分利用市场化、社会化资源提供资金保障的制度还未定型。

二是外包人员的工作规范性还有待完善。作为法院向社会公众提供服务的新型方式，向社会购买社会化服务意味着法院不再作为服务的直接生产者，而是将生产的义务转移给承接主体，但服务提供主体的转移并不意味着责任承担的转移，在法院购买审判辅助类服务中，购买服务的质量、效率更是直接影响着司法审判职能作用的发挥和司法权威的维护。要确保审判辅助事务购买服务的质效，充分的市场竞争，规范化、精细化的监督考核都是必要的保障。从目前法院购买社会化服务的实践来看，还存在招标方式单一、合同管理能力欠缺等问题；同时，由于相关组织和市场主体数量少，法院往往只能通过"单一来源采购"的方式订立购买服务合同，市场主体竞争性、专业性还不足，使法院购买社会化服务可能面临质量问题或泄密风险、廉政风险等。送达是审判流程中的一个重要流程节点，是带有法律后果的程序性行为，关乎庭审工作的顺利进行和当事人权利的有效实现。外包人员并非法院的正式审判人员，其行为的法律效力容易受到质疑。同时，法院系统也缺乏带有统一标识的官方电话，受当前社会环境影响，当事人接到工作人员的电话后易质疑电话的真实性，出现屏蔽拉黑等情况，导致无法联系到当事人。从送达中心的运行情况看，外包人员还存在工作经验不足问题，特别是前期主动送达阶段，送达员对类型化案件送达需求掌握得还不够充分，在对当事人引导沟通时存在固定僵化现象，严格按照沟通技巧进行交流，灵活度不够，后续还需不断培训提高专业技能。

三是工作流程衔接操作还需要一个不断适应调整的过程。审判团队与外包团队之间各个流程环节的衔接还存在不顺畅、不完善的问题。如集约送达中心在运行过程中，共发现并解决了 4 类共 7 个方面的问题（案卷对外流转交接类问题 2 个、系统操作类问题 2 个、责任划分类问题 1 个、送达团队内部流转类问题 2 个），确定 4 类共 18 条细则规范（如网上立案案件送达系统无电子卷宗等问题的处理流程），设计制作 12 种制式文书（应诉告知书、电话沟通记录表、要素式案件信息表等）。即使进行过多轮培训，但是在集约推进过程中还是发现有些审执团队对系统操作不了解，不熟悉。从扫描数据上来看，同步扫描还处于起步阶段,审判团队也还没有养成同步扫描的习惯。同时,电子卷宗的深度应用仍然处于探索阶段,信息自动回填、文书自动生成、监管自动触发等功能仍然处于初步开发阶段,使用率不高,还有待进一步大力推进和深化。

四是通过集约化管理更好推动审判流程精细化管理还有待进一步探索和实践。目前,通过集约送达等工作,虽然发现并纠正了审判工作中存在的一些程序性、瑕疵性问题,但功能发挥还只是初步的。如何将集约送达、电子卷宗两个中心的运行纳入审判管理监督系统,作为审判质量、效率问题的发现渠道和院庭长监督管理的重要抓手,还需要深入地研究设计,制定科学合理的制度机制。

五是信息技术的保障还有待加强。集约化管理必须依赖高度的信息化来实现,目前信息技术的保障还存在不到位的问题。随着工作量的增加,两个中心信息系统与审判系统、审判监督管理系统等各类信息系统的互联互通还有待进一步完善。未来随着电子卷宗深度应用的推广,电子卷宗软件系统及法官电脑屏幕等硬件系统都需要持续升级优化。

四、完善举措和工作建议

根据西城法院开展审判辅助事务集约化管理的情况,下一步,拟在以下方面进一步努力。

一是构建全流程的服务质量监督考核体系。审判辅助事务工作外置后,确保外包团队工作质量至关重要。外包人员虽然从事的是辅助性事务,但都和审判环节息息相关,特别是送达人员直接和当事人接触的机会多,对外代表法院形象,更应加强对人员的培训管理,增强他们对法院工作的熟悉和认同,强化工作的使命感、荣誉感,更好地提升司法服务的品质。要从合同管理、业务培训、流程监管、绩效评估等方面,继续健全对外包人员的考核监督体系。同时,积极培育符合条件的市场主体,通过充分的市场竞争,促进外包服务质量的提高。

二是加强内部对法官助理、书记员的精细化培训,制定规范化的操作流程,确保衔接顺畅。坚持问题导向,依托各审执业务庭室和“两个中心”例会平台,及时沟通发现的问题,帮助审判团队熟悉系统在线发起任务的操作形式,了解送达中心和电子卷宗同步生成中心的工作模式,不断优化工作流程,提升工作效能。同时,加强信息系统的运维保障,根据审判团队的反馈,及时解决运行中的问题。加强与行政机关和律师协会的协作,实现全区行政机关和律师电子送达全覆盖。加强与各大机构送达地址的对接,与各个保险机构、物业、劳动仲裁等部门建立合作机制,进一步优化方便案件的送达和联系工作。研发送达地址确认书二维码,当事人来院时就在导诉台通过扫码签署送达地址确认书,从而实现立、审、执阶段“一址通用”,既减轻当事人重复抄录负担,也方便各诉讼阶段审判人员的直接调用。

三是进一步研究探索对后端流程管控发挥作用的方式方法。融合不同渠道的信息资源,加强大数据的深度挖掘和应用,积极将两个中心打造成发现、监控审判质量和程序问题的“情报站”。同时,推动建立两个中心信息系统与院庭长监督管理、案件评查等系统的对接,充分利用电子卷宗的同步性、全面性和完整性,加强对案件质量问题的及时介入,促进审判质效的提高。

在推进审判辅助事务集约化、社会化、信息化管理的过程中,还有一些需要上级机关统筹设计推动解决的政策性问题。一是建议最高人民法院出台全国统一的工作指导意见和指导性目录,推动法院购买社会服务工作的制度化。二是建议对法官助理、书记员工作职责进行修订完善,明确法官助理不再直接承担送达、归档等事务性工作,仅履行相应的审核监督职责,并强化法官助理在调解、法律研究、类案检索、协助法官起草裁判文书中的职责作用;将审判辅助人员的范围扩展到购买社会服务的外包人员,并增加对其工作职责、管理方式、责任范围等的相关规定。三是建议对法官助理、书记员的政法专项编制配置和比例进行研究调整,将节省出的编制更多地用于员额法官岗位或任务量重的司法行政岗位。

【法律文书之窗】

北京市第一中级人民法院
民事判决书

（2021）京01民终2680号

上诉人（原审原告）：梁某珍，女，1966年11月27日出生，住北京市延庆区。

委托诉讼代理人：要某，男，1958年7月1日出生，住北京市昌平区。

被上诉人（原审被告）：卢某林，男，1948年12月3日出生，住北京市延庆区。

委托诉讼代理人：卢某冬（卢某林之女），住北京市延庆区。

被上诉人（原审被告）：卢某军，女，1977年11月7日出生，住北京市延庆区。

上诉人梁某珍因与被上诉人卢某林、卢某军排除妨害纠纷一案，不服北京市延庆区人民法院（2019）京0119民初8332号民事判决，向本院提起上诉。本院于2021年3月3日立案后，依法组成合议庭，依照《中华人民共和国民事诉讼法》第一百六十九条规定，合议庭经过阅卷、调查和询问当事人后，不开庭进行了审理。本案现已审理终结。

梁某珍上诉请求：撤销一审判决第二项，依法改判支持我方全部诉讼请求，卢某林、卢某军承担连带责任。事实和理由：1.一审判决认定事实错误，且存在重大缺失。一审判决结果与三级法院已经作出且生效的裁判相悖，忽略生效裁判中已经认定的事实，只字未提卢某林所主张的排除妨害的诉请不能成立的事情；2.一审判决就南墙门与地下排水管道被封堵的事实认定错误。根据我方一审提交的照片和视频光盘，是能够证明卢某军参与组织实施了上述封堵行为，故其与卢某林作为父女，应当承担连带责任；3.一审判决未支持我方主张的歇业损失错误；4.一审存在拖延审限、不回应我方提交的先予执行申请等程序失当问题。

卢某林、卢某军辩称,同意一审判决,不同意梁某珍的上诉请求和理由。

梁某珍向一审法院起诉请求:判令卢某林、卢某军将堵在我方南院门外的杂物清理,以便于我方通行,同时要求卢某林、卢某军将堵在我方下水管道内的混凝土清除,不得妨碍我方下水管道排水,同时还要求卢某林、卢某军自2019年6月15日起赔偿我方农家院经营损失每日1500元。

一审法院认定事实:卢某林、卢某军系父女关系。梁某珍与卢某林系前后院邻居,梁某珍居北,卢某林居南,梁某珍宅院地势稍高于卢某林家宅院,两家宅院东侧为街道。梁某珍系早年购买本村村民赵某某(赵某之子)的旧房屋及院落,该宅院与卢某林北房之间的空地上原有一道石头墙,2012年5月梁某珍拆除了两家之间的石头墙,并在赵某某家原宅基地上新建了房屋,其南院墙即建于原石头墙处,而其取得赵某某的集体土地使用证中明确宅基地东西宽20米、南北长16米,与实际宅基地东西宽19.2米、南北长12.5米不符。2012年9月,卢某林亦翻建自家北房,其新建北房后墙向北错出近2米,由此两家之间的空地变窄,现距离为3米,同时卢某林沿梁某珍南院墙向东砌起北院墙,并搭建了石棉瓦棚子。为此梁某珍曾于2013年诉至法院要求卢某林拆除,但被认定为宅基地使用权争议后驳回起诉,后梁某珍向北京市第一中级人民法院提出上诉,后撤回上诉。后梁某珍再向北京市国土资源局延庆分局申请宅基地确权,但被告知本市尚未出台具体操作性规定而未予解决。2015年3月及5月,梁某珍拆除了卢某林所建北院墙其中3.66米,为此卢某林诉至法院,要求梁某珍恢复原状、赔偿损失。法院经审理,认定双方虽存在宅基地使用权争议,但在争议未经处理的情况下,其拆除卢某林所建院墙的行为不妥,为此判令梁某珍恢复原状,但对卢某林主张的其他损失以无证据证实为由驳回,对此双方均提出上诉,后经北京市第一中级人民法院审理,驳回双方上诉,维持原判。2016年梁某珍利用其宅院西侧排水口直接向南墙外排放污水,为此卢某林起诉要求梁某珍改排污水。法院经审理认为卢某林在双方宅基地使用权发生争议未得到处理的情况下,其翻建北房向北移位,并将两家之间东侧可以活走的空地堵死,因此认为其自身对损害后果负有责任,故驳回了其诉讼请求。对此卢某林提出上诉,北京市第一中级人民法院驳回其上诉,维持原判。2018年,梁某珍在其南院墙东侧开院门,并在墙外堆放杂物。2019年6月15日,卢某林用梁某珍南墙外所堆放杂物将梁某珍所开南院门封堵,同时用水泥混凝土将梁某珍西侧排水管道堵塞。为此梁某珍于2019年7月19日诉至法院,要求卢某林排除妨害即疏通排水管,并将封堵南院门的杂物清理,以便于其排水和通行,并要求赔偿损失。本案在审理过程中,双方均坚持对该地块享有使用权,梁某珍坚持要求卢某林疏通排水管、清理南院门前杂物，并赔偿其农家院经营损失，卢某林拒绝；卢某军否认参与封堵梁某珍排水管及南院门，为此双方未能协商解决；梁某珍未能提交证据证明卢某军有封堵其排水及南院门的行为。

一审法院认为，不动产的相邻权利人应当按照有利生产、方便生活、团结互助、公平合理的原则，正确处理截水、排水、通行等相邻关系，给相邻方造成妨碍或者损失的，应当停止侵害、排除妨碍、赔偿损失；法律、法规对处理相邻关系有规定的，依照其规定，法律、法规没有规定的，可以按照当地习惯。本案梁某珍与卢某林因两家宅院之间的空地使用问题发生争议，在该争议解决前双方应本着有利生产、方便生活的原则处理矛盾，并积极找有关部门解决宅基地使用权争议，而不应相互妨害，给对方造成生活上的不便；梁某珍在双方宅基地使用问题未解决的情况下，自 2016 年起直接向其南院墙外排放污水，由此对卢某林房后的环境构成污染，如任由其排放必然会对卢某林家房屋后墙构成侵害，故卢某林为避免遭受侵害而将其排放污水的管道堵塞的行为具有正当性，故梁某珍要求其疏通，法院不予支持，在宅基地使用权争议解决前其应当另行解决排水问题；梁某珍在卢某林沿其南院墙砌北院墙并搭建棚子构成实际占用院墙外空地的情况下，其为维护自身利益自其南院墙开门并在其南院墙外堆放部分杂物，亦是宣示使用权的行为，同时亦便于其对南院墙进行维护，因此其行为亦具有合理性，为此在宅基地使用权不明确的情况下，卢某林砌墙、搭棚，并封堵梁某珍南院门的行为亦对梁某珍的权益构成侵害，为此现梁某珍要求卢某林将南院门前的杂物清理以便于其维护院墙的请求合理，法院应予支持。关于梁某珍提出的农家院经营损失问题，因其排放污水的行为不具有正当性，法院不予支持；其要求卢某军排除妨害、赔偿损失，因未能提交证据证明卢某军有侵权行为，故属诉讼主体错误，法院不予支持。综上所述，一审法院依照《中华人民共和国物权法》第八十四条、第八十五条的规定，判决：一、卢某林于判决生效后十日内将封堵在梁某珍南院门外的杂物清理，以便于梁某珍能正常出入对自家南院墙进行维护；二、驳回梁某珍的其他诉讼请求。

二审中，各方当事人均没有提交新证据。

本院经审理查明，一审法院查明的事实属实，本院予以确认。

另查，经各方当事人确认，经由梁某珍家南院墙下水管道向外流出的水包括了洗手间的污水。

本院认为，第二审人民法院应当围绕当事人的上诉请求进行审理。根据各方当事人的诉辩主张，本案二审争议焦点主要在于以下三个方面：一是梁某珍要求清除堵在其房屋下水管道内混凝土的主张是否应予支持；二是一审法院未认定卢某军承担责任、未支持梁某珍歇业损失是否正确；三是一审审判程序是否存在问题。现分述如下。

一、梁某珍要求清除堵在其房屋下水管道内混凝土的主张是否应予支持

在考量该问题具体的法律适用以及作出价值判断之前,有一个基本的前提需要予以明确,即本案中,双方产生矛盾的根源是对各自宅基地使用权范围存有争议。从双方已衍生出的数次诉讼的案情和本案中当事人的陈述可知,这是一个尚待解决的历史遗留问题。这就说明,对于本案当事人来说,双方也是因宅基地使用权范围不明确进而影响到各自日常生活的个体。因此,双方都不会因为产生争执和冲突而简单得到道德上的负面评价。但在法律已将排除妨害所涉问题纳入调整范围的情况下,对梁某珍和卢某林各自的行为给予一个正确、恰当的法律上的评价,将宅基地使用权范围争议对双方生活的负面影响降至最低,是本案中法院需要重点审查的内容和预想达到的目的,也是双方当事人在这一个案中所应得到的正义。而本院经过综合评判,认定梁某珍要求清除堵在其房屋下水管道内混凝土的主张不应得到支持,具体理由有以下三点。

其一,《中华人民共和国物权法》第八十四条规定,不动产的相邻权利人应当按照有利生产、方便生活、团结互助、公平合理的原则,正确处理相邻关系。本案中,无论双方存有争议的宅基地使用权范围最终被如何确定,现阶段梁某珍、卢某林作为相邻关系方系不争的事实。因此,双方在行使自身权利时,均应按照上述法律规定所确定的原则进行。对于梁某珍而言,不管其作为普通住户为了满足基本生活需求,还是作为经营者基于经营农家乐的客观需要,向外排放生活污水都是不可避免的,但在排放污水的方式上需要有合理的选择,在实现自身需求的同时,不得损害他人的合法权益。而根据已查明的事实,从梁某珍、卢某林两家院落房屋位置及地势上看,梁某珍家居北地势偏高,卢某林家居南地势偏低,经由梁某珍家南院墙下水管道向外流出的水包括了洗手间的污水,且排出的污水并没有流向化粪池,而是直接排到了南院墙外的地面。在此情况下,如果任由梁某珍家持续排放污水,卢某林作为紧邻梁某珍家南院的住户,其房屋及日常生活势必受到严重不良影响。这一结论的得出与宅基地使用权范围无直接关联,即使梁某珍家所排放的污水全部在其宅基地使用权范围内,在尚有其他排放生活污水可能的情况下,这种对紧邻而居的邻居日常生活造成实质影响的排污做法亦不可取。

其二,在确定了梁某珍排放污水的做法已对卢某林家构成妨害的情况下,本案需要进一步分析的是卢某林用混凝土堵住梁某珍家下水管道的做法是否应得到法律上的负面评价。根据已查明的事实可知,卢某林在堵住梁某珍家下水管道之前,并没有和梁某珍商量,从这个层面可以说卢某林的做法有值得完善之处,但这并不直接意味着该行为是违法行为。一方面,卢某林用混凝土堵住梁某

珍家下水管道的做法，其实是在其自身权益受到侵害时的一种自力救济方式。如前所述，梁某珍排放污水对卢某林家的妨害在堵住下水管道之前一直客观存在，双方因宅基地使用权范围争议而衍生出数次诉讼的经历，使得双方心平气和协商如何解决问题变得并不容易。因此，在卢某林认为梁某珍家排污造成其利益受损时，在并未影响梁某珍家另行解决排水可能的情况下，其将梁某珍家下水管道用混凝土堵上的做法并无明显不当。另一方面，虽然已生效的裁判确认卢某林对于排污损害的发生亦存在过错，但这并不影响本案中认定梁某珍家下水管道内排放污水对卢某林家造成影响的事实存在。在排除妨害纠纷中，是否构成妨害、妨害到何种程度，并不是一成不变的，而存在一个动态的发展过程。双方之前的诉讼距今已有时日，而梁某珍家下水管道在被堵之前排放污水的事实却一直存在。法院根据现有的事实对排污行为进行评价符合以事实为依据的裁判原则，因此，梁某珍提出的一审认定与生效判决相悖这一抗辩事由并不成立。

其三，法院对梁某珍提出的要求将下水管道内混凝土清除的主张不予支持，在符合具体法律规定的同时，亦符合并希望彰显法治、友善的价值理念。法治、友善是社会主义核心价值观的重要内容，也是法律规定处理相邻关系应遵循的“有利生产、方便生活、团结互助、公平合理”原则的内在含义。法律与社会主义核心价值观的深度融合互动，是我们这片法治文化土壤所孕育出的独特精神气质。法治是从社会层面对社会主义核心价值观基本理念的凝练，法治强调的是规则之治，根本目的是平等保障每一个人的合法权益。对于梁某珍、卢某林而言，双方之间因宅基地使用权范围不明确引发的种种争议，是发生在身边的烦心事、糟心事，双方均不乐见。但利益冲突是社会常态，往往不能回避也无法选择，而解决因此产生争议的方式方法却见仁见智、千差万别。法律不会苛求当事人在面对诸如本案争议时都有“让他三尺又何妨”的气度，但也不允许当事人的行为逾越法律。本案中，法院对于梁某珍的部分请求予以支持、部分请求不予支持，想要明确的就是法律保护权利，但是不支持把权利绝对化。把权利绝对化只会导致利益的尖锐对立和社会矛盾的加剧，最终不利于个人生活的安宁幸福和社会交往的和谐美好。因为法治社会既强调权利保护以定名分、辨曲直，同时也重视权利协调以止纷争、促和谐。如果说法治是作为社会治理的一种刚性规范存在，那么友善则更多地是对人与人相处的一种美好期待，是从个人层面对社会主义核心价值观基本理念的凝练。友善之于我们每个人而言，并不陌生，这是中华文化千百年传承下来的智慧和精神，也是我们待人接物、对待邻里乡亲的基本遵循。与邻为善而不是以邻为壑才能真正做到睦邻友好、和谐相处，这也是社会主义核心价值观在这一具体个案语境下对民事主体行为提出的内在要求。与此同时，我们也深知友善并不是单向的，需要相向而行。因此，作为本案裁判者，我们也真诚地希望本次裁决能够成为弥合双方裂痕的一个契机,希望双方均能在今后的生活中,友善地对待彼此,共享健康的邻里关系和美好生活。

二、一审法院未认定卢某军承担责任、未支持梁某珍歇业损失是否正确

《最高人民法院关于适用〈中华人民共和国民事诉讼法〉的解释》第九十条规定,当事人对自己提出的诉讼请求所依据的事实或者反驳对方诉讼请求所依据的事实,应当提供证据加以证明,但法律另有规定的除外。在作出判决前,当事人未能提供证据或者证据不足以证明其事实主张的,由负有举证证明责任的当事人承担不利的后果。关于一审法院未认定卢某军承担相应责任一节。本案中,一审法院认定卢某林砌墙、搭棚,并封堵梁某珍南院门的行为对梁某珍的权益构成侵害,支持了梁某珍要求卢某林清理南院门前杂物的诉讼请求。梁某珍主张卢某军也实施了上述侵权行为,但经本院核查梁某珍所提交的照片、视频光盘等证据,无法显示卢某军组织实施了上述行为,梁某珍未能就其该主张进一步举证,应当承担举证不能的不利后果,对其此项上诉请求和理由,本院不予支持。关于一审法院未支持梁某珍歇业损失主张一节。根据法律规定,不动产权利人因用水、排水、通行、铺设管线等利用相邻不动产的,应当尽量避免对相邻的不动产权利人造成损害;造成损害的,应当给予赔偿。本案虽系排除妨害纠纷,并不意味着损害赔偿责任不能成立,但正如前文所论,在梁某珍排放污水的行为已对卢某林家构成妨害的情况下,梁某珍再主张自2019年6月15日起因对方行为给其造成歇业损失,依据不足。并且,梁某珍所提交的现有证据不足以证明其所述损失的存在,亦无法证明卢某林的行为与其主张的损失之间存在因果关系。因此,一审法院未支持梁某珍的此项诉请并无不当。

三、一审审判程序是否存在问题

关于梁某珍对一审审限提出异议一节。经核查一审卷宗,一审法院受理本案后,依法组成合议庭进行了审理,后由于疫情原因扣除审限,梁某珍一方亦在告知审限扣除的相关材料上签字确认,故其对一审审限提出的异议并不成立。关于梁某珍对一审未支持其先予执行申请提出异议一节。经查阅一审卷宗,本院未查找到梁某珍所陈述的其在一审时已提交给一审法院的先予执行申请书。从一审卷宗中提交人为梁某珍一方的“北京市延庆区人民法院证据收据”中,也未能体现出梁某珍在一审时提交过先予执行的申请。此外,《中华人民共和国民事诉讼法》第一百零六条规定,人民法院对下列案件,根据当事人的申请,可以裁定先予执行:(一)追索赡养费、扶养费、抚育费、抚恤金、医疗费用的;(二)追索劳动报酬的;(三)因情况紧急需要先予执行的。该法第一百零七条第一款规定,人民法院裁定先予执行的,应当符合下列条件:(一)当事人之间权利义务关系明确,不先予执行将严重影响申请人的生活或者生产经营的;(二)被

申请人有履行能力。结合本案案情可知,本案不属于民事诉讼法规定的可以裁定先予执行的情形,且当事人之间的权利义务关系并不明确。因此,梁某珍对一审法院未支持其先予执行申请提出的异议亦不成立。综上,梁某珍对一审程序提出的异议均不能成立,其所述程序问题亦均不属于民事诉讼法中规定的严重违反法定程序的情形,并不影响本案的最终裁判结果。

综上所述,梁某珍的上诉请求不能成立,应予驳回;一审判决认定事实清楚,适用法律正确,应予维持。依照《中华人民共和国民事诉讼法》第一百七十条第一款第一项规定,判决如下:

驳回上诉,维持原判。

二审案件受理费70元,由梁某珍负担(已交纳)。

本判决为终审判决。

审 判 长 陈立新
审 判 员 汤 平
审 判 员 杨 磊

二〇二一年三月三十日

法官助理 张丽君
书 记 员 张蕎芯

北京市第三中级人民法院
民事判决书

(2020)京 03 民初 3 号

原告(申请执行人):北京福康投资管理有限公司,住所地北京市海淀区海淀大街甲 36 号 2 层二层西部 2 号。

法定代表人:张某,董事长。

委托诉讼代理人:吴某,男,北京福康投资管理有限公司员工。

委托诉讼代理人:王某梵,女,北京福康投资管理有限公司员工。

被告(案外人):于某磊,男,1979 年 8 月 2 日出生,住北京市东城区。

被告(被执行人):北京博道净至体育有限公司,住所地北京市朝阳区朝外大街怡景园北里 3、4、5 号楼 1 层 C5。

法定代表人:王某辉,经理。

原告北京福康投资管理有限公司(以下简称福康公司)与被告北京博道净至体育有限公司(以下简称博道净至公司)、于某磊申请执行人执行异议之诉一案,本院于 2020 年 1 月 2 日立案后,依法适用普通程序,公开开庭进行了审理。原告福康公司的诉讼代理人吴某、王某梵,被告于某磊到庭参加诉讼。被告博道净至公司经传票传唤无正当理由拒不到庭参加诉讼。本案现已审理终结。

福康公司向本院提出诉讼请求:追加于某磊为(2019)京 03 执 1185 号执行案件的被执行人,在其尚未足额缴纳出资(264.6 万元)的范围内对(2019)京 03 执 1185 号执行案件中被执行人博道净至公司的债务依法承担补充赔偿责任。债务包括:房租 376 974 元、房租违约金暂计为 27 331 元(以未付房租 376 974 元为基数,按照中国人民银行同期贷款利率的 2 倍计算,自 2019 年 8 月 7 日起按实际违约天数计算,暂计至 2020 年 6 月 6 日)、仲裁费 19 690.72 元。事实和理由:福康公司与博道净至公司租赁合同纠纷一案,北京仲裁委员会已作出(2019)京仲调字第 0425 号调解书。因博道净至公司未履行生效调解书,福康公司向法院申请强制执行，经法院调查没有查到博道净至公司有可供执行财产。福康公司发现于某磊作为博道净至公司的股东未足额出资，故向法院申请追加于某磊为被执行人，但北京市第三中级人民法院（2019）京03执异660号执行裁定书裁定驳回福康公司的请求，故福康公司依法提起执行异议之诉。根据《最高人民法院关于适用〈中华人民共和国公司法〉若干问题的规定（三）》第十三条之规定，公司债权人请求未履行或者未全面履行出资义务的股东在未出资本息范围内对公司债务不能清偿的部分承担补充赔偿责任的，人民法院应予支持。《最高人民法院关于民事执行中变更、追加当事人若干问题的规定》第十七条规定，作为被执行人的企业法人，财产不足以清偿生效法律文书确定的债务，申请执行人申请变更、追加未缴纳或未足额缴纳出资的股东、出资人或依公司法规定对该出资承担连带责任的发起人为被执行人，在尚未缴纳出资的范围内依法承担责任的，人民法院应予支持。本案中，于某磊未全面出资，严重侵害福康公司的合法权益，故请求法院追加于某磊为（2019）京03执1185号执行案件的被执行人并对博道净至公司的债务依法承担赔偿责任。

于某磊辩称，不同意福康公司的诉讼请求及理由，于某磊已经实际出资。如果于某磊没有出资，福康公司不会将房屋出租给博道净至公司使用，于某磊有证据证明已实际出资。

博道净至公司辩称，不同意福康公司的诉讼请求及理由。

当事人围绕诉讼请求依法提交了证据，本院组织当事人进行了证据交换和质证。根据当事人陈述和经审查确认的证据，本院认定事实如下。

一、关于本案的形成过程

申请人福康公司以博道净至公司为被申请人向北京仲裁委员会申请仲裁，北京仲裁委员会于2019年7月9日作出（2019）京仲调字第0425号调解书，仲裁庭确认的调解结果如下：（一）被申请人于2019年8月6日前向申请人支付房租376 974元；（二）若被申请人未能按时履行上述第（一）项协议约定的义务，则被申请人应以欠款金额为基数，按照中国人民银行同期贷款利率的2倍，向申请人支付逾期履行期间的违约金；（三）被申请人于2019年8月6日前将营业执照注册地址自北京市朝阳区朝外大街怡景园北里3、4、5号楼1层C5迁出；（四）若被申请人未能按时履行上述第（三）项协议约定的义务，则被申请人每逾期一天，应向申请人支付1000元违约金；（五）本案仲裁费39 381.43元（已由申请人预交），由申请人承担19 690.71元，由被申请人承担19 690.72元，被申请人于2019年8月6日前直接向申请人支付代为垫付的仲裁费19 690.72元；（六）申请人放弃其他仲裁请求，双方关于本案再无其他争议。

因博道净至公司未履行（2019）京仲调字第0425号调解书确定的义务，福康公司向本院申请强制执行,本院于2019年11月7日作出(2019)京03执1185号之一执行裁定书,该裁定书载明:福康公司依据北京仲裁委员会作出的(2019)京仲调字第0425号调解书向本院申请强制执行,执行标的额为人民币42.827048万元及利息,执行行为即被执行人博道净至公司将营业执照注册地址自现注册地迁出。经查,被执行人名下无银行存款、房产登记、车辆登记和可供执行的对外投资,现被执行人下落不明。关于被执行人将营业执照注册地址自现注册地迁出,申请执行人称其自行解决,无需本院执行。现申请执行人无法提供被执行人其他可供执行的财产线索,被执行人暂无财产可供执行,申请执行人对本院的财产查控措施表示认可并同意本案依法终结本次执行程序。据此裁定:终结北京仲裁委员会(2019)京仲调字第0425号调解书的本次执行程序。

2019年11月,福康公司申请追加于某磊为(2019)京03执1185号案件的被执行人并对博道净至公司的债务依法承担赔偿责任。2019年12月17日,本院作出(2019)京03执异660号执行裁定书,裁定:驳回福康公司申请追加于某磊为(2019)京03执1185号案件被执行人的请求。后,福康公司持诉讼请求提起本案之诉。

二、关于博道净至公司的工商登记情况

博道净至公司成立于2016年11月10日,设立时注册资本为200万元,股东为李某立和王某辉,李某立任法定代表人,住所地为北京市丰台区南四环西路186号一区1号楼3层3488。根据落款时间为2016年10月18日的博道净至公司章程,李某立认缴出资20万元,王某辉认缴出资180万元,出资期限均为2046年10月1日。

2017年6月5日,博道净至公司申请变更法定代表人、股东,法定代表人由李某立变更为于某磊,变更后的股东为王某辉、于某磊、蔡某,于某磊任执行董事、经理,王某辉任监事。根据落款时间为2017年6月5日的博道净至公司章程,蔡某认缴出资额50万元,于某磊认缴出资额50万元,王某辉认缴出资额100万元,出资期限均为2046年11月1日。根据博道净至公司工商档案材料中2017年6月5日的股东会决议所载,同意增加新股东蔡某、于某磊;同意原股东李某立退出股东会;同意股东李某立将其持有的出资20万元转让给于某磊,股东王某辉将其持有的出资30万元转让给于某磊;股东王某辉将其持有的出资50万元转让给蔡某;同意免去李某立的执行董事职务等。

2018年3月22日,博道净至公司申请变更法定代表人、住所、注册资本、股东,法定代表人由于某磊变更为王某辉,住所变更为北京市朝阳区朝外大街怡景园北里(3、4、5号楼)1层C5,注册资本变更为980万元,股东变更为于某磊和王某辉,执行董事、经理变更为王某辉,监事变更为于某磊。根据落款时间为2018

年3月22日的博道净至公司章程,博道净至公司注册资本980万元,股东为于某磊和王某辉,其中于某磊认缴出资额264.6万元,王某辉认缴出资额715.4万元,出资时间均为2046年11月8日,出资方式为货币。根据落款时间为2018年3月5日的股东会决议,同意蔡某退出股东会并将其持有的出资50万元转让给王某辉。

另,博道净至公司的营业期限为2016年11月10日至2046年11月9日。

三、于某磊为证明其已履行出资义务的举证情况

于某磊主张其已履行出资义务。在2020年6月4日的询问中,于某磊主张其已缴纳出资150万元,因未到认缴出资期限,故未缴纳剩余出资。在2020年8月21日的询问中,于某磊主张其已缴纳出资300万元,系从其账户上支出。在2020年10月10日的开庭中,于某磊主张其出资280万元,其中至少150万元是其真实出资,其余部分是将公司对其的分红作为出资。

于某磊向本院提交了支出汇总表及24张微信支付截图、支付宝支付凭证,用以证明于某磊自2017年3月至2019年1月共为博道净至公司支出项目127项,金额共计3 888 434.2元,于某磊作为股东已足额出资。福康公司对于某磊提交的上述证据中向福康公司及其股东张某、员工刘某支付的款项(5万元房租定金,359 384元保证金,1 098 513元租金,4万元装修保证金和管理费,1000元水费,4500元电费,1000元,1万元,37 300元物业费,9600元制冷费,90万元租金,5万元房租,合计2 561 297元)的真实性予以确认,对上述款项支付凭证的关联性和证明目的不认可;福康公司对于某磊向其他人支付款项的相关证据的真实性、关联性和证明目的均不认可;福康公司认为该组证据不能证明于某磊为博道净至公司的付款为垫付性质,也不能证明于某磊履行了出资义务。经统计,于某磊主张的127笔款项的支付方式包括手机银行转账、网银转账、微信支付、支付宝支付、京东支付等,支出款项的账户包括于某磊名下尾号为0802的账户、尾号为7159的账户等。其中,福康公司与于某磊均认可的12笔款项中,于某磊从其尾号为7159的账户中支付如下款项:1. 于2017年3月3日向福康公司转账5万元;2. 于2017年3月27日向福康公司的股东张某转账359 384元;3. 于2017年5月2日向福康公司的股东张某转账1 098 513元;4. 于2017年5月18日向福康公司的股东张某转账4万元;5. 于2017年7月6日向福康公司的员工刘某微信支付1000元水费;6. 于2017年9月24日向福康公司的员工刘某微信支付4500元电费。另外,于某磊于2018年7月30日通过其尾号为0802的账户向福康公司的股东张某汇款90万元(房租)。

于某磊向本院提交了尾号为0802的账户和尾号为7159的账户的招商银行户口历史交易明细表(交易时段2017年3月1日至2019年4月4日),用以证

明博道净至公司的收入与支出是分开的，公司前期资金投入与后期收入无关。福康公司对于某磊提交的上述银行账户交易明细的真实性认可，但不认可其证明目的。于某磊称其于2016年10月28日进入博道净至公司，主要负责后勤、网络宣传；博道净至公司2017年10月1日至2018年7月的全部收入都打入其尾号为0802的账户，博道净至公司的支出通过尾号为7159的账户，博道净至公司的大部分收入、支出都打入上述两个账户，上述两个账户中也有于某磊的个人款项往来；如果公司收入减去支出有结余，股东每月按比例分红，如果公司亏损，股东按比例补足。

另，在本案审理过程中，博道净至公司认可其公司资产不足以清偿债务，且缺乏清偿能力。

本院认为，根据当事人的诉辩意见，本案的争议焦点为：一、是否应追加于某磊为(2019)京03执1185号案件的被执行人；二、如果追加于某磊为被执行人，其承担责任的范围。

关于焦点一，是否应追加于某磊为(2019)京03执1185号案件的被执行人。《最高人民法院关于民事执行中变更、追加当事人若干问题的规定》第十七条规定："作为被执行人的企业法人，财产不足以清偿生效法律文书确定的债务，申请执行人申请变更、追加未缴纳或未足额缴纳出资的股东、出资人或依公司法规定对该出资承担连带责任的发起人为被执行人，在尚未缴纳出资的范围内依法承担责任的，人民法院应予支持。"根据已经查明的事实，博道净至公司作为被执行人，其名下暂无财产可供执行，其未能清偿北京仲裁委员会(2019)京仲调字第0425号调解书所确定的债务；于某磊系博道净至公司股东，认缴出资额264.6万元，公司章程记载的出资时间为2046年11月8日。本案中，是否应追加于某磊为被执行人应重点审查两个问题：一是于某磊的出资应否加速到期；二是于某磊提出的其已履行出资义务的主张能否成立。对此，本院具体分析如下。

(一)关于于某磊的出资应否加速到期

在注册资本认缴制下，股东依法享有期限利益。债权人以公司不能清偿到期债务为由，请求未届出资期限的股东在未出资范围内对公司不能清偿的债务承担补充赔偿责任的，人民法院不予支持。但是，公司作为被执行人的案件，人民法院穷尽执行措施无财产可供执行，已具备破产原因，但不申请破产的情形除外。关于"已具备破产原因"，根据《中华人民共和国企业破产法》第二条第一款、《最高人民法院关于适用〈中华人民共和国企业破产法〉若干问题的规定(一)》第一条之规定，破产原因是指下列两种情形之一：(1)公司不能清偿到期债务且资产不足以清偿全部债务；(2)公司不能清偿到期债务且明显缺乏清偿能力。另，《最高人民法院关于适用〈中华人民共和国企业破产法〉若干问题的规定(一)》第二条规定:"下列情形同时存在的,人民法院应当认定债务人不能清偿到期债务:(一)债权债务关系依法成立;(二)债务履行期限已经届满;(三)债务人未完全清偿债务。"第四条规定:"债务人账面资产虽大于负债,但存在下列情形之一的,人民法院应当认定其明显缺乏清偿能力:……(三)经人民法院强制执行,无法清偿债务。"本案中,因博道净至公司未履行(2019)京仲调字第0425号调解书确定的债务,福康公司向本院申请强制执行,本院在(2019)京03执1185号案件执行过程中查明博道净至公司名下无银行存款、房产登记、车辆登记和可供执行的对外投资,暂无财产可供执行,故裁定终结本次执行程序。另,在本案审理过程中,博道净至公司认可其公司资产不足以清偿债务,且明显缺乏清偿能力。综合上述情况,博道净至公司作为(2019)京03执1185号案件的被执行人,无财产可供执行,其不能清偿到期债务且缺乏清偿能力,故博道净至公司已具备破产原因,于某磊的出资应加速到期。

(二)于某磊提出的其已履行出资义务的主张能否成立

《最高人民法院关于适用〈中华人民共和国公司法〉若干问题的规定(三)》第二十条规定:"当事人之间对是否已履行出资义务发生争议,原告提供对股东履行出资义务产生合理怀疑证据的,被告股东应当就其已履行出资义务承担举证责任。"于某磊主张其作为博道净至公司的股东已履行出资义务,其对此应承担举证责任。本院结合在案证据及当事人陈述分析如下。

首先,《中华人民共和国公司法》第二十五条规定,有限责任公司章程应当载明股东的出资方式、出资额和出资时间。第二十八条第一款规定,股东以货币出资的,应当将货币出资足额存入有限责任公司在银行开设的账户。第三十一条第一款规定,有限责任公司成立后,应当向股东签发出资证明书。根据博道净至公司2018年3月22日的公司章程,博道净至公司注册资本980万元,股东为于某磊和王某辉,其中于某磊认缴出资额264.6万元,出资时间2046年11月8日,出资方式为货币,实缴出资额0元。依照上述规定,于某磊以货币出资,应将货币出资足额存入博道净至公司在银行开设的账户,博道净至公司应向于某磊签发出资证明书。但是,根据已经查明的事实,于某磊未将其出资存入博道净至公司账户,博道净至公司亦未向于某磊签发出资证明书。

其次,于某磊主张其自2017年3月至2019年1月为博道净至公司支出3 888 434.2元,其作为股东已足额出资,并向本院提交了支出汇总表及24张微信支付截图、支付宝支付凭证。同时,于某磊为证明博道净至公司前期资金投入与后期收入无关,博道净至公司的收入与支出分开,向本院提交了其名下尾号为0802的账户、尾号为7159的账户自2017年3月1日至2019年4月4日的历史交易明细表。对此,本院认为,《中华人民共和国公司法》第一百七十一条第二款规定:“对公司资产,不得以任何个人名义开立账户存储。”根据于某磊提交的证据及其陈述,博道净至公司的财务、会计制度存在一定问题,将公司收入存入于某磊个人账户,并从于某磊个人账户支出。于某磊称其于2016年10月28日进入博道净至公司工作,后于2017年6月5日被登记为公司股东。现于某磊主张通过其个人账户自2017年3月至2019年1月支出的3 888 434.2元系其对公司的出资,但是于某磊支出的大部分款项来源于尾号为0802的账户和尾号为7159的账户,而于某磊自认上述两个账户中有公司的收入、支出款项,故于某磊提供的证据不足以证明通过其个人账户支出的款项均来源于其个人财产,亦不足以证明其已实际履行出资义务,本院对于某磊提出的其已履行出资义务的答辩意见不予采信。

因此,在于某磊的出资应加速到期且其未提供证据证明已足额缴纳出资的情况下,福康公司申请追加于某磊为(2019)京03执1185号案件的被执行人,具有事实和法律依据,本院予以支持。

关于焦点二,于某磊作为被执行人承担责任的范围。

《最高人民法院关于适用〈中华人民共和国公司法〉若干问题的规定(三)》第十三条第二款规定:“公司债权人请求未履行或者未全面履行出资义务的股东在未出资本息范围内对公司债务不能清偿的部分承担补充赔偿责任的,人民法院应予支持;未履行或者未全面履行出资义务的股东已经承担上述责任,其他债权人提出相同请求的,人民法院不予支持。”据此,福康公司作为债权人、申请执行人,有权要求于某磊在其尚未足额缴纳出资(264.6万元)范围内对博道净至公司的债务不能清偿部分承担补充赔偿责任。因博道净至公司未能清偿(2019)京仲调字第0425号调解书所确定的债务,故福康公司要求于某磊对于上述调解书中的房租、房租违约金、仲裁费承担补充赔偿责任,于法有据,本院予以支持。

综上所述,依照《中华人民共和国公司法》第二十八条第一款、第三十一条第一款、第一百七十一条第二款,《中华人民共和国企业破产法》第二条第一款,《中华人民共和国民事诉讼法》第六十四条第一款、第一百四十四条,《最高人民法院关于适用〈中华人民共和国公司法〉若干问题的规定(三)》第十三条第二款、第二十条,《最高人民法院关于适用〈中华人民共和国企业破产法〉若干问题的规定(一)》第一条、第二条、第四条第一款第三项、《最高人民法院关于民事执行中变更、追加当事人若干问题的规定》第十七条、第三十二条、第三十四条第一项之规定,判决如下:

一、追加于某磊为北京市第三中级人民法院(2019)京03执1185号执行案件的被执行人;

二、于某磊在 264.6 万元范围内对北京仲裁委员会(2019)京仲调字第 0425 号调解书确定的北京博道净至体育有限公司的债务承担补充赔偿责任。

案件受理费 7660 元,由于某磊负担(于本判决生效后七日内交纳)。

如不服本判决,可以在判决书送达之日起十五日内,向本院递交上诉状,并按照对方当事人的人数提出副本,上诉于北京市高级人民法院。

审　判　长　巴晶焱
审　判　员　曹　炜
审　判　员　石　煜

二〇二〇年十一月十一日

法官助理　田子阳
法官助理　孟　磊
书　记　员　刘怡然

【司法文件】

北京市高级人民法院
关于北京金融法院成立后案件管辖衔接指引

为应对北京金融法院设立引起的案件管辖和相关审判业务调整,实现审判工作的平稳有序过渡,保障当事人诉讼权利,根据《中华人民共和国民事诉讼法》《中华人民共和国行政诉讼法》《中华人民共和国人民法院组织法》等有关法律以及《最高人民法院关于北京金融法院案件管辖的规定》,制定本指引。

一、一审案件的处理

1. 一审案件管辖的处理。以当事人提交起诉材料的时间确定一审管辖法院,北京金融法院成立之前,当事人已经就北京金融法院管辖范围内的金融民商事案件、涉金融行政案件,向北京市原有管辖权的人民法院提交起诉材料,但尚未立案的(包括立案前委派调解),由接收起诉材料的人民法院继续处理;已经受理但尚未审结的,由受理法院继续审理。

2. 协议管辖的处理。就北京金融法院管辖范围内的金融民商事案件,当事人书面协议约定由北京市的其他人民法院管辖的,在北京金融法院成立之后发生诉讼的,由北京金融法院管辖。

3. 管辖权转移的处理。北京金融法院成立之后,北京市其他中级人民法院确有必要将本院已经受理的第一审金融民商事案件、涉金融行政案件移送北京金融法院或者移交基层人民法院审理的,应当报北京市高级人民法院指定管辖。

二、二审案件的处理

4. 二审案件管辖的处理。以当事人提交上诉状的时间确定第二审人民法院。对基层人民法院金融民商事案件(包括涉金融案件执行引发的执行异议之诉案件)、涉金融行政案件第一审判决、裁定提起上诉的,当事人提交上诉状的时间在北京金融法院成立之后的,由北京金融法院管辖;提交时间在北京金融法院成立之前的，由原有管辖权的中级人民法院管辖。

多个当事人提起上诉的，以先提起的时间为准。

5. 中级人民法院第二审发回重审再上诉案件的处理。北京市其他中级人民法院已经受理的金融民商事案件、涉金融行政案件上诉案件发回重审的，北京金融法院成立后当事人又提出上诉的，由北京金融法院管辖。

三、再审案件的处理

6. 申请再审或抗诉管辖的处理。当事人对基层人民法院已经发生法律效力的金融民商事案件、涉金融行政案件判决、裁定、调解书申请再审，或检察院提出抗诉的，以当事人提交申请再审材料或检察院提交抗诉书的时间确定管辖法院。北京金融法院成立之前，当事人提交申请或检察院抗诉的，由原有管辖权的中级人民法院审查处理；北京金融法院成立之后提出的，由北京金融法院审查处理。

7. "两类案件"申请再审的处理。根据民事诉讼法规定，对于当事人一方人数众多或者当事人双方为公民的"两类案件"，既可以向上一级人民法院申请再审，也可以向原审人民法院申请再审。北京金融法院成立之后，当事人对北京市其他中级人民法院已经发生法律效力的金融民商事案件判决、裁定，认为有错误的，选择向原审人民法院申请再审的，应向原作出生效判决、裁定的中级人民法院提出。

四、执行案件的处理

8. 执行实施案件的处理。北京市的其他中级人民法院作出的第一审金融民商事案件、涉金融行政案件判决、裁定，由原作出生效判决、裁定的或者被执行财产所在地的中级人民法院管辖。北京金融法院作出的已经发生法律效力的一审判决、裁定，由北京金融法院执行。

当事人申请应由北京市的中级人民法院执行的涉金融民商事纠纷的仲裁裁决的，以当事人提交申请材料的时间确定管辖法院。当事人在北京金融法院成立之后提出申请的，由北京金融法院执行。

全国其他中级人民法院作出的第一审金融民商事案件、涉金融行政案件判决、裁定，当事人以财产所在地选择北京市的中级人民法院管辖的，由北京市的其他中级人民法院按照区域管辖。全国其他法院因金融民商事案件、涉金融行政案件判决、裁定的执行，委托北京市的中级人民法院的执行事项，由北京市的其他中级人民法院按照区域管辖。

中级人民法院制作的金融民商事案件调解书的执行，参照上述指引处理。

9. 执行复议的处理。对于涉金融案件的执行，当事人、利害关系人向北京市的中级人民法院申请执行复议的，以当事人、利害关系人提交执行复议申请材料的时间确定管辖法院。北京金融法院成立之后提出申请的，由北京金融法院审查处理。

10. 非诉行政执行的处理。对于北京市的中级人民法院管辖的涉金融非诉行政执行案件，人民法院裁定准予执行，行政机关申请执行的，按照第 8 条的规定处理。

行政机关对基层人民法院作出的涉金融非诉行政执行案件不予受理或不准予执行裁定有异议，向中级人民法院申请复议的，以行政机关提交复议申请的时间确定管辖法院。在北京金融法院成立之后提出申请的，由北京金融法院管辖。

11. 督促执行的处理。对于金融民商事案件、涉金融行政案件，当事人依照诉讼法的规定申请中级人民法院督促执行的，以当事人提交申请材料的时间确定管辖法院。在北京金融法院成立之后提出申请的，由北京金融法院管辖。

12. 恢复执行的处理。当事人申请恢复执行的，应向原负责执行的人民法院提出，由原负责执行的人民法院依法作出处理。

五、其他指引

13. 报请上级人民法院延长审限的处理。基层人民法院审理金融民商事案件、涉金融行政案件第一审案件，需要报上级人民法院批准延长审限的，北京金融法院成立之前，分别报请原对应的中级人民法院批准。北京金融法院成立之后，报请北京金融法院批准。

14. 对妨害诉讼的强制措施申请复议的处理。对于金融民商事案件、涉金融行政案件，当事人对基层人民法院作出的罚款、拘留等决定不服，向上一级人民法院申请复议的，以当事人提交复议申请材料的时间确定管辖法院。北京金融法院成立之后申请复议的，由北京金融法院管辖。

15. 本指引中所指的金融民商事案件、涉金融行政案件、执行案件、非诉行政执行案件、执行异议之诉案件以及涉金融案件、涉金融民商事纠纷的仲裁裁决等案件范围，以《最高人民法院关于北京金融法院案件管辖的规定》所规定的案件范围为准。

16. 本指引自北京金融法院成立之日起施行，此前规定与本指引不一致的，适用本指引。

北京市高级人民法院
知识产权民事诉讼证据规则指引

为进一步统一裁判标准,促进当事人遵循诚信原则,积极、全面、诚实地提供证据,根据《中华人民共和国民事诉讼法》《最高人民法院关于适用〈中华人民共和国民事诉讼法〉的解释》《最高人民法院关于民事诉讼证据的若干规定》《最高人民法院关于知识产权民事诉讼证据的若干规定》等法律及司法解释的规定,结合知识产权案件的特点,制定本指引。

第一部分　总　　则

1.1　证据在对方当事人控制之下,承担举证责任的当事人可以直接依据《最高人民法院关于知识产权民事诉讼证据的若干规定》第二十四条的规定,书面申请责令对方当事人提供,也可以先通过告知或协商的方式,向对方当事人提出提供证据的要求。

对于前款所述提供证据的要求,对方当事人予以配合的,视为对方当事人对相应证据的主动提供。对方当事人拒绝配合且无法协商解决的,承担举证责任的当事人可以依据《最高人民法院关于知识产权民事诉讼证据的若干规定》第二十四条的规定,书面申请责令对方当事人提供。

对通过告知或协商方式提出的证据提供要求拒不配合,且无正当理由的,可以作为认定侵权情节的考虑因素。

1.2　当事人提供的证据不足以反映市场事实或技术事实的真实情况,可能致使事实认定与公众的一般认知相悖,且有公共信息涉及相关事实的,必要时可以依职权调查收集该公共信息。

前款所述公共信息是指能够从公开渠道检索或查询的信息,如生效裁判文书、技术词典等。

1.3　存在以下情形时,对责令对方当事人提供证据的申请不予准许:

(一)现有证据不能证明存在较大侵权可能性;

（二）对方当事人提供证据的负担或成本过高，超过合理限度；

（三）承担举证责任的当事人可以通过更容易或者更经济的方式证明待证事实；

（四）其他不宜责令对方当事人提供证据的情形。

1.4 承担举证责任的当事人申请责令对方当事人提供证据，可能造成对方当事人损失的，可以依对方当事人的请求，责令申请人提供担保。

申请责令对方当事人提供证据错误的，申请人应赔偿对方当事人因提供该证据所遭受的损失。

1.5 当事人依据《最高人民法院关于适用〈中华人民共和国民事诉讼法〉的解释》第九十四条第二款的规定申请调查收集证据，满足准予调查收集证据申请应具备条件，且同时符合以下条件的，可以向当事人的诉讼代理人签发调查令：

（一）当事人的诉讼代理人为执业律师；

（二）调查令足以克服当事人及其诉讼代理人不能自行收集证据的客观原因；

（三）被调查收集的证据不涉及国家秘密、商业秘密、个人隐私等且不存在其他不宜由诉讼代理人持调查令收集的情形。

1.6 调查令应列明以下内容：

（一）持有调查令的律师的姓名、性别、律师执业证编号、律师事务所名称；

（二）被调查人姓名或单位名称；

（三）调查收集证据的名称或范围；

（四）调查令的有效期；

（五）法院印章及签发日期。

1.7 持有调查令的律师应于调查令有效期内，按照调查令载明的证据名称或范围向被调查人调查收集证据。

持有调查令的律师向被调查人调查收集证据时，应同时出示其律师执业证书原件供被调查人核对。

1.8 被调查人对调查令和相关律师身份核对无异后，应按照调查令载明的名称或范围提供证据。

被调查人提供的证据应在持有调查令的律师和被调查人的共同见证下封存，由持有调查令的律师及时、完整的提交法院或由被调查人在合理期间内采用邮寄等方式提交法院。

被调查人因故不能提供证据的，应说明原因。被调查人无正当理由拒不协助调查的，可根据案件情形，对其采取《中华人民共和国民事诉讼法》第一百一十四条、第一百一十五条有关妨害民事诉讼的强制措施。

1.9　调查令原件由持有调查令的律师于调查令有效期届满后三日内交回法院，留卷备查。被调查人因故未能提供证据或者拒不协助调查的，持有调查令的律师应于交回调查令的同时，一并书面说明相关情况。

被调查人可以要求留存调查令复印件。

1.10　当事人通过使用调查令未能达到取证目的的，法院可以根据案件具体情况决定是否通过其他方式调查收集相关证据。

1.11　基于新技术形成的反映案件事实的信息载体，如第三方存证、基于区块链技术形成的证据等，当事人均可以作为证据提供。

对于前款所述证据，应根据证据的形成过程、表现形式、具体内容等，结合新技术的特点，综合判断其所载信息的真实性、可靠性以及与案件的关联性等因素以确定其证据效力。

1.12　形成或者获取证据的方法虽存在一定瑕疵，但同时满足以下条件的，可以根据案件具体情况对相关证据予以确认：

（一）取证方法不影响证据本身真实性；

（二）当事人缺乏其他取证渠道；

（三）不属于《最高人民法院关于适用〈中华人民共和国民事诉讼法〉的解释》第一百零六条规定的"严重侵害他人合法权益、违反法律禁止性规定或者严重违背公序良俗"情形。

1.13　一方当事人对于仅涉及自身利益的于己不利的事实明确表示承认的，另一方当事人无需就该事实再行提供证据。

涉及知识产权权利归属、权利有效性、权利保护范围等事实，对方当事人的承认不能免除原告的举证责任。

1.14　当事人自认的事实存在以下情形的，不予确认：

（一）与查明的事实不符；

（二）与相关公众的一般认知不符；

（三）与一般消费者的惯常认知不符；

（四）与本领域技术人员的惯常认知不符。

1.15　在证据审查认定中，应考虑证据的审查及采信标准对相关商业习惯的指引作用。

对于在合理成本下明显易于完善其形式而未加完善的证据，可以根据案情提高证据的采信标准。

1.16　仅从信息载体本身无法直观审查其所载信息真实性的，当事人应一并提供生成该信息载体的技术过程说明。必要时，可以责令当事人提供该技术过程说明所涉及的具体技术资料或文件等证据。

1.17 当事人提供电子数据证据时,应一并提供生成、存储、传输、提取该电子数据证据的技术过程说明。必要时,可以责令当事人提供该技术过程说明所涉及的具体技术资料或文件。

1.18 当事人提供电子数据证据,可以采用截图、拍照、录音、录像等方式固定证据内容,并提供记载、存储有证据内容的打印件、照片等传统载体,或光盘、U盘等电子数据载体。

经公证程序取得电子数据证据的,当事人应一并提供相应公证文书。

电子数据证据的取得未经公证程序,或虽经公证程序但确有必要时,可以要求当事人通过当庭出示原始存储载体、实时登录相关网站或者应用程序等进行勘验。

1.19 第三方电子数据存证平台收集、固定的电子数据,应结合以下因素综合判断其真实性:

(一)第三方电子数据存证平台经营者的资质和信用状况;

(二)电子数据的数据来源、生成方式、储存方法;

(三)第三方电子数据存证平台采用的技术手段、保全方法对电子数据完整性的影响,授时和守时检测等方面的可信程度;

(四)电子数据的提供形式;

(五)影响电子数据完整性和可靠性的其他因素。

1.20 对当事人提供的即时通讯软件聊天记录的截图打印件,可以结合以下因素判断其真实性:

(一)截图与收发信息的手机或电脑等终端所载原始信息是否一致;

(二)信息收发主体与提供该证据当事人的关联关系。

1.21 原告以涉案权利客体的电子数据作为其具有权利主体身份证明的,应对电子数据的形成时间、涉案权利客体的发表或完成时间、修改或编辑的可能性等情况予以审查。

1.22 对信息网络环境下的电子数据进行公证保全或区块链存证保全的,应从公证文书的制作过程、区块链存证记录的生成过程、网页及其发布时间的形成过程、管理该网页的网站资质和信用状况、公证采用的技术手段、区块链存证的技术环境等方面予以审查。

1.23 经过公证的当事人书面陈述、证人书面证言、其他单位或个人出具的证明文件等文书,公证证明仅涉及上述文书的出具人身份及签章真实或原件与复印件一致,而不涉及文书所载实体内容的,上述文书的证据效力应按照对当事人陈述、证人证言、其他单位或个人出具的证明文件等证据的一般规定予以审查。

1.24　取得证据的公证程序虽有瑕疵，但不影响所取得证据本身真实性，且公证文书未被撤销的，可以根据案件具体情况确认上述公证证据的证明力。

当事人仅以公证机构跨区域办理公证业务或者申请人与公证事项无利害关系为由主张对公证证据不予采信的，不予支持。

1.25　无法与原件、原物核对的复制件、复制品一般不能作为认定案件事实的依据，但能够与其他证据相互印证，或通过其他方式足以确认其真实性的除外。

审查复制件、复制品的真实性，应考虑所使用复制技术的保真性，复制技术的保真性足以排除伪造、变造合理怀疑的，则该复制件、复制品可以作为认定案件事实的依据。

1.26　当事人提供外文书证或者外文说明资料，应附有中文译本。

外文书证仅部分内容与待证事实有关的，可以仅附与该有关部分对应的中文译本；仅附图部分与待证事实有关，无中文译本不影响相关事实查明的，可以不附中文译本。对方当事人能够证明未翻译部分对翻译部分或附图部分的内容有影响的，需提供全文的中文译本。

1.27　当事人提供的由中立第三方完成的市场调查报告，一般不能单独作为认定案件事实的依据，应结合在案其他证据综合认定其证明力。

对前款所述市场调查报告可以从调查者资质、调查动机、调查对象、调查地域、样本规模、样本分布、抽样方法、问题设计、程序运作、调查形成的时间等方面予以审查。

1.28　因逾期提供证据，依据《最高人民法院关于适用〈中华人民共和国民事诉讼法〉的解释》第一百零二条的规定对诉讼代理律师予以训诫、罚款的，可以将上述情况向对该律师具有监督指导职能的司法行政部门通报。对于多次因逾期提供证据受到训诫、罚款的，可以建议司法行政部门依据《中华人民共和国律师法》第四十九条第一款第六项的规定予以处罚。

1.29　当事人申请鉴定的事项能够通过现场勘验等其他方法查明的，可以不予准许。

1.30　鉴定机构应仅就查明事实的专门性问题出具鉴定意见，被诉技术方案是否落入涉案专利的保护范围、被诉作品是否与涉案作品构成实质性近似等法律评价问题不属鉴定范围。鉴定意见中包含前述不属鉴定范围内容的，相应内容不具有证据效力。

1.31　原告主张被诉侵权的应用程序由被告经营，可以提供应用程序中标示的著作权归属等信息、应用程序运营者与应用程序所在网络平台签订的协议、应用程序所在网络平台出具的证明等证据。

在无相反证据的情况下,可以推定应用程序的著作权人为运营主体。

1.32 被告依据知识产权部门法的相关规定主张侵权产品或侵权复制品具有合法来源的,应对其合法获取侵权产品或侵权复制品的事实承担举证责任。

证明合法来源的证据应结合被告的经营规模、购买途径、支付对价、举证能力、相关交易习惯及主观注意义务等因素综合审查。

被告能够提供证据证明侵权产品或侵权复制品具有合法来源的,推定其在主观上无过错,但有证据证明被告知道或应当知道侵权事实的除外。

已查明侵权产品或侵权复制品制造者的,提出合法来源抗辩的被告仍应提供其合法获取侵权产品或侵权复制品的证据。

1.33 被告收到著作权权利人、商标权权利人等知识产权权利人发出的侵权警告函,且该警告函中明确记载有相关知识产权、被诉侵权产品或被诉侵权复制品、侵权信息的基本情况、侵权比对结果及联系人等内容的,可以推定被告自收到侵权警告函之日起明知侵权行为存在。但被告提供证据证明其已就侵权警告函中所涉知识产权的权利归属、侵权比对的结论等,在合理期限内明确、详细地向知识产权权利人通过回函等方式提出异议的除外。

1.34 超市、小商品市场等经营场所以其尽到管理责任为由提出免责抗辩的,可以围绕以下事实提供证据:

(一)租赁合同中有不得侵害知识产权或不得销售侵权产品或侵权复制品的约定;

(二)建立了相关防范知识产权侵权风险的管理制度;

(三)接到投诉后及时进行了有效处理;

(四)对商户的日常经营尽到了防范知识产权侵权的管理责任;

(五)尽到管理责任的其他事实。

1.35 电子商务平台经营者以其尽到合理注意义务提出免责抗辩的,可以围绕以下事实提供证据:

(一)网络店铺注册协议中有不得实施侵权行为或不得销售侵权产品或侵权复制品的约定;

(二)网站相应页面有不得实施侵权行为或不得销售侵权产品或侵权复制品的提示;

(三)建立了相关防范知识产权侵权风险的管理制度;

(四)接到投诉后及时进行了有效处理;

(五)尽到合理注意义务的其他事实。

1.36 原告主张被告承担损害赔偿责任的,除提供被告主观存在明知或应知的证据外,还应提供与确定权利人的实际损失、侵权人的违法所得或侵权获利相关的计算方法、计算模型、计算基础因素等证据,并就相关计算方法、计算模型、计算基础因素的合理性等作出详细说明。

当事人可以提供相关权利的可比许可协议作为确定赔偿数额的证据。

当事人主张在法定赔偿最高限额以上或最低限额以下确定赔偿数额的,应根据前述第一款、第二款的规定提供证据证明相关数额明显超过法定赔偿最高限额或者明显低于法定赔偿最低限额。

1.37　原告主张参照权利使用费确定赔偿数额的,应提供证据证明许可使用合同已经实际履行,且该权利使用费与被诉侵权行为具有可比性。

许可使用合同的备案证明、纳税凭证、转账记录、发票等财务凭证等可用以证明合同已经实际履行。

许可使用合同涉及的权利类型、被许可人情况、许可使用的范围、许可使用的时间、是否存在交叉许可等可用以证明权利使用费的可比性。

1.38　原告主张适用法定赔偿计算赔偿数额的,应提供反映权利人实际损失状况、侵权人的违法所得或侵权获利状况、许可使用费状况、侵权行为类型、持续时间及所涉范围、主观过错等方面的证据。

1.39　原告主张适用惩罚性赔偿的,应提供权利人实际损失、侵权人的违法所得或侵权获利、权利使用费、主观故意、侵权情节严重等方面的证据。

1.40　原告主张销毁侵权产品或侵权复制品、主要用于制造侵权产品或侵权复制品的材料、工具、设备等,被告否认上述销毁对象存在的,原告应提供证据证明上述销毁对象的存放地址、数量等事实。

原告因客观原因不能自行收集上述证据的,可以依据《最高人民法院关于适用〈中华人民共和国民事诉讼法〉的解释》第九十四条第二款的规定申请调查取证。

1.41　原告因客观原因仅提供部分证据证明其为制止侵权行为所支付的合理开支的,可以在该部分证据的基础上结合生活经验和逻辑确定合理开支的具体数额。

第二部分　侵害专利权纠纷

2.1　审理侵害专利权的案件,应围绕以下事实审查原告提供的相应证据:

(一)涉案专利是否处于有效状态;

(二)原告是否系涉案专利的专利权人或利害关系人;

(三)被诉侵权行为是否属于《中华人民共和国专利法》第十一条规定的侵害专利权行为;

(四)被诉侵权行为使用的技术方案是否落入涉案专利相关权利要求的保护范围,或者使用的外观设计是否落入涉案专利的保护范围。

2.2 原告可以提供专利登记簿副本、专利权著录事项变更记录及当年交纳专利年费的收据等证据证明涉案专利处于有效状态。

2.3 原告可以提供以下证据证明存在被诉侵权行为:

(一)获取被诉侵权产品过程的公证书及被诉侵权产品;

(二)获取被诉侵权产品的购货合同、与合同对应的发票及流转票据等证据及被诉侵权产品;

(三)获取被诉侵权产品的网络订购信息、网络物流信息等证据及被诉侵权产品;

(四)能够完整显示被诉侵权产品所利用技术方案的照片、视频、网页截图等其他证据。

原告难以通过前款所述方式获取相关证据的,可以根据本指引第一部分的规定申请出具调查令,或申请证据保全、进行现场勘验等。

2.4 原告主张的涉案专利为涉及产品、设备等技术主题的技术方案的,虽其提供的被诉侵权产品照片、视频、网页截图等证据不能完整显示被告利用的技术方案,但同时满足以下条件的,可以推定被告实施了涉案专利的相关技术方案:

(一)被诉侵权产品的照片、视频、网页截图等证据可以证明存在较大侵权可能性;

(二)原告客观上难以通过其他替代方式取得被诉侵权行为存在的证据;

(三)被告提供相应证据并无客观困难但无正当理由拒不提供。

2.5 被诉侵权产品外包装上标明的制造商、销售商、进口商等可以作为认定被诉侵权产品提供主体的初步证据。

被诉侵权产品上未标明制造商,所标注的注册商标权利人有制造能力,且无证据证明被诉侵权产品另有制造者的,可以推定该注册商标权利人是被诉侵权产品的制造者,但有相反证据的除外。

被告承认被诉侵权产品由其制造、许诺销售、销售或进口的,原告可以免除相关举证责任。

被告可以提供行政机关处罚决定等作为反证,证明被诉侵权行为系他人假冒其名义实施。

2.6 原告主张被告制造被诉侵权产品构成侵害专利权的,应提供证据证明涉案发明或者实用新型专利权利要求中所记载的产品技术方案已被被告实现。

2.7 原告主张被告使用发明或者实用新型专利产品构成侵害专利权的,应提供证据证明被诉侵权产品实际应用了涉案专利技术方案的技术功能或者实现了其技术效果。

2.8　原告主张被告销售被诉侵权产品侵害专利权的，可以围绕以下事实提供证据：

（一）销售被诉侵权产品的买卖合同已依法成立；

（二）被告采用搭售、赠送或以其他方式转让被诉侵权产品的所有权变相获取商业利益；

（三）被告将侵害发明或者实用新型专利权的产品作为零部件或中间产品制造另一产品后，销售该另一产品；

被告存在前款第（三）项情形，但主张不构成销售行为的，应提供证据证明该中间产品在制造过程中物理化学性能发生了实质性变化。

2.9　原告主张被告实施许诺销售行为的，应提供证据证明被告以广告、在商店橱窗中陈列、在网络或展销会上展出等方式作出销售被诉侵权产品的意思表示。

2.10　原告主张被告进口专利产品的，应提供证据证明被告存在将落入涉案专利权利要求保护范围的产品、依照涉案专利方法直接获得的产品或者含有涉案外观设计专利的产品在空间上从境外越过边界运进境内的行为。

2.11　原告主张被告使用专利方法构成侵害专利权的，应提供证据证明涉案专利权利要求记载的专利方法每一个步骤均被实现。

被告主张其采用的技术方案的步骤顺序与涉案专利不同而未落入涉案专利权利要求保护范围的，可以提供证据证明涉案专利所涉步骤必须以特定的顺序实施，且这种顺序改变会导致技术功能或者技术效果的实质性差异。

2.12　原告以涉案专利系新产品制造方法发明专利为由，主张适用举证责任倒置规则的，应提供以下初步证据：

（一）依照该专利方法直接获得的产品为国内外第一次生产出的产品，其与专利申请日之前已有的同类产品相比，在产品的组份、结构或者其质量、性能、功能方面有明显区别；

（二）被诉侵权产品与依照该专利方法直接获得的产品在形状、结构或成分等方面无实质性差异。

2.13　侵害专利权纠纷涉及不属于新产品制造方法发明专利的，原告围绕以下事实提供证据后，可以推定被告使用了涉案专利方法：

（一）被诉侵权产品与依照该专利方法直接获得的产品在形状、结构或成分等方面无实质性差异；

（二）结合已知事实及本领域技术人员的惯常认知，被告经由涉案专利方法制造被诉侵权产品的可能性较大；

（三）原告为证明被告使用了专利方法已尽合理努力。

被告可以提供其实际使用的产品制造方法不同于涉案专利方法的证据，作为前款推定的相反证据。

2.14 原告主张被告为生产经营目的使用、许诺销售、销售、进口的产品侵害涉案方法专利权的，应提供该产品为将原材料等按照涉案方法专利权利要求记载的全部步骤特征进行处理加工所获得的原始产品的证据。

原告提供的被告存在将上述原始产品作为中间部件或原材料，加工、处理成为其他后续产品的证据，可以作为认定被诉侵权产品属于使用涉案专利方法直接获得的产品的证据。

2.15 侵害药品制备方法专利权纠纷中，被诉侵权药品在药品监督管理机关备案的工艺可以作为推定其实际制备工艺的初步证据，有相反证据的除外。

被告主张被诉侵权药品备案的工艺不真实的，应提供被诉侵权药品技术来源、生产规程、生产记录、备案文件等证据。

对于被诉侵权药品制备工艺等复杂的技术事实，当事人可以通过专家辅助人、司法鉴定以及技术专家咨询等多种方式提供证据。

2.16 原告未提供被诉侵权产品实物，仅提供被诉侵权产品部分视图的，在无相反证据的情况下，可以基于该类产品的特点，合理推定被诉侵权产品其他视图中的设计特征。

2.17 原告主张被告将侵害外观设计专利权的产品作为零部件使用构成销售外观设计专利产品行为的，应提供证据证明被告将该被诉侵权产品用于制造另一产品并存在销售该另一产品的行为。

被告主张其不应就前款情形承担侵权责任的，可以提供证据证明侵害外观设计专利产品在另一产品中仅具有技术功能。

2.18 原告主张被告构成帮助侵害专利权的，应围绕以下事实提供证据：

（一）明知有关产品系专门用于实施涉案专利技术方案的原材料、中间产品、零部件或设备等专用产品；

（二）未经专利权人许可，为生产经营目的向他人提供前项专用产品；

（三）他人实施了直接侵害专利权行为。

原告提供证据证明他人直接实施专利权的行为属于非生产经营目的、为科研目的或行政审批目的的实施行为，或者属于临时过境行为的，视原告完成了前款第（三）项的举证责任。

2.19 原告主张被诉侵权产品系专用产品的，应围绕以下事实提供证据：

（一）被诉侵权产品为实现涉案专利技术方案所不可或缺的原料或零部

件等；

(二)被诉侵权产品除用于涉案专利技术方案外无其他实质性非侵权用途。

原告提供上述初步证据后，被告主张被诉侵权产品不是专用产品的，应提供该产品具有其他实质性非侵权用途的证据。

2.20 原告主张被告构成教唆侵害专利权的，应围绕以下事实提供证据：

(一)未经原告许可，为生产经营目的，以提供图纸、产品说明书或传授技术方案、进行产品演示等方式积极诱导他人实施直接侵害专利权的行为；

(二)他人实施了直接侵害专利权行为。

原告提供证据证明他人直接实施专利权的行为属于非生产经营目的、为科研目的或行政审批目的的实施行为，或者属于临时过境行为的，视原告完成了前款第(二)项的举证责任。

2.21 原告应根据其主张的权利要求，在划分技术特征的基础上，提供被诉侵权行为使用的技术方案涵盖了涉案专利权利要求全部技术特征的比对表。

2.22 原告主张相关技术特征具有特定含义的，应结合涉案专利说明书、附图及其他权利要求的记载作出详细说明；必要时，可以提供与涉案专利存在分案申请关系的其他专利以及上述专利的专利审查档案、生效的专利授权确权裁判文书所记载的内容，以及工具书、教科书、相关领域期刊论文等公知文献。

2.23 当事人主张本领域普通技术人员知晓某项普通技术知识以及具备运用某种常规实验手段能力的，应对该事实作出详细说明；必要时，应提供工具书、教科书、相关领域期刊论文等公知文献。

2.24 原告主张涉案专利中仅通过功能限定或者效果限定的技术特征不属于功能性特征的，应详细说明该特征属于本领域普通技术人员普遍知晓的技术术语，或仅通过阅读权利要求和说明书即可直接、明确地确定实现上述功能或者效果具体实施方式的技术特征；必要时，原告应提供工具书、教科书、相关领域期刊论文等公知文献。

2.25 原告主张构成等同侵权的，应对被诉侵权技术方案中相关技术特征与涉案专利权利要求记载的对应技术特征采用的技术手段、实现的功能或达到的效果基本相同，且本领域普通技术人员无需经过创造性劳动就能够想到该特征的事实，进行必要的说明；必要时，应提供相应的证据。

2.26 被告否认等同侵权成立的，可以围绕以下事实提供证据：

(一)被诉侵权技术方案不能解决涉案专利的技术问题或实现涉案专利的技术效果；

(二)被诉侵权技术方案属于涉案专利仅在说明书或者附图中描述而未被概括到权利要求中的技术方案；

(三)属于本领域普通技术人员阅读权利要求书、说明书后,认为专利申请人或者专利权人在权利要求中特意强调某一特征的用语含义而有意排除的特定技术方案;

(四)专利申请人或专利权人在专利授权或者确权程序中为克服获得授权的实质性缺陷,对权利要求、说明书进行了限缩性修改或意见陈述,使得被诉侵权技术方案未落入涉案专利权利要求保护范围。

原告主张前款第(四)项不能成立的,应提供证据证明前述相关限缩性修改或者陈述已被明确否定。

2.27　原告主张被诉侵权产品与涉案外观设计专利所涉产品种类相同或相近的,可以围绕以下事实提供证据:

(一)《国际外观设计分类表》;

(二)相关产品被作为关联商品采购的合同、收发货单据、票据等;

(三)相关产品被置于相同品类货架销售、宣传展示的照片等;

(四)用于比较分析、汇总统计的行业报告、统计报告等;

(五)相关行业协会或主管机关出具的证明;

(六)反映产品功能、用途或使用环境的相关市场报告等。

2.28　原告主张被诉侵权设计落入涉案外观设计专利权保护范围的,应对涉案外观设计、被诉侵权设计可视部分的全部设计特征进行逐个分析比对并明确说明二者的相同点及不同点。

2.29　当事人主张一般消费者具备相关知识水平和认知能力的,应对该事实作出详细说明;必要时,应提供现有设计状况的证据。

2.30　原告主张相关特征为涉案专利区别设计特征的,可以围绕以下事实提供证据:

(一)涉案专利简要说明;

(二)相同或相近产品上现有设计的整体状况。

2.31　为准确确定设计空间,当事人可以围绕以下事实提供证据:

(一)产品或其中零部件所涉的技术功能;

(二)采用该类产品常见特征的必要性;

(三)现有设计的拥挤程度;

(四)其他如降低成本等经济因素可能对设计空间产生的影响。

2.32　在被诉侵权产品与涉案外观设计专利图片或者照片的比对中,当事人认为相关特征属于功能性设计特征、惯常设计特征的,应进行详细说明或提供证据。

2.33　当事人主张相关设计特征为产品功能决定的,可以围绕以下事实提供证据：

（一）该设计特征为推荐性标准或强制性标准明确规定的；

（二）该设计特征系为实现机械上的配合关系必须采用的不可选择的设计特征或者选择较为有限的设计特征。

2.34　在侵害外观设计专利权纠纷中，原告请求保护色彩的，应提供由国务院专利行政部门认可色彩属于涉案外观设计专利权保护范围的证据；必要时，应与国务院专利行政部门专利审查档案中的色彩进行核对。

2.35　原告请求被告支付临时保护期使用费的，应提供证据证明被告实施了涉案专利，且被诉侵权技术方案同时落入涉案专利申请公布时申请人请求保护的范围以及该专利公告授权的保护范围。

被告主张其使用、许诺销售、销售的产品系他人在临时保护期内制造、销售、进口的产品而不承担侵权责任的，应围绕以下事实提供证据：

（一）产品的制造、销售、进口行为发生在临时保护期内；

（二）该他人已支付或者书面承诺支付《中华人民共和国专利法》第十三条规定的适当费用。

2.36　与被告提出的先用权抗辩、现有技术抗辩或现有设计抗辩等抗辩理由相关的证据，一般应在一审辩论终结前提出。

被告在一、二审程序中均未提出先用权抗辩、现有技术抗辩或现有设计抗辩，在申请再审时提供与该抗辩有关证据的，一般不予采信。

2.37　被告以涉案专利效力不稳定为由请求法院裁定驳回原告起诉的，可以提供涉案专利审查档案、撤销公告、无效审查决定书或者行政判决书作为证据。

2.38　被告以涉案专利为专利权人恶意取得为由请求法院判决驳回原告诉讼请求的，可以围绕以下取得方式提供证据：

（一）将申请日前的国家标准、行业标准等技术标准中的技术方案申请专利；

（二）国家标准、行业标准等技术标准的制定参与人，将其在参与标准起草、制定过程中知悉的他人技术方案申请专利；

（三）明知为某一地区广为制造或使用的产品采用的技术方案而将其申请专利；

（四）采用编造实验数据、虚构技术效果等手段使涉案专利满足授权条件；

（五）将域外公开的专利申请文件所披露的技术方案在中国申请专利。

2.39　被告主张其为非生产经营目的的实施涉案专利的，应提供证据证明其利用涉案专利仅为私人目的或存在其他非生产经营目的。

2.40　被告提出权利用尽抗辩的,可以围绕以下事实提供证据:

(一)涉案专利权人或者被许可人在中国境内售出其专利产品或者依照专利方法直接获得的产品后,购买者在中国境内使用、许诺销售、销售该产品;

(二)涉案专利权人或者被许可人在中国境外售出其专利产品或者依照专利方法直接获得的产品后,购买者将该产品进口到中国境内以及随后在中国境内使用、许诺销售、销售该产品;

(三)涉案专利权人或者被许可人售出其专利产品的专用部件后,使用、许诺销售、销售该部件或用其组装制造专利产品;

(四)涉案方法专利的专利权人或者被许可人售出专门用于实施其专利方法的设备后,使用该设备实施涉案方法专利。

2.41　被告提出先用权抗辩的,应围绕以下事实提供证据:

(一)已经完成实施发明创造所必需的主要技术图纸或者工艺文件,或者已经制造或者购买实施发明创造所必需的主要设备或者原材料;

(二)仅在专利申请日前已有的生产规模内,以及利用已有的生产设备或者根据已有的生产准备可以达到的生产规模内继续制造、使用;

(三)在先制造的产品、在先使用的方法或设计,是被告独立研究完成或者以其他合法手段取得。

原告主张先用权抗辩不成立的,可以提供证据证明被告援引的在先技术或设计系在专利申请日前抄袭、窃取或者以其他不正当手段获取。

2.42　被告提出临时过境抗辩的,应提供证据证明被诉侵权行为仅涉及临时通过中国领陆、领水、领空的外国运输工具,依照其所属国同中国签订的协议,或者共同参加的国际条约,或者依照互惠原则,为运输工具自身需要而在其装置和设备中使用涉案专利。

2.43　被告提出科研目的抗辩的,应提供证据证明被诉侵权行为系专门针对涉案专利技术方案本身进行的科学研究和实验,其目的是研究、验证、改进他人专利技术,在已有专利技术的基础上产生新的技术成果。

2.44　被告提出行政审批例外抗辩的,应提供证据证明被诉侵权行为系为提供《中华人民共和国药品管理法》《中华人民共和国药品管理法实施条例》《药品注册管理办法》等相关药品管理法律法规、部门规章等规定的实验资料、研究报告、科技文献等相关材料,而制造、使用、进口专利药品或者专利医疗器械,以及专门为其制造、进口专利药品或者专利医疗器械。

2.45　被告提出现有技术抗辩的,应提供证据证明被诉落入专利权保护范围的技术方案的全部技术特征与一项现有技术方案中的相应技术特征相同或者等同,或者所属技术领域的普通技术人员认为被诉侵权技术方案是一项现有技术与所属领域公知常识的简单组合。

被告可以提供以下证据以证明现有技术的状况：

（一）涉案专利申请日前进入公有领域、公众可以自由使用的技术；

（二）尚处于他人专利权保护范围内、涉案专利申请日前的非公有技术；

（三）涉案专利权人拥有的其他在先专利技术。

依据《中华人民共和国专利法》第二十四条的规定享受新颖性宽限期的技术不得作为前款现有技术予以援引。

2.46　被告提出现有设计抗辩的，应提供证据证明被诉侵权产品的外观与一项现有设计相同或者相近似，或者被诉侵权产品的外观设计是一项现有外观设计与该产品的惯常设计的简单组合。

被告可以提供以下证据证明现有设计的状况：

（一）申请日前国内外以出版物形式公开的设计；

（二）申请日前通过使用、销售、进口、交换、馈赠、演示、展出等使用方式公开的设计；

（三）申请日前通过报告会或讨论会发言材料、广播、电视、电影等其他方式公开的设计。

2.47　被告作为使用者主张不停止使用的，应围绕以下事实提供证据：

（一）其使用的产品满足关于合法来源抗辩的要件；

（二）其已支付该产品的合理对价。

2.48　被告提出基于国家利益、公共利益的考量不停止侵权抗辩的，应围绕判令停止侵权可能导致以下情形提供证据：

（一）有损于我国政治、经济、军事等安全；

（二）导致公共安全事件发生；

（三）危及公共卫生；

（四）造成重大环境保护事件；

（五）影响行业正常发展；

（六）导致社会资源严重浪费等利益严重失衡的其他情形。

2.49　被告提出不停止实施标准必要专利抗辩的，应围绕以下事实提供证据：

（一）涉案专利属于推荐性国家标准、行业标准或者地方标准，或虽非推荐性国家标准、行业标准或者地方标准，但属于国际标准组织或其他标准制定组织制定的标准，且专利权人按照该标准组织的章程明示且做出了公平、合理、无歧视的许可义务承诺的标准必要专利；

（二）涉案专利权人故意违反其在标准制定中承诺的公平、合理、无歧视的许可义务；

（三）被告在协商中无明显过错。

2.50　涉案专利权人就其在标准制定中承诺的公平、合理、无歧视许可义务的具体内容，可以提供以下证据：

（一）专利权人向相关标准化组织提交的许可声明文件和专利信息披露文件；

（二）相关标准化组织的专利政策文件；

（三）涉案专利权人作出并公开的许可承诺。

2.51　被告可以提供以下证据证明原告故意违反公平、合理、无歧视的许可义务：

（一）未以书面形式通知被告侵害专利权，且未列明侵害专利权的范围和具体侵权方式；

（二）在被告明确表示接受专利许可协商的意愿后，未按商业惯例和交易习惯以书面形式向被告提供专利信息或提供具体许可条件；

（三）未向被告提出符合商业惯例和交易习惯的答复期限；

（四）在协商实施许可条件过程中，无合理理由而阻碍或中断许可协商；

（五）在协商实施许可过程中提出明显不合理的条件，导致无法达成实施许可合同；

（六）原告在许可协商中有其他明显过错行为。

2.52　原告可以提供以下证据证明被告在标准必要专利许可协商过程中存在明显过错：

（一）收到原告的书面侵权通知后，未在合理时间内积极答复；

（二）收到原告的书面许可条件后，未在合理时间内积极回复是否接受该许可条件，或在拒绝接受原告提出的许可条件时未提出新的许可条件建议；

（三）无合理理由而阻碍、拖延或拒绝参与许可协商；

（四）在协商实施许可条件过程中提出明显不合理的条件，导致无法达成实施许可合同；

（五）被告在许可协商中有其他明显过错行为。

第三部分　侵害著作权纠纷

3.1　审理侵害著作权的案件，应围绕以下事实审查原告提供的相应证据：

（一）原告是否对涉案作品享有著作权；

（二）被诉侵权作品与权利作品是否相同或者实质性相似；

（三）被告是否具有接触权利作品的可能，或者被诉侵权作品与权利作品是否存在相同的错误、瑕疵、暗记等独特部分,或者被诉侵权作品与权利作品是否完全相同或高度相似足以排除创作巧合。

3.2　原告提供的作品、录音录像制品上的署名以及涉及著作权的底稿、原件、合法出版物、著作权登记证书、认证机构的证明、取得权利的合同、符合行业惯例的权利人声明等可以作为证明著作权归属的初步证据。

被告提供的与作品上署名不一致的其他署名、认证机构出具的相互矛盾的证明、作品登记机构出具的相互矛盾的著作权登记证书、权利人出具的相互矛盾的声明等可以作为推翻前款初步证据的反证。

3.3　电影、电视剧上明确标示的权利归属信息可以作为认定权属的初步证据,但有相反证据的除外。

电影、电视剧上未明确标示权利归属信息,也未标示制作者的,电影、电视剧片头、片尾等位置标示的出品单位署名,可以作为认定权属的初步证据;无出品单位署名的,片头、片尾等位置标示的摄制单位署名,可以作为认定权属的初步证据。出品单位、摄制单位之间的合同可以作为推翻前述认定的反证。

原告提供的制作许可证、拍摄许可证、发行许可证、公映许可证等行政机关颁发的证照,一般不能单独作为认定著作权归属的证据。

原告主张电影、电视剧之外的其他视听作品著作权的,根据视听作品的类型、时长、内容等围绕以下事实提供证据:

(一)时间较长、拍摄复杂的视听作品,应提供相关合同;

(二)短视频等时间短、拍摄简单的视听作品,可以提供相关合同,也可以提供原始文件;

(三)除前两项以外的其他视听作品,一般应提供相关合同。

3.4　职务作品中,利用物质技术条件的证据包括资金、设备、图纸、资料、技术、拍摄场所等;工作职责的证据包括营业执照、事业单位法人证书、相关行政审批手续、劳动合同、人事关系证明、纳税证明等。

3.5　原告主张涉案作品为委托作品的,应提供委托创作合同,作为确定著作权归属的证据。

3.6　原告主张著作权的作品为网络发表作品的,可以提供网页截屏,被告不予认可的,可以请求进行现场勘验;无法勘验的,原告可以提供公证书或者通过区块链、时间戳等电子存证技术固定的网页等证据。

3.7　原告主张专有出版权的,应提供取得专有出版权的合同。

3.8　原告主张非职务表演的表演者权的,可以提供体现其声音、形象等能够确定其表演者身份的证据,也可以提供歌单、节目单、演出海报、剧照、视频节目字幕、片头或片尾演职人员表、主持人播报等能够体现其表演者署名的证据,或者与演出组织者签订的合同等证据。

演员主张职务表演的表演者权的,应提供证明其表演者身份的证据及其与演出单位签订的有关表演者权归属合同等证据。

演出单位主张职务表演的表演者权的,应提供证明该表演是职务表演的证据及其与演员签订的劳动合同、约定表演者权归属的合同等证据。

3.9 原告主张录音制作者权的,应提供署名其为制作者、录制者或者其名称前加注有版权标识的录音制品出版物、录音制品出版物的封面、封底、歌单,或者提供其取得录音制作者权的合同。

在无其他证据佐证的情况下,原告提供的仅标注有"提供版权"信息的录音制品,不能单独作为认定录音制作者权归属的初步证据。

3.10 在无相反证据的情况下,广播、电视中显示的台标、名称、主持人播报的电台、电视台名称等可以作为认定广播组织权归属的初步证据。

3.11 原告主张被告侵害其发表权的,无需就作品未发表进行举证。被告如主张涉案作品已经发表的,应提供涉案作品已经发表的出版物、网页、宣传册等证据。

原告主张被诉展览行为侵害其发表权的,可以提供显示公开陈列涉案美术作品、摄影作品的原件或复制件的宣传广告、展会资料、门票、照片等证据;被告可以提供其受让取得涉案美术作品、摄影作品原件的合同、书面声明、著作权登记证书等作为反证。

3.12 原告主张被告的署名方式不符合约定或通常署名方式的,应提供约定署名方式的合同、往来邮件或体现原告署名的公开发行的作品载体、规定署名方式的行业规范性文件等证据。

3.13 原告主张被告侵害其保护作品完整权的,应提供双方作品的比对,并指明歪曲、篡改之处,同时可以提供报刊、杂志、电台、电视台、互联网等媒体发布的相关评论性文章,相关行业评价组织发布的评分意见、用户评价留言等证据,证明前述歪曲、篡改损害了原告声誉。

3.14 原告主张被告侵害其复制权的,可以提供载有涉案作品的图书、音像制品等出版物、电子文件载体等证据。

3.15 原告主张被告侵害其发行权的,可以提供被告销售、赠与他人载有涉案作品的出版物、电子文件载体,以及销售单据、交易凭证、赠与说明等证据。

3.16 原告主张被告侵害其展览权的,可以提供被告主办或参加展览涉案美术作品、摄影作品展会的邀请函、宣传材料、展会报道,或者被告将涉案美术作品、摄影作品悬挂于公共场所的照片、宣传图文等证据。

3.17 原告主张被告侵害其摄制权的,应提供证据证明被告实施了摄制行为。

原告将署名的出品单位和摄制单位列为共同被告时,出品单位、摄制单位否认共同摄制的,应提供相关合同等证据。

3.18　原告主张被告侵害其改编权的,应具体说明被诉侵权作品中存在权利作品的基本表达,必要时应提供比对表等证据。双方当事人对比对事实有争议的,可以申请鉴定。

3.19　原告主张被告实施了直接侵害其信息网络传播权行为的,应提供证据证明被告实施了提供行为。

原告提供证据证明被告网站能够播放、下载或者以其他方式使公众在其选定的时间、地点获得涉案作品、表演、录音录像制品、广播电视,被告仍主张其未实施提供行为的,被告应提供证据证明其仅提供自动接入、自动传输、信息存储空间、搜索、链接或文件分享技术等技术服务。

被告提供的证据能够证明其未实施提供作品、表演、录音录像制品、广播电视的行为,而仅提供技术服务的,原告可以就此提供相反证据或据此变更诉讼主张,并就变更后的诉讼主张补充提供证据。原告申请补充提供证据的,举证期限可以另行指定。

3.20　原告主张各被告共同实施了提供行为的,应提供证据证明各被告之间具有共同提供涉案作品、表演、录音录像制品、广播电视的主观意思联络,且为实现前述主观意思联络客观上实施了相应行为。

原告提供的各被告之间存在体现合作意愿的合同、邮件等,可以作为认定各方具有主观意思联络的证据,但被告能够证明其根据技术或者商业模式的客观需求,仅提供技术服务的除外。

3.21　被告主张其提供信息存储空间服务的,可以围绕以下事实提供证据:

(一)被告网站具备为服务对象提供信息存储空间服务的功能;

(二)被告网站中的相关内容明确标示了为服务对象提供信息存储空间服务;

(三)上传者的用户名、注册 IP 地址、注册时间、上传 IP 地址、联系方式以及上传时间、上传信息等;

(四)其他事实。

3.22　被告能够提供证据证明存在以下情形之一的,可以初步认定其提供的是链接服务:

(一)涉案作品、表演、录音录像制品、广播电视在播放时自被告网站跳转至第三方网站;

(二)涉案作品、表演、录音录像制品、广播电视在播放时虽未发生网站跳

转,但地址栏显示的是第三方的网址,或者有其他证据足以证明涉案作品、表演、录音录像制品、广播电视置于第三方网站的;

(三)其他情形。

被告仅提供播放画面的水印或者影片介绍中载明的播放来源图标、文字的,一般不能认定被告完成了举证责任。

3.23　原告主张被告作为自动接入、自动传输、信息存储空间、搜索、链接或文件分享技术等网络服务提供者构成帮助侵害信息网络传播权的,可以围绕以下事实提供证据:

(一)被告提供了自动接入、自动传输、信息存储空间、搜索、链接或文件分享技术等网络服务;

(二)网络用户利用被告提供的网络服务提供了涉案作品、表演、录音录像制品、广播电视的行为;

(三)被告明知或应知网络用户利用其提供的网络服务提供涉案作品、表演、录音录像制品、广播电视。

3.24　原告主张被告作为自动接入、自动传输、信息存储空间、搜索、链接或文件分享技术等网络服务提供者构成教唆侵害信息网络传播权的,可以围绕以下事实提供证据:

(一)被告提供了自动接入、自动传输、信息存储空间、搜索、链接或文件分享技术等网络服务;

(二)被告以积分奖励、增加访问权限、赠与虚拟货币或者现金等方式诱导网络用户利用其网络服务提供涉案作品、表演、录音录像制品、广播电视。

3.25　原告主张提供信息存储空间服务的被告应知其信息系统中存在涉案作品、表演、录音录像制品、广播电视的,可以围绕以下事实提供证据:

(一)涉案作品、表演、录音录像制品、广播电视或者与其相关的信息位于首页、各栏目首页或者其他主要页面等可被明显感知的位置;

(二)对涉案作品、表演、录音录像制品、广播电视的主题或者内容主动进行选择、编辑、修改、整理、推荐或者为其设立专门排行榜;

(三)信息存储空间服务提供者从涉案作品、表演、录音录像制品、广播电视中直接获利;

(四)网络用户提供的是专业制作且内容完整的影视作品、音乐作品、表演、录音录像制品、广播电视,或者处于热播、热映期间的影视作品、知名度较高的其他作品以及相关的表演、录音录像制品、广播电视;

(五)网络用户提供的是正在制作过程中且按照常理制作者不可能准许他人传播的影视作品、音乐作品、表演、录音录像制品、广播电视;

(六)其他明显的侵权事实。

3.26 提供信息存储空间服务的被告主张其不承担赔偿责任的,可以围绕以下事实提供证据:

(一)明确标示涉案作品、表演、录音录像制品、广播电视是服务对象所提供,并公开信息存储空间服务者的名称、联系人、网络地址;

(二)在接到权利人的通知书后,及时删除涉案作品、表演、录音录像制品、广播电视;

(三)已采取合理过滤措施。

3.27 原告主张链接服务提供者构成帮助侵害信息网络传播权的,可以围绕以下事实提供证据:

(一)被链接网站提供了侵害他人信息网络传播权的作品、表演、录音录像制品、广播电视;

(二)链接服务提供者在接到权利人的通知后,未及时采取删除、屏蔽、断开链接等必要措施。

3.28 原告主张链接服务提供者存在过错的,可以围绕以下事实提供证据:

(一)链接服务提供者接到权利人通知后,未及时采取断开链接等必要措施;

(二)链接服务提供者与被链接网站之间存在相关的合作;

(三)链接服务提供者设置指向特定作品、表演、录音录像制品、广播电视的定向链接,且被链接网站侵权行为明显;

(四)链接服务提供者对其链接的涉案作品、表演、录音录像制品、广播电视进行了主动的选择、编辑、推荐,使公众在设链网站上可以直接下载、浏览或者以其他方式获得;

(五)其他情形。

3.29 提供搜索、链接服务的网络服务提供者主张免除赔偿责任的,可以围绕以下事实提供证据:

(一)对被链接的作品、表演、录音录像制品、广播电视是否侵权不属于明知或者应知;

(二)接到权利人的通知后,及时采取必要措施;

(三)已采取合理过滤措施。

3.30 原告主张被告接到权利人通知未采取必要措施的,应提供证据证明其向被告发出了合格的通知、被告收到了该通知、被告在合理期限内未采取必要措施。

3.31 原告主张网络服务提供者收到权利人通知的,可以围绕以下事实提

供证据,但网络服务提供者提供相反证据的除外:

(一)原告根据网络服务提供者公示的途径及方式发送通知;

(二)原告虽然未按照网络服务提供者公示的途径及方式发送通知,但其向网络服务提供者发送通知的途径和方式足以使网络服务提供者收到该通知;

(三)网络服务提供者自认收到了该通知;

(四)网络服务提供者通过邮件等方式向原告作出回复;

(五)其他情形。

3.32　网络服务提供者提出完成通知删除的抗辩,应提供证据证明其接到原告提供的符合条件的通知后,及时删除了涉案作品、表演、录音录像制品、广播电视,或及时断开了与涉案作品、表演、录音录像制品、广播电视链接,或采取了其他必要措施。

3.33　原告主张被告故意避开或者破坏技术措施的,可以围绕以下事实提供证据:

(一)原告采取了技术措施;

(二)一般用户通常无法避开或者破解该技术措施;

(三)被告实施了破坏或避开技术措施的行为。

3.34　原告主张被诉侵权网站由被告经营的,应提供指向被告是被诉侵权网站经营者的网站登记备案信息、网站中相关标示信息等证据。

经营性网站登记备案信息可以作为证明网站经营者身份的初步证据,但有相反证据的除外。

被诉网站上仅有被告名称,其他标示信息与被告相关信息不一致的,一般不能将标示的名称作为证明网站经营者身份的初步证据。

3.35　侵权出版物上标注的出版者、书号的所有者等可作为认定侵权出版物出版者的初步证据,但有相反证据的除外。

3.36　原告主张出版者未尽到合理注意义务的,可以围绕以下事实提供证据:

(一)被告提供的出版合同中的著作权人与出版物上署名作者不一致;

(二)出版者没有审查演绎作品或者汇编作品著作权人是否得到原作品著作权人的授权;

(三)被诉侵权出版物包含与在先发表的出版物相同的内容;

(四)被诉侵权出版物的出版虽经过曾出版该书的出版者同意,但没有得到著作权人许可;

(五)其他情形。

3.37　出版者主张其尽到了合理注意义务,可以围绕以下事实提供证据:

（一）虽然作者在授权其出版前已经授权他人出版或已转让著作权，但因作品尚未发表，出版者对此并不知情；

（二）演绎作品的作者事前未告知出版者是演绎作品，且原作品从未发表，出版者无法判断出版物是否属于演绎作品；

（三）职务作品作者所在单位或合作作者主张出版者侵权时，该作品的作者事前未将创作过程如实告知出版者，出版者无其他途径知晓创作过程，也无法判断该出版物是否属于职务作品或合作作品；

（四）被诉侵权出版物的授权链条完整，原始授权者的身份及授权文件无明显疑点；

（五）其他情形。

3.38　原告主张被告侵犯其版式设计权的，应提供证据证明双方出版的系同一作品，并说明双方出版同一作品的版心、排式、字体字形、行距、标点等版面布局因素整体安排相同或基本相同，必要时需提供比对表。

3.39　原告应提供证据证明权利录音制品与被诉侵权录音制品音源相同。

原告提供的证据能够证明双方录音制品中的表演者、词曲、编曲等因素相同，且在听觉上无明显差异的，通常认为其完成了音源相同的初步举证责任。被告否认的，应提供音源鉴定报告等反证。

3.40　被告主张被诉侵权作品由其独立创作的，可以围绕以下事实提供证据：

（一）没有接触权利作品的可能性；

（二）涉案作品的具体情形足以存在创作巧合；

（三）原始创作手稿；

（四）在先作品著作权登记证书；

（五）发表在先的作品；

（六）其他独立创作的事实。

3.41　被告主张被诉侵权作品与权利作品相同或实质性相似的部分来自于在先其他作品的，应提供该在先其他作品，并就被诉侵权作品与该在先作品的相同或实质性相似进行说明。

3.42　被告主张被诉侵权作品与权利作品相同或实质相似的部分来源于公有领域的，应提供该公有领域的相关作品，并就被诉侵权作品与该公有领域的相关作品相同或实质性相似进行说明。

3.43　被告提出有限表达抗辩的，应提供证据证明或者说明被诉侵权作品与权利作品表达相同或实质性相似是因表达方式极为有限或执行共同标准等造成的。

3.44　被告提出必要场景抗辩的，应提供证据证明被诉侵权作品与权利作品相同或者实质性相似的表达是表达某一主题必须描述的场景或者必须使用的场景设计。

3.45　被告主张合理使用抗辩的，应围绕以下事实提供证据：

（一）被诉行为属于《中华人民共和国著作权法》列举的合理使用情形；

（二）指明了作者姓名或者名称、作品名称；

（三）被诉行为未影响原告作品的正常使用；

（四）被诉行为并未替代原告的作品，也未不合理损害原告的合法权益。

3.46　原告主张被告侵害其计算机软件著作权的，可以提交关于被告接触了主张权利的软件且被诉侵权软件与主张权利的软件实质性近似的证据，也可以提交双方软件的目标程序和权利软件的源程序。

3.47　被诉侵权软件的源程序一般由被告提供。被告拒不提供源程序或者提供的源程序无法采信的，原告可以主张将权利软件的目标程序与被诉侵权软件的目标程序进行对比。

3.48　原告主张最终用户侵害其计算机软件著作权的，可以提供以下初步证据：

（一）行政处罚决定；

（二）被告单位职工的证言，或者接触过被告计算机系统的证人证言；

（三）被告制作的载明其使用涉案软件的广告；

（四）被告发布的含有要求应聘人员熟练掌握权利软件的招聘信息；

（五）被告制作的载明其使用权利软件的产品说明书或产品；

（六）被告使用的计算机中运行权利软件的照片或视频等；

（七）其他初步证据。

原告在提供了上述初步证据的情况下，可以申请对被告使用权利软件的事实进行调查取证或证据保全。

在调查取证时，如果需要检查的计算机数量过多，可以在征得双方当事人同意的情况下进行抽查，并由双方当事人书面确认抽查结果适用于全部检查范围。根据具体情况，也可以采取远程取证的方式。

第四部分　侵害商标权纠纷

4.1　原告主张其享有注册商标专用权的，可以提供商标注册证、核准注册公告、续展注册商标公告、由国家知识产权局依据《商标国际注册马德里协定》作出的该国际注册在中国有效的证明文件、商标转让证明、注册商标转让公告、商标承继关系证明等证据。

原告主张其经许可取得商标使用权的,可以提供商标使用许可合同、商标许可使用授权书、商标许可使用备案信息以及其他能体现商标许可使用关系的证据。

4.2　取得排他许可的被许可人提起侵权之诉,除应提供第4.1条列举的商标权属证据外,还应提供商标权人放弃诉讼或不起诉的证据。

取得普通许可的被许可人提起侵权之诉,除应提供第4.1条列举的商标权属证据外,还应提供商标权人明确授权被许可人提起诉讼的证据。

4.3　原告主张被告侵害其商标权的,应提供证据证明被诉侵权标志的使用构成商标法意义上的使用。

为证明前款事项,原告可以提供以下证据:

(一)以直接贴附、刻印、烙印或者编织等方式标示有被诉侵权标志的商品、商品包装、容器、标签、商品附加标牌、产品说明书、介绍手册、价目表;

(二)标示有被诉侵权标志的与商品销售有关的合同、发票、收据、商品进出口检验检疫证明、报关单据;

(三)标示有被诉侵权标志的计算机软件安装、运行界面的图片或视频;

(四)标示有被诉侵权标志的服务场所使用的宣传资料、工作人员服饰、招贴、菜单、价目表、名片、奖券、办公文具、信笺,店堂招牌、内外装饰装潢的照片或视频;

(五)标示有被诉侵权标志的与服务有关的宣传资料、财务账册、发票、收据、收汇款单据、服务协议、维修维护证明;

(六)标示有被诉侵权标志的电影、广播、电视、网页、即时通讯工具、应用程序、出版物、广告牌、邮寄广告或者其他广告载体;

(七)展览会、博览会等公开集会上使用的标示有被诉侵权标志的印刷品、展台照片、参展证明、委托布展合同、发票及其他资料;

(八)与商标使用相关的其他证据。

4.4　原告主张被诉侵权商品与其商标核定使用的商品属于同一种或类似商品的,可以围绕以下事实提供证据:

(一)《类似商品和服务区分表》;

(二)相关商品被作为关联商品采购的合同、收发货单据、交易票据;

(三)相关商品被置于相同品类货架销售、宣传展示的照片;

(四)进行比较分析、汇总统计、归纳趋势特点的行业情况报告、统计报告;

(五)反映消费群体、销售渠道相关联、相重合的市场报告、行业调查报告;

(六)其他事实。

4.5　被诉侵权标志与原告的注册商标属于使用在同一种商品上的近似商

标的,或者属于使用在类似商品上的相同或近似商标的,原告可以提供用户评价、用户留言、投诉信函、市场调查报告等证据证明存在混淆可能性。

原告主张被告在同一种商品上使用与其注册商标相同商标的,推定已造成混淆。

4.6　原告主张被告销售侵害注册商标专用权的商品或销售伪造、擅自制造注册商标标志的,可以提供侵权商品、侵权商标标志、销售合同、发票、付款凭证、宣传材料、电商平台销售记录、用户留言评价以及销售其他商品或商标标志时附赠的侵权商品、商标标志等证据。

4.7　原告主张被告伪造、擅自制造其注册商标标志的,应提供证据证明被告实际制造或委托他人制造了与原告注册商标相同或近似的标志,且该标志所示商品与原告注册商标核定使用的商品构成同一种或类似商品。

4.8　原告主张被告为实施侵害商标权行为提供帮助的,可以提供被告作为市场主办方、展会主办方、柜台出租人、电子商务平台经营者,为他人实施侵权行为提供仓储、运输、邮寄、印制、隐匿、经营场所、网络商品交易平台等便利的证据。

4.9　原告主张被告故意为侵害他人商标权行为提供便利条件的,可以提供原告发出的侵权警告函被签收、相关执法部门通知、行政裁决书、裁判文书等证据。

4.10　原告主张被告将与他人注册商标相同或近似的文字作为企业字号使用构成侵害商标权的,除按第4.1条提供其享有注册商标专用权的证据外,还应提供被告在与原告注册商标同一种或类似商品上单独或突出使用企业字号的证据。

4.11　原告主张商标达到驰名程度,应依据《中华人民共和国商标法》第十四条的规定围绕以下事实提供证据:

(一)反映使用该商标的商品的市场份额、销售区域、纳税情况等因素的销售合同、各类票据、参加展会证明、广告宣传;

(二)体现商标持续使用时间、地域范围的相关证据;

(三)该商标曾被作为驰名商标受保护的记录;

(四)使用该商标的商品在行业内排名列表、市场价值评估报告、市场分析报告、市场调查报告、荣誉证书;

(五)使用该商标商品的用户数量、交易金额、用户互动数据;

(六)其他事实。

4.12　原告主张被告侵害其未注册驰名商标权益的,应围绕以下事实提供证据:

（一）涉案商标经过长期宣传、使用已达驰名程度；

（二）被告实际使用的商品与涉案商标据以驰名的商品构成同一种或类似商品；

（三）被告使用的商标构成对涉案商标的复制、摹仿或者翻译；

（四）被告的使用行为容易导致相关公众的混淆。

4.13　原告主张被告侵害其注册驰名商标专用权的，应围绕以下事实提供证据：

（一）涉案商标经过长期宣传、使用已达驰名程度；

（二）被告使用的商标构成对涉案商标的复制、摹仿或者翻译；

（三）被告的使用行为容易误导公众，致使原告的利益受损。

4.14　原告主张被告将与其注册商标相同或近似的文字注册为域名侵害其商标权的，除按第4.1条提供其享有注册商标专用权的证据外，还应提供域名查询信息、域名证书、被告在同一种或类似商品上使用该域名进行电子商务交易的网页、交易记录等证据。

4.15　被告主张原告注册商标或其中部分文字属于通用名称的，可以提供字典、辞典、工具书、国家标准、行业标准、地方志、行业权威刊物等文献资料，或者属于全国范围内相关公众普遍认为能够指代一类商品约定俗成的通用名称的证据。

4.16　被告依据《中华人民共和国商标法》第五十九条第三款提出在先使用抗辩的，可以提供原告注册商标申请日前的合同、履行合同证明、宣传推广协议、市场调查报告、用户评价记录、购买记录、销售订单等使用被诉侵权标志的证据。

第五部分　不正当竞争纠纷

5.1　原告主张其被仿冒的相关标识有一定影响，可以提供以下证据：

（一）销售合同、发票、转账记录；

（二）参加展会、产品发布会等宣传材料；

（三）门店、分支机构、关联公司情况；

（四）网络推广协议、宣传网页、订单及交易记录；

（五）财务、审计报告；

（六）该标识受司法保护的生效裁判文书；

（七）荣誉证书、奖杯、奖牌；

（八）资质证明、质量证书；

（九）其他可以证明相关标识的影响已及于被告的证据。

5.2　原告主张被告实施了仿冒行为的，可以提供从公开市场上取得的被告商品或者获得被告服务的交易凭证、宣传材料、应用软件、相关网页等证据。

5.3　被告主张其使用的相关标识有合法来源的，可以提供其持有或经许可使用的在先外观设计专利证书、商标注册证、权利受让证明、许可使用合同、授权书等证据。

5.4　原告主张被告实施了虚假宣传行为的，可以提供以下证据：

（一）宣传材料、产品说明书、报刊杂志广告、网页介绍；

（二）相关网页、网络沟通记录；

（三）针对被告实施的虚假或引人误解宣传所涉事实的相反证据；

（四）其他证据。

5.5　被告否认实施虚假宣传行为的，可以提供以下证据：

（一）反映宣传内容的产品、服务及其说明书、宣传材料；

（二）与宣传内容相符的荣誉证明、资质证明；

（三）与宣传内容相符的合同、订单；

（四）客户就宣传内容所作的说明、评论；

（五）未被误解的用户评价、留言；

（六）其他证据。

5.6　原告主张其享有商业秘密的，应说明其商业秘密的具体内容，同时可以提供载有商业秘密的合同、文档、计算机软件、产品、招投标文件、数据库文件，原告与披露、使用或允许他人使用商业秘密的人存在约定保密义务的合同、员工证明、社保证明、离职手续、企业规章制度，密钥、限制访问系统或物理保密装置等证据。

5.7　原告主张被告实施侵害商业秘密行为的，可以提供以下证据：

（一）被告生产的含有原告商业秘密的产品、产品手册、宣传材料、计算机软件、文档；

（二）被告与第三方订立的含有原告商业秘密的合同；

（三）被告所用信息与原告商业秘密相同或存在相似程度的鉴定报告、评估意见、勘验结论；

（四）被告与披露、使用或允许他人使用商业秘密的主体存在合同关系或其他关系的合同；

（五）针对原告商业秘密的密钥、限制访问系统或物理保密装置等被破解、规避的记录；

（六）能反映原告商业秘密被窃取、披露、使用的证人证言；

（七）体现原告商业秘密存在的产品说明书、宣传介绍资料；

（八）被告明知或应知他人侵犯商业秘密仍提供帮助的宣传网页、销售或展览展示场所；

（九）被告教唆、引诱、帮助他人侵犯商业秘密的录音录像、聊天记录、邮件；

（十）其他证据。

5.8　原告主张被诉信息与原告主张的商业秘密构成实质性相同，可以提供以下证据：

（一）有资质的鉴定机关、评估机构出具的鉴定意见、评估意见，相关专家辅助人意见；

（二）能体现与原告主张的商业秘密实质性相同的信息的产品、合同、意向书；

（三）前述证据来自于与被告有关的第三方；

（四）其他证据。

必要时，原告可以申请对含有原告商业秘密与被诉信息的产品、文档等载体进行现场勘验或鉴定。

5.9　被告否认侵犯商业秘密的，可以提供以下证据：

（一）已公开原告商业秘密的文献资料、宣传材料、网页、相关产品；

（二）原告保密措施无效的鉴定意见、评估报告；

（三）被告所用信息与原告商业秘密不同的鉴定意见、评估报告、勘验结论；

（四）被告获取、披露、使用或者允许他人使用的商业秘密经过合法授权的授权书、合同；

（五）被告自行开发研制或者反向工程等的开发文件、研发记录、音视频文件；

（六）客户基于对离职员工个人的信赖而自愿与该个人或者其新单位进行市场交易的说明、证人证言；

（七）其他证据。

5.10　被告抗辩被诉信息与原告商业秘密存在实质性区别的，可列明二者之间存在的区别点，并对相关区别点导致二者构成实质性区别予以说明，必要时可以提供专家辅助人意见、鉴定意见等；或者提供被诉信息与原告商业秘密中构成实质性相同部分的信息属于他人信息或公有领域信息的文档、专家辅助人意见、鉴定意见、评估意见等证据。

必要时，被告可以申请对原告商业秘密与被诉信息的产品、文档等载体进行现场勘验或鉴定。

5.11　被告抗辩被诉信息系通过反向工程获取的，可以提供以下证据：

（一）通过公开渠道取得产品的购买合同、接受赠予的凭证、票据；

(二)通过拆卸、测绘、分析等相关技术手段从公开渠道取得的产品中获得有关技术信息的工作记录、视频、文档数据;

(三)委托他人通过拆卸、测绘、分析等技术手段从公开渠道取得的产品中获得有关技术信息的合同、往来邮件;

(四)其他证据。

5.12　被告提出个人信赖抗辩的,可以提供以下证据:

(一)所涉行业领域强调个人技能的行业特点说明;

(二)客户明确其系基于对员工个人的信赖自愿选择交易的声明、说明或者聊天记录、往来邮件;

(三)与相关客户的交易未利用原告所提供的物质条件、交易平台的文件、沟通记录;

(四)其他证据。

5.13　原告主张被告实施商业诋毁行为的,可以提供被告编造、传播虚假信息或误导性信息的声明、评价、宣传报道等图文、视频,原告因被告行为造成客户解约的解除合同通知、用户评价降低等证据。

5.14　被告否认实施商业诋毁的,可以提供以下证据:

(一)被告发布的信息符合客观事实的产品或服务的说明书、宣传材料;

(二)原告产品、服务或经营活动受到相关处罚的决定书、原告作出的公开声明、原告客户作出的相关评价;

(三)被告发布的信息并非针对原告的宣传材料、声明;

(四)未被误导的用户评价、留言;

(五)其他证据。

5.15　原告主张与被诉网络不正当竞争行为存在利害关系的,可以提供以下证据:

(一)网站的登记备案信息、域名注册信息、网站用户协议、公示有经营者信息的网页;

(二)应用软件的开发者信息、软件数字签名、计算机软件著作权登记证书等;

(三)产品使用协议、用户服务协议、会员服务协议、技术保护措施声明、第三方网站对原告产品或服务的介绍;

(四)其他证据。

5.16　原告主张被诉行为发生在网络中,可以提供固定被诉行为的网页、公证书、第三方电子存证机构出具的电子证据等。

原告主张被诉行为属于利用技术手段实施的,可以提供以下证据:

（一）体现被诉行为利用技术手段的文档、视频、公证书等说明文件；

（二）未利用技术手段与利用技术手段的效果比对文件、公证书、鉴定意见、专家辅助人意见；

（三）被告对其技术手段的宣传报道、自我介绍；

（四）其他证据。

必要时，原告可以申请对被告所采取的技术手段进行现场勘验。

5.17 原告主张被告实施其他妨碍、破坏原告正常经营行为的，可以提供以下证据：

（一）体现原告网络产品或服务正常运行的音视频文件、公证书、第三方电子存证机构保存的数据信息；

（二）原告网络产品或服务所使用的密钥、专门软件等技术措施、专家辅助人意见；

（三）被告不正当地获得原告网络产品或服务涉及的用户信息、经营数据、虚拟财产；

（四）被告使用的特定插件、网络爬虫软件、破解软件；

（五）原告网络产品或服务无法正常运行、设置、升级的音视频文件、公证书、第三方电子存证机构保存的证据、专家辅助人意见、经济学分析报告；

（六）其他证据。

5.18 被告否认实施妨碍、破坏原告正常经营行为的，可以提供以下证据：

（一）存在造成原告产品或服务无法正常运行的第三方干扰程序或技术措施；

（二）被诉行为未违反行业惯例、行业自律公约的专家辅助人意见；

（三）未造成原告合法权益受损的经济学分析报告；

（四）其他证据。

5.19 当事人主张存在相关行业商业道德的，可以提供相关行业惯例、行业协会或者自律组织制定的从业规范或者自律公约、相关行业标准或技术规范等证据。

5.20 原告主张被告存在主观故意的，可以围绕以下事实提供证据：

（一）被告通过相关媒体公开宣传介绍被诉行为与原告产品或服务有关；

（二）基于与原告存在合作、洽谈等关系而明知被诉行为可能对原告的合法权益造成损害后，仍实施被诉行为；

（三）被告的相关人员曾任职于原告，明知被诉行为可能对原告的合法权益造成损害，仍实施被诉行为；

（四）收到原告的警告后未及时停止被诉行为；

（五）其他事实。

第六部分　附　　则

本指引自下发之日起执行，北京市高级人民法院以前发布的有关文件与本指引不一致的，以本指引为准。

【征稿启事】

《审判前沿》是北京市高级人民法院与法律出版社联合推出的,以北京市法院系统审判案例为基础面向全国的,具有权威性和指导性的综合性学术出版物。《审判前沿》针对审判实践中存在的疑、难、新问题,采取个案或一类案件分析的方法,力图加强案件审判工作中法律适用的深层次理论和实务研究,旨在及时反映全市法院新类型案件审判法律适用中存在的新情况和新问题,及时传递全市法院新类型案例审判信息,增大广大审判人员的案件审判信息量,开阔视野,为审判人员办案提供有益的借鉴和参考,也为法学研究提供新鲜的案例。

本出版物设有以下栏目:

《案例研究》以个案为基础,针对个案审判中存在的法律适用问题,进行深层次的理论和实务研究,研究评述部分字数一般在5000字以上,多写不限,研究中力求理论联系实际。

《疑案探讨》以个案为基础,针对个案审判中的疑难问题进行探讨或者对争议问题进行研究。

《案例分析》以个案为基础,针对审判中已终审的裁判,对案件审判中法律适用中的关键问题把握或者理解进行总结。

《观点争鸣》针对个案审判中出现的争论比较大的不同意见进行分析归纳,并表明作者的观点,以期引起争鸣。

《参阅案例》编发审判实践中比较典型的案例,供全市法院在审判实践中进行参考,稿件来源主要是北京市高级人民法院研究室编发的《北京法院指导案例》。

《热点问题聚焦》主要是登载当前北京市法院审判工作热点问题及对策思路,如会议纪要、调研报告、决策参考等。

《法律文书之窗》登载一些有典型意义的法律文书。

《司法文件》主要是及时登载北京市高级人民法院的有关审判业务规定。

本出版物在决定是否采用来稿时只考虑稿件的学术水准,对篇幅没有限制。来稿注释体例应当符合学术规范,清楚表明被引注作品的相关信息。欢迎作者惠稿。稿件一经采用,按有关规定支付稿酬;高质量稿件,稿酬从优。

来稿请寄本出版物编辑部,地址:北京市朝阳区建国门南大街10号北京市高级人民法院研究室《审判前沿》编辑部;邮政编码:100022;或者通过北京市法院局域网(内部)发至编辑部电子信箱:gyspqy@bjcourt.cn;编辑部电话:85268677。

此外,在报送稿件时,请写明作者身份。

欢迎对本出版物提出意见或建议。

《审判前沿》编辑部